The Word Book
とみ単

代々木ゼミナール講師
富田一彦

大和書房

はしがき

　長かったトンネルの出口がついに見えた。ようやく単語集が日の目を見ることになった。繰り返しは単調を招くもとであることは承知の上であえて言う。いやあ、長かった。本当に長かった。

　なぜこんなにも時間がかかったか。え？　仕事をしないで飲み歩いていたからだろうって？　失敬な。ちゃんと私だって休肝日くらいは取る。時間がかかったのは、決して著者が怠け者であったからではなく、情報の取捨選択に時間がかかったからである。

　実際に本を書いてみるとわかるが、日本の社会は実に窮屈である。というかなんでこんなに人の揚げ足を取るのに熱心な読者がいるのだろうとあきれるほどである。他にすることがないのだろうか。まあ私がその人々の時間の使い方を心配しても仕方がないのだが。

　私などはいわゆる社会的地位というものがない一介の教師なので、色々言われても面子を失うことなどないが、世の偉い先生方はそういうことにとても神経質である。だからだろうが、いわゆる辞書を紐解くとそのほとんどは実に「臆病」である。批判を恐れるあまりか、単語に関する「これは知らなくてもいいだろう」という情報や、「今は絶対使わない」という用例が載せてあり、一方、今の使われ方ではこの順番ではおかしかろう、という順番が採用されていたりする。こちらから見れば「突っ込みどころ満載」なのだが、私は他人の仕事にくちばしをさしはさむ気はないので、放っておいてある。

　自分の書く単語集では、そういう自分を守る姿勢でものを作るのではなく、あえて物議を醸すことがあっても、学生が試験に際してどうしても知っておくべき最小限のものを選ぼうと考えた。用例にしても、語法

にしても、辞書にはあっても使わないものは割愛し、辞書になくとも、辞書で否定されていても実際に使うものは採用した。また第3部の「××シリーズ」のように、共通の注目点を持つ単語をまとめて掲載するという手法も採用した。そのシリーズも「動物シリーズ」のような中にはありがちなカテゴリーのものもあるが、「発音が問われる単語シリーズ」のように、その単語が出ると何が問題なのかが見えやすいように配慮したつもりである。

　本書を利用する学生の皆さんは、まず第1部の「何を、どういう理由で、どうやって覚えるか？」を熟読していただきたい。そこには、いかに単語を覚えないで済ますかという、本書の存在自体を脅かしかねない危険な記述が載っている。そう、覚えないで済むものはできるだけ覚えたくない、というのが本書の基本的スタンスである。

　第2部以下にはもちろん覚えるべき単語が並んでいるが、それらは、どういう理由で、あるいは何に注目して覚えれば試験で有利かが分かるように記述してある。しかも人間は受けた印象によって覚えられる量が変わるとの信念から、説明の記述はドライなものではなく、なるべく読み物として読みやすいように心がけた。

　第3部のシリーズものは、逆引き辞書的に利用していただくことに加えて、読み物として読んでいくと、単語にまつわる種種の物語が立体的に見えて興味が持てることと思う。もちろん別冊の例文も、実際での出題例を念頭に置いて書かれているので、うまく利用すれば読解や英作文にも使いやすいはずだ。

　本書はこれで一つの完成形であるが、今後の改良はまだまだ止まらない。そういう意味での建設的な意見やご指摘は、一つ一つ、真摯に受け止めていきたいと思う。

CONTENTS

はしがき …… 2

第1部 英単語の暗記について

何を、どういう理由で、どうやって覚えるか？ …… 6
どうすれば記憶できるのか？ …… 7 ／ 言語の記憶術1：音声 …… 8
言語の記憶術2：文字 …… 9 ／ 英語ではどうか？ …… 10

英語の四つの記憶法 …… 14
(1) 音や綴りの共通性に注目する …… 14 ／ (2) パーツの組み合わせから語の意味を導く …… 23
(3) 動詞の文型による意味の類推法 …… 39 ／ (4) パターンによる動詞の理解 …… 49
(5)「同じ形の反復」を使って未知の単語の意味を導く …… 53

第2部 単語解説

LEVEL 1 …… 59
LEVEL 2 …… 73
LEVEL 3 …… 107
LEVEL 4 …… 157
LEVEL 5 …… 181

> **とみたのポイント文法**
> ①「要求・主張・提案」の内容を示すthat節内部の動詞の形 …… 106
> ②形容詞の「限定用法」と「叙述用法」 …… 156
> ③数えられる名詞と数えられない名詞、それにまつわる冠詞の種類 …… 179

第3部 ××シリーズ …… 187

あとがき …… 316
単語INDEX …… 318 ／ 熟語INDEX …… 366 ／ シリーズINDEX …… 374

別冊：第2部の例文集

第1部
英単語の暗記について

何を、どういう理由で、どうやって覚えるか？

　これから「単語」の本を書こうと思う。誤解のないように言っておくが、単純な暗記作業の補助をするだけの単語集を作るつもりはない。何を、どういう理由で覚えるのか、なぜ覚えていない単語の意味が分かるのか、そういうことを語り尽くして、単語に関する諸問題を解決する手がかりになるような本にしたいと思う。

　こと単語に限らず、何かを覚えることに苦労した経験は誰しも持っているはずだ。私もその例に漏れない。それどころか、どちらかというと記憶力は悪い方で、しかもどういうわけかもっとも忘れては危険な情報を忘れてしまう習性があるらしく、毎年カミさんの誕生日を忘れては人生最大の危機に直面してしまう。そのくせカミさんの年齢は忘れず覚えているものだから始末が悪いのだ。彼女に言わせれば、誕生日は覚えていて、年齢は忘れるのが正しいらしい。全くもって生きにくい世の中になったものだ。

　そもそも、人間の記憶とはどのように構成されているのか、本来は脳の構造そのものを探求した上で語るのが正しいのだろうが、残念なことに私は大脳生理学には疎いので精密な議論はできない。まぁ、私の乏しい記憶が正しければ、大脳生理学が記憶の構造を最終的に解明したという話は聞いた覚えがないから、専門家でも実はまだはっきり分かっていないはずであり、その意味では私が記憶について多少の知ったかぶりをしたところで、それが事実に反するという証明もできない道理である。

　そこで、思いつくままに多少能書きをたれてみよう。これから語ることは、そのほとんどが私の推理と空想の産物である。学問的な裏づけがあるわけでもなければ、綿密な実験結果に基づくものでもない。もちろ

ん例外もあるだろう。ただ、読んでいただければ分かるが、そんなに大きくは事実から外れていないだろうという確信がある。どうしても学問的厳密さを求める向きは、まぁ本編の始まる前の前座の戯言と割り切ってお付き合いいただきたい。

どうすれば記憶できるのか？

　ざっくりと素人考えで言えば、我々は誰しも、記憶に対して二つの欠点というか弱点を持っている。一つは、ある長さを超えた情報は記憶しがたいということ、もう一つは、規則性のないものは覚えられないということである。

「長いものは記憶できない」ことの有名な例が電話番号である。出典が今ひとつはっきりしないのだが、ものの本に、人間は連続する数字を7桁までしか記憶できないと書いてあった。だから電話番号は7桁になったのだという説にどれだけの信憑性があるかどうかはともかく、確かに我々は一定以上「長い」ものは一息に覚えることができないらしい。

　もう一つ、我々はランダムなもの、でたらめに配列されたものは覚えがたいという特徴というか、欠点を持っている。たとえば同じ情報で構成された文字列でも「でたらめに配列されたものは覚えがたい」と「れら列めにたさ配いはたたものえが覚で」では、前者の方が覚えやすいことは明らかだろう。

　そこで、記憶をより確かにするために、色々な「記憶術」が開発されたのである。今受験生である諸君相手に「記憶術」などというと、何やら怪しげな方法論を思い浮かべる人も多かろうが、それに比べればここで私が紹介するものはかなりまっとうなものである（現在存在する怪しげな「記憶術」も結局はこれから紹介する考え方の延長線上にあるといってもいい）。特に、まだ文字が存在しなかったころの初期の言語の記憶について考えてみよう。先ほど述べたように、我々は「長くて」「規則性のない」ものは記憶しがたいのだから、記憶しやすくするためにはそ

の反対、「短くて」「規則性のある」形にしてやればいいのだ。しかも、歴史的に見て初期の言語経験においては、「文字」という視覚情報がなかったので、それを「音声」面で実現する必要があったのである。

言語の記憶術１：音声

　その第一が、音声の種類と数である。ここですでに、先に述べた「短く」て「規則性」があるものが求められ、それが「母音」と「子音」を組み合わせて音を作るという結果となって実現している。もちろんこれは人間の発声器官の持つ能力に合わせたという面もあろうが、音声の数が無軌道に多くなっていたならば、人間はそもそも自分が発するべき音さえ記憶することができなかったかもしれない。日本語でいえば、その音は五十音（現在では音声は五十は存在しないが）であり、しかも、それが十種類の子音を五種類の母音とかけあわせて作るというしっかりした規則性によって形成されている。

　だが、工夫はそれだけにとどまらない。各言語は、使用者の記憶力の範囲にうまく納まるように、音調や口調、リズムといった技術を駆使したのである。そのような記憶増進の工夫の、日本語における有名な結果が「五・七・五」調である。我々は今でも五・七・五というリズムにある種の「調子のよさ」を感じる。別に詩歌の形式などといきまなくても、交通標語から歌謡曲の歌詞にいたるまで、ありとあらゆるところに五・七・五は現れる。これは我々日本人の先祖が、日本語による記憶を高めるために日本語の中に五・七・五というリズムを刻み込んできたためであろうと考えられる。すなわち、我々日本人の脳は五・七・五という音数の組み合わせで作られた表現には心地よいリズムを感じるようにプログラムされており、それが、そのリズムで作られた言葉を記憶しやすくなるという記憶増進効果を生んでいるのだ。

言語の記憶術２：文字

　次に、文字の登場である。文字は視覚情報であり、それまでの音声に加えて言葉を多角的に記憶しやすくなる道具であることは間違いがないが、文字という視覚情報を全く関わりのない音声情報とつなげて記憶しなくてはならないという新たな問題も生じてしまう。たとえば日本語の「あ」は、我々が発声する音声の[a]とは何のつながりも持たない記号に過ぎず、その両者のつながりを記憶するには、単に反復練習に頼るほかはない。従って、各言語とも、単純に記憶すべき文字数は決して多くはない。日本語はひらがな五十、カタカナ五十、合わせて百個である。

　だが、そのような単純記憶による文字と音声との結合だけでは、記憶を確かなものにするのにそれほど貢献したはずはない。むしろ、社会の複雑化に伴って単語数が増えると、限られた文字と音声は却って記憶を阻害する要因ともなった。というのは、ベースとなる音声や文字の数に限りがあるのだから、当然その組み合わせの数も限られる。その結果同じ音声に二つ以上の意味を与えざるを得なくなり（同音異義語）、単純に音声だけで意味を取ることが難しくなる。

　だが、せっかく新たに得た視覚情報をうまく利用してやれば、記憶を確かなものにするのに大きく貢献できるのだ。ここでも各言語は様々な工夫を見せている。たとえば日本語では、漢字という文字が導入された（実際には外国から借りてきたのだが）。文字を増やすのは一見記憶力を痛めつける不合理な判断に見える（実際、外国人が日本語を勉強しようとしてまず躓くのが文字数の多さである）が、その文字が一定のパターンに則って作られていれば、そのパターンが意味や音声を伝える手がかりに利用できる。「へん」と「つくり」は、まさにその典型的な例である。いまさら解説する必要もないだろうが、講・溝・構という漢字はその形の右側（つくり）が同じ形をしていて、それが各文字の読みが「コウ」であろうという予測を可能にしている。また各文字の左側（へん）がそ

れぞれ「言葉」「水」「木」に関係のある意味であることを示唆している。もちろんそれで文字の意味、語の意味がすべて明らかになるわけではないにしても、「思い出すためのきっかけ」には十分使いうるし、「調べなくても推測しうる」だけの手がかりにはなるのだ。さらに音声が同じでも文字が異なれば、同音異義語を区別するのも容易になる。

つまり我々は（言語の種類にかかわらず）、言葉を覚える、いや覚えやすい言葉の形式を作るために、音声やリズムといった音の規則性、文字の連なりやその形の共通性という視覚的な規則性を利用し、そういう「短い」「規則的な」ものを組み合わせてきたのだ。

結果的に使った技術は様々でも、基本となる考え方が「音声」「文字列」に規則性を与えるというものであったのは、もちろん偶然ではないだろう。このあたりを深く研究すれば、おそらく言語というものの成り立ちを考える上でとても大きな手がかりを得ることができるであろうが、もちろんそれは本書の任ではない。

英語ではどうか？

さて、そこで英語である。これまでは、読者である諸君が日本人であるというよんどころない事情によって、日本語が記憶増進にどういう技を開発してきたかを大まかに語ってきたのだが、それは本筋ではない。諸君が英単語を覚えやすくするような導きを与えることが本書の最大の狙いなのであるから、そろそろ英語の話を始めよう。先ほど述べたように、記憶増進のために日本語が使った技術は五・七・五のリズムだったり、文字の「絵柄」だったりしたのだが、英語の場合は多少事情が違う。**音声面では、おそらく誰もが知っていると思うが「韻を踏む」という技術が有名である。**「韻を踏む」とは同じ種類の音声を繰り返すことだが、それによってリズムと調子を整え、その表現そのものを印象的で記憶に残りやすいようにしつらえる技術である。

Now old desire doth in his death-bed lie,
And young affection gapes to be his heir;
That fair for which love groan'd for and would die,
With tender Juliet match'd, is now not fair.

(W. Shakespeare: Romeo and Juliet: Act II Prologue)

Yesterday, all my troubles seemed so far away
Now it looks as though they're here to stay
Oh, I believe in yesterday

(The Beatles: Yesterday)

　上に挙げたのはいまさら断るまでもないほど有名な英語の「文献」である。どちらも、それぞれの行の末尾が、毎行、あるいは二行ごとにセットで同じ音になるようにしつらえられている。この韻を踏むという技術、すなわち「同じ音を繰り返す」という発想は、単に詩歌に限らず、英語でのあらゆる発話に影響があるといえる。かつてイギリスで政治スローガンに使われた"From the Womb to the Tomb"という文言でさえ、wombとtombのそれぞれの末尾の音が同じであることから生まれた有名な表現なのだ。

　視覚的な面では英語は一つの単語の形に限れば日本語ほど芸があるとはいえない。何しろ英語は文字をアルファベット二十六文字以外持たないので、文字の絵柄で意味や発音を伝えることはできないからである。だが、その代わりに**英語はアルファベット数文字の組み合わせごとに意味を与える**という技を開発した。一定の文字列がかたまりとして意味を持ち、ちょうど日本語における漢字の「へん」や「つくり」のような働きをするのである。各単語はそのようなパーツの集まりでできている。

　これには英語のある意味での親であるラテン語やギリシャ語の単語がかかわっており、英語を母国語とする人で一定以上の教育を受けた人は、

日本人が古文や漢文を勉強するようにラテン語を勉強し、結果的にその知識との連想が単語の記憶に役に立っている。だが、さすがに英語がすでに外国語である我々にとっては、ラテン語の勉強まではとても手が回らないので、すでに英語でよく使われる綴りと意味の関係を記憶するという段階にとどまるだろう。だが、それでも単語そのものを記憶するのに比べれば、パーツを覚えてそれとの連想で語の意味を見つけ出す方がはるかに効率がよいといえる。

　視覚的な面で日本語にはない英語の記憶補助術は、**動詞の型と意味の関係**である。ここでいう動詞の「型」とは、単語の綴りといった意味での形ではなく、動詞の「文型」という「型」である。詳しいことは後述するが、動詞の前後に配列された単語の形式から動詞の意味（厳密には「意味」そのものではなく「意味の範囲」とでもいうべきもの）が分かるようになっている。

　最後に、記憶の補助というよりは、未知の単語の類推法といったようなものだが、辞書を引かずに意味を特定ないしは推量するという点では記憶術と類似点の多い方法がある。それは先ほどの「韻を踏む」、すなわち同じ音を繰り返すという発想を拡張したものである。同じ音を調子よく繰り返すとはいっても、語られる言葉が全く同じでない以上、すべてを同じ音にすることはできない道理であり、一部は当然異なった音声になる。いったんそれを容認すれば、やがて全く異なる単語を使っても同じ種類の表現を使えばよいという、かなり緩やかな規則に転換しうる。これが英語における「同じ形の反復」である。**「同じ形の反復」が英語にとってきわめて重要**であることは、これまで私が書いてきた本の中で繰り返し語っているから、すでに耳にしている諸君も多いと思う。その文法的な価値については本書では繰り返す予定はないが、ただ、同じ種類の音を使って同じ形で繰り返される二つ以上の部分が、互いに内容的に無関係だと考えるのはあまりにも非現実的である。意図して同じ形を作るのであるから、両者の間には何らかの関係がある道理だ。そして、

関係というものは、論理的に集約すれば、必ず「同じ」か「反対」のどちらかに収斂される。その点に注目すれば、一方に分からないものがあってももう一方の内容からその意味を推量することは十分可能である。

また、言葉の意味それ自体が、単純に表面の文字列から我々の認識へと伝わるものではなく、前後の言葉との連関で一つの全体として入力されることを考えれば、そういう「他との対照によって意味を調整する」という発想は、単に単語の意味の問題にとどまらず、文の意味、引いては文章の意味を理解する上でもきわめて重要な考え方だというべきだろう。

先ほど挙げた"From the Womb to the Tomb"という表現においても、wombとtombという同じ音を持つ単語を並べる以上、両者の間にはどちらかの関係がある。womb「子宮」、tomb「墓」という表面上の意味だけで考えれば、両者は互いに無関係に見えるかもしれないが、それはあまりにも想像力に欠ける考えだと言わざるを得ない。fromとtoがそれぞれ後ろに「起点」と「終点」という「反対の」意味の言葉を持つという事実に目を向ければいっそう明らかだが、womb, tombはそれぞれ人生の始まりと終わりを象徴している比喩である。

以上、英語に関して我々が何かを「記憶」したり、未知のものを辞書を引かずに類推したりする方法について駆け足で概括してみた。簡単に総括すれば、英語の場合、方法は四つに大別される。列記しておくと、
(1) 音（や綴り）の共通性を利用する
(2) 「パーツ」を記憶してそれを組み合わせる
(3) 動詞などの「型」を意識する
(4) 「同じ形の反復」に注目する
　となる。

英語の四つの記憶法

　さて、ここからは、英語における四つの記憶法をもう少し掘り下げて一つずつ取り上げていこう。内容的にもかなり具体的になり、覚えることも出てくるのでそれを意識して進むように。

(1)音や綴りの共通性に注目する

　一口に音や綴りの共通性といっても、いくつかのレベルというか段階があるが、最も重要なのは、動詞の語尾だろう。一部の動詞は、語尾が一定ならば意味は一定である。ちょうど、「韻を踏んでいる」という発想である。従って語尾の意味さえ知っておけば、そこからおおよその意味が類推できる。

＊ 語尾から意味が推定できる動詞
-tain（持つ・手に入れる）

attain, contain, entertain, maintain, obtain, retain, sustain
entertainは「楽しませる」で、だいぶ意味が離れているように見えるが、「座を持たせる」という意味だと考えると、関連性が見えてくる。本来は、「誰かを仲間に入れて持つ」という意味からきている。

-tract（引く）

attract, contract, distract, extract, retract, subtract
contract「契約する」は「引く」という意味からはだいぶ遠くに見えるが、「ともに引き合う→約束して縛りをかける→契約する」になる。distractはdisが「外す」という意味だから、「外れる方に引く」、subtractはsubが「下」だから、「上から下に引く」で、それぞれ「注意をそらす」「引

き算をする」という意味になる。なおtrainが「列車」なのは「機関車が引くもの」だから、またtrainが「訓練」になるのは「能力を引き上げる」活動だからである。

-voke(呼び出す)

provoke, convoke, evoke, revoke

語尾がこの形になる動詞はさほど多くはないが、綴りや音を見ていてvoiceとの類似性に気づく人も多いだろう。voc-という形では、もっと汎用的に使われる（p.37 voc-/-voke 参照）。

-vert(向きを変える)

advert, advertise, avert, convert, controvert, divert, evert, invert, pervert, revert, subvert

advertは「注意を向ける」、advertiseは「広告して人の注意を向ける」、controvertは「反対に向ける→反論する」、avert, divertはa-やdi-が「離れて」なので「離れる方に向きを変える→そらす」。

-ject(投げる)

eject, inject, interject, project, reject, subject

ejectは e (ex-) が「外」なので「外へ投げる→表に出す」、injectは「中に (in-) 投げる→投入する・注射する」、interjectは「間に (inter-) 投げる→挟み込む」、projectは「前へ (pro-) 投げる→投影する・計画する」、rejectは「投げ返す→拒否する」、subjectは「下に (sub-) 投げる→支配する」。

-ceed/-cede(進む)

antecede, concede, exceed, intercede, precede, proceed, recede, retrocede, succeed

antecedeはante-が「より前」なので「先行する」、concedeはcon-が「ともに」なので「ともに行く」から「譲り合う」、exceedはex-が「外へ」なので「外まで行く」から「行き過ぎる」、intercedeはinter-が「間に」なので「間に行く・間に入る」から「仲裁する」、precedeはpre-が「よ

り前」なので「先行する」、proceedはpro-が「前へ」なので「前進する」、recedeはre-が「後ろに」なので「後退する」、retrocedeはretro-が「後方へ」なので「戻る」、succeedはsuc-が「下に」なので、「下に進む」から「続く」、うまく続くことから「成功する」。

-vise（見る）

revise, supervise, televise, improvise

reviseはre-が「再び」なので「再び見る」から「見直す」、superviseはsuper-が「上から」なので「上から見る→監督する」、televiseはtele-が「遠く」なので「遠くを見る」、improviseはim-が「否定」、pro-が「前」なので、「事前に見ていない」から「その場で作る」。

-pel（進める・追い立てる）

compel, dispel, expel, propel, repel

-press（押す）

press, depress, repress, empress, impress, compress, oppress, suppress, express

-spect（見る）

expect, inspect, respect, retrospect, suspect, prospect

respect, suspect以外は言うまでもないだろう。respectはre-が「繰り返し」で、何度も振り返って見るほど「尊敬する」、retrospectはretro-「昔を」見るので「回想」、suspectではsus-はsub-と同種で「下」なので「下から見る」。spectacleは「見物」。

-mit（送る）

admit, commit, emit, omit, permit, remit, submit, transmit

admitは「送ることを認める」が「認める・許可する」に転じたもの。commitはcom-が「まとめて」なので、「まとめて送る」から「任せる」、emitはe-が「外へ」なので「放出する」、omitはo-がob-「離して」の変形で「離す方に送る」から「削除する」。permitはper-が「通して」なので「通して送る」、ちょうど関所をイメージすれば「許可する」とい

う意味になることが分かる。submitはsub-が「下」なので「下に送る」、そこから「提出する」、「下」という位置関係から「服従させる」。transmitはtrans-が「移動して」なので「伝達する」。

-dict（言う）

contradict, dictate, predict, edict, indicate, verdict

contradictはcontra-「反対」のことを言う、から「反論する」。predictはpre-「あらかじめ」から「予言する」。edictはe-が「外へ」なので、「外へ向かって言う」から「命令する・宣言する」。verdictはver-が「本当の」という意味なので「本当のことが何かを言う」つまり「評決する」。dictate, indicateはdictが語尾になかったり、形が少し崩れていたりするが、同種の意味になる。

-ceive/cept（受け取る）

conceive, deceive, perceive, receive

conceiveに「認識する」と「妊娠する」の二つの意味があるのは、どちらも「受け取る」からである。もちろん一方は考えを、もう一方は精子をであるが。perceiveは「五感を通して情報を受け取る」ことで、「見る・聞く・嗅ぐ・味わう・感触を得る」。

-sume（とる・解釈する）

assume, consume, presume, resume

「とる」を「考える」という意味に解釈しているのがassume, presume。「手に入れる」という意味に解釈しているのがconsume, resumeである。consumeはcon-が「まとめて」なので、「まとめて手に入れる」。すべて持っていってしまう感じがあるので「消費する」になる。resumeはre-が「再び」なので、前にとっていた値を再びとることから「復帰する・再開する・元に戻る」。

-scribe（書く）

ascribe, circumscribe, describe, inscribe, prescribe,
subscribe, superscribe, transcribe

ascribeは特別な意味なので、別のパターンで覚える方が効率的。circumscribeはcircum-が「周囲に」なので、「周囲に線を引く」ことから「範囲を決める」、describeは言うまでもないだろう。inscribeは「中に書く」で、何か固いもの（石・骨など）に文字を刻み込むこと。prescribeはpre-が「あらかじめ」なので、「あらかじめ書いておく」から、「（事前に）指示する」。subscribeは「下に書く」ことから、「署名する」「申し込む」など。昔、書類にサインをする時は文面の下に書いたことからきたものと思われる。superscribeはそのまま「上書きする」。transcribeはtrans-が「移動して」なので「書き写す」。

-spire（息をする）

aspire, in**spire**, con**spire**, re**spire**, per**spire**

-spireには「息をする」という意味がある。respireは「繰り返し＋息をする」から「呼吸する」、aspireは「熱い息をする」ことから「熱望する」、inspireは「中に＋吸い込む」から「（いい考えを）ひらめく」、conspireは「一緒に＋息をする」から「共謀する・同調する」、perspireは「（皮膚を）通して＋息をする」から「汗をかく」。

-tribute（与える）

at**tribute**, con**tribute**, dis**tribute**

tributeには「貢物」という意味の名詞がある。

-hibit（保持する）

ex**hibit**, in**habit**, in**hibit**, pro**hibit**

hibiはhaveと同根である。つまり「持っている」ということ。「つかんでいる」に近い。「つかんで離さない」のは行動の自由を奪うことであるから、prohibitやinhibitのように「禁止する」という意味も出る。

＊派生語の意味を推定する

次に重要なのは、派生語である。これから説明する方法は、知らない派生語を自分で捏造（ねつぞう）する技術ではない。ある英単語を見た時に、それが

すでに知っている語の派生形だと気づいて意味を推定し、辞書を引かずに済ます方法である。一般に派生語といわれる単語は二つないし三つのパーツからできている。

> 派生語の構成＝（接頭辞＋）語幹＋語尾

接頭辞は多く「肯定・否定」「中・外」などを表すが、「肯定」の場合は何もつかないのが普通である。また、語尾は多くの場合その言葉の品詞を示す。意味の中心部は語幹にあり、そこの意味が分かれば全体の意味も分かりやすい。

つまり、**派生語の意味を決定するには、語尾から品詞情報をとり、語幹から意味の類推をすればいい**ことになる。もちろん、すべての派生語が推量の対象になるわけではなく、apparent のように一つで二つの意味を持つものがあったり、同じ語幹から派生しても、industrial, industrious や considerable, considerate などのように形によって意味が違うものもあるから、そういうものはしっかり覚えておく必要はある。

最初に手っ取り早く語尾を整理しておこう。こういう知識は本来長く英語と付き合っているうちに自然と身に付くものなのだが、そういう能書きよりとりあえずは知識を与えようというのが本書の企画なのだから、私としてもここでは言いたいことをぐっとこらえて知識を開帳しよう。

＊代表的な語尾
①動詞を作るもの：-en（en-と先頭につくこともある）, -ify, -ate, -ize
②形容詞を作るもの：-able, -ate, -al, -ical, -ous, -ive, -ary, -ic, -ish, -ent, -ite, -ful, -an
③名詞を作るもの：-ity, -thy, -nce, -ncy, -ian, -ion（-tion, -sion含む）, -al, -ment

④名詞でしかも特定の意味を作るもの

「人」という意味になるもの：-er, -or, -ant, -ee

-erは「〜する人」、-eeは「〜される人」(interviewer「面接する人」／interviewee「面接を受ける人」)

その他の意味になるもの：-ism（izm）「〜主義」、-logy「〜学・〜術」など。

⑤名詞で、特殊な複数変化をする語尾：-sis (-ses), -um (-a) など。

さて、そこで問題は語幹である。

＊語幹は子音の類似性から

語幹から意味を類推するといっても、dependentなどのように、語尾（この場合は -ent）を取り外せばdependというそのままで有名な単語が残るようなものは、実に簡単である。だが、派生語の中には我々日本人にとって共通性に気づきにくい語幹を持つものもある。そういう派生語に気づくようになると、類推できる単語の幅がかなり広がるので、そのコツをきちんとつかんでおいてもらいたい。

今私は、英語の派生語の中には「日本人にとって」共通性に気づきにくい語幹を持つものがあると書いたが、なぜ「日本人にとって」なのか。実はこれには英語と日本語の認識方法の違いに由来する興味深い理由があるのだ。またまた大脳生理学にご登場願おう。

再び聞きかじりの知識で恐縮だが、大脳生理学によれば、人間の脳は左右二つの部分からできており、特に左側が言語や論理のような思考を司り、右側は感情や情緒を司るのだそうである。この点は東洋人も西洋人も変わらないらしい。違うのは、意味情報として認識する音の種類なのだ。

日本人は「母音」を意味の中心として理解している。かいつまんで言うと、入ってきた音声のうち、子音を右の脳に格納し、母音を左の脳に格納して意味を理解しようとするのだそうだ。だから、我々には「頭」

と「刀」は似た言葉に聞こえたりするのだ。一方、**英語圏の人は「子音」を意味の中心として理解している**。彼らは我々とは反対に子音を左の脳に格納して意味を認識し、母音は右の脳に格納している。これに関連してよく聞く面白い話がある。我々はたとえば鈴虫などの虫の音を心地よく感じるが、それは鈴虫が「RRRRRRRRRRRRRR」と無限に子音のRを出しているからだといわれる。我々日本人にとって子音は右脳に格納され情緒を伝えるものであるから、我々は鈴虫の音に情緒的な感傷を抱くのだ。一方西洋人は鈴虫が鳴いていると殺虫剤をまくといわれるが、彼らにとって子音は本来「意味を持つべき音」であり、それが無意味に無限に繰り返されるのはきっと恐ろしく不快なことなのだろう。もし「あああああああああああああああああ」と鳴く虫がいたら、我々も同じ気分になるかもしれない。

　話が脱線していると思っているそこのアナタ。話は今まさに佳境に入らんとしていることを認識しなければいけない。先ほどの例でいうと、我々は「頭（アタマ）」と「刀（カタナ）」は音が似ていると認識するが、「刀（カタナ）」と「狐（キツネ）」はそれほど似ているとおそらくは思わない。それぞれの単語をATAMA、KATANA、KITUNEとローマ字で表記してみよう。実は、「頭」と「刀」、「刀」と「狐」の似ている程度は同程度である。「頭」も「刀」も母音だけを抜き出せば「AAA」であり、「刀」も「狐」も子音だけを抜き出せば「KTN」だからである。だが、我々は明らかに「頭」と「刀」は音が似ているが、「刀」と「狐」はたいして似ていない、と認識してしまう。それは我々日本人が「母音」により多くの意識をおいて意味を理解しようとしている証拠である。だが、おそらく英語圏の人にATAMA、KATANA、KITUNEという三つから、より音の似ているものを二つ選べといったら、KATANA、KITUNEを選ぶであろう。

　ここで、我々が今何をしようとしていたのかを思い出してほしい。我々はある英単語が別の単語の派生形、つまり意味が似た他の品詞の

語であることを見極める方法を考えていたのだった。そこでは、二つの単語のある一部が互いによく似ているという事実に気づく必要がある。では、何を基準に「似ている」というのか。我々日本人はそういう場合につい「母音」を基準に見るのだが、英語が基準にしているのは「子音」である。基準そのものがずれていれば、共通点など見つかるはずもない。それが、我々がちょっと変形された派生語を見逃してしまう大きな原因なのである。

　一つ実験をしてみよう。retention の意味を考えてほしい。辞書は引いてはいけない。今までの数ページに書かれた情報で考えてもらいたい。さあ、どうだろう。事前に知っていたという人は別として、自分で意味を特定できただろうか。語尾の -tion は名詞だということを宣言しているだけだから、意味を持っているのは reten の部分である。この reten をこの数ページの中で見た覚えはないだろうか。気づかないという人は、発想がきわめて日本人的である。reten の中の -e-e- という母音の部分だけを見ているのだ。実は諸君が見なくてはならないのは r-t-n である。これが共通している単語なら、数ページ前に retain が出ている。似てないぞ、と思った人はやはり母音 ai に引きずられてしまったのだ。子音だけに注目すれば |r|e|t|a|n| も |r|e|t|e|n| も全く同じである。

　もう一つ実験してみよう。clarity は、有名なある形容詞から派生したものである。元の形容詞は何だろう。これも clarity の名詞を宣言する語尾 -ity を取り除いた clar の子音に注目してみる。cl…r で真ん中に適当な母音を挟み込むと考えれば、clear を思いつけるはずだ。

　このように、子音の共通性に注目することが、派生語をより効率よく意識する方法である。ただ、我々日本人がこれをやるためには、いくらか訓練が必要になる。普段から「子音を意識する」ということを心がけよう。これはリスニング能力を高めることにも通じる大切な訓練である。

(2) パーツの組み合わせから語の意味を導く

　antibiotics という単語がある。「抗生物質」という意味である。excavation という単語がある。「発掘」という意味である。だが、これらを辞書で調べたというなら、怠慢のそしりを免れない。調べたんだから勤勉じゃないか、という人は、勉強というものを根本的に見直した方がいいだろう。**勉強するということは、何かを工夫してみる、ということと同義である。**「知らない」→「辞書を引く」というのはほとんど条件反射に過ぎず、それ以外の可能性を考えていないという点で知的に怠慢な行為なのだ。「辞書を引く」のはたとえてみればなぞなぞの答えを覗き見たり、攻略本を読みながらゲームをするような恥ずかしい行為である。もちろん、ほかに方法が見つからなければそうするほかないのだが、それはいわば知恵比べに負けたと宣言するようなもので、できれば避けるに越したことはないのだ。

　ではどのようにすれば辞書を使わずにこの二つの単語の意味を知ることができるのだろう。それが、**「パーツに分ける」**という方法である。すでに（1）でも利用している考え方だが、英単語はその内部をいくつかに分解できる可能性を持っている。分解できる場合、それぞれのパーツの意味をうまく組み合わせたものが、その単語の意味になっている。だから、どこでどう分割すればいいかを単語ごとに考えていくと、辞書なしで意味が発見できることがかなりあるのだ。

　antibiotics は anti-bio-tics と三つに分割しよう。語尾の -tic はこの単語が形容詞、ないしはそれと関連のある名詞であることを示す（-tics となるとすべて名詞）ので、意味には関係がないから放置する。anti- と bio- にはそれぞれ有名な意味がある。特に anti- は「アンチ巨人」などという日本語にもなっているほどで、知らない人はいないだろう。一言で言えば「反」である。何かを嫌い、敵対し、抵抗する態度を取ることを anti- と言う。さらに bio- は「生」である。biology が「生物学」であ

ることを考えればすぐにも思いつくだろう。

　これでもう意味の見当はつくはずだ、と書きたいところだが、多くの学生諸君を見ていると、これでもまだ分からない、という人がかなりいる。そういう人は、正直日本語の勉強、というより日常における日本語の使い方がなっていない。

　まず第一に、発想が緩やかでないのだ。それこそ私が anti- =「反」、bio- =「生」と書いたからといって anti- + bio- は「反」+「生」だと考えてしまい、反生などという言葉は知らない、と居直ってしまう人がこういう人には多い。何も「反」は「反」の字で表さなくてはいけないと決まってはいない。同じことを別の言葉や文字でも言い表しうるはずだ、という緩やかな発想を持たないと、偶然ビンゴにならない限り思いつかないという効率の悪いばくち状態になる。

　それともう一つ、そして実はこちらの方が事実だとすれば恐ろしいのだが、「抗生物質」という日本語自体をよく知らないという可能性がある。改めて聞いてみたいのだが、諸君は「抗生物質」が何だか知っているだろうか。それにしても言葉とは難しいもので、「知っている」が何を意味するかをすでに誤解してしまう人さえいるらしい。別に私は「抗生物質を辞書で引いてその意味を暗記しているか」と尋ねているわけでもなければ、「抗生物質と呼ばれる物質の具体的名称やその化学式を知っているか」と尋ねているのでもないのだ。ただ単に「抗生物質」という四文字を目にした時、諸君はそこにどのような意味を読み取っているのかを尋ねているのだ。その意味は、実はそれぞれの文字の意味の中に潜んでいる。だが、そういうことをちゃんと考えている人は意外と少ないものだ。抗生物質という言葉を聞いたことがない人はいないだろう。それも、聞く場面はかなり限られている。口にするのはたいていの場合、医者だ。「化膿しないように抗生物質を出しましょう」などと使う。「インフルエンザはウイルス性の病気だから、抗生物質は効かない」などとも使う。だから、それがなんらかの薬に関係あるものだということはほぼ

全員が理解できるだろう。だが、そこでおしまい、という人がかなりいる。そういう人にとって、抗生物質が「抗生物質」と漢字で書かれていることに、実はほとんど意味はない。「こうせいぶっしつ」と書いてあっても同じである。いや「コーセーブッシツ」とカタカナの方がふさわしいか。そういう人にとって、「コーセーブッシツ」とは、何やら効き目のありそうな薬であって、「コーセーブッシツ」という名前がついているのは偶然に過ぎない。何なら「セーコーブッシツ」でも一向に構わないのだ。

だが、ちゃんと物事の意味を見極めようとしている人にとって、抗生物質という漢字の表記はちゃんとした意味を持っている。それによれば、抗生物質とは要するに「微**生**物に**抗**う物質」、つまり体内の雑菌を殺す物質のことなのだ。だから生物でないウイルス性のインフルエンザには効かない道理なのである。そういうことを一度でも考えたことのある人なら、anti-bio-tics という言葉を見た時、anti- が「抗」に自然に見えるはずなのである。

excavation はもっと簡単だ。ex-cava-tion とこれまた三つに分けよう。語尾の -tion は「名詞」であることを伝えるだけのものだから捨ててしまい、-cava- に注目する。その時、（1）でも語ったように母音は緩やかに認識しておく。すると、通常の語彙力のある人なら cave「洞窟」が思い浮かぶはずだ。ex- は「外へ」だから、excavation は「穴から外に出す」という行為を意味する。何かを穴の中から外へ出すのはそれを「掘り出す」ことだから、「発掘」という訳語になると分かる。

この二つの例でも明らかなように、英単語、それも一定以上の長さを持つものは、二つ以上のパーツを組み合わせて意味を作っていることが多い。そこで、まずパーツの意味を覚え、それを利用して長い言葉の意味を導く練習をしてみよう。辞書を引く回数がぐっと減るはずだ。どのようなパーツを覚えればいいかは、これから提示する（すでにいくつかはしている）ので参考にしてほしい。

✽ パーツの説明

　ここからは代表的なパーツと、それを含む単語を列記していく。パーツの意味説明が中心なので、同じ単語が二度以上出てくる場合もある。なお、すでに（1）で紹介した動詞の語尾は、既知のものとして扱うので、これ以上説明はしない。また、パーツとしても使うが、単語としても成立しているものは、単語として覚えるので基本的にここでは取り上げない。さらに、単にマニア的に語源を知って感心することが目的ではないので、内容があまりにも専門的になるものや、知っていても有効に応用できないようなものにはあえて触れていない。

ab-/ob-（離れて）

abnormal, **ab**road, **ab**rupt, **ab**use, **ob**ject, **ob**stacle

よく見るが、意外に意味がとりにくい接頭辞。ab-はあまり用例がない（**ab**normal, **ab**road, **ab**rupt, **ab**useくらいか）が、ob-はかなりよく出てくる。「離れて」いるものを示すので、場合によってはそれは「敵」に近いニュアンスを持ち、**ob**struction「妨害」、**ob**stacle「障害物」、**ob**ject（V）「反対する」、**ob**stinate「手に負えない」などになる。一方、「離れている」からはもう一つ、単に「自分の手の内にない」ものというニュアンスが生まれ、**ob**ject「物体・対象物」、**ob**scure「あいまいな」などの意味が現れる。

ambi-（うろうろ）

ambition, **ambu**lance, **ambi**valent, **ambi**guous

ambi-は何かがあちこちうろつく様子を示す。救急車は病人を搬送して町中をうろついているから**ambu**lanceと呼ばれる。野心あるものはあちこちうろつきまわるので**ambi**tionという。あちこちうろついているということは、いる場所が一定でないという意味で、そこから一定でないあいまいな状態を**ambi**guousという。さらに二つの意見のどちらをとっていいか分からない、一定しない状態を**ambi**valentという。

ana-（ばらばら）

analysis, **ana**tomy

おそらく上に挙げた二つの単語を覚えておけば事足りる。ana-にはanalogue/analogy（analog＝似ている）のように他の意味を持つものもあるので、要注意。

anim-（動く）

animate, **anim**al, un**anim**ous

日本語には元々「動物」なる語は存在しなかった。明治の文化人が、**anim**alという英単語を訳すのに、適切な訳語がなくて（「ケモノ」では、毛が生えていない昆虫やミミズなどが含まれなくなる）困窮し、anim-が「動く」だからそれを利用して「動くもの」、すなわち動物という語を捏造したのである。un**anim**ousはun-が「否定」を表すので、「不動」という意味になり、ある集団が「不動」であるとは、内部に意見の齟齬がない一枚岩の状態であることを示すから、un**anim**ousは「一致団結して」になる（un-はuni-「一つ」が変化したものと考えることもできる。その場合、「一つになって動く」のでやはり「一致団結して」である）。

anti-（反対・敵対）

antidemocratic, **anti**pathy

言わずと知れた「アンチ」である。

aqua-（水）

aquarium, **aqua**lung

これは液体としての水。

hydr-（水）

hydrogen, **hydr**ofoil, **hydr**oplane

こちらはどちらかというと化学物質としての水素、あるいはエネルギーとしての水力を指す。

aster-/astro-（星）

asteroid, **astro**nomy, **astro**logy, dis**aster**

disasterは「はずれ」+「星」であり、占星術で言う、星のめぐりの悪い不幸な状態が原義。

bene- (よい・得な)
benefit, **bene**factor, **bene**volent

male-/mali- (悪い)
malign, **male**volent, **mali**ce

上の二つは反対の意味を持つ接頭辞。セットで覚えよう。意味の類推に大いに役立つ。

chron- (時間)
chronic, syn**chron**ize, **chron**icle

受験生にとって、最も一般的なのはchronic「慢性的な」だが、多くの日本人にとって最も一般的なのはsynchronizeだろう。synchronized swimmingは本来二人以上の人間が「同じ (syn-)」「時間 (chron-)」で動くものだからそういう名前がついたのだと思われる。

-cline (clim-) (傾く)
in**cline**, de**cline**, **clim**ax, **clim**b, re**cline**

上に挙げた語を覚えておく程度でよいが、「傾」という字を覚えておくだけでも意味を導きやすい。なお、declineに「(申し出を) 断る」という意味があるのは、断る時には「ごめんなさい」と頭を傾ける習性からきている。

-clude (輪)
in**clude**, ex**clude**, con**clude**

includeは「輪の中に入れる」から「含む」、excludeは「輪の外に追い出す」から「排除する」、concludeは「輪の中に集める」から「まとめる・結論を出す」になる。

com-/con- (まとめる・集める・同じ (にする))
common, **con**centrate, **com**pany

com-/con-はかなり頻度の高い接頭辞である。それだけ単語の意味に広

がりがあるので、逆にまとめにくいと思う人もいるかもしれない。だが、突き詰めて言えば、「同じ」という意味に過ぎないのだ。concentrateではcentrからcenterが推量できればcon＝「集」、centr＝「中」だから「集中」と分かる。companyではpanが「食べるパン」なので、「同じ釜の飯を食べる仲間」と分かる。

contra-（反対）

contrast, **contra**ry, **contra**dict

これを利用した古い言い回しにthe pros and consというのがある。「賛成意見と反対意見」というのが本来の意味で、「賛否両論」と訳す。pro-は「前へ」という意味なので推進派、conはcontra-のconで「反対派」のこと。

cred-（信用）

credit, in**cred**ible, **creed**

上に挙げた二つの単語が格別有名だが、他にもいくつかの合成語で登場するので、知っておいて損はない。

de-（下へ・悪く）

descend, **de**cline, **de**triment, **de**ficient, **de**fect

意味は多少漠然としているが、頻度は高い。何かが「よくない方へ」向かっていることを示す。このde-と反対の意味で使われる接頭辞にa-がある。**a**scend「上昇」と**de**scend「下降」、**a**ppreciate「（高く）評価する」と**de**preciate「（低く）評価する」がとても有名。

dis-/dif-（外す・はずれ）

discover, **dis**aster, **dis**ease, **dif**ferent

dif-の方はdifferentなどの決まった語でしか出てこない。だが、dis-はかなり頻度が高いので利用価値が高い。dis-を単純な「否定」だと思っている人がいるようだが、実は否定というよりは「何かが外れる・何かを外す」という意味である。

dom- (支配・家)

dominate, **dom**ain, **dom**estic, king**dom**

自分の支配力の及ぶ範囲をdomで表す。**dom**esticが時に「家庭内の」になったり「国内の」になったりするのは、支配の及ぶ範囲をどう見ているかという話者の視点によって意味が変わるからである。

-duct/-duce/doc- (引く・導く・教える)

con**duct**, intro**duce**, **doc**tor, e**duc**ate, **duct**

ductに代表される綴りは「導く」が原義。今でも名詞ductは「水や煙を導く管」という意味である。

dur- (長い時間)

during, en**dur**e, **dur**ability, **dur**ation

使われる単語は限られているが、意味はかなり明確。単純な時間の長さ、というのではなく、「何かがもつ時間」という意味になる。**dur**ablilityは「寿命」と訳すが、人間の寿命ではなく、電池や品物の「もち時間」を示す。en**dur**eが「耐える」になるのは、たとえば重いかばんを持って、じっと腕を伸ばしたままどのくらい「もつ」かを考えると分かる（もっと分かりやすい例もあるが、男子しか分からない上に、著者の品性を疑われる可能性があるのであえて提示しない）。

e-/ex- (外、はずれ)

extract, **e**migrate, **ex**plicit

e-/ex-、さらには別の項で取り上げるextra-が「外」「はずれ」という意味であることはきわめて汎用性の高い知識である。必ず覚えよう。たとえば**ex**pressも「表現する」という訳語をただ暗記するのではなく、「外へ押す」という意味だと素直に考えよう。すると内側のものが外に押し出されて現れたものがすべて**ex**pressionだと分かる。

extra- (はずれ)

extravagant, **extra**ordinary

extraは単語としても「余分の」「外れた」という意味を持つ。最近の造

語が多いので、extraを取り外した残りの単語を知っているかどうか考えるといい。

fac-/fec-/fic- (作る・行う)

fiction, fact, affect, artificial, deficient, factory, manufacture

これまた有名だが、古すぎて使いづらい語源の一つ。あまりにも応用範囲が広いため、かえって一定の意味が出にくい難がある。ただ、知らない単語にこの綴りが含まれていたら「作る」に関係があると考えると理解しやすくなることは事実。

fin- (終わり)

finish, infinite, refine

これはフランス語からきた単語。フランス映画の最後には今でもFinと出る。infiniteではin-は「否定」で、「終わりがない」から「無限」。refineは「繰り返し」＋「仕上げる・終わらせる」から「洗練する」になる。financeは「金」だが、これは「最後は金」だから（身も蓋もない話だ）。同じく「罰金」もfineだが、これも「金で決着をつける」から。

fl- (流れ)

flow, flood, influence, fluid

gen- (生まれるもの)

gene, generate, general, genius, ingenuity

意味の一貫性はかなり高いので、覚えておくと便利。generalは元々「生まれたもの全体」という意味である。

in-/im- (中・否定)

implicit, immigrate, impossible

e-/ex-の反対で、「中」。この接頭辞のついている単語の反対語はe-かex-で始まると相場は決まっている。ただ、in-/im-には別に「否定」の意味のものもあるので注意。

inter- (間・相互)

international, interrupt

頻度はまぁまぁ、意味はかなり明確。

liter- (文字)
literate, literature

letterという単語自体、本来の意味は「文字」。

macro- (大きい)
macrocosm, macron, macroscopic

micro- (小さい)
microbe, micron, microwave

言わずと知れた、マクロとミクロ、大きいと小さいである。

magni- (大きい)
magnitude, magnificent, magnifier

マグニチュードが「地震の大きさ」であることは日本でも有名。

manu- (手の)
manual, manuscript, manipulate

ped- (足の)
pedestrian, pedal, peddler, expedition

手に塗るのはマニキュア、足に塗ればペディキュアである。

matr- (母親の)
matrix, maternity, metropolis

大都市をmetropolisと言うのは、「母なる都市」という意味だからである。

medi-/mid- (真ん中)
media, immediately, Mediterranean, medieval

重要度が高い割には認知されていないらしい。immediateは「中間(media)がない(im)」から「直接・直の」。MediterraneanもMed=「中」、terra=「地」を見るだけで「地中海」のような気がしてくるはず。

migr- (移動する)
emigrate, immigrate

migrateという動詞をしっかり覚えればよいだけのことだとも考えられ

る。

nomi-/nym- (名前)

nominate, ano**nym**ous, syno**nym**

子音の共通性に注目するとnameとの綴りの共通性に気づきやすい。

norm- (標準)

normal, e**norm**ous

「ノルマ」という言葉を知らない人はいないだろう。これはドイツ語（Norm）で、意味は「標準」。e**norm**ousはe-が「はずれ・外（ex-と同じ）」なので、標準から外れるほど大きいという意味になる。

num- (数)

number, **num**erous, **num**erable

有名といえば有名だが、上に挙げた三つくらいしか用例がない。

ordin- (普通、合わせる)

ordinary, co**ordin**ate, in**ordin**ate, **ord**er, sub**ordin**ate

綴りの関係からも、order「秩序」との関連性に気づくはず。秩序だったものは、他から突出するようなことがなく、みなと同じようである。それを世間では「普通」という。

par- (同じ)

parir, **par**allel, com**par**e, **par**ity

ゴルフでparと言うのは、規定打数と「同じ」打数だということ。

part-/port- (部分・一部、離れる・分かれる)

a**part**, de**part**, im**part**, **part**ition, **part**icle, **part**icular, **part**y, **part**icipate, **part**ner, **part**ake, **port**ion, pro**port**ion

partはそれ自体単語として成り立っているが、語幹にもよく使われる。全体の中の一部分、というのが原義で、そこから「分かれる」「分かれたもの」という意味が生まれている。

-pathi/-passion (情・悲しみ)

anti**pathi**, sym**pathy**, **path**etic, com**passion**, a**pathy** pathos「ペーソス」は日本語にもなっている（「哀愁」という意味）。どちらかといえば、ウェットな感情を意味する。

-pend- (ぶら下がる・つるす)

de**pend**, sus**pend**, ap**pend**ix, **pend**ant, **pend**ing, **pend**ulum

ペンダントは首からぶら下げるもの、といわれるとなるほどと納得するはず。de**pend**は「下に（de-）」ぶら下がるから、「依存する」であり、**pend**ingは「宙ぶらりん」だから、「未解決の」である。目立たないが、知っていると意外と便利。

-phon- (音)

sym**phon**y, tele**phone**, **phon**etic

電話は遠くの音が聞こえるからtele-「遠く」+ phone「音」という。用例はかなり多い。

-pose (置く)

com**pose**, dis**pose**, ex**pose**, im**pose**, op**pose**, **pose**, **pos**ition, pro**pose**

汎用性が高く、意味の一貫性もある重要なもの。com**pose**は「ともに（com-）+ 置く」で「組み立てる」、dis**pose**は「外して（dis-）+ 置く」で「処分する」、ex**pose**は「外に（ex-）+ 置く」で「露出する」。その他も自分で考えてみよう。

pre-/pri- (予め・より前に)

prelude, **pre**dict, **pre**judice, **pri**or, **pre**serve

これも頻度的にはよく出てくる接頭辞。pre-=「より前」はぜひ覚えよう。

prim-/prin- (第一の・最初の)

primary, **prin**ciple, **prim**e, **prin**cipal, **prin**ce

そんなにたくさんは出てこない。上に挙げた例を覚えるのに使おう。

re- (再び・繰り返し・元へ)

refine, **re**vive, **re**store

頻度・意味の一貫性ともにとても重要な接頭辞。**re**commendの時は発

音注意（→p.177, 285）。

retro-（後ろ向きの）

retrogress, **retro**active, **retro**spect

頻度はそれほど高くないが、意味は一貫しているので覚えがいのある接頭辞。「レトロ」は日本語にもなっている。

-rupt（破れる）

ab**rupt**, bank**rupt**, cor**rupt**, inter**rupt**

ほとんどは動詞の語尾に出るので、「（1）語尾から意味が推定できる動詞」（p.14）のところに含めてもいいのだが、abruptのように品詞が違うものもあるので、あえてこちらに含めている。それなりに応用範囲の広い語尾である。

-scend（上る）

a**scend**, de**scend**, de**scend**ent, tran**scend**

上に挙げた語を覚えておけばいい程度の語尾。descendはde-が「下へ」なので結果的に「下降する」になる。

-sid/sed-（座る）

pre**sid**e, re**sid**e, sub**sid**e, **sed**an, **sed**iment

sitとの綴り、音の関連性を指摘するまでもないだろう。かなり応用範囲の広いものだが、相当古いため意味の転化が進み、今では語源とのつながりのほとんどないものも多い。上に挙げた単語の意味を知る手がかり程度に思う方が賢明。

-son-/-sona-（音・響き）

ab**son**ant, con**son**ant, per**son**, re**son**ance, **son**ar, **son**ic, **soun**d, uni**son**

音楽用語によく現れる-son-だが、personの語源が「音」であると知る人は少ないだろう。昔人々は仮面をつけて劇を上演した。仮面をつけているから一見誰だか分からないが、その人物がセリフを言う、つまり声を出すと、それで誰かが知れたのである。その「声によって見分けがつく」という意味が「他とは違う一人の人物」という意味に転化したので

ある。

sub-/sus- (下へ・下から)

subject, **sub**way, **sub**marine, **sub**ordinate, **sub**stance, **sus**tain, **sus**pend

sub-はsup-と対になる接頭辞。sub-は「下」でsup-は「上」。

sup-/super-/sur- (上へ・上から)

suppress, **super**vise, **sur**face, **super**ficial, **super**fluous

sub-と並び、頻度・意味の一貫性ともに重要な接頭辞。

sta-/sti- (静止した・立っている)

stand, **sta**y, **sta**tue, **sta**ture, in**sti**tution, **sta**tion, **sti**ll

頻度はかなり高い。だが、語源的には相当古いので意味の転化が進み、今では元の意味をうかがい知ることが難しい場合もある。ただ、知らない単語に含まれていたら「静止」をイメージするとそう大きく外れることはない。

str- (骨組み・組み立て)

structure, con**str**uct, de**str**oy, indu**str**y, in**str**uct, in**str**ument

struct-までで知っている人も多いだろう。だが、str-だけで意味を持っている。in**str**uctは「組み立て方を教える」、indu**str**yは「せっせと組み立てる」になる。かなり頻度は高いので、知っておくと便利である。

sim-/sym-/syn- (同じ)

simple, **sim**ilar, **sim**ulation, **sym**pathy, **sym**phony, **syn**chronize, **syn**thesis

頻度・意味の一貫性ともに一級の重要性を持つ接頭辞である。ぜひとも覚えておこう。

tele- (遠い)

telescope, **tele**vision, **tele**graph, **tele**phone

termin- (終わり)

terminate, **termin**al, de**termin**e

応用される語数は少ないが、意味が明確なので知っておくと便利。"The

Terminator"という映画で有名。ちなみに日本の大きな駅には「ターミナルホテル」という名前のホテルがあるが、アメリカ人は泊めない方が賢明。いや、泊まりたがらないはず。彼らの耳にはTerminal Hotelというと「お終いホテル」「お陀仏（そこで死ぬ）ホテル」に聞こえる。

-tempor- (一時の)

con**tempor**ary, **tempor**ary, **tempo**

日本語では「テンポ」というカタカナ語が有名。元は「一定の期間」を示す語。

terr-/geo- (地面)

terrace, **terr**itory, **terr**estrial, Medi**terr**anean, **geo**logy, **geo**metry, **geo**graphy

geo-は三つの学問の名前に使われるのが代表的。terr-はより一般的な語で、「テラス」はすでに日本語化している。受験的にはterritoryが最も頻出。

trans- (移動・変化)

transplant, **trans**cend, **trans**port, **trans**form, **trans**ition, **trans**it, **trans**late, **trans**mit

頻度もかなり高く、意味も明確で覚えやすい。trans-を見たら移動の「移」か変化の「変」という字だと思うこと。

uni- (同じ・一つ)

unity, **uni**on, **uni**versal

頻度・意味の一貫性ともに最重要な接頭辞の一つ。応用される語の範囲も広い。universeは普通「世界」と訳されるが、uni-が使われているため、世界を「一つのまとまり」と捉えている感じがある。universalはそこから生まれた形容詞で、「いつでも・どこでも・誰でも同じ」という意味になる。

voc-/-voke (声・音)

ad**voc**ate, equi**voc**ate, **voc**abulary, **voc**al, e**voke**, pro**voke**

もちろんvoiceと関係の深いパーツである。音・声・言葉といった連想

を通じて意味が推量できる（p.15 -voke参照）。

-ward(向き)

for**ward**, down**ward**, to**ward**s（to**ward**に注意）

to**ward**だけが前置詞で（to**ward**sもあり）、後ろに名詞を伴う。

-metr(長さ・大きさ)

sym**metr**y, dia**meter**, baro**meter**

日本では「メートル」という単位で知られているもの。

＊ 数量のパーツ

mono-(1)

monopoly, **mono**rail, **mono**tonous

トンボ鉛筆が鉛筆の名前に「モノ」を使ったのは、鉛筆の芯に使われる黒鉛が単結晶化されたものだったから。ちなみに同じことを三菱鉛筆は「ユニ」という。同じ1でもmono-とuni-と二つあるのは、それぞれギリシャ語、ラテン語の数字だからである。現在の英語では、このギリシャ語・ラテン語源の数字がランダムに使われているので、同じ数字でも必ず2種類の言い回しがあるのだ。それを一覧表にすると以下の通りである。

数	ラテン語（英語の用例）	ギリシャ語（英語の用例）
1	uni-（universe）	mono-（monopoly）
2	bi-（bicycle）	di-（dialogue）
3	tri-（triangle）	tri-
4	quart-（quarter）	tetra-（tetrapod）
5	quint-（quintillion）	penta-（pentagon）
6	sex-（sextant）	hexa-（hexagon）
7	sept-（September）	hepta-（heptagon）
8	oct-（octopus）	oct-（octagon）
9	nona-（nonagon）	ennea-（enneagram）

10	dec-(decade)	dec-
100	cent-(century)	hecto-(hectopascal)
1000	mil-(milligram)	kilo-(kilometer)
半分	semi-(semi-colon)	hemi-(hemisphere)

bi-(2)

bicycle, **bi**lingual, **bi**llion, com**b**ine, **bi**scuit

bi-は「2」である。bicycleは「二輪車」が正しい。ビスケットは「二回焼く」からそう呼ぶのだそうな。

tri-(3)

triangle, **tri**cycle

quart-(4)

quarter, **quart**ette

ちなみに5はpenta-、6はhexa-、7はhepta-、8はoct-、9はnona-。

dec-(10)

decade, **Dec**ember, **dec**iliter

cent-(100)

centimeter, **cent**igrade, **cent**ury, per**cent**

mill-(1000)

million, **mill**ennium

(3)動詞の文型による意味の類推法

　これまでは、単語の音や綴りといった、単語そのものの属性による意味の類推法を学習してきたが、ここからはいよいよ、本書の一番の眼目とでもいうべき「動詞の後ろの型(文型)」による大胆な意味の推定法について語っていきたいと思う。

この項に入るにあたり、記憶のより効率的なあり方について、一つ新しいことを話しておきたい。すでに語ったように、記憶の効率化を図るには、「共通の特徴→同じ意味」という考え方が有効であった。だが、これはこれだけで完全なものではない。どんなルールや原則にも例外は存在するからである。言い換えれば、いかにも共通の特徴を持つように見えても、実は内容が違っていたり、特徴的には違うように見えても内容が一致していたりというものが必ずいくつか存在するのだ。**そして、この「例外」をどう捌くかが、ルールないしは原則が有効なものになるかどうかの鍵を握っているといってもよい。**

　極端な話、例外だらけのルールは、ルールとはいえない。かといって、一つでも例外があったらルールを認めないのでは、ルールそのものを作ることができず、記憶の効率化は図れない。さらに、例外を減らすためにルールを一定以上複雑にすると、複雑すぎてルールとして使いにくい無意味なものになる。そこで、ルールを作る側、それを利用する側は、次のような原理をまず前提として認め、活用していく必要がある。

①ルールはコンパクトで、できるだけ単純であること。
②ルールには例外が少なく、あっても処理しやすいこと。
③例外は例外として認め、それは個々に記憶すること。

　このような考え方に従って、私はこれから動詞の文型と意味の関係のルールを作る（「作る」という言い方には語弊がある。ルールはすでに英語の中にあり、私はそれを導いて見せるだけだからである。いや、「私が」初めて導くのではない。これまでにもこういう考え方は断片的には提示されてきている。何も私が一から思いついたものではない。ただ、こういうことを体系的にまとめようという試みは幾分か新しいという自負はあるが）。従って、諸君もそのような考え方に従って、以下のルール（と例外）を活用してほしい。

繰り返しになるが、その考え方とは、「例外があることを前提にルールを覚えること」「例外は個々に対処すること」である。つまり、ルールとして成り立つ範囲に入るものは、一つ一つ覚えなくてもルールさえ知っていれば対処できる。だが、例外はそれ一つをしっかり覚える以外に対処する方法はない。第2部の単語集でも、その考え方は明確に示していく予定だ。つまり、ルールに含まれるものはそのルールから導けばいいのでいちいち書かないが、一方ルールの例外といえるものは、多少高度な単語であってもあえて覚えてもらうという編集方針で単語を選んである。それが理解できないと、単語集をうまく活用することが難しくなるので了解してほしい。

　英語の動詞には、日本語にはない「文型」という性質があり、それが英文解釈をする上で大きな意味と役割を持つことは拙著『富田の英文読解100の原則（上・下）』（大和書房）の中で繰り返し語ってきた。また、初見の文を見て、最低限の文法情報だけでそこにある動詞の文型を確定する方法についても同書の中で何度も語っているので、ここではそれを繰り返すことはしない。私のこれからの説明は、読者が文型を判断する一定の能力を持っているということを前提としていることを、まずはじめに断っておきたい。その部分に問題点のある向きは、是非『富田の英文読解100の原則』を一読することを強くお勧めする。

　まずは、基本文型と動詞の意味の関係を明確にしておこう。どの文型から意味が割り出せ、どの文型からはできないかを明確に知ってほしい。
　その前に、そもそも**動詞の「型（後ろにくる単語の配列）」が動詞の意味を決める**、という発想そのものを受け入れてもらうことが必要である。これは日本語にはない現象である。なぜこういう発想が英語にはあって日本語にはないのか、考えられる仮説はいくつかあるだろう。たとえば文字の数の問題。日本語には漢字という文字が豊富にある（本来は借

り物だが）ため、文字だけで十分な情報量を提供できたのに対し、二十六文字しか持たない英語では、文字外に情報を埋め込む必要があった、などというのもその一つだろう。ただ、本書は学問的にそのあたりを突き詰めるためのものではなく、より効率よく言葉の意味を覚えることを第一の目的としているので、この種の議論はここではこれ以上展開しない。むしろ、同じ型だと同じ意味になるのはありがたい、という認識を持ってもらえば十分である。

＊ 基本文型で意味の分かるもの

既知のことと思うが、改めて紹介すれば、英語には五つの基本文型がある。〈SV〉〈SVC〉〈SVO〉〈SVOO〉〈SVOC〉である。このうち、文型だけで意味がほぼ一定に決定されてしまうのは、〈SVC〉〈SVOO〉〈SVOC〉の三つである。

この件でおそらくもっとも有名なのは〈SVOO〉文型だろう。この文型の動詞は一般に「**授与動詞**」と呼ばれる。というのは、この文型になると意味が自動的に「与える」になるからである。つまり、文型が〈SVOO〉なら、自動的に意味が「与える」になる道理だ。

His first work won him recognition as a great writer.
(彼の最初の本が、彼に優れた作家だという評判を与えた)

He allowed his son some money every month.
(彼は毎月息子に何がしかの小遣いを与えた)

Please reach me the book over there.
(あそこの本をとってくれませんか)

次に有名なのが〈SVC〉文型である。この文型の意味はすべて「**S＝Cだ**」を基本にしている。ただし、動詞によって意味の末尾が［①～になる（動作）、②～である（状態）、③～に見える（印象）］のどれかになる。この文型の動詞は、seem を除き、この文型だけをとるというこ

とはなく、必ず〈SV〉〈SVO〉いずれかの文型を他に持つので、その時のその動詞の意味から矛盾なく導けるものを三つの中から選ぶことになる。

He looked very sad.
(彼＝悲しいに見えた→彼は悲しそうだった)
We grew familiar with the beauty of the place.
(我々＝その場所が美しいことに慣れている状態に徐々になった
→我々はその場所の美しさにだんだん慣れっこになった)
He kept silent.
(彼＝黙っている状態を維持した→彼は黙ったままだった)

さらに〈SVOC〉文型。この文型の意味は一つではない。二つである。一つは、「OがCだと思う・言う・感じる」という意味で、その場合動詞は「知覚・思考・発言」(感じる・思う・言う)の意味、もう一つは「Sによって(のせいで)OがCになる」という「因果関係」の意味で、その場合の動詞は「右向きの矢印」の意味になる。二つ意味があると、どちらを選ぶかが問題になるが、それについてはいくつかの情報から多角的に考える。

考えるべき手がかりを列挙すると［OとCの間に to be が入っている場合は「知覚・思考・発言」］、［主語が人間でない時は「知覚・思考・発言」にはなりにくい］［SとOCの関係が矢印で結べるかどうか］などである。

Our teacher admitted his question to be inappropriate.
(先生は自分の質問が不適切だったことを認めた)
Our teacher persuaded us to help him to wash his car.
(先生は私たちに洗車を手伝わせた)

大胆に言えば、〈SVOO〉〈SVC〉〈SVOC〉文型については、文型さえ

割り出せれば辞書は引かなくても意味は特定できると言い切ってしまうことができる（もちろん〈SVOO〉文型に一部例外はあるが）。

一方、残った〈SV〉〈SVO〉二つの文型はどうか。実は**〈SV〉文型**の方は意味は多くの場合二つに一つ、**「存在」**か**「変化・進行」**を示している。それも、「方向を示す語句」が同時に出てくれば「変化・進行」、それ以外は「存在」と考えると、見分けるのも比較的簡単だ。

We all jammed into the car.
（我々は全員無理やり車に乗り込んだ）
［intoという方向を示す語句の存在からjamは「進行」］
We lingered in the hall after his speech was over.
（彼の話が終わってからも我々はその会場にとどまっていた）
［方向を示す言葉はないのでlingerは「存在」］

では、他の三つの文型と同じように、「文型によって意味が分かる」と言い切ってしまえばいいじゃないか、と言われそうだが、どっこいそれは難しい。というのは、例外がかなりあるのだ。だから先の三つの文型の時のように、断定調では言いにくい。「もし知らない単語だったら二つのどちらかにあてはまると考えてみると、救われる可能性が結構高いですよ」くらいの弱腰な態度しか取れないのだ。ただ、ではルールがない、と言い切ればいいかというと、打率的には先ほどの二つの意味のどちらかの範囲にあてはまることがかなり多いので、ルールがないと考えるのは効率が悪い。

最後に**〈SVO〉文型**だが、これについては**「一定の意味はない」**と言い切ってしまった方がいいだろう。
基本文型と意味の関係についてまとめておくと次のようになる。

	一定の意味	備考
SV	①存在　②変化・進行	例外が多い。[方向]を示す語句に注目すると二つの中から選択できる。
SVC	S=C	～になる(動作)・～である(状態)・～に見える(印象)の三種類。
SVO	目的語がthat節の場合「思う、言う、示す」他は一定の意味はない	「SがOに働きかける」という意味になるものが多いので、広い意味で右向きの矢印になるといえるが、それだけでは意味を出しにくい。
SVOO	[与える]	take, cost, oweなど、例外と考えるべきものあり。
SVOC	①知覚・思考・発言②因果関係	OとCの間にto beがあれば①。主語が人間でない場合は②。SとOCの間に因果関係があれば②。

＊文型の概念を前置詞や副詞によって拡張すると一定の意味が出るもの

　すでに分かった通り、英語の動詞のうち〈SVC〉〈SVOO〉〈SVOC〉文型をとるものはそれだけで一定の意味になり、それ以上心配する必要がない。一方、〈SV〉〈SVO〉文型の動詞は文型だけでは意味が明確にならず、他の対処法が必要となる。しかも、当たり前のことだが、この二つの文型をとる動詞の方が（中でも〈SVO〉になるものが）英語の動詞の中では他の文型のそれより圧倒的に数が多いのだ。つまり、何とかして〈SV〉〈SVO〉文型の動詞の一般的な意味の出し方を見つけ出さないと、ほとんどの動詞は（語尾や綴りのルールは使えるにしても）一つ一つ暗記という膨大な作業に付き合わざるを得なくなる。

　すでに述べたように、基本文型という型だけでは一定の意味は出てこない。だが、型を基本文形の五つに限る必要はないと考えれば、とたんに道が開けてくる。そこでまず使うのが前置詞である。動詞の後ろに一

定の前置詞を持つ場合、広い意味で「型が同じ」といえるから、同じ意味を持つと考えていくことができる。

＊[SV＋特定の前置詞…]という型をとるもの

型	意味	例	備考(例外など)
SV＋at X	Xめがけて(視線・敵意・指・言葉・意志・もの)を投げつける→見る・狙う・たどり着く	look at, stare at, aim at, arrive at, attempt at, stand at, sneer at	
SV＋by X	X(ルール・原則など)を守る・Xに従う	abide by, live by, stand by	
SV＋for X	X(方向・目標など)へ向かう・求める	look for, long for, hope for, hunt for, call for	stand for X「Xを表す」「Xに賛成する」
SV＋from X	①Xから生じる ②Xから離れる	stem from, arise from, pop from, emerge from	
SV＋into X	①Xの中に入る ②Xに変わる	①go into, jam into, ②turn into	
SV＋of X	X(話題・テーマ)について語る・考える	speak of, complain of	consist of X「Xでできている」
SV＋on X	X(根拠・よりどころ)に頼る・基づく	depend on, rely on, count on	reflect on X「Xについて考える」、dwell on X「Xについて語る」、focus on X「Xに集中する」
SV＋to X	①Xに達する ②Xにくっつく ③Xに従う	cling to, contribute to, lead to, amount to	
SV＋with X	Xと付き合う(仲良くする／対立する)	compete with, conflict with, compare with	

＊SV＋A 前置詞B（SVO＋前置詞）

型	意味	例	備考（例外など）
SV＋A with B	①AにBを与える ②AをBと結びつける	①provide A with B ②associate A with B	
SV＋A for B	①AをBと交換する ②AをBのことでほめる・責める ③AにBを求める	①exchange A for B ②criticize A for B ③ask A for B	②の例外：charge A with B, accuse A of B, congratulate A on B, compliment A on B
SV＋A on B	AをBに与える	place A on B, impose A on B	
（1）SV＋A of B	AからBを奪う	rob A of B, cure A of B	
（2）SV＋A of B	AにBを伝える	inform A of B, warn A of B, notify A of B, remind A of B	
SV＋A into B	①AをBの中に入れる ②AをBに変える	①let A into B ②turn A into B, translate A into B	
SV＋A from B	①AをBから切り離す ②AをBと区別する	①separate A from B ②tell A from B	
SV＋A as B	A＝Bだと思う	regard A as B, refer to A as B	
SV＋A to B	AをBのために使う・AをBにあてはめる・AをBの状態にする	devote A to B, apply A to B, reduce A to B, assign A to B, adjust A to B, adapt A to B	attribute A to B, ascribe A to B, put down A to B（AをBのせいだと考える）
SV＋A in B	AをBの中に入れる	absorb A in B, put A in B	この形を受身で書くと「AがBに関わる」という意味になる。

(3)動詞の文型による意味の類推法

次に、同じようなものを副詞で探してみよう。〈SV〉文型にも〈SVO〉文型にもやはり副詞を伴って意味が一定になるものがある。

SV＋副詞
SV＋away（遠ざかる）go away, stay away
SV＋back（さかのぼる）go back, turn back
SV＋in（入る）turn in, come in
SV＋on（続く）go on, carry on
SV＋out（表に出る・現れる）turn out, stand out
SV＋up（立ち上がる・急に現れる）come up, turn up, prop up

SV＋副詞＋O
SV＋away＋O（Oを捨てる・片付ける）put away, throw away, take away
SV＋back＋O（Oを元へ戻す・引き戻す）take back, hold back
SV＋on＋O（Oを付着させる・引き受ける）put on, take on
SV＋out＋O（Oを見つけ出す・生み出す）make out, figure out, work out
SV＋off＋O（Oを外す）take off
SV＋over＋O（Oを引き取る・引き継ぐ・渡す）take over, put over

＊形容詞のうち、後ろの前置詞で意味が類推できるもの

後ろにくる前置詞によって意味が類推できるのは動詞だけではない。形容詞にもそういうものが多くはないがある。

〈be〉[形容詞] at X：（Xが得意・不得意）
〈be〉[形容詞] from X：（Xから離れて・異なる）
〈be〉[形容詞] to X：（Xに近い・似ている）

他にも感情の動詞から生まれた Vp.p の場合、後ろに続く前置詞によって感情の種類に見当がつく。

［気持ちを抱く人間］〈be〉Vp.p at X：(意外・落胆)
［気持ちを抱く人間］〈be〉Vp.p with X：(満足・安心)
［気持ちを抱く人間］〈be〉Vp.p of X：(恐怖)

ただし、形容詞はその数もかなり多いので、単にこれだけで問題がすべて片付くとは思わない方がいい。あくまでも知らない時の緊急避難用である。

(4)パターンによる動詞の理解

単語を覚えるにあたって、覚えることを強く意識するのは何よりも「意味」だが、それ以外にもその単語を使う時の決め事をあれこれ覚えなくてはならないのはおそらく諸君も意識しているだろう。

だが、これも個々に覚えるべきものと、パターン化して覚えるべきものとに分けられる。個々に覚えるべきものを覚えていないと対応できないし、かといって原則があるものをすべて個々に覚えるのは非効率である。ここからしばらくは、そのあたりの交通整理をしておきたい。

* 目的語にとるもの

他動詞は必ず目的語をとるが、特に〈SVO〉文型の場合、目的語にくるものが決められている場合がある。たとえば help が「助ける」の時には目的語にくるのは「人」であって、仕事を目的語にとることはできない。「仕事を手伝う」という時は help with 仕事、という書き方をする。これは help に固有のことであって、それ以上の一般化はできない。従って個々に記憶していく必要がある。第2部の単語集には、このような事項が必ず触れられているから、しっかり覚えてほしい。

だが一方で、きちんとした原則があって目的語の種類が決まっている場合もある。そのような場合は暗記に頼るより、原則を理解する方が効率がいい。その典型的な例が、目的語に to V がくるか Ving がくるかという問題である。これは文法的に有名な話で、私も著書の中で何度か触れたことがあるから、いまさらここで説明するまでもないかもしれないが、今まで聞いたことがないという諸君のために、あえて再録することにしよう。

✴ 目的語がto VかVingかの判別法

　to V と Ving の一番の違いであり、しかもその運命を決定付けているのは to V「不定詞」が to で始まっているという事実である。この to は文法上副詞に分類されるが、内容的には前置詞の to と同じで右向きの矢印を意味している。つまり to V は「これから V する」「V する方向に向かう」という意味をはじめから持っているのだ。

　そこで、「これからすること」「する方向に向かうこと」を語るような動詞の目的語には to V が使われるが、そうでないすべての動詞には Ving を使うことになる（Ving は to V を補完するものだから、当然「すでにしていること」「する方に向かわないこと」を示す）。

　具体例を挙げよう。promise は「約束する」だが、人は「これからすること」しか約束できない。すでにやっていることはいまさら約束の対象にはならないのだ。しかも「約束する」ということはある行動を「する方に向ける」ことでもある。従って、promise の目的語は不定詞で promise to V となり、Ving は使わない。これは「望む」（want など）、「決める」（decide など）でも同じことである。

　反対に、stop が他動詞の場合、目的語にくるのは「すでにやっていること」である。当たり前の話だが、人間やっていないことはやめられない。諸君も行っていない大学を辞めることはできないだろう。従って stop の目的語は Ving であり、to V は目的語になれない。finish や

enjoyとて同じである。「すでにやっていること」以外楽しいはずはないのだ。他にも mind や give up の目的語は Ving になるが、それは「いやがる」「あきらめる」は「やらない方向」を示すからである。やらない方向に向かう場合、不定詞は使われない。こういうことをきちんとわきまえていれば、単語ごとに目的語に to V をとるのか Ving をとるのか悩む必要はなくなる。また、to V、Ving 両方を目的語にとる場合の意味の違いも暗記しなくても理解できるようになる。

ただし、すでに触れた話だが、原則があれば必ず例外がある。例外は、ルールがあてはまらないものなのだから覚えてしまうほかない。もちろん、例外というくらいなのだから、そう数があるはずもなく、覚えるのに苦労はないはずだ。

【to V・Vingを目的語にとる場合の例外】
suggest Ving「Vすることを提案する」, consider Ving「Vしようと思う」
(どちらも、これからすることなのにVing)
refuse to V「Vすることを断る」, hesitate to V「Vすることをためらう」
(どちらも、「しない方に向かう」のにto V)
cease to V／cease Ving「Vでなくなる／Vをやめる」
(ceaseの場合、後ろの動詞が状態動詞ならto V、動作動詞ならVingという特殊な基準がある)

＊Cにくる語句の記憶法

同じようにC（補語）にくる語句も暗記の対象となるが、これまた「覚えるしかない」ものと、「原則に則って考えれば分かる」ものとがある。

＊使役動詞・知覚動詞とCにくる準動詞

この情報は残念ながら覚える以外ない。しかも make, have, get, let など、頻度もきわめて高いものについての知識だから、必ず暗記してもらう必要がある。

【覚えるべき動詞とCにくる準動詞の種類】

make：V(原)、Vp.p(to V、VingはCにならないことがとても重要)
have：V(原)、Ving、Vp.p(to VはCにならない)
get, set：to V、Ving、Vp.p(V(原)はCにならない)
let：V(原)のみ。
keep, leave, find：Ving、Vp.p(V(原)、to VはCにならない)
see, hear, feelなど知覚動詞：V(原)、Ving、Vp.p
※makeおよび知覚動詞が受動態の場合、CにはtoVかVp.pがくる。V(原)不可。

＊因果関係のSVOCに現れる二つのパターンと意味の関係

　因果関係を示すSVOC文型で、上に挙げた使役動詞以外のものの場合、後ろのパターンは意味によって二種類ある。これはパターン化できるので一つ一つ暗記する必要はない。

(a)「OがVする方向に向ける」意味の動詞（願望・命令・促進・依頼・許可）

$$V + \begin{cases} O\ to\ V \\ O\ into\ Ving \end{cases} \longrightarrow$$

　これは「目的語が to V か Ving かの判別法」(p.50)のところでも語ったことだが、不定詞の to、前置詞の into ともに右向きの矢印の意味があり、V「する方向」を示す。従って、以下のような動詞はすべて後ろにこの形（特に O to V）をとる。want, tell, ask, order, encourage, persuade, allow, require など。応用的だが、plead with O to V も同じ。with が挟まるのが特殊だが、それさえ覚えておけば他と同じである。

(b)「OがVしない方向に向ける」意味の動詞（妨害・禁止）

V + O from Ving
　　　　⟵

　(a) の to V, into Ving と比較してみれば明らかだが、**from は左向きの**

矢印である。従ってVすることから離れる、すなわちVしなくなるという意味を持つ。以下のような動詞はすべて後ろにこの形をとる（talk のみ後ろは O out of Ving）。prevent, retard, stop, keep, hinder, prohibit, ban など。

だが、今の話にも（a）（b）それぞれに有名な例外がある。それは例外なので、覚えて対処してもらう以外にない。

【(a)の例外】：demand。demandはO to Vを後ろにとらない。demand to Vにはできる。

【(b)の例外】：forbid。forbidは「禁止」なのに、forbid O to Vとなる。

（5）「同じ形の反復」を使って未知の単語の意味を導く

最後に、これは記憶とは意味の違うことだが、知らない単語の意味を「同じ形の反復」を使って導くヒントを与えておこう。

単語集を書いておいてこんなことを言うのも何だが、いくら諸君が単語を覚えても、入試では諸君は必ず知らない単語に出会うはずだ。一般的に言って、無限の知識を持つ人はいないということもあるが、それより「知らないものに出会わせる」のは入試の出題者の作戦の一つだからである。人間は「知らないものに出会った時」にどう反応するかで、その本当の能力が分かるとよくいわれる。だから、**出題者としては諸君が知るはずのない単語をあえて提示して、それを諸君がどう乗り越えてくるかを観察しているのだ。**だから入試会場で諸君の知らない単語に限って意味が問われるのは決して諸君の生まれた星のめぐりが悪いからではなく、それこそが相手の狙いだからである。その意味では、究極の単語力とは、知らない単語の意味を割り出すことなのだ。

各言語には、やはりそういう「未知のものの意味の出し方」の作法がある。たとえば日本語では、前にも述べたように漢字の成り立ちに注目する方法がある。その英語版が、「同じ形の反復」なのである。このこ

とについてはすでに一度本書の中で説明してある。簡単に繰り返して例を挙げよう。二つの部分が、あえて同じ形の反復で書かれているのは、著者がその両者の間に何らかの関係を見出している証である。そして一般に二つのものの関係とは、突き詰めれば「同じ」か「反対」のどちらかなのだ。そこで、何らかの手がかりによって「同じ」か「反対」かを特定できれば、それを利用して単語の意味を決定することができる道理である。

> 例題：下線を引いた単語の意味を推定せよ。
> For example, prolonged trauma can cause <u>atrophy</u> of neurons in a brain region called the hippocampus, which is central to learning and memory, while causing expansion of neurons in the amygdale, a region critical to fear and anxiety.

　上の文章は大脳生理学について分かりやすく説明したものの一節であるが、いくら一般向けといってもやはり専門的な内容にわたるため、いくつかの専門用語が使われている。atrophyもその一つだ。正直言って、英語圏の人でもこの単語を知らないという人はかなりいるだろう。ただ、この文章を読む限り、辞書を引いてこの単語の意味を調べる人はいないだろうが。

「同じ形の反復」を見つけるのに必要なのは、「大づかみに文を見る目」「広い範囲を見渡す視線」である。単語の本というと細かい話に終始しがちになるため、諸君の中にちまちました視線を与えてしまう危険があるが、それだけでは「同じ形」にはなかなか気づきにくい。

　上の文で同じ形になっているのは、種明かしをしてしまえばcause atrophy of neurons in…とcausing expansion of neurons in…である。一方は助動詞の後で原形であり、もう一方は接続詞＋Vingになって分詞構文化しているため、一見同じ形が崩れているように思われるが、分

詞構文だということは主語はその部分の全体の主語、すなわち can cause の主語と同じはずであり、原形と Ving という違いを除けば、ごくそっくりな形で書かれている。

　　cause　　atrophy　　of neurons in …
　　causing expansion of neurons in …

　上下を見比べれば明らかなように、atrophy と expansion 以外は全く同じ構成である。すると atrophy と expansion は互いに「同じ」か「反対」のいずれかの意味を持つはずだ。「同じ」なのか「反対」なのかの決め手は while である。これは「対比」に使うことはあっても「同じ」になることはないから、while によって指示されている atrophy と expansion の関係は互いに「反対」だと分かる。expansion は expand からきていて、「拡大」であると知っているはずだから（基本単語だ）、atrophy は「拡大」の反対で「縮小」に関係のある意味だと分かる。辞書を引けば atrophy ＝「萎縮」と書いてある。してやったりである。

　以上、単語を覚えるのにいかに効率をよくするか、また、覚えていない単語の意味をいかに導くかのヒントを書き連ねてきた。だが、この種の説明は本書ではここまでにしよう。ここからは実際にどのような単語を、何に目をつけて覚えていくべきかを提示していきたい。それすなわち我々の提供する「単語集」である。

第2部
単語解説

第2部は単語を列挙して説明していく。説明文中に出てくる(ア)や(イ)は別冊の例文と対応しているので、見比べながら理解を進めてほしい。

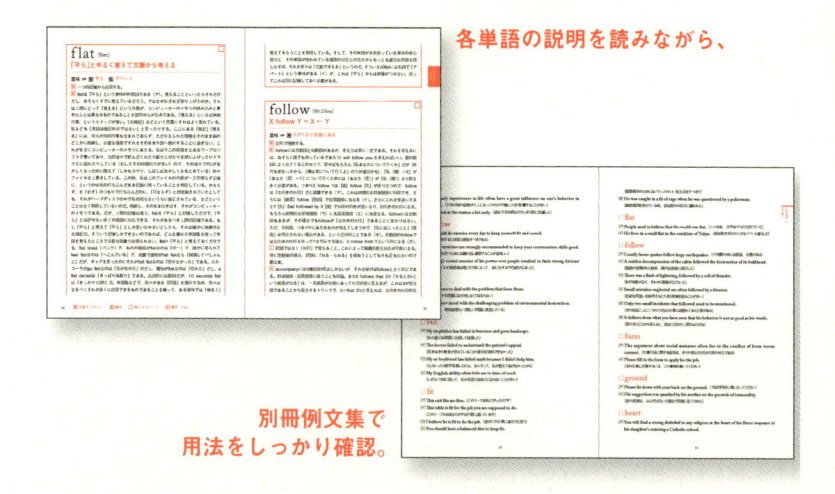

各単語の説明を読みながら、

別冊例文集で
用法をしっかり確認。

レベルの解説

LEVEL 1：きわめて初歩的な単語でありながら、見落としがちな点が残りやすい単語をここでは取り上げた。ほとんどはすでに覚えている単語のはずだが、説明の記述を熟読すれば、必ず新たな発見があるはずだ。

LEVEL 2：少し易しめではあるが、試験では解答上重要な鍵を握る単語のグループ。問われるポイントに焦点を当てた記憶を構築しよう。

LEVEL 3：試験で最もよく問われる単語を集めたグループ。単に文中に出るだけではなく、解答の鍵になることが多い単語。その問われるポイントを、ぜひとも頭に入れて欲しい。

LEVEL 4：抽象的な意味を含むが、文章の中で正しい理解が求められる単語のグループ。

LEVEL 5：問われる頻度は低いが、正しい理解がないといざという時困る単語を集めたグループ。

LEVEL 1

agree [əgríː]
後ろの表現によって、使う前置詞が異なる

意味 ☞ 動 ①同意する　②支持する

▶ agree with [人・考え]「[人・考え] に同意する」(ア)。agree to [計画・提案]「[計画・提案] を支持する」(イ)。agree on [話題・テーマ]「[話題・テーマ] に関して同意する」(ウ)。他に他動詞もあるが、多くはthat節が目的語 (エ)。

busy [bízi]
後ろに続くのは(in)Ving

意味 ☞ 形 ①忙しい　②〜するのに忙しい　③混雑している

※ 後ろに続く表現。意味の仕分け。

▶ busyは基本語で「忙しい」(ア) だが、「Xするのに忙しい」という時は〈be〉busy (in) Ving (イ) であり、to Vは使えない。これは誤文訂正で頻出するし、英作文でも間違いやすいポイント。また、busyはある種の「混雑」を表すが、その時の主語は何らかの「通り道」である (ウ)。もっとも有名なのは「電話が話し中」という意味のThe line is busy. だろう。電話線という通り道が混雑して通りにくい、というわけだ。だから同じ混雑でも「量が多い」時はheavyを使う (The traffic is heavy.) し、「人が多い」時はcrowdedを使う (The train I took was very crowded.)。電車がいくら混んでいても、電車そのものは「通り道」ではない (電車の中を通ってどこかに行く人はいない) から、busyではない。同じく人が多くて混んでいても、「道路が混んでいる」場合にはThe street is busy.である。

! 後ろがin Xになること。「混雑」の場合の主語。

call [kɔːl]

名詞のcallは「電話機」の意味にならない

意味 ☞ 動 ①〜と呼ぶ ②電話をかける 名 電話をかけること

※ 多品詞語。品詞によって意味が異なる。

▶ 動詞としてはSVOCが頻出「OをCと呼ぶ」(ア)。この場合受身になっても後ろにCがあることがポイントで、読解でよく問われる(イ)。ただしここでメインに取り上げるのは「電話」に関する話である。動詞のcallにはSVOで「電話をかける」があり、目的語には「相手」がくる(ウ)。全く同じようにphone, telephoneという動詞も使う。同じように「電話をかける」であり、目的語は「相手」だ。だが、call, phone, telephoneが名詞として使われる場合、callだけが意味が異なる。名詞のtelephone, phoneは「電話機」という意味になるのに対し、callは「電話をかけること」という意味になる(エ)。もしGive me a telephone.と言うと「電話機をくれ」ということになるが、Give me a call.なら「電話をかけてくれ」である。反対に「電話を貸してくれ」という時にMay I use your telephone?とは言うが、May I use your call?とは絶対に言わない。

! 文型、特にSVOC。「電話」に関する意味の区別。

capable [kéipəbl]

ableとの違いは of Vingと叙述用法

意味 ☞ 形 有能な

※ 後ろに続く語句。

▶ capableは「有能な」という意味の形容詞で、意味の点ではableと全く同じだが、二つの点においてableと異なる。一つは後ろに続く形。ableは〈be〉able to Vだが、capableは〈be〉capable of Ving(ア)である。また、ableは単独で使う時には「限定用法」(前からかかる用法)しかないが、capableは単独でCになることもできる(イ)。

! 後ろに続く形を強く意識する。

★ 名詞形にはcapabilityとcapacityがあるが、capabilityが通常の「能力」であるのに対し、capacityは「収容能力」という意味である。

change [tʃéindʒ]
後ろにinがくる

意味 ☞ 名 ①変化　②つり銭・小銭

※ 後ろに続く前置詞。第二の意味。

▶ ほとんど日本語化していて馴染みのあるchangeを取り上げる理由は、名詞のchangeを使って「Xが変わる」を表現する時、change in Xと前置詞はofではなくinが使われる（ア）ことを強調することにある。本来は動詞であれば「YがXという点で変化する」だからY change in Xという言い回しが成立するのだが、日本語でも簡便には「YのXが変化する」と表現しがちだ。英語でもそれを名詞化すると当然a change in X of Yとなるのだが、日本語的に見て「が」にあたるのがinになるため、通常の「格を表す前置詞はof」というルールと相反するように見えてしまう。しかも「が」にあたるところにinを使うという用法は、名詞が「変化」に該当すればすべてにあてはまる一般性の高いルールである。そういう「変化」の中には「増減」も当然含まれるので、たとえばincrease in Xやrise in Xなどという表現もすべてそれにあたる。もう一つ、名詞のchangeには「つり銭」「小銭」（イ）という意味もある。入試的な頻度は低いが、会話問題などでは散見される。

❗ 名詞の場合、後ろに続く前置詞がinであること。

dinner [dínə]
①常に単数形無冠詞
②「晩餐会」の意味では「数えられる名詞」

意味 ☞ 名 ①夕食　②晩餐会

※ 冠詞に関する理解。

▶ dinnerには二つの意味がある。「夕食」（ア）と「晩餐会」（イ）である。「夕食」の時は「数えられない名詞」、「晩餐会」の時は「数えられる名詞」。この件に関して重要なことは、dinnerに限らず、「食事名は常に単数形無冠詞」という事実だ。breakfast, lunch, supper, dinnerどれをとっても、常に単数、常に無冠詞で使う。単に数えられるかどうかの問題ではなく、theのような定冠詞や人称代名詞所有格さえもつかない。要するに「何もつかない」のだ。ちなみにmealは「食事」という意

味だが、これは「食べるもの」を指すので通常の数えられる名詞扱いになる。

! 無冠詞・単数形で使うこと。

easy [íːzi]
気づきにくい二つ目の意味「ありがちな」

意味 ☞ 形 ①簡単な ②ありがちな

※ 意味が二つあること。

▶ とても有名な形容詞だが、意味が二つあることを意識している人は少ない。easyの意味を漢字一文字で表せば「易」だが、これには二つの意味がある。一つは「簡単な」(ア)。もう一つは「ありがちな」(イ)。どちらの意味も同じくらいの確率で出てくるが、多くの諸君は(ア)しか記憶していない。はじめからバイアスのかかった目でものを見ていると、もう一つの可能性にはなかなか気づきにくいものである。二つの意味があるという事実をまずしっかり意識して、常に両者に目配りしながら意味を決める必要がある。

! 「ありがちな」という意味を正しく覚える。

★ easyの元になっているのはease。これには名詞と動詞があり、名詞の場合は「楽」。反対語はuneaseが精神的な意味での「不安」、diseaseが肉体的な意味での「病気」。どちらも「楽ではない」という意味ではあるが。動詞のeaseは「楽にする」が基本で、ease A of Bという形がある。ただし、動詞はあまり見かけない。

end [end]
意味は「終わり」「端」「目的」の三つから選ぶ

意味 ☞ 名 ①終わり ②端 ③目的

※ 多義語。

▶ 意味が三つある。「終わり」(ア)、「端」(イ)、「目的」(ウ)である。そのことに目配りしつつ意味を決定すべきである。the end of the journeyが必ずしも「旅の終わり」ではなく、「旅の目的」の可能性も「旅の始まり(旅の一方の端)」の可能

性もあることを想定すべし。
[!] 三つの意味を正確に覚え、いつもそのどれであるかを選択する意識を持つこと。

enough [inʌ́f]
①形容詞では、かかる名詞の前
②副詞では、かかる形容詞・副詞の後ろ

意味 ☞ 形 十分な数・量の 副 十分に
[※] 基本語だが、品詞によって置かれる位置が異なる。
[▶] 後ろにto Vやthat節を従えて「程度」を示すことは有名。だが、形容詞「十分な数・量の」(ア)の場合はかかる名詞の前に置かれ、副詞「十分に」(イ)の場合にはかかる形容詞・副詞の後ろに置かれるということをしっかり記憶すること。enough good wineはenoughがgoodより前にあるので、このenoughはgoodではなくwineという名詞にかかっていると考え、「十分な量の質のいいワイン」。good enough wineはgoodの後ろからenoughがgoodにかかると考えて(もしenoughが「数量の形容詞」なら、他の形容詞より前に置かれるはず)「質の十分よいワイン」になる。
[!] 品詞による位置関係。
[★] 整序問題などでは要注意。… enough to V=so … as to Vやso … that節= enough that節も注意。

equal [íːkwəl]
形容詞なら後ろの前置詞はto、名詞化した時はof

意味 ☞ 形 等しい 名 対等の人物・もの
[※] 前置詞による品詞の違いに注意。
[▶] 「イコール」はほぼ日本語化していて「同じ」という意味である。sameが必ずthe sameとtheを伴う特殊な単語であるのに対し、equalは純粋に形容詞だから冠詞はつかない(名詞化したものを除く)。またsameは「外見・中身すべて同じ」で

あるのに対し、equalは「見かけは異なっても本質は同じ」である。形容詞の場合は後ろに前置詞toを伴ってequal to Xで「Xと等しい」（ア）だが、名詞化したequalにはan equal of Xとofを伴って「Xと対等の人物・もの」（イ）という形もある。

fair [fɛə]
複数ある形容詞の意味を正しく覚える

意味 ☞ 形 ①公平な ②そこそこいい ③金髪の ④晴れの 名 ①祭り・縁日 ②博覧会

※ 多品詞・多義語。

▶ 日本語で「フェア」といえば「公平な」「いかさまをしない」だろう。もちろん、英語のfairにも「公平な」（ア）という意味がある。だが他にも、何かの出来が「そこそこいい」（イ）、髪の毛が「金髪の」（ウ）、天気が「晴れの」（エ）などと色々ある。fairには名詞もあって（偶然同じ綴り、同じ発音なだけ）、この「フェア」も日本語化しつつある。元は農産物などの「品評会」のことだが、「祭り・縁日」「博覧会」（オ）という訳語が一般的。

! 形容詞の意味が複数あることを正しく覚える。

famous [féiməs] /known [noun]
「有名な」の使い分けに注意

意味 ☞ famous 形 (いい意味で)有名な known 形 (ある事実が)知られている

▶ famousは「有名な」という意味だと思われているが、正しくは「いい意味で有名な」（ア）ということである。たとえば、「日本人は視力が悪いので有名だ」という時にはfamousは使えない。単にある事実が「知られている」という意味で有名な場合にはknownを使う（イ）。さらに、「ロサンゼルスは治安が悪いので有名だ」のように、「悪い意味で有名だ」という場合にはfamousの反対語のinfamousか、そ

の同義語であるnotoriousを使う（ウ）。ちなみに、有名になるには理由があるはずだが、その「理由」を示す言葉をXとすれば、for Xになる。「有名」になるにはそれと引き換えに何かをする必要があるから、交換のforが使われる理屈だ。後ろに続く前置詞に関して重要な使い分けがあるのがknownだろう。可能性は三通り。⟨be⟩ known for X（ア）、⟨be⟩ known by X（エ）、⟨be⟩ known to X（オ）である。このうち、forの説明はすでにすんだ。重要なのはS ⟨be⟩ known by Xで、これは「XによってSの素性が分かる」という意味になる。これがあるせいで、knowを受動態にした時に能動態の主語をby Xにはできないのである。そのかわりに用意されているのがY ⟨be⟩ known to Xで、これはX know Yと同じく「XがYを知っている」になる。

[!] knownに関する前置詞の使い分けに注意。

[★] infamousはfamousの「反対語」であるが、「無名な」ではない。これはよくあるタイプの誤解である。

far [fɑː]
様々な使用法の細部に注目

意味 ☞ 形 ①遠い　副 ①遠く　②はるかに・ずっと

▶ farは元々「遠い」（ア）で形容詞だが、「遠く」（イ）と副詞化し、そこから他の形容詞や副詞の比較級などについて「はるかに・ずっと（=much）」（ウ）となった。特に（ア）については、「距離」ならfar、「所要時間」ならlongという使い分けが基本中の基本である。How far is it to X?は「Xまでの距離はどのくらいか」、How long does it take to go to X?は「Xまでの所要時間はどれくらいか」であることは、中学で既習のはず。（ウ）については、muchと同じように「比較級」ないしは「比較に関わるもの」にのみかかることに注意。たとえば、bigという形容詞には「比べている」というニュアンスがないので、far bigとは言わない。differentは「比べている」というニュアンスがある（比べなければ「違う」とは言わない）のでfar differentとは言う。同じbigでも比較級biggerならfar biggerと言うし、too big（「過ぎる」というのは常に「基準と比べて」になるので）はfar too bigと言える。

[!] go so far as to V「Vするところまで行く」（エ）といった慣用表現も覚えよう。

[★] farの比較級にはfartherとfurtherがある。元々は「距離」はfarther、「程度」はfurtherという区別があったが、今ではfurtherがほとんどの場合に使われる。つまり、

現時点ではこの区別が入試に出ることはない。英作文ではfurtherを書いておけば無難。

fine [fain]
名詞の「罰金」は見落としがち

意味 ☞ 形 ①細かい ②素敵 ③(健康状態が)いい、(天気が)いい
名 罰金

※ 多品詞・多義語。

▶ fin-は「終わり」という意味であることはパーツの項（p.31）で説明した通り。形容詞のfineが「素晴らしい」という意味になるのも、「最後まで仕上がっている」という意味だからである。最後まで手を加えることから、「細かい」（ア）、「優れた」（イ）という意味も生まれた。そこから肯定的な状態全般を表すように意味が拡張され、「気分がいい」「天気がいい」などの意味が生まれたと考えられる。名詞のfineは「罰金」（ウ）で、一見無関係に見えるが、これもパーツで説明した通り、「最後は金で決着をつける」ことからきている。

形容詞のfineの前に繰り返しを示すreがついたrefineは「繰り返し仕上げる」ことから「洗練する」である。ちょうど土をふるいにかけていく感じをイメージしてもらうとよい。少しずつふるいの目を細かくしながらかけていくと、最後はとても「細かい」砂粒だけが残る。この感じが「洗練」である。またfine artは「素敵な芸術」ではなく、「実用性を無視した純粋な芸術」である。まあ、行くところまで行っちゃった芸術、ということか。

⚠ 名詞fine「罰金」は意外と見落としがち。

help [help]

①目的語によって意味が異なる
②to V と V(原)がどちらも続く
③help to V も help V も正しい

意味 ☞ 動 ①(人を)助ける ②避ける

※ 有名な動詞だが盲点多し。

▶ helpという動詞を知らない、という人はいないはずだ。だが、私の授業中の経験からすると、次の質問をするとほとんどの学生が答えられない。helpが「助ける」の時、目的語にはどのような言葉がくるか。ね？ 答えられない人がかなりいるはずだ。答えは「人」である。整理して書き直すと、他動詞helpが「助ける」の時、目的語には「人」しかこない（ア）。たとえばhelp＋仕事で「仕事を手伝う」とはいえない。「仕事を手伝う」はhelp with［仕事］（イ）。実はhelpに限らず、受験生の単語、特に動詞に関する知識の盲点は、意味以外の重要情報（たとえばOにどのような意味の語句がくるか、後ろに伴う前置詞は何か、など）であり、これを征服しない限り英語での高得点は期待できない。では、なぜ他動詞helpは「仕事」を目的語にできないのか。理由は簡単。他動詞helpには「助ける」以外の重要な意味があり、その場合の目的語とバッティングするのを避けるためだ。同じ種類の目的語を持つ異なる意味の動詞だったら、読む度に意味の区別で悩まなくてはならない。それを避けるため、あえて「助ける」という意味の場合のhelpの目的語は「人」に限っているのである。ではもう一つのhelpとは何か、そして目的語に何がくるのか。実は受験生なら多くの人が無意識にこの答えを知っている。でもこの場で答えが出てこない、という人は、勉強が丸暗記になっているのだ（丸暗記についてはflat参照→p.94）。他動詞helpには「避ける」という意味があり、その時目的語には「動作」、わけてもVingがくる（ウ）。そこから生まれた熟語がcannot help Vingだ。この熟語を、「Vせざるを得ない」という訳語だけで覚えている人は反省した方がいい。たとえばこの熟語のhelpの部分だけを伏字にして訳すと「Vすることを××ことができない」である。「Vせざるをない」＝「Vすることを××ことができない」から考えれば、「××」には「避ける」が入ることは明らかだ。しかも、Vingが目的語だということは、その場合のhelpの目的語は「動作」だということを意味する。こういうことを、誰かに指摘されるまで気づかない、ないしはそもそも考えようとすることさえしない、というのであれば、英語の成績がいいはずはない。言いたくはないが、他の科目も推して知るべしかも知れない。まずは自分の目の前にあるものを

よく観察しよう。観察は勉強の第一歩である。「助ける」にあたるhelpについては知るべきことがまだまだある。まず自動詞があってSVで「Sが役立つ」になること（エ）。だがもっと特筆すべきはhelpにはSVOCがあり、意味は予想通り「SはOがCするのに役立つ」だが、問題はCに（原）、to Vのどちらがきてもいい、という性質だ（オ）。SVOCをとる動詞の中で、CにV（原）、to Vのどちらがきてもいいという動詞は、helpだけである（同意のassistも同じ性質を持つが、assistのことを聞くひねくれ者の出題者はいない）。これは語数指定の英作文や、整序問題において、作問者に色々なひねりを与えてくれるありがたい性質だ。受験生としては、並べ替え問題にhelpが出てきたら警戒する、くらいの心構えを持つべきだ。さらにこの性質は自動詞helpとto Vを組み合わせたhelp to V「Vするのに役立つ」にもあてはまる。つまりhelp Vという表現が存在するのだ（カ）。

[!] 「助ける」の場合の目的語が「人」であること。「避ける」という意味があること。to Vを伴う時、toがないものも正しいこと。

[★] 受験ではさほど頻度は高くないが、help oneself to X [食べ物・飲み物]「X [食べ物・飲み物] を自分でとって食べる」（キ）は有名である。会話問題などではたまに見かける。

mind [maind]

「いやがる」という基本の意味を正しく理解する

意味 ☞ 動 いやがる

▶ mindは他動詞が基本で、意味は「いやがる」である。「Vするのをいやがる」はmind Ving（ア）だが、これは「いやがる」が「しない方向に進む」という意味だから、to Vが使えないのである（p.50参照）。自動詞の場合は後ろにif節を伴って「SVしたらいやだ」になる（イ）。

[!] 「いやがる」という意味を正しく理解すること。

[★] Do you mind X?を「Xしてくれませんか？」と訳すのはあくまで便宜上である。本当は「Xはいやか？」と聞いているので、「Xしてもいい」時はもちろんNoと答える（「いやではない」だから）。

much [mʌtʃ]
盲点「ほとんど」に注意

意味 ☞ 形 多い 名 多くのもの・こと 副 ①とても ②はるかに・ずっと ③ほとんど

※ 正しい使い方を知る。

▶ 基本語だが、なかなか奥が深いので、しっかり区別して覚えよう。まず形容詞のmuch。これは一通りしかなく、「多い」という意味で、数えられない名詞にのみかかる（ア）。しかも、必ず前からかかる限定用法である。次に、これが名詞化したもの。muchに限らず、「数量に関する形容詞」はそのまま名詞化し、「××なもの・こと・人」などと訳せる。muchは「数えられない」から「人」にはならないものの、名詞化して「多くのもの・こと」となる（イ）。次に副詞のmuch。はじめは「とても」という意味で、動詞にかかるもの（ウ）。かかる相手の動詞には「程度の違いがある」という特徴があり、かつ必ずmuchは動詞の後ろからかかる（形容詞のmuchとの混同を避けるため）。次に形容詞や副詞の比較級、ないしは「比較を含む意味を持つもの」にかかるmuchで、「はるかに・ずっと（=far)」（詳細はfar参照→p.66）。これは前からかかる（エ）。さらに、「同じ」という意味の言葉（様態のasでもthe sameという表現でも、「同じ」という意味なら何でもいい）の直前に置かれるmuchで「ほとんど」になるもの（オ）。最低この五種類は念頭に置いておく必要がある。

! 「ほとんど」というmuchは盲点になりやすい。要注意。

sign [sain]
名詞には「サイン」の意味がない

意味 ☞ 動 署名する 名 ①記号 ②徴候

※ 日本語との意味のずれに注意。

▶ signは動詞の場合「署名する」で日本語と意味が同じ（ア）だが、名詞のsignには「サイン」という意味はない。名詞で「サイン」にあたるのはsignature（法律的に効力のある「署名」という意味）、あるいはautograph（有名人などがファンに与えるサイン）である。signは名詞の時は「記号」（イ）、「徴候」（ウ）である。

! 名詞のsignの意味を正しく知る。
★ 語法問題で、「サイン」がsignではなくsignatureだということが時折出題される。

think [θiŋk]
基本は自動詞

意味 ☞ 動 考える・思う

※ 自動詞であること。他動詞の場合の制限。

▶ 有名な動詞であるが、基本が「自動詞」である（ア）ことはあまり知られていない。他動詞になるのは、目的語にthat節がくる場合（イ）と、そのthat節をO（to be）Cに開いた場合（ウ）だけである。ちなみにI think itと言えないのはthinkが自動詞で目的語をとれないからだが、I think soと言えるのは、soがthat節の代わりになる、という決まりがあるからである。

! 自動詞であること。

★ thinkはもちろん「思考・心理の動詞」なので、通常は状態動詞であり、進行形にはならない。だが、think of Ving「Vするつもりだ」は例外で、一般的に〈be〉thinking of Vingが使われる（エ）。

way [wei]
前がinなら「方法」「方向」「様子」「点」、onなら「途中」

意味 ☞ 名 ①道 ②方法 ③方向 ④様子 ⑤点

※ 多義語。前置詞との結びつき。

▶ wayは多義語。元の意味は言うまでもなく「道」（ア）だが、実際に多く使われるのは、「方法」（イ）、「方向」（ウ）、「様子」（エ）、「点」（オ）である。これらの意味の場合wayの前に前置詞を置く時、その前置詞はinである。しかもこのin、省略してよいと、習慣的に決まっている。だからwayという名詞に役割がないように見えたら、前にinを補えばいい（カ）。しかも、inを省略したwayを含む表現は、同じ形の反復の中では、一種の代用表現として前の名詞や形容詞を受ける。ただし、前

にonがくることが決まっているwayもあり、その時のwayの意味は「途中」（キ）である。さらにthe way（that）SVという節まで作る。この時the wayは接続詞扱い。the way（that）SVには名詞節と副詞節があり、名詞節の場合はhow SV（方法・様子）と同じ（ク）。副詞節の場合はas SV（様態）と同じである（ケ）。副詞節の場合はin the way（that）SVという形にもなる。

wear [wεə]
「着る」よりも守備範囲がかなり広い

意味 ☞ 動 ①（帽子を）かぶる・（靴を）履く・（時計を）はめる　②（化粧を）する　③（毛髪・爪が）生えている　④時とともに劣化する／させる

▶ wear＝「着る」と覚えている人が多いし、確かに「着る」＝wearではある。つまり日本語で「着る」にあたるものは英語ではほぼすべてwearですむ（唯一の例外は「着る」という動作そのものである。「着る」という行動は通常put on［服］。「脱ぐ」という行動は通常take off［服］で表す）。だが英語のwearは「着る」という日本語よりはだいぶ守備範囲が広い（ア）。まず分かりやすいところではwear［帽子・靴・時計］。帽子は「かぶる」、靴は「履く」、時計は「はめる」である。ただ、この違いは所詮訳語の違いであって、我々日本人も「そう言われればそうだね」と受け入れやすい。ではwear［化粧］はどうだ。もちろん「化粧している」である。考えてみれば化粧は仮面のようなものだから、それを「かぶる」という発想だと考えれば、まあなんとかついていける。だが、次は受け入れるのにかなり抵抗があるかも知れない。なんとwear［毛髪・爪］で「毛髪・爪が生えている」になるのだ。「毛髪・爪」は体に外から足されるものではなく、体の一部であり、中から生えてくるものである。だが、英語ではそれもwearなのだ。wearにはもう一つ重要な意味の方向がある。誰でも経験があろうが、同じものを長く着ているとだんだんくたびれてきたり、すり切れてきたりする。この「時の経過とともに劣化する」という感じがwearにはあるのだ。その意味の代表的な表現にwear offとwear outがあるが、副詞のoff, outの意味の違いのせいでその意味するところは少し異なる。wear offは「だんだんすり切れて減っていく」という意味（イ）であるのに対し、wear outは「全体に弱っていく」という意味（ウ）だ。特に〈be〉worn outは人が「ヘトヘトに疲れている」という意味になる。

LEVEL 2

account [əkáunt]

①「計算」から変化した複数の意味
②account for は右向きの矢印

意味 ☞ 名 ①計算 ②考え ③説明 ④口座 動 説明する

※ 多品詞・多義語。

▶ 名詞と動詞がある。ただし、動詞としては、account forを覚えるだけでよい。名詞の場合、元の意味は「計算」だが、そこから「計算→考え→説明」と意味が変化して、複数の意味を持つ（「(銀行などの) 口座」という意味もあり）。また名詞ではon account of X「Xのせいで」という有名なイディオムがある。動詞の場合、account for = explain =「説明する」（ア）と覚える。そして、explainもそうだが「SがOを説明する」は「Oの原因はSだ」と変えうること（「英語の不振が全体の成績不良を説明する」→「英語ができなかったから全体の成績が悪かった」）から、account forを全体で「右向きの矢印」と捉えることができる（イ）ことを覚える。また「X [ある要素] account for Y [割合]」という形の場合、「XがYにあたる（を占める）」という意味になる（ウ）ことも注意。

! 名詞の場合はただ意味「計算（エ）→考え（オ）→説明（カ）」「銀行口座（キ）」を覚え、熟語on account of X（ク）を覚える。

afraid [əfréid]

用法によって異なる意味が三つある

意味 ☞ 形 ①心配している ②恐れている ③〜したがらない

※ 特定の使い方に注意。

▶ afraidは一般に「心配している」という意味で認識されている形容詞だが、実は用法によって意味が異なる。S 〈be〉 afraid of X（ア）は「SはXを恐れている」だが、S 〈be〉 afraid to V（イ）だと「SはVしたがらない」という意味である。意味から推量できることだが、（ア）のXには「自分の意志では制御できないものや行動」がくるのに対し、（イ）のVには「自分の意志でやるかやらないかを決められる動詞」がくる。具体的にはHe is afraid of making mistakes.は正しいが、He is afraid to make mistakes.は誤文であり、He is afraid to take an exam.は

正しいが、He is afraid of taking an exam.は誤文である。また、I am afraidには上のどちらとも違う用法（ウ）がある。この用法ではI am afraidは訳されることはないが、古文における枕詞のように使われる。すなわち、相手にとって不都合な情報を伝える時、その前後に挿入的にI am afraidが使われるのである（相手にとって好都合なことを伝える時はI hopeを使う）。たとえば相手が明日晴れることを望んでいて、Will it be fine tomorrow?とあなたに質問した時、あなたがすでに天気予報で明日は雨だと知っている場合、I am afraid not.と言う（I am afraid it will NOT be fine.がより正確な返答だが、会話では相手のセリフと全く同じものは省略できるので、it will be fineは省略されるのが普通）。「明日晴れない」のが相手にとって不都合だからである。反対に相手が明日晴れないことを望んでいて同じ質問を同じ状況で言った場合、あなたはI hope not.と言うことになる。「明日晴れない」のが相手にとって好都合だからである。

! 後ろの形による使い分け（ア）（イ）。また（ウ）は会話問題では頻出である。

application [æplikéiʃən]
後ろの表現で「応用」と「応募」という意味がある

意味 ☞ 名 ①応用 ②応募

※ 後ろに続く表現により意味が大きく異なる。

▶ 動詞applyから派生した名詞だが、applyが形によって意味が異なるのを反映し、後ろに続く表現により意味が大きく異なる。代表的な表現はapplication of A to B「AのBへの応用」（ア）、application for X「Xへの応募」（イ）の二つ。

! 前置詞による使い分け。applicantは応募する人。

appreciate [əpríːʃieit]
thankと違い、「感謝する」の目的語に「人」はこない

意味 ☞ 動 ①(よい面を)見出す ②肯定的に評価する ③真価を理解して楽しむ ④感謝する

※ 多義語。特に「感謝する」の用法に注意。

▶ 元来「何かを高く評価する」という意味。訳語的には「理解する」「評価する」「鑑賞する」「感謝する」などがあるが、どれも言葉面だけで使おうとすると失敗する。たとえば「理解する」だが、これは「意味内容を把握する」ということではなくて、「よい面を見出す」に近い(ア)。「評価する」はあくまで「肯定的に評価する」こと(イ)であって、否定的に評価する時にはdepreciateを使う。「鑑賞する」の場合、その真価を理解して楽しむ(ウ)ということであって、単に芸術作品に触れるという意味ではない。もっとも重要なのは「感謝する」で、この場合目的語には「感謝する対象となる行為」が置かれ、「人」はこない。この点が人を目的語にとるthankとの決定的な違いである。appreciate X's Y(エ)がthankではthank X for Yと表現される。

⚠ 「感謝する」の場合のthankとの違い。特に目的語の種類が異なることに注意。

★ yen appreciationは「円高」、yen depreciationは「円安」。

arrange [əréindʒ]
arrange for X to V(wait, hopeも同じ語法)

意味 ☞ 動 ①並べる ②手配する・前もって整える

※ 「並べる」→「手配する」。

▶ 自動詞と他動詞がある。他動詞の元の意味は「(ある効果を計算して)並べる」(ア)。そこから派生して「手配する・前もって整える」(イ)の意味もある。自動詞で有名なのはarrange for X to Vで「XがVするように手配する」(ウ)。一種のSVOCでありながら、不定詞の意味上の主語の前につくforを持つ珍しい表現である。同じようにfor X to Vを従えるものにwait for X to V「XがVするのを待つ」、hope for X to V「XがVするのを期待する」がある。どれも語法問題で頻出する。

⚠ 特にarrange for X to Vをwait, hopeとともに強く意識する。

★ 他動詞の意味との関連で日本人に馴染みのある表現では a flower arrangement「生け花」、an arranged marriage「見合い結婚」がある。

article [áːtikl]
三つの意味を覚えよ

意味 ☞ 名 ①記事　②品物　③冠詞

※ 多義語。明確に異なる三つの意味がある。
▶ 記事（ア）、品物（イ）、冠詞（ウ）。英文法ネタの文章ででもなければ（ウ）は出てこないが、（ア）と（イ）はともに頻出。
! （ア）と（イ）の意味は正確に覚えること。

ashamed [əʃéimd]
表現方法によって、二つの意味がある

意味 ☞ 形 ①恥ずかしく思う　②（～するのを）いやがる

※ 後ろに続く表現により意味が異なる。
▶ ashamed は shame「恥」からきた形容詞だが、〈be〉ashamed of X「すでに起こった X を恥ずかしく思う」（ア）と〈be〉ashamed to V「恥ずかしくてこれから V するのをいやがる」（イ）では大きく違う。
! 二種類の表現と、その意味の違い。
★ afraid（p.74）にも似た使い分けがある。

audience [ɔ́ːdiəns]
①形容詞はlarge, small
②基本は単数扱いだが、複数扱いのことも

意味 ☞ 名 ①(何かを聴く)客 ②客の数

※「客」シリーズ。数と、数量の形容詞に注意。

▶ audiに「聴く」という意味があることから「何かを聴く客」という意味に使われるが、本来は「(何かを聴く)客の数」という意味である。従って「多い」「少ない」はlarge, smallを使う。しかも、客の数は通常当然複数だが、audienceは複数形にはならず、「多くの聴衆」はa large audienceと言う。さらにこれは「人の集団」にあたるので、全体で一つと見る場合は単数扱い(ア)だが、個々の人間を意識した表現の場合には複数扱い(イ)になる。audience自身が複数形になることはない。

aware [əwéə]
〈be〉aware [of X]で一つの動詞と考える

意味 ☞ 形 気づいて・意識して

※ 形容詞だが、〈be〉awareで一つの動詞と考える方が合理的な場合がある。

▶ awareは形容詞で「気づいて・意識して」であり、consciousとほぼ同義。だが、叙述形容詞(p.156参照)でほとんどCとしてのみ使われるので、〈be〉aware [of X]を一つの動詞と見る方が合理的(ア)。Xにくるのが単語でできた名詞の場合、文法的に見ても前置詞ofがないと成立しないため、ofを伴うが、目的語がthat節の場合、that節は前置詞の目的語にならないというルールが優先されるため、〈be〉aware that節が正しい形だとされる(イ)。これはその他の名詞節にも援用されることがあり、そういう場合にはofなしで名詞節を目的語にとる。

❗ 動詞的に使うことのできる形容詞なので、英作文でSVOCのCに使いやすい。

★ sure, afraid, confidentなども同じようにofを省いてthat節を目的語にとる。

badly [bǽdli]
副詞で「とても(＝much)」という意味もある

意味 ☞ 形 ①悪く ②気分が悪い・悲しい ③貧しい 副 とても

※ 意外な第二の意味と品詞を持つ。

▶ badlyは形容詞badの副詞形であり、「悪く」という意味である（ア）が、もう一つmuchと同じ「とても」という意味があり（イ）、この時は善悪の分け隔てなく使われる。ただし、この意味の場合、かかる相手はneed, wantなどの動詞であることが多い。さらに、badlyには形容詞の用例もあり、その時は「気分が悪い（＝sick）・悲しい（＝unhappy）」になる（ウ）。またbadly offという表現は形容詞で、poorの同義語（エ）である。反対語はwell off（＝rich）でこれもまた形容詞扱いになる。

! 品詞ごとの意味を正しく覚える。

★ deadly（dead→p.87）にも同じ用法がある。

bear [bɛə]
①「孕む」から派生した多くの意味を持つ多義語
②「産む」の場合だけVp.pがbornという形

意味 ☞ 動 ①持つ ②支える ③運ぶ ④耐える ⑤産む

※ 多義語。語形変化に一部例外あり。

▶ bearは多義語である。元々は「生物が子供を孕む（はらむ・体内に持つこと）」という意味なのだが、そこにまつわる種々の意味を、それこそbearという単語が孕むことになったのである。曰く「持つ（ア）（当たり前だが親は子を体内に持つ）、支える（イ）（親は子供に養分を与えて支える）、運ぶ（ウ）（子供を腹に抱えたまま母親はあちこち移動するので、結果的に子供を運んでいる）、耐える（エ）（体内に子供を持ち、産み出すには、母は色々な苦痛に耐えなくてはならないのは言うまでもない）、産む（オ）（最後に子供を産み出さないことには産んだことにならない）」。しかも「産む」という場合だけVp.pがbornという形になり、その他の意味の場合のVp.pと異なる（その他の意味の場合はborne）。

behavior [bihéivjə]
actionとは違い、数えられない名詞

意味 ☞ 名 (ある人や動物などがとる全体的な)行動パターン

※ 数えられない名詞であること。

▶ 動詞behaveの名詞形。この名詞のもっとも重要な性質は「数えられない」ことにある。actionやactivityなどとの文法的な違いはこれに尽きる。一方、意味的には「(ある人や動物などがとる全体的な) 行動パターン」という意味で、個々の行動や具体的な活動という意味ではない。これは英作文などで単語を選択する時に要注意。

! 数えられないこと。個々の行動でなく、全体としてのパターンを指すこと。

bill [bil]
元々の意味は「字の書かれた紙」

意味 ☞ 名 ①請求書 ②紙幣・札 ③法案

※ 多義語。

▶ billは元々「字の書かれた紙」という程度の意味で、そこから「請求書」(ア)、「紙幣・札」(イ)、「法案 (まだ法律として成立していないもの。成立した法律はlaw)」(ウ) などの意味が生じている。他にも「為替」「手形」「張り紙」などの意味があるが、受験的にははじめの三つを覚えておけば十分。

★ 「張り紙」という意味があるのでも分かるように、この単語が日本語の「ビラ」の語源。

capital [kǽpitəl]
二つの品詞で、二つの意味

意味 ☞ 形 主要な・重要な・優れた 名 ①首都 ②資本・元金

※ 多品詞語。

▶ 元々の「大きい」という意味から、二つの品詞で重要な意味を持つ。一つは形容詞で「主要な・重要な・優れた」という意味（ア）。もう一つは名詞で「(国の) 首都」（イ）、「資本・元金」（ウ）である。なお、「首都」という意味でCになる時、無冠詞である。これは「一つしかなれない役職がCの時は無冠詞」というルールのせいである。また「資本」という意味の場合、「多い」「少ない」はlarge, smallを使う。

❗ 二つの品詞と意味。

★ Capital Fというのは「大馬鹿」のこと。まあ試験には出ないが。

care [kɛə]
「気にかかること」が基本の意味

意味 ☞ 名 ①気にかかること　②気がかり・心配　③気配り・配慮　④世話・管理　動 ①(～を)気にする　②(～を)求める・好む

※ 「気にかかること」が基本の意味。

▶ まず「数えられない名詞」であることに注意。意味の基本は「気にかかること」（ア）で、そこから「気がかり・心配」（イ）、「気配り・配慮」（ウ）、「世話・管理」（エ）と派生する。動詞のcareは自動詞で、後ろにくる前置詞によって意味が異なる。care about Xで「Xを気にする」（オ）、care for Xで「Xを求める・好む」（カ）である。ただし、（オ）の場合、Xがwh節だとaboutを書かないこともある。

❗ 名詞の場合、数えられないこと。動詞の場合、伴う前置詞によって意味が異なること。

★ take care of Xは「Xの世話をする」という有名な熟語。(エ)のcareの用法の詳細についてはcharge（p.116）参照。

case [keis]
場面ごとで訳し方が変わる多義語

意味 ☞ 名 ①入れ物　②事実・実例・事件　③主張

※ 多義語。訳語だけではつかみにくい語。

▶ 大きな意味のカテゴリーは「入れ物」(ア)、「事実・実例・事件」(イ)、「主張」(ウ)の三つ。このうち、「主張」という意味があることは知らない人が多いが、たまに出題される意外な意味なので注意。この意味の場合、後ろにforかagainstを伴う（a case for Xは「Xを支持する主張」、a case against Xは「Xに反対する主張」)。だが、一番重要で、かつ訳語だけでは意味がつかみにくいのが(イ)である。この場合、意味は「実際に起きていること」という一定の意味なのだが、使われる場面ごとに訳し方が異なるので注意が必要だ。中でも、〈be〉the case with Xは「Xにあてはまる」と訳すのが一般的。これは整序問題や英作文などでもよく見かける表現である。

! 特に(イ)の意味に詳しくなること。

cause [kɔːz]
因果関係を表す「→」で理解する

意味 ☞ 名 原因 動 ～を起こす

※ 「原因」を基本に考える。

▶ 名詞と動詞がある単語。名詞の意味は「原因」(ア)。数えられる。cause and effect「原因と結果」は有名な言い回し(イ)。causeと組み合わせるのは常にeffectで、resultはあまり使わないようだ。動詞のcauseは他動詞でSVO（ウ）、SVOO（エ）、SVOC (to V)（オ）の各文型をとるが、いずれにしてもcauseは因果関係を表す「右向きの矢印」。

certain [sə́ːtən]
sureとの用法の違いに注目

意味 ☞ 形 ①確かな・確信して　②ある・一定の　③きっとSVだろう

※ 用法により意味が異なる。sureとの関係。

▶ certainというと「確かな・確信して」という意味を思い描く人が多いが、これは叙述用法の場合(ア)。限定用法の場合は「ある・一定の」である(イ)。a certain placeは「ある場所」であって「確かな場所」ではない。また、「確かな」という意味でのsureとcertainの使い方の共通点と違いに注意。sure/certainともに、S〈be〉sure/certain to Vで「きっとSVだろう」という意味になる（ウ）が、これを仮主語に置き換えるとIt is certain that SVとは言えるが、It is sureとは言えない。また「人が確信している」という意味でcertainを使うのには何ら差し支えはないが、実際にはsureを使う人が多い。

! 叙述用法と限定用法の意味の違いは特に注意。

chance [tʃæ(ɑː)ns]
「確率・可能性」の意味も重要

意味 ☞ 名 ①機会 ②確率・可能性 ③偶然

※ 多義語。

▶ chanceというと日本語化した「チャンス」との連想からか「機会」という意味（ア）をイメージする人が多いし、確かにその意味もあるのだが、それと同じくらい重要な意味に「確率」「可能性」がある（イ）ことも忘れてはならない。（イ）の意味の場合、数えられない名詞扱いになって否定にlittleを使うことも多い。また、ほとんどby chanceでしか出てこないが、「偶然」という意味も、「数えられない名詞」のchanceにはある。またChances are that SVという表現は、「おそらくSVだろう」という決まった表現として有名（ウ）。

cheap [tʃiːp]
①主語に「品物」がくる
②「値段」が主語ならlow

意味 ☞ 形 ①安い ②安っぽい

※ 主語にとるもの。

▶ cheapも基本語で「（値段が）安い」という意味である（ア）。この単語も日本語的に見て「が」にあたるものを誤解しやすい。日本語で「値段が高い」という時、

厳密にいえばこの「が」は主語ではない。本来の主語は何らかの品物（たとえば「帽子」）であって、正確に表記すれば、「この帽子は値段という点で高い」が正しい。だが我々は平気で「この帽子は値段が高い」と言ってしまう。そしてその日本語の「が」に騙されて、英語でもThe price is cheap.が成り立つと錯覚する。だが、正確に表記された日本語を見れば分かるように、正しくはThe hat is cheap.のはずである（後ろにin priceがつかないのは、そもそも英語のcheap＝low in priceの意味だからである）。もし値段priceを主語にするなら「高い・低い」は単にhigh, lowを使う。これはcheapの反対語のexpensiveや、同意語のeconomicalでも同じことである。もう一つ、cheapには値段ではなくて、品質的に「安っぽい」という意味がある（イ）。この場合には、実際の売買の値段が問題なのではなく、品質的に粗悪だということを意味する。この意味はeconomicalにはない。

! 主語は品物であって、「値段」でないこと。expensiveとともに英作文や文法問題頻出。

close [klouz]（動、名）[klous]（形、副）
形容詞・副詞の「近い」は頻出単語

意味 ☞ 動 閉じる 名 閉じること 形・副 近い

※ 多品詞語。同綴り異義語というべきか。

▶ 動詞、およびそれが名詞化したclose [klouz]は「閉じる」という意味の動詞（自動詞・他動詞ともあり）（ア）とその名詞形（イ）だが、これと全く同じ綴りで発音の違うclose [klous]は形容詞（副詞）で、「近い」という意味（ウ）である。文中にこの単語がある場合、品詞が特定できないともちろん意味も分からない。その意味で、読解の鍵を握る単語だといえるし、文法問題でも頻出する。また「近い」という方のcloseは「Xから近い」という意味になる時close to Xとなる。日本人の語感ではfromを使いそうに見えるが、fromは使わないのが鉄則。一般に「近い・似ている」に続く前置詞はto、「遠い・離れている」に続く前置詞はfromである。

code [koud]

「一部の人たちのみに通用する暗黙のルール」という意味

意味 ☞ 名 ①暗号 ②掟 ③符丁 ④番号

※ 訳語は色々あるが、核心は一つ。

▶ 「暗号」「掟」「符丁」など、いくつもの訳語を持つが、「(一部の人の間でのみ通用する、多くの場合暗黙の) ルール」が元の意味。

❗ 意味を理解して訳語を使い分ける。

★ an area codeは電話の「局番」、a zip codeは「郵便番号」。cordと綴る「コード」は電気のコードなどの「ひも」。

company [kʌ́mpəni]

語源の「一緒にパンを食べる」から「親しい間柄」の意味

意味 ☞ 名 ①交際 ②仲間 ③集団 ④会社

※ 多義語。

▶ companyというと単純に「会社」と思う日本人はまだまだ多いが、本来companyはcom（一緒）＋ pan（パン）＋yで、「一緒にパンを食べる」という意味である。人種にかかわらず、一緒にものを食べる者同士は当然親しい間柄と考えられるので、そこから「交際」(ア)、「仲間」(イ)、「集団」(ウ) という意味が発生している。さらに、「一緒にパンを食べる」＝「同じ釜の飯を食う」で、一種の運命共同体をも指すようになり、それが「会社」(エ) という意味に転じた。なお、(ア)(イ)の場合、数えられない名詞であることにも注意。

❗ 単語の成り立ちから意味の守備範囲を連想できるようになればベスト。

★ companionは「companyする人」から「友達」「同行者」という意味になった。

condition [kəndíʃən]
前にon、後ろにforやthat節で意味は「条件」

意味 ☞ 名 ①状況・調子 ②条件

※ 多義語。

▶「コンディション」と聞くと「状況・調子」（ア）を思いつく人は多いはずだが、英語のconditionにはもう一つ「条件」（イ）という意味がある。意味を使い分けるポイントは（ア）の意味の場合「数えられない名詞」で、（イ）の場合「数えられる名詞」というのがあるが、（ア）の場合でも複数形になることはある。それより、一般的には（ア）の意味の方が頻度が高く、（イ）の意味になるのは前にonを伴う、あるいは後ろにfor Xやthat節を伴う場合に限ると考えると見分けやすい（（ア）の意味の場合、前に前置詞を伴うとすればinかunder）。

! on condition that SVは「SVという条件で」という慣用句（ウ）。

conduct [kəndʌ́kt]
「導く」から二方向の意味に派生

意味 ☞ 動 ①（もの・行事など）を導く・引率する・執り行う、指揮する、差配する ②（電気・水などの物質）を導く・通す

※ 二種類の意味が出てくる理由。

▶ con（まとめて）＋duct（導く）が元の意味 (-ductについてはp.30参照)。「導く」が意味の基本で、二つの方向に派生している。一つは「（もの・行事など）を導く・引率する・執り行う」という意味から「指揮する・差配する」（ア）。こちらは主語は当然ながら「人間」である。もう一つは「（電気・水などの物質）を導く・通す」（イ）。こちらは科学系の話で登場する。特に「電気を通す」が多い。また、conductには名詞もあって、「行為」（ウ）。「数えられない名詞」であることにも注目。

! 二つの意味を理由から連想する。

★ conductorという名詞は「人」を指す場合には「導く人」であることから、「車掌・指揮者・引率者・添乗員・管理者」など。それ以外は「（電気などを）通す物体」。semiconductorは「半導体」である。

contribute [kəntríbjuːt]

X contribute to Yは「XのせいでYになる」という因果関係

意味 ☞ 動 〜のせいで…になる

※「貢献」とは限らない。

▶ con+tributeで、「集めて」+「与える」だから、「集めて与える」が意味の基本だが、実用上は自動詞・他動詞とも前置詞toを伴い、X contribute to Y（ア）およびS contribute A to B（イ）の形になる。どちらも句動詞通りの意味だから、それで素直に考えればいいだけのことだが、困ったことにcontributeには「貢献」という訳語がつきまとっていて、これが誤解の元になっている。特に自動詞X contribute to Yは「XのせいでYになる」という因果関係で捉えるのが正しい（右向きの矢印）のだが、うかつに「貢献」などと覚えてしまうと、Yを「いい意味」で捉えようとする心理が働く（「貢献」とは、貢物を献上することから、よい結果をもたらすという意味がある）ので、文意を大幅に誤解しかねない。たとえば、Our consciousness of ecology sometimes contributes to the environmental destruction.は正しくは「環境を意識することで、かえって環境破壊が進むことがある」なのだが、無理やりYをいい意味にとろうとすると「環境を意識することで、環境問題解決に貢献する」などと誤訳してしまうのだ（「解決する」という言葉は英文にはない）。もう一つ「XがYに貢献する」と覚えてしまうと、「Yに」の部分を勝手に「Yするのに」と言い換えてしまい、いつの間にかto Vでも正しいと思ってしまう人がいるが、contributeと同時に使うtoは前置詞なので、後ろに動作を置く時はVingにしなくてはならない。

! X contribute to Yを「因果関係」で見ること。toが前置詞であること。

dead [ded]

dieの過去分詞ではなく、別の形容詞

意味 ☞ 形 死んでいる

※ 品詞・用法に注意。

▶ deadは「死んでいる」という意味の形容詞（ア）。これをdieのVp.pと誤解し

ている人がかなりいる。両者は全く違うので注意。deadは「形容詞」だから〈be〉deadというが、diedは自動詞のVp.pなので〈be〉diedという英語は存在しない。しかもdeadは「死んでいる」という状態だが、dieは「死ぬ」という動作。
❗ 形容詞であることを徹底する。
★ 日本人にも当然見当のつく応用だが、ランプがつかないとか、電気製品の電源が入らない、電話の受話器を取ったが何の音もしない、といった状態もdeadという（イ）。英作文では知っていると便利。また、副詞のdeadlyにはbadlyと同じく「とても」という意味・用法がある（badly参照→p.79）。

decide [disáid]
用法的に三種類記憶する

意味 ☞ 動 ①〜を決める・決意する　②〜に関して決断・決着をつける　③（〜に）決める

▶ decideが「決める」であることはかなり有名なはず。本書を手にする前から知っていて当たり前（知らなかった人は不勉強を反省しよう）。だが、使い方が三つあることは正しく理解・記憶しておく必要がある。まずは「Oを決める・決意する」（ア）だが、この時Oにはto V、that節、wh節がくるが、普通の名詞を置くことはできない。つまり、decide to get a jobとは言うが、decide a jobとは言えないのだ。次に同じく他動詞で「Oに関して決断をする・Oに決着をつける」（イ）。この場合Oには「話題・テーマ」という意味の普通の名詞だけがくる。最後に自動詞でdecide on X「Xに決める」（ウ）。「決める」という訳語にこだわらなければ「Xを選ぶ」という訳語の方がしっくりする。もちろんXには「選ぶ対象」を示す名詞がくるし、Vingも選べる。反対語はdecide against Xで「Xはやめると決める」（エ）。
❗ 特にdecide on Xは知らない人が多い。注意しよう。

demand [dimǽ(á:)nd]
「SVOC」の文型をとらない

意味 ☞ **動** 要求する

※ 形の上で覚えることの多い例外。

▶ 一般に、「要求する」という意味の動詞はSVOCをとり、Cにto Vがくると相場が決まっている（ask, require, requestなど多数）が、demandはSVOCをとらない。これが最大の特徴。demand to Vとは言う（ア）が、この時、to Vの意味上の主語は全体の主語と一致し、「要求している本人」になるので、通常日本人の思いつく訳語とは書き方が違う。たとえばrequireなら、The teacher required the students to tell him the truth.となるところ、demandを使うとThe teacher demanded to be told the truth by the students.で、意味は両者とも、「先生は生徒に本当のことを言えと要求した」である。またdemandを使って「AをBに要求する」という表現を作ることができるが、この場合の前置詞も要注意である。正解はdemand A from (of) B（イ）で、fromかofを使う。日本人の語感ではtoやforになりそうだが、そうならない。

！ SVOCを作らないこと。to Vを書く場合の意味上の主語。ともに使う前置詞。

★ 後ろにA from Bが続いて「AをBに求める」になるのはdemand以外にもexpect A from (of) Bやorder A from Bがある。

direction [dirékʃən, dai-]
前に置く前置詞は常にin

意味 ☞ **名** 方向

※ ともに使う前置詞。

▶ directionはdirect「方向を示す・指示する」が名詞化したもので「方向」という意味。問題は、directionの前に置く前置詞が常にinだという事実である。よくある誤解だが、toの後に続くのは「目的地」という場所であって、「方向」は場所ではない。もっとも有名な「方向」という名詞はwayだが、wayでも前にくる前置詞はinである。

！ 前に置く前置詞はinである。toでないことに注意。

dish [diʃ]

「料理」の意味で使うことが多い

意味 ☞ 名 ①料理皿　②料理

▶ 元々「円板」という意味で、diskと同じ語源。一人用の料理皿を指す（ア）。大皿はplate。とまあこれは建前で、実際にはdishは「料理」（イ）という意味で使う方が多い。皿そのものはplateが普通。

★ do the dishesは「皿を洗う」という有名な言い回し。またパラボラアンテナなどの円盤状のものもdishと呼ぶ場合がある。

draw [drɔː]

原義の「引く」から派生した多くの意味

意味 ☞ 動 ①引く　②区別する　③（絵を）描く

※ 多義語。

▶ 原義は「引く」だが、日本語の「引く」がそうであるように、多種多様な文脈で使われる。「ものを引っ張る」「カーテン・幕などを引く」「金を引き出す」「気を引く」「線を引く」など。さらに「線を引く」から派生して「絵を描く」もある。受験生的には「引く」（ア）という原義、「線を引く（区別する）」という意味（イ）、そして「絵を描く」（ウ）を覚えておくのがもっとも効率がいい。

★「かく」と訳すものでも、「線画を描く」はdraw、「絵の具で絵を描く」はpaint、「字を書く」はwriteである。ちなみにdescribeも「描く」という訳語を使うが、これもscribeが「文字を書く」なので、あくまで文字で描写することで、絵を描くことにはならない。

early [ə́:li]
「時間帯」で訳語を決める

意味 ☞ 副 ①ある時間帯の初めの方 ②予定より前に

※ 意味を把握して訳語を決定。

▶ earlyは「はやい」と覚えている人が多い。日本語であえて「はやい」を使うなら漢字は「早い」だが、この区別さえできずに「速い」のfastやrapidlyと混同する人さえいる。それはさすがに水準が低すぎる嫌いはあるが、実はearlyの正しい意味は意外と理解されていない。earlyの正しい意味は、「ある時間帯の初めの方」である（ア）。early in the morningは「午前中の初めの方」だから「朝早く」だが、early in a person's lifeは「ある人の一生の初めの方」だから「子供の頃・幼い頃」だし、early in man's historyは「人間の歴史の初めの方」だから「大昔」である。このように「時間帯」が何であるかによって訳語も変わってくることに注意。earlyには第二の意味もある。それは「予定より前に」である（イ）。これは「遅刻して」の反対であるから、その意味ではearly は二つの意味のどちらにおいてもlateの反対語である。

exercise [éksəsaiz]
(何かを)実際に使ったりやったりすること

意味 ☞ 名 ①運動 ②練習

※ 訳語を臨機応変に選ぶべき語。

▶ 「運動」（ア）、「練習」（イ）という意味で記憶する人が多いようだが、exerciseの意味はそれよりかなり範囲が広い。意味を定義するなら「(何かを) 実際に使ったりやったりすること」に尽きる。「何か」が何であるかによって訳語が異なるのである。たとえば「権力」なら「行使」だろうし、「ルール」なら「実施」だろう。「考え」なら「実践」だ（ウ）。肝心なことは「何を」であって、それが明確になれば、訳語は自然に決まる。exerciseにはもう一つ問題がある。それはpracticeとの区別だ。実はpracticeも全く同じように「(何かを) 実際に使う・やる」という意味で使う。両者の違いは、と聞かれると、もっとも明確なのは「繰り返しの有無」である。exerciseは「一回限り」であるのに対して、practiceは「繰り返しやる」という印

象が強い。だから「習慣」という意味はpracticeにはあるがexerciseではまず見かけない。たとえば、the doctor's practiceは「その医者が日常的に行う診療行為」だが、the doctor's exercise of his skillだと、「その医者がある場面で持っている医療技術を発揮する」になる。また、theoryの反対語は一般にpracticeだと認識されているようだ。一方、体を動かす運動にはexerciseを使い、practiceは使われない。さらに、動詞で「Xを練習する」はpracticeならXを目的語にしてpractice Xと言えるが、exerciseではexercise oneself in Xという表現になり、しかも稀である。英作文で「Xを練習する」を書く時はpracticeを選ぼう。

★ exerciseが「数えられない名詞」の場合は「運動」という意味に限定される。ただし、「数えられる名詞」でも「運動」という意味になることはある。

face [feis]
動詞としての用法に注意

意味 ☞ 名 顔　動 〜に直面する

※ 動詞としての用法に注意。

▶ 名詞としてのfaceは有名だが、動詞のfaceには注意すべき点がある。動詞faceは他動詞でX face Y「XがYに直面する」(ア)だが、これは「YがXに直面する」と訳しても同じなのだ。もっと簡単な動詞「会う」で考えてみよう。X see Yは「XがYに会う」だが、これはそのまま「YがXに会う」と訳しても同じである。「会う」という行動はお互いさまだからだ。さらに言えば、受身にしても関係は変わらない。Y 〈be〉 seen by Xはやはり「XがYに会う」「YがXに会う」であり、受動態だからといって「れる・られる」とは訳さない。同じことがfaceにも言える。Y 〈be〉 faced with Xは「XがYに直面する」「YがXに直面する」となる (イ)。態に関係なく、しかもXからでもYからでも同じように「直面する」と訳せることに注意。

fail [feil]
後ろにくる型によって意味が大きく異なる

意味 ☞ 動 ①〜に失敗する ②〜しない・できない ③(試験に)落ちる ④(人を)裏切る

▶ failには自動詞と他動詞、計四種類の使い方があることを覚えておくこと。自動詞ではfail in Xで「Xに失敗する」(ア)であるのに対し、fail to Vだと「Vしない・できない」(イ)になる。さらに他動詞だと目的語に「試験」がくると「(試験)に落ちる」(ウ)、目的語に「人」がくると「悪意なく結果的に(人)を裏切る」(エ)である。

□ fail to Vはfailure to Vと名詞化しても同じように解釈する。
★ failは「悪意はないが、能力などが足りなくて」裏切ること。betrayは悪意を持って相手を裏切ること。

fit [fit]
形容詞の「適している」の意味の頻度が高い

意味 ☞ 動 (サイズが)合う 形 ①適している ②健康な 名 発作

※ 多品詞・多義語。

▶ fitには三つの品詞がある。うち二つには関連性があり、もう一つは全く異なる意味を持つ。こう言っただけで、何のことか分かるだろうか。まずは動詞のfit(ア)。他動詞でS[衣服など] fit O[人]で、「SがOに(サイズが)合う」(詳しくは「合うシリーズ」参照→p.188)。それと関連のある意味を持つのが形容詞のfit。これは「適している」という意味で、〈be〉fit for X「Xに適している」(イ)、〈be〉fit to V「Vするのに適している」(ウ)。だが、形容詞fitにはもう一つ「健康な」という意味がある(エ)。名詞形のfitnessは日本語にもなっている。最後に名詞のfit。これはなんと「発作」という意味(オ)。

□ 品詞ごとの意味を正しく覚える。
★ 頻度的には形容詞、それも「適している」のfitがもっとも高く、次に動詞のfit。

flat [flæt]
「平ら」とゆるく覚えて文脈から考える

意味 ☞ 形 平ら 名 アパート

※ 一つの記憶から応用する。

▶ flatは「平ら」という意味の形容詞である（ア）。覚えることといったらそれだけだし、おそらくすでに覚えているだろう。ではなぜわざわざ取り上げたのか。それは人間にとって「覚える」という作業が、コンピューターのメモリの読み込みと書き出しとは異なるものであることを説明せんがためである。「覚える」といえば単純作業、というイメージが強い。「丸暗記」などという言葉にそれはよく現れている。私なども「英語は暗記科目ではない」と言ったりする。ここにある「暗記」「覚える」には、何らの知的作業も含まれておらず、ただ与えられた情報をそのまま脳のどこかに格納し、必要な場面でそれをそのまま外部へ提示することに過ぎない。これがまさにコンピューターのメモリにあたる。私は今この原稿をとあるワープロソフトで書いており、当然途中で飲んだくれたり眠りこけたり妄想にふけったりドラクエに溺れたりしている（むしろその時間の方が長い）ので、その途中でPCがおかしくなった時に備えて（しかもコヤツ、しばしばおかしくなるときている）時々ファイルを上書きしている。この時、私はこのファイルの内容が一文字残らず正確に、というのは私の打ち込んだまま記録に残っていることを期待している。かならず、を「必ず」のつもりで打ち込んだのに、「可ならず」と誤変換されていたとしても、それがハードディスクの中で私の知らないうちに修正されている、などということは全く期待していないのだ。格納し、そのまま吐き出す、それがコンピューターのメモリである。だが、人間の記憶は違う。flatを「平ら」と記憶しただけで、「平ら」とは訳せない多くの場面に対応できる、それがあるべき人間の記憶である。もし「平ら」と覚えて「平ら」としか思い出せないとしたら、それは確かに無意味な丸暗記だ。そういう記憶しかできないのであれば、どんな優れた単語集を使って単語を覚えたところで必要な語彙力は得られない。flat=「平ら」と覚えておくだけでも、flat tireは「パンク」で、ものの値段がflatなのは「均一」で、誰かに怒られてfeel flatなのは「へこんでいる」で、地震で建物がfall flatなら「倒壊してぺしゃんこ」だが、ギャグを言ったのにそれがfall flatなのは「受けなかった」である。コカ・コーラがgo flatなのは「気が抜けた」のだし、電池がflatなのは「切れた」だし、a flat denialは「きっぱりお断り」である。品詞的には副詞だが、10 seconds flatは「きっかり10秒」だ。単語集などで、我々がある「訳語」を提示する時、我々はなるべくそれが多くに応用できるものであることを願って、ある意味では「ゆるく」

覚えてもらうことを期待している。そして、その単語が本来持っている意味の核心部分と、その単語が使われている場面の状況との交点からもっとも適切な訳語を探し出す時、それを我々は「文脈で考える」というのだ。そういえばflatには名詞で「アパート」という意味がある（イ）が、これは「平ら」からは想像がつかない。従ってこれは別に記憶しておく必要がある。

follow [fá(ɔ)lou]
X follow Y = X ← Y

意味 ☞ 動 XがYよりも後にある

※ 記号で理解する。

▶ followには自動詞と他動詞があるが、考え方は常に一定である。それを考えるには、おそらく誰でも知っているであろうI will follow you.を考えればいい。歌の歌詞によく出てくるこのセリフ、訳せばもちろん「私あなたについて行くわ」だが（時代も変わったから、「僕は君について行くよ」の方が適切かも）、「私（僕）＝X」が「あなた（君）＝Y」について行くためには「あなた（君）」が「私（僕）」より前を歩く必要がある。つまりX follow Yは［後］follow［先］が成り立つので、followは「左向きの矢印」だと認識できる（ア）。これは時間的な前後関係に利用でき、さらには［結果］follow［原因］で因果関係にもなる（イ）。さらにこれを受身にするとY［先］〈be〉followed by X［後］で矢印の向きが逆になり、右向きの矢印になる。もちろん時間的な前後関係（ウ）にも因果関係（エ）にも使える。followには自動詞もあるが、その場合でもfollowが「左向きの矢印」であることに変わりはない。ただ、目的語、つまりYにあたるものが消えてしまうので、「先に起こったこと」「原因」は明示されない場合がある、というだけのことである（オ）。自動詞のfollowでは左向きの矢印を保ってYを明示する場合、X follow from Yという形になる（カ）。

! 訳語ではなく「矢印」で覚えること。これによって臨機応変な対応が可能になる。特に受動態の場合、訳語に「れる・られる」を使おうとしても手も足も出ないので要注意。

★ accompanyには他動詞の用法しかないが、それを除けばfollowと全く同じである。前後関係・因果関係に使うことも同様。またit follows that SV「するとSVという結果が出る」は、一見結果が右側にあって矢印が逆に見えるが、これはitが仮主語であることから発生するトリックで、it＝that SVと考えれば、左向きの矢印の先

端にthat節があることになって整合する。

form [fɔːm]
form「形式」 ⇔ content「内容」

意味 ☞ 图 ①形・形式　②（決まった書式を持つ）書類

※ 正確な意味の理解。

▶ formは一般的には「形」（ア）であるが、これはあくまでも中身（content）と対置されるもので、「上辺」「見かけ」「形式」といったニュアンスを持つ。決まった書式を持つ書類のことをformという（イ）のも、「形の決まったもの」という意味だからである。

★ 同じ「形」でも、formは「内容」に対する「形式」であるのに対し、figureは「物の輪郭・投影図としての形」であり、shapeは立体的な意味での形である（平面に描かれたものであっても、立体的に見えるものはshape）。またformから生まれた形容詞formalは本来「形式に則った」だから、「正式な」「公式の」「正装の」といった意味になり、形式に則って書かれた文書formula（複数形はformulae）は「公式」「化学式」「規定」である。

ground [graund]
「根拠」の意味の時は、前置詞onを意識する

意味 ☞ 图 ①地面　②基盤・根拠

※ 第二の意味を強く意識する。

▶ 元の意味はもちろん「地面」（ア）である。が、backgroundという言葉への派生でも分かるように、地面は足元を支えるもの、というイメージから「基盤」「根拠」（イ）という意味への転換は容易に想像がつく。特にon the grounds of Xは「Xを根拠に」という意味だが、groundの元の意味が「地面」であるだけに前に置かれる前置詞はonであることを意識すること。さらにこの意味の場合groundsと複数形になることも注意。

heart [hɑːt]

「核心部分」だから前置詞はat

意味 ☞ 名 ①（何かの）核心部分　②心臓　③心

※ 心だけではない。

▶ heartはたぶんほとんどの人が最初に「心」だと思う単語だ。確かにその意味もある。だが、元々は林檎の芯のような「何かの核心部分」という意味だ（ア）。at the heart of X「Xの核心部分に」という熟語はかなり頻出である。そこから、「心臓（人間の臓器の中で、もっとも重要で核心的な働きをするから）」（イ）、「心（人間の核心部はその心にある、という発想は理解できるものだ）」（ウ）という意味が出ていると考える方が、素直で分かりやすい。上に挙げた表現以外に「内心」をat heartというように前に前置詞atがくるのも、heartが核心的な一点である、という認識のせいだと考えられる。「心」という意味の場合は、人間の精神の中で「理性（記憶）・計算」を司るmindに対して、「情緒・情動」を司るのがheartという感触を知っておくと、同じ「心」でも「心から残念に思う」はfeel sorry from one's heartなのに、「心に留めておく」はkeep in mindである理由が分かりやすくなる。ただし「暗記する」はlearn by heart（エ）で、これは慣用句。

hold [hould]

「開催する」「主張する」の意味を記憶する

意味 ☞ 動 ①〜を保持する　②（会合など）を開催する　③（意見・考え）を抱く・主張する

※ 結果的に多義語。

▶「持って維持している」が原義。keepに似ているが、keepよりもさらに意識して一定を保とうとしている感じがある。文型はSVOとSVOC。SVOCではkeepとほとんど同じ意味で使うが、頻度はkeepに比べて圧倒的に低い。SVOは「保持する」（ア）が基本だが、Sにくるものによって表面上の訳し方が異なる。たとえばSが「容器」の場合「入れている」、Sが「部屋」の場合「収容する」、などである。このあたりは記憶しなくても対応できるだろう。あえて記憶しておいた方がいいのは、「（会合などを）開催する」（受身で使われることが多い）（イ）、「（意見・考えを）抱く・

主張する」(ウ) だろう。(ウ) にはSVOCになるものもある。

! (イ)(ウ) の意味を記憶しておく。

★ holdには名詞もある。特にget hold of X「Xをつかむ」、lose hold of X「Xを失う」が有名。また、holdに限らないが、「X[人]のY[体の部位]をつかむ」はV(holdなど)X[人]by the[体の部位]という形をとる。目的語には「人」がくることに注意。hold his armのような表現はしない。また、体の部位を示す言葉につくのは必ず冠詞のtheである。his armのように所有格がくるのも誤り。なお「X[人]のY[体の部位]をたたく」はV(hitなど)X[人]on the[体の部位]で、前置詞はonに変わるが発想は同じである。

human [hjú:mən]
humaneとは綴りも発音も違うので注意

意味 ☞ 形 人間の・人間的な

※ 品詞に注意。

▶ humanは形容詞で、「人間の」「人間的な」。「思いやりがある」にあたるのはhumaneで綴りも発音も違う。また名詞で「人間」はa human beingである。humansという複数形では「人間」という名詞にもなるが、a humanという表現は正しくない。

★ human→humaneと同じ綴りの変化はurban「都会の」→urbane「垢抜けした・都会的な」と同じである。またhumanismは「人間(時に白人)至上主義」であり、元々はルネッサンスにおける新たな宗教観であったが、「人間の幸福のためには他を虐げてもよい」という思想へと転化し、帝国主義の思想的バックボーンになった考え方であり、日本人がカタカナでヒューマニズムと言う、いわゆる「博愛主義」は英語ではhumanitarianismと言う(「主義・政治体制シリーズ」→p.229参照)。

last [læ(ɑː)st]

形容詞の時、否定の意味になる

意味 ☞ 形・副 ①最後 ②過去で、かつ今に一番近い　動 続く

※ 多品詞・多義語。

▶ lastには二つの系統がある。一つは形容詞・副詞、もう一つは動詞で、この二つの系統は互いに全く無関係である。形容詞・副詞のlastで最も有名な意味が「最後」（ア）だ。元々はlateの最上級（late→p.99）（lateの比較級・最上級の区別シリーズ→p.312）で、「最も遅く」だからある意味当然といえる。ただし、それがすべてではない。「最も遅い」というのは、「今から見るとすでに起きている」ことと、「今に一番近い時間に起きた」ことを意味している。そこからlastには「過去で、かつ今に一番近い」という意味もある（イ）。last weekは「最後の週」ではなく「先週」である。つまり「過去でかつ今に一番近い週」だ。さらに、「Xを最後にやる」ということは、「最もXしない」ということと同値である。授業中最後に寝る学生は寝ている時間が一番短い道理である。つまりその学生は「最も寝ていない」のだ。そこでthe last［X（名詞）］to V／関係詞＋Vで、「最もVしないX」と訳すものもある（ウ）。それとは別系統の動詞lastは自動詞で「続く」である（エ）。continueとの一番の違いは、continueは通常他動詞だが、lastは自動詞だ、ということである。また、continueにも自動詞はあるが、単に「途切れず続く」という意味であるのに対して、lastは「エネルギーがもったり、障害が起きないせいで」続く・存在し続ける、というニュアンスがある。

late [leit]

①用法で意味が違う
②比較に二種類ある

意味 ☞ 形 ①（基準の時間に）遅れて　②最近の　③故（すでに死んでいる）　副 （基準の時間に）遅れて

※ 多品詞・多義語。用法によって意味が異なること。比較表現に二種類あること。

▶ まずlateは形容詞の場合「限定用法」と「叙述用法」（→p.156）で意味が異なる。副詞のlateは叙述用法に準じた意味になる。この区別を踏まえ、まず「叙述用法」

および副詞のlateの話から始める（こちらの方が頻度が高い）。叙述用法のlateの意味を「遅い」だと思っている人は、その正しい意味が理解できているとはいえない。形容詞であれ副詞であれ、lateの意味の基本は「(基準の時間に)遅れて」である（ア）。よくある文法のひっかけ問題に、「早く帰ってきてね＝Don't be (　　　).」がある。正解はlongだが、これをlateと勘違いする人が多い。問題文の英語にnotが入っていることから、「早く帰ってきてね＝遅くならないでね」と考えるわけだ。この考え自体は日本語でいえば特に間違っているとはいえない。だが、ここで訳語から単純に「遅い」＝lateとやると間違いだ。すでに言ったようにlateの基本的な訳語は「遅刻して」なので、Don't be late.だと「遅刻しないでね」である。一方、一般的に「早く帰ってきてね」の意味は、「外出時間が長くなるな」ということだから、否定文に変換すると「長くならないでね」になる。だから正解はDon't be long.なのだ。ただ、こう書くと「遅い」という意味でlateが使われているのを見たことがある、という反論が返ってきそうだが、ここにはちゃんとからくりがある。そのlateはほとんどの場合late at night（ちゃんとat nightがついていることが重要）である。すでに言ったように、lateは「基準時間より遅れて」という意味だから、基準時間を全体の時間帯のちょうど半分に設定すると、「全体の半分より遅れて」つまり「後半に」となる。nightが全体で何時から何時までかという問題を別にしても、「夜」全体の中で半分より後ろ、つまり「夜後半」は、「夜遅く」と言い換えても問題がない（日本でも深夜のことを夜半と言うではないか）。これがlate at nightが「夜遅く」と訳される理由である（イ）。逆に言えば、late単独には「後半に」という意味はあっても「遅く」という意味は含まれていないことになる。lateのもっともよく使われる表現はlate for Xで、「Xに遅れて」である（ウ）。反対語は「反対」の種類によって二種類。「遅れて」の反対を「間に合って」と考えるならばin time for X、「まだ早くて」と考えるならearly for Xである（early→p.91）。また、はじめに指摘したように形容詞のlateには「限定用法」もあり、この場合は意味が全く異なる。一つは「最近の」（エ）。これが副詞化したものがlatelyである（latelyは「最近」シリーズ参照→p.224）。さらに前にtheか所有格を伴うと「故〜（すでに死んでいる）」（オ）。

！ 正確な意味と、限定用法・叙述用法の違いをしっかり覚える。

★ lateでもう一つ重要なことは、比較級・最上級に二種類ある、ということであるが、これについては長くなるので、項を改めて取り上げることにする（lateの比較級・最上級の区別シリーズ→p.312参照）。

letter [létə]
「文字」からの派生語を記憶する

意味 ☞ 名 ①手紙 ②文字

※ 「手紙」だけではない。

▶ letterといえば「手紙」（ア）が有名だが、もう一つ、「文字」（イ）という意味もある。その意味からの派生型に重要な言葉が多い。形容詞literalは「文字通りの」（ウ）。literateは「読み書きできる」（エ）（反対語のilliterateも頻出）、さらに派生した名詞literacyは「読み書きできること」（オ）、literatureは「文学」（カ）である。liter-というパーツは「文字」という意味である。ただし、litterは「ゴミ」だが。

⚠ 「文字」からくる派生語をしっかり記憶する。

matter [mǽtə]
多義で多品詞

意味 ☞ 名 ①物質 ②問題 動 重大だ

※ 名詞の意味が二つ。動詞の用法が一つ。

▶ 名詞のmatterには二つの意味がある。一つは「物質」（ア）。もう一つは「問題」。「物質」という意味になるのは科学的な話題においてか、mind「精神」との対比においてかである。多くの場合は「問題」だが、この場合、詳しく見ると意味には二種類ある。一つが「解決すべき問題」という意味で、多くはthe matterの形になる（イ）。なんとこの時、the matterは主語にはなれない、という制約がある（試験に出たことはないと思うが）。The problem is that SVとは言えるが、The matter is that SVとは言えない理屈だ。もう一つ、a matter of Xのような場合、「Xによって決まる問題」というニュアンスを持つ（ウ）。 a matter of courseやas a matter of factという表現が有名だが、結果としての訳だけでなく、成り立ちも理解しよう。a matter of courseは「courseによって決まる問題」だが、これはある一つのコースを選ぶと、それによって当然ついてくるもの、という意味になる。そのことから「当然のこと」という意味が出ている。またa matter of factだが、文字通り「事実によって決まる問題」であり、「事実」は確定しているのだから、そこから「確定的なこと・明らかなこと」という意味が出る。a matter of Xにおい

ては、a matter of はほとんど付け足しで、Xの部分が意味を決定していると言える。それはやはり慣用句That's another matter.でも言えることだ。「それは別問題だ」と訳すが、肝心なことは「問題」ではなくて「別だ」ということなのである。もう一つ、matterには動詞がある。これは自動詞で「重大だ」という意味である（エ）。これは状態動詞なので進行形不可。

mean [miːn]
動詞の用法「S＝O」「S→O」「S←O」

意味 ☞ 動 〜を意味する・意図する　形 ①けちな・ひどい　②中くらいの・ほどほどの　名 ①手段　②金

※ 多品詞・多義語。特に動詞の記号化。

▶ 動詞、形容詞、そしてmeansと少し形が異なるが名詞がある。もちろん一番頻度も重要度も高いのは動詞である。動詞meanは他動詞で「S［記号］がO［内容］を意味する」だ。たとえば［〒］means［郵便番号］は、「〒は郵便番号を意味する」だから、「S＝Oである」が成り立つ。つまりmeanには「＝（イコール）」の意味がある。だが、文法的原則からいえばS≠Oのはずだが、この矛盾をどう解決するのか。これはそれほど難しいことではない。何しろ「意味する」なのだから、SとOには「異なる表現（これでS≠Oは実現する）」で「内容が同一（結果的にS＝O）」なものがくればいいことになる。ここから、meanは新たな展開を見せる。SとOに「表現は違うが内容が同一のもの」を置けばいいのだから、「昨日飲みすぎた」mean「今日二日酔い」でも、「今眠い」mean「昨日夜更かしした」でもいいはずだ。つまりS mean Oは「SだからO」とも「OだからS」とも訳せる。こうして考えると分かるように、meanは「SはOを意味する」とも訳せる（ア）が、「S＝O」（イ）、「S→O」（ウ）、「S←O」（エ）にもなる。こう考えておくと、meanを処理することが非常に楽になる。もう一つ、動詞meanには「意図する」というintendと同じ意味のものがある。これは常に主語は人間、後ろにはto Vがくる（オ）。そしてやはりintendと同じくSVOC（＝to V）もとる。次に形容詞のmeanだが、意味が二つある。一つは「けちな・ひどい」（カ）、もう一つは「中くらいの・ほどほどの」（キ）である。動詞meanの名詞形はmeaning、形容詞meanの名詞形はmeannessだが、他にもa meansという名詞がある。これは「単複同形」の名詞で、常にmeansである。意味は「手段」（ク）が基本だが、生きる手段としての「金」（ケ）もある。

meet [miːt]
「一致する」「応える」の意味も覚える

意味 ☞ 動 ①会う ②一致する ③(要求に)応える

※ 意味の派生に対応する。

▶ meetといえば「会う」が基本である(ア)。ただ、そこから派生する二つの意味をしっかり理解しておく必要がある。まず「会う」ためには、二人の人間が同じ時間に同じ場所にいる必要がある。つまり場所と時間が「一致」しないと出会えない(これは幼稚園の砂場で二人でトンネル掘りをした経験がある人なら誰でも分かるはずだ。掘っていく穴の先が一致しないと、決して出会えないのである)。そこでmeetには「一致する」という意味がある(イ)。そして、たとえば相手の要求にこちらの提示するものを「一致」させると、相手の要求に「応える(漢字に注意)」ことになる。そこからmeetには「(要求に)応える」という意味もある(ウ)。もちろん目的語は「要求」であることが必要だ。また、意外なものや出来事に「偶然出会う」時、meet with Xを使う(エ)ことも覚えておくこと。

! 「一致する」「応える」という意味を覚えておくこと。

★ 「会う」という意味のmeetは、予め約束して予定を決めて「会う」という感じが強い。だから英作文で「空港に迎えに行きますよ」はI will meet you at the airport.と言えばすむ。「迎えに行く」という言葉をmeetですませてしまうのだ。また、make both ends meetはよくある言い回しで、「収支を合わせて赤字を出さない」という意味になる。「収入」と「支出」という二つのend(端)を一致させる、という意味なのだ。

object [á(ɔ́)bdʒikt](名) [əbdʒékt](動)
「目の前にある乗り越えるべき物」が原義

意味 ☞ 名 ①物体 ②対象 ③目的 動 反対する

※ 多品詞・多義語。

▶ ob(向かって)＋ ject(投げる)で、「目の前にある乗り越えるべき物」が原義である。名詞と動詞がある。名詞の場合「物体」(ア)、「対象」(イ)、「目的」(ウ)という意味になる。動詞のobjectは「反対する」(エ)だが、自動詞で、「Xに反対

する」と言う時はobject to Xと前置詞toを伴う。このtoは前置詞であって、不定詞ではないので注意。

school [skuːl]
「同じ考えの人が集まった集団」。「学校」だけじゃない

意味 ☞ 名 ①学校 ②派閥 ③群れ

▶ schoolといえば「学校」と思いがちだが、元々「同じ考えの人が集まった集団」という意味である。その意味では場合によって「派閥」と訳すこともあれば「群れ」と訳すこともある。a school of fishは有名な言い回しだが、決して「メダカの学校」(笑) ではなく「魚の群れ」である。

⚀ 「学校へ行く」をgo to schoolと言うのかgo to a/the/one's schoolと言うのか、という問題では「機能」なら無冠詞、「建物」なら冠詞がつくという説明がなされることが多いが、単純にそういうことではない。組織の提供するサービスを受けに行く場合にのみ無冠詞になるのだ。だからgo to schoolは「生徒」が「授業を受けに」行く時にしか使わない言い回しである。同じくgo to churchは「信者」が「礼拝に参加しに」行く時にしか使わず、⟨be⟩ in hospitalも「患者」が「入院」している時にしか使わない。さらに⟨be⟩ in prisonは「受刑者」が「服役」している時だけ使う。

subject [sʌ́bdʒekt]
意味の基本は「(誰かの)支配を受けるもの」

意味 ☞ 名 ①話題・問題 ②課題・テーマ・科目 ③王国の国民 ④実験の被験者・実験台・実験動物

※ 多品詞・多義語。

▶ subjectの基本は名詞にある (数えられる)。成り立ちはsub (下に) +ject (投げる) で、「下に投げてあるもの」から「(誰かの) 支配を受けるもの」が基本。そこから大きく言って四種類の訳語が発生している。まず「話題・問題」(ア)。話題も問題も、

それを扱う人の「支配下にある」と考えられる。次に「課題・テーマ・科目」(イ)。これらも、扱う人間の「支配下にある」ものである。さらに「王国の国民」(ウ)。王国の国民は確かに王の「支配下にある」。大日本帝国憲法にある「日本国臣民」はまさにsubjectsだ。家臣の民、というわけである。最後に「実験の被験者・実験台・実験動物」(エ)。被験者はもちろん実験を行う者の「支配下にある」からである。他にももちろん「主語」などという訳もあるが、これは「主体(自分)」が「自分の支配下にあるもの」という意味だからである。次に形容詞だが、これはsubject to Xという形で使われ、「(Xに)支配されている・その影響を受けやすい・それから逃れられない」という意味になる(オ)。Xには「病気」などの「もらって嬉しくないもの」や「できれば避けたいもの」がくる。最後に動詞のsubjectはsubject A to Bで「AをBの支配下に置く」だが、ほとんどは受身で使われ、A〈be〉subjected to Bで「AがBを受ける」となり、Bにはやはり「もらって嬉しくないもの」がくる(カ)。では形容詞subjectと過去分詞subjectedを使ったものとは何が違うのか、という疑問が湧くが、区別は簡単。そういう目に遭いやすいという性質を持っているなら形容詞のsubject、そういう不幸な目に遭っただけならsubjectedを使う。He was subjected to sea sickness that night.なら「彼はその晩船酔いに苦しんだ」だが、He was subject to sea sickness.だと「彼は船酔いしやすい体質だった」である。

[!] 特に「実験の被験者」という意味は、科学系の文章で頻出。

[★] 正直に言って、形容詞のsubjectはほとんど決まった表現(subject to cold「風邪を引きやすい」・subject to change「変化することがある」など)でのみ使い、動詞のsubjectは頻度はとても低い。「支配される」という意味からその場で考えるだけでも足りる。

term [tə:m]

「区切られた範囲」という意味からいくつもの意味が派生

意味 ☞ 図 ①期間 ②言葉 ③観点・立場 ④条件 ⑤関係

※ 多義語。

▶ 元々「区切られた範囲」という意味だが、派生していくつもの意味を生んでいる。まずは「期間」(ア)。これはまさに「区切られた範囲」だから分かりやすい。学校で、the first termといえば大概「一学期」である。次に「言葉」(イ)。これは日本人に

は最初ピンとこないが、英語では、単語と単語の間にスペースが入るので、逆の見方をすれば「スペースからスペースまでの区切られた範囲」が一つの単語なのである。さらに「観点・立場」(ウ)。考えてみれば、「立場」とは「(その人物の)許容できる範囲」のことである。次に「条件」(エ)。ここからここまでなら受け入れる、のように「条件」というのも一種の「許容範囲」である。最後に「関係」(オ)。これとて「許容範囲」だろう。人間関係とは突き詰めれば、「相手にどこまで許すか」で決まる。「挨拶程度」なのか「食事を一緒にする」までいいのか「家に上げる」のか、で親しさの度合いが分かるというものだ。ちなみに(ア)(イ)(ウ)の意味の場合termの前にくる前置詞はin、(エ)(オ)の意味の場合前にくる前置詞はonである。さらに(ウ)はin terms of Xという形で使うものがほとんど、(オ)はon … terms with Yという形で「Yと…な関係で」という意味を作るもののみである。

! 特に「条件」という意味を忘れがち。(ウ)(オ)は前後の語句との関係で覚える。

★ termから派生した有名な単語にterminalがある。これは「区切られた範囲」の端っこ、という意味から「終わり」と訳され、名詞も形容詞もある。鉄道のterminalは「終着駅」、医療現場のterminal careは「末期医療」である。

とみたのポイント文法①

「要求・主張・提案」の内容を示すthat節内部の動詞の形

「要求・主張・提案」はその内容が「〜しよう」「〜すべきだ」「〜しろ」「〜せよ」という意味になるため、その内容を示すthat節の中の動詞はshouldがつく(「すべきだ」)か「原形(命令文の形)」になる。この性質は、単語を決定する時にも頻繁に使われる。that節内部の動詞の形を見ることで、「要求・主張・提案」にあたる言葉がその位置に必要だと分かる。

LEVEL 3

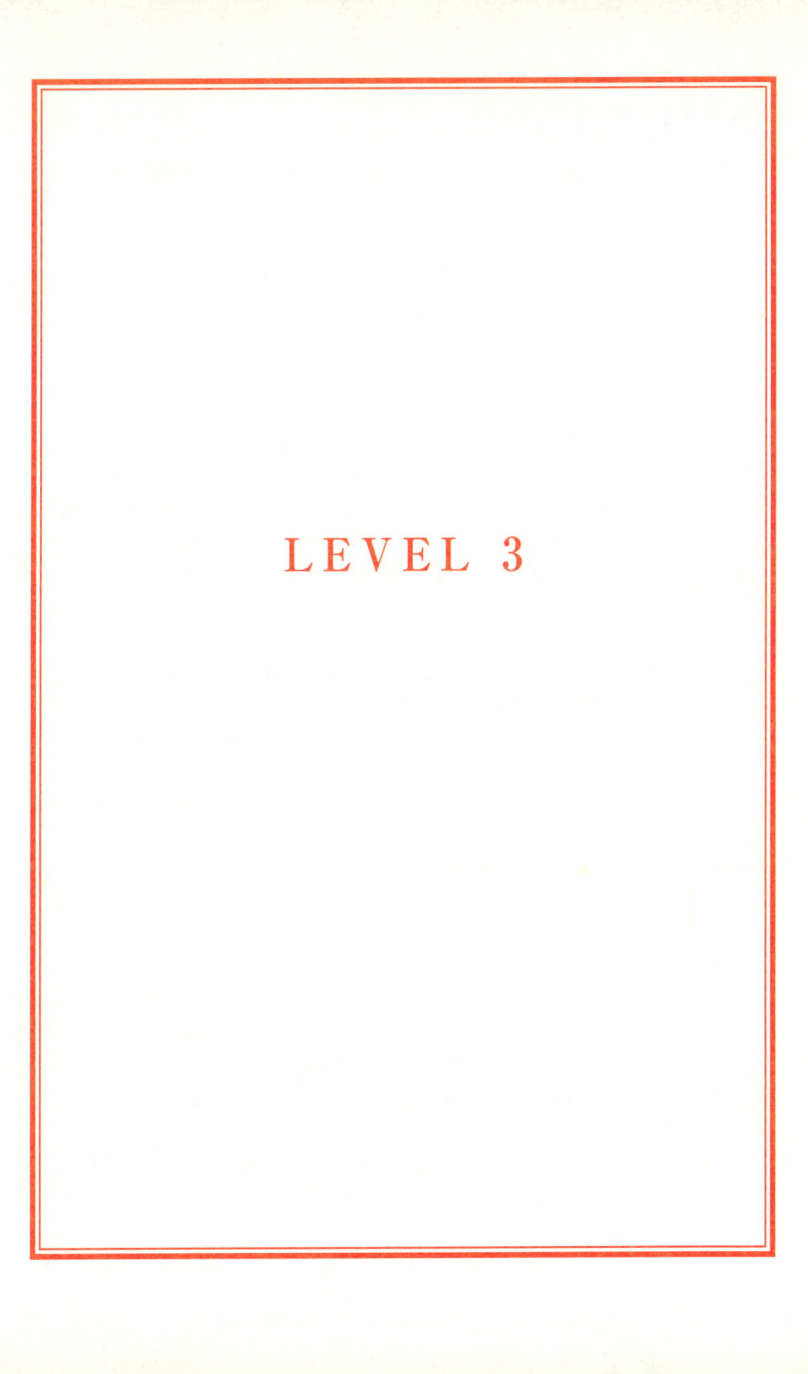

afford [əfɔ́ːd]
canだけの場合と、can affordの場合で意味が異なる

意味 ☞ 動 〜できる（だけの余裕がある）

※ よく見かける動詞だが、単純な訳語が与えにくく、使われ方に特徴（制約）がある。
▶ 元々、「何かを受け入れる余裕がある」という意味で、ものを買ったり、時間や労力をかけたり、エネルギーや資本を投入したりする余裕があるという文脈で使われるため、一定の訳語と馴染みにくい。いわゆる「意味」がいえない単語の代表例である。一方で、助動詞canとほぼセットで使われ、訳文上は「〜できる」としか訳さないため、affordという言葉自体が存在する必然性が日本人には分かりにくい。だが、単にcanを使うだけでは「ある行為が一回できる」という意味に過ぎないのに対し、can affordとすると「（やるやらないに関係なく）やるだけの余裕がある」という意味になるので、そのあたりの使い分けが英作文などでは問題になることがある。I can't buy the book.だと「今は手持ちのカネがないから買えない」という以上の意味は伝わらないが、I can't afford to buy the book.だと「そんな高価な本を買うのは私の経済力では無理だ」という意味になるからである。割り切った言い方をすれば、英文を読んでいる場面でaffordを見た場合は単に「できる」だと思えばいいが、英作文では上記のことに注意して使わないと減点の対象となる。用法的には、通常の名詞を目的語にとるもの（ア）、目的語にto Vをとるもの（イ）、SVOO文型になるもの（ウ）がある。

alien [éiljən] 発音注意
foreignとほぼ同じ意味

意味 ☞ 形 ①異国的な ②〜とは無縁である

※ 日本では名詞が有名だが、英文では形容詞で使う方が多い。
▶ 見かけから発音が出てきにくい語であるが、「エイリアン」と聞けば日本人はあの映画を思い出すはず。だが英語的には形容詞で、foreignとほぼ同じ意味で使うことが多い。意味は元々「異国的な」だが、ほとんどの場合後ろにto Xを伴いalien to Xで「Xと無縁である」。
! foreignと同義であること。後ろにtoを伴うこと。

allow [əláu]
文型が三つある動詞

意味 ☞ 動 ①許可する ②〜できるようになる ③与える ④考慮に入れる

▶ allowは文型を三つ持つ。中でも有名でかつ頻出なのはSVOC（=to V）。これは「許可する」という意味になる場合（ア）と、因果関係で「SによってOがVできるようになる」という意味になる場合（イ）とがある（本質的には同じものだが、訳し分けの問題）。SVOO文型にもなるが、この文型の動詞は授与動詞だから「与える」という意味（ウ）。この意味のallowが名詞化したallowanceには「小遣い」という意味がある。SVOのallowは「許可する」だが、通常受身で使われる。この時O（受動態のS）には「許可されるもの・行為」がくる（エ）。さらにallowには自動詞でallow for X「Xを考慮に入れる」もある（オ）。

⚠ 特にSVOC。Cにはto Vがくる。letのSVOCも全く同じ意味で使うが、letの場合Cには動詞原形がくる。これがletとallowの最大の使い分け。またallowの「許す」は「これからすることを許す」であるのに対し、forgiveは同じ「ゆるす」であっても「すでにしたことを赦す」であるから両者は全く異なる。

amount [əmáunt]
同時に使える名詞は「数えられない名詞」

意味 ☞ 名 （数えられない物の）量 動 〜に達する

※ 「量」なので、同時に使える名詞や形容詞に制約がある。

▶ amountはあくまでも「量」であって「数」ではないので、「数えられない名詞」とともに使う。the amount of Xという時、the amount of rainとはいう（ア）が、the amount of peopleとはいわないのだ。後ろに数えられる名詞を伴う時はthe number of peopleのようにnumberを使う。またamountは「数量を表す名詞」にあたるので、「多い」「少ない」はlarge, smallを使う。many, much, few, littleはどれも使われないので注意。また動詞もあって、その場合amount to Xが有名（イ）。ただし、これは自動詞＋to Xの意味の範囲（「Xに達する」）を超えない。

⚠ 数えられない名詞とともに使うこと。「多い」「少ない」はlarge, smallを使う。

★ 同じ「量」であるquantityとの違いを問われることはまずない。あえていうなら、

> quantityはqualityとの関連の中で使われるのが普通である。

anxious [ǽŋkʃəs]
用法によって「心配している」と「望んでいる」という二つの意味

意味 ☞ 形 ①心配している ②〜することを望んでいる

※ 用法によって意外な意味になる。

▶ anxiousというと「心配する」という意味を思いつくことが多いが、それは〈be〉anxious about Xの場合（「Xについて心配している」）（ア）で、〈be〉anxious for X（イ）や〈be〉anxious to V（ウ）の場合には「Xを望む」「Vすることを望む」という意味になる。

! 後ろの形によって意味が異なること。特にafraid, worryなどと並んで選択を求められる時に注意。

★ 名詞形はanxietyで、これにも「不安」と「願望」という意味がある。なおanxiety [æŋzáiəti] は発音注意。

apologize [əpá(ɔ́)lədʒaiz]
apologize to［人］for［罪］という形になる自動詞

意味 ☞ 動 謝罪する

※ 日本語の語感に反して自動詞であること。

▶ apologizeは「謝罪する」という意味だが、apologize to［人］for［罪］という形になる自動詞である（to［人］とfor［罪］はそれぞれオプション。あってもなくてもいいし、順番も逆でもよい）。

! 自動詞であること。後ろにくる語句によって伴う前置詞が異なること。

★ 名詞形のapologyも伴う前置詞は同じ。

apparent [əpǽrənt]
「明らかな」と「外見上の」という全く異なる二つの意味

意味 ☞ 形 ①明らかな　②外見上の・見せかけの

※ 多義語。意味の区別が非常に重要。

▶ apparentは動詞appearから派生した形容詞だが、動詞appearに意味が複数あるため、複数の意味を持つ。一つは「明らかな」(ア)。これはSV文型のappear「現れる」が形容詞化したものである。もう一つは「外見上の・見せかけの」(イ)。もちろんSVC文型のappear「S＝Cに見える」からきている。考えようによっては(ア)と(イ)は反対語だといっていいくらい意味が異なる。形容詞なので、特に形によって判別というわけにもいかないから、前後にある言葉や話の流れから決めていく必要がある。特に(イ)の場合、「一見そう見えるが実は違う」と後ろで逆接する可能性が高いことは、わりと明確な手がかりになる。

! 二つの意味があること。

★ 名詞形のappearanceにも「出現・登場」(ウ)と「外見」(エ)という全く異なる二つの意味がある。

art [ɑːt]
正しい意味は「人手の加わったもの」

意味 ☞ 名 ①技術　②芸術　③作為

※ 「芸術」ではない。

▶ 日本人の間では「アート」といえば「芸術」である。だが、英語のartの意味の守備範囲はもっとずっと広い。あえていうなら、art＝「芸」「術」である。同じ言葉を切ってあるだけだと思ってはいけない。「芸」も「術」も人間が持っている能力ややっている行動全般を示している。つまり、artの正しい意味は「人手の加わったもの」である。反対語はもちろんnature(「人手の加わらないもの」、すなわち「自然」「(生まれつきの)性質」)。従ってartの訳は「技術」(ア)、「芸術」(イ)に加えて、「作為」(ウ)などになる。また、arts and sciencesは「学芸」で、知識と技能の集合体を示す。なお、artは元来「数えられない名詞」だが、具体的な事物をいう場合は「数えられる名詞」としても使う。

[!] 「芸」「術」「業」「技」「営」という、漢字一文字での理解。
[★] artから派生した形容詞には三種類ある。artfulはart「技」+ful「いっぱい」で「技が多い」ことから「巧みな」(ずるいというニュアンスを含む)、artisticは綴りの中にartist「芸術家」が隠れていることから「芸術的な」、artificialは「人手が加わった」から「人工的な」と覚えておくと混同しにくい。

available [əvéiləbl]
「商品として扱っていて、在庫がある」という意味での「ある」

意味 ☞ 形 ①手に入る ②利用できる ③ある
※ 意味と用法がともに要注意。
▶ まずは用法から。availableは世に言う「叙述形容詞」である。端的に言うと、前から名詞にかかることはないのだ。次に意味だが、「手に入る・利用できる・ある」という訳語ではなかなかその正しいところを伝えきるのは難しい。「ある」と言っても、単に存在することを指しているわけではなく、「商品として扱っていて、かつ在庫がある」という意味なのだ。極端な話、本屋に行って「蛍光灯ありますか」と尋ねたら変人扱いされる。本屋に蛍光灯など「ない」からだが、ちょっと待て。おそらく本屋には蛍光灯は相当数存在する(天井に取り付けられていて、点灯している)。ではなぜ本屋には蛍光灯は「ない」のか。からくりは「ない」という言葉の意味にある。確かに本屋には蛍光灯は「ある」。だがそれは物体として存在しているだけであって、商品としては扱っていないのだ。電器屋に行けば蛍光灯は多くの場合「ある」。これは商品として扱っているということだ。でも、蛍光灯を扱っているはずの電器屋でも、「ない」と答えることがある。これは「在庫がない」か、在庫があってもすでに売り先が決まっていて、「売ることができない」かのどちらかである。これだけ例を挙げれば分かっただろうが、availableの意味する「ある」とは「商品として扱っていて在庫があり、売ることができる状態にある」という意味である。同じことを客の側から見ると「手に入る」になる。
[!] 表面的な訳語ではなく、意味を理解し覚えること。
[★] 名詞形のavailabilityはCheck the availability.「空きがあるかどうか調べてください」のように使う。availableの意味を理解していればこう訳す理由は明らかだ。

barely [béəli]
基本的な意味は「肯定」

意味 ☞ 副 ①かろうじてする ②〜するとすぐに…

※ 肯定・否定を誤解しないことが重要。

▶ barelyは副詞で、「かろうじてする」という意味である（ア）。よくhardly, scarcelyと同義であるという辞書の記述に惑わされる人がいるが、基本的な意味が「肯定」であることを忘れないように。確かに「かろうじてする」も「ほとんどしていない」も、多少は「している」ことに変わりはないのだが、話者の認識としてその行為を「した」のか「していない」のかという違いはかなり大きい。a littleとlittleが「少しはある」と「少ししかない」で肯定・否定の区別があるのと同じことで、この区別を無視して同義だと考えるのは乱暴すぎる。barely Vの同義語はnarrowly Vで、almost／nearly Vは「Vしていない」という意味の反対語、hardlyやscarcelyは話者の表現したいことが「Vしていないに等しい」という意味になるという点での反対語である。

⚠ 出題される時はalmostとの選択で出ることが多い。

★ hardly (barely) A when B「AするとすぐB」の時はhardlyとbarelyは同義といっていい（イ）。

beat [biːt]
目的語による、winとの使い分け

意味 ☞ 動 ①繰り返し叩く ②（心臓が）鼓動する ③勝つ

※ 「勝つ」という意味での他の動詞との使い分け。

▶ beatという動詞は「繰り返し叩く」が原義でSVO文型をとる（ア）。日本人、わけても若い諸君には音楽における「ビート」がもっとも馴染みのある意味のはずだが、もちろんそれも英語の意味の一部である。他にも「繰り返し叩く」ことから「（心臓が）鼓動する」という意味の自動詞になる（イ）。他にも細かい意味はあるが、この動詞でもっとも重要なのは「勝つ」という意味になることと、その目的語である。「勝つ」を意味する動詞にはいくつかあるが、winだけが目的語が異なる。beat, excel, defeatはすべて目的語が「相手」なのに対し、winは目的語が「試合の名称」

である。さらにbeat, excel, defeatのうち、excelは「Oより秀でている」という意味で、具体的な戦いに勝ったという意味はなく、defeatは「ある戦いでOをやっつける」という意味であって能力的な優劣は問題にならない。その両方の意味を重ね持っているのがbeatである（ウ）（エ）。

[!] 目的語の種類と意味の二重性。不変化であること（Vp.pにはbeatenもあり）。

[★] off the beaten trackは「人里離れた」「観光地化されていない」という意味だが、元の意味は、「これまで人が多く通った道から離れて」という意味である。人であれその他の物体であれ、ある道を通るとその道を「繰り返し叩いて」いくことになる。足踏みを想定すればよい。the beaten trackは「繰り返し叩かれた道」で、多くの人や獣がそこを通ったことを意味する（オ）。

but [bʌt]
接続詞・前置詞・副詞の三つの用法がある

意味 ☞ 接 しかし、～ではなく　前 ～を除いて　副 ただ（=only）

[▶] butにはいわずと知れた等位接続詞（ア）の他に、前置詞「～を除いて」（イ）（使い方の詳細はexcept参照→p.169）、副詞で=onlyのもの（ウ）がある。（イ）の場合は必ず前にall, every, any, noを伴う。

[!] 他にもbut for X「Xがなければ」という前置詞があるが、仮定法でしか使わない。

[★] 副詞でonlyと同じ意味になるものは、意外に頻度が高い。

casual [kǽʒuəl]
英語では「なにげない」に近い意味で訳す

意味 ☞ 形 ①なにげない　②上辺だけの　③無頓着で

[※] 日本語化しているが、意味の守備範囲にずれがある。特定の言い回しに重要なものがある。

[▶] 日本語でも「カジュアル」といえば「気取らない」という程度の意味で、服装に使われるのが一般的であり、英語にもその意味がないわけではないが、英語では、

むしろ「なにげない」に近い意味で使うことの方が多い（ア）。他にも「上辺だけの」といった、真剣味の足りない状態を示す意味にもなる（イ）。また〈be〉casual about Xだけは「Xに無頓着で」という意味（ウ）になり、これの反意語は〈be〉particular about X「Xにこだわりがある・うるさい」。

⚠ 意味の範囲。

★ 綴りの似た単語にcasualtyがある。これは元来「思いがけず出会う不幸」という意味だったが、今では多くの場合「被害者（死者）の数」という意味で使われる。

cell [sel]
「小部屋」のイメージから派生した「細胞」の意味

意味 ☞ 名 ①細胞　②独房・瞑想室

※ 元の意味が知られていない。

▶ cellというとa cell phoneつまり「携帯電話」とイメージが湧くが、cellの本来の意味は全く異なり、「小部屋」である。だから元は刑務所の「独房」だったり修道院の「瞑想室」だったりしたのだが、生物学の進歩によって、生物の体が小さな部屋状の構造体（日本語では「細胞」と言う）でできていることが分かった時、その構造体のことをcellと呼んだのが、現代的な意味の出発点である。さらに、電池は一種の酸化還元反応によって電気を発生させるのだが、その時反応を起こさせるスペースのことをcellと呼ぶようになり、そこから電池のことをcellと呼ぶことが専門家の間の符丁になった。携帯電話はもちろん電池駆動であり、電池の発達に大きく依存してきたためか、いつの頃からか携帯電話のことをa cell phone, a cellular phoneと呼ぶのが一般的になった。受験的にはおそらく生物学関連の話題で、「細胞」という意味で使われることが多い。もちろん携帯電話もだが、これはcellの意味とは無関係である。

⚠ 「細胞」という意味。

chairman [tʃɛ́əmən]
Cになる時は無冠詞になる

意味 ☞ 名 議長

▶ chairmanに限らないが、president, leader, professorなど、一人しかなれない役職がC（補語）になる時は無冠詞になる、という性質は要注意。この単語が試験で問題になる時は、たいていそのことが問われている。

! 整序問題や誤文訂正でこの単語が出たら、冠詞が必要かどうかを考えること。

★ 最近では男女同権のあおりで、chairmanはすっかり影が薄い。もっぱらchairpersonが使われる。

charge [tʃɑːdʒ]
①「責める」の場合、前置詞がwithであること
②〈be〉in charge of Xで「Xを管理している」

意味 ☞ 動 ①充填する ②請求する ③非難・告発する 名 管理

※ 多義語。動詞にも名詞にも覚えるべき重大なポイントがある。

▶ chargeの本来の意味は「何かを積み上げる」こと。ここから様々な意味が派生している。もっとも分かりやすいのは「（電気などのエネルギーを）充填する」（ア）。最近は日本でもSuicaなどのICカードに事前に資金を貯めておくことを「チャージする」というようになった。次に「請求する」（イ）だが、これは元はchargeした結果を精算するという意味だったはずだ。むしろ本来のchargeは「つけ」で買う（それによってその人物に対する請求額が溜まっていく）ことだったと思われる。「つけ」などというのは今の時代にそぐわないと思っている人もいるかも知れないが、ホテルなどでは今だに普通に行われる。要は部屋の鍵さえ見せればいちいち食事代などを精算せずとも最後に部屋代とまとめて払う、というあれである。ホテル側から見れば、客の使った金を記録して積み上げていくわけだ。そして、記録をとっておくということは「管理」につながるので、「管理」（ウ）という意味が生まれたと思われる（ただし現在この意味で使うのは名詞だけだが）。さらに、過去の行状を記録して積み重ねていくと、いずれ犯罪として告発できる（運転免許の点数制度を考えると分かりやすい）ことから「非難・告発する」（エ）という意味が出ている。さて、

ここまではcharge一語にたくさんの意味がある理由を語ってきたが、実はcharge には動詞・名詞ともに覚えておくべき重要な事項がある。動詞では「非難する」 という意味のchargeがcharge A［人］with B［罪］「A［人］をB［罪］のことで責 める」と、A with Bという形をとることである（p.47の備考参照）。名詞について は「管理」という意味の場合、theの有無によって「能動」「受動」が逆になるとい う性質がある。具体的には〈be〉in charge of Xが「Xを管理している」なのに対 し、〈be〉in the charge of Xだと「Xに管理されている」になる。しかもこの性質、 chargeに限ったことではない。「支配・管理」という類の名詞ならどれでも、in［支配・ 管理］of Xだと「支配・管理している（能動）」、in the［支配・管理］of Xだと「支 配・管理されている（受動）」である（例：in control of X＝「Xをコントロールし て」、in the control of X＝「Xにコントロールされて」）。

! 動詞に関しては例外を、名詞に関しては原則的用法を覚える。

check [tʃek]
①第二の意味は「妨害」
②check inとcheck outの使い方

意味 ☞ 名 ①調べること ②妨害 ③請求書 動 ①調べる ②妨げる

※ 多義語。

▶ 日本語で「チェック」というと「調べること」（ア）という反応が返ってくるに 違いないが、英語のcheckにはそれ以外にもいくつか重要な意味がある。中でも「（進 路の）妨害」という意味になる（イ）ことはぜひ知っておこう。その理解に役立つ のはcheckpointという単語だ。文字通り、「検問所」だが、高速道路の料金所であれ、 空港の出国手続き所であれ、何かを「チェックする」ところには必ず渋滞が生じる。 一つ一つ調べていくのだから、スムーズに進行するはずはないのだ。これが、「調べ る」と「妨げる」を同じcheckで表現する理由だと考えるとよい。その他、check には「請求書」という意味もある（ウ）。動詞のcheckも概ね「調べる」と「妨げ る」を知っていればいいが、check in, check outは多少注意を要する。というの は日本人のこの言葉に対する理解は全体の半分でしかないからだ。日本人の知って いるチェックイン、チェックアウトといえばホテルに「入る」ことと「精算して出 る」ことであり、その意味する限りにおいて我々の理解は正しいが、ほとんどの場 合、我々が理解しているのは現象としての最終的な意味だけであって、それもチェッ

クインが「開始」、チェックアウトが「終了」であるとすれば、ただの結果オーライに過ぎない。英語のcheck in, check outはinとoutに重大な意味がある。その正しい意味は、「客」の側から見て、何かを相手方に渡す（相手の守備範囲に「入れる」）=in、何かを相手方から持ち出す（相手の守備範囲の外に「出す」）=out、である（エ）。ホテルに「入る」のがinで、「出る」のがoutと考えれば分かりやすい。飛行機の搭乗手続きも、相手方、つまり航空会社に荷物を預ける、すなわち荷物を「渡す」のでinなのである。「開始」にinがくるのはたまたま最初にする行動が「渡す」行動だからである。逆に美術館などでオーディオガイド（外国人用に、音声で展示物の内容を説明してくれる道具）を「借り出す」のはcheck out、それを「返す」のはcheck inで、この場合「開始」がcheck outになる。要は「開始」「終了」の問題ではなく「預ける」「持ち出す」の問題なのである。これが正しく理解できれば、同じように副詞in, outを使う表現の意味を一貫して理解できる（たとえば先生がプリントを「配る」のをhand outと言うのに対し、生徒が先生にプリントを「提出する」のをhand inと言うが、正しく理解できるだろうか）。

!「妨害」という第二の意味。check in, check outの正しい理解。

choice [tʃɔis]
①名詞は「選択すること」と「選択肢」の二つの意味
②「高級な・優れた」という意味の形容詞もある

意味 ☞ 名 ①選択肢 ②選択（という行為） 形 高級な・優れた

※ 名詞としての意味の二面性。意外な意味の形容詞もある。

▶ choiceは見ての通り動詞chooseの名詞形である。従って、「選択肢」（ア）という意味と「選択（という行為）」（イ）という意味の二面性がある。「選択肢」という意味ではoptionや場合によってはalternativeに置き換え可能だが、「選択（という行為）」という意味ではchoiceしか使えない。一方、「選ばなくてもいいもの」という意味はoptionにはあるがchoiceにはない。語法的にも二面性がある。具体的な「選択肢」という意味では、many choicesのように使うが、「選択の範囲」という意味（ウ）で使う場合は、a large choice of booksのように「多い」「少ない」にlarge, smallを使う。またchoiceにはなんと形容詞もあって、その場合は「選びぬかれた」という意味から「高級な」「優れた」という意味になる（エ）。ただ、形容詞のchoiceは使い方に微妙な制約があるので、受験レベルでは英作文には使わない

のが無難。読解で出たら思いつけば十分である。
[!] 正確な意味・語法。形容詞の可能性。
[★] have no choice but to V「Vするしかない」は有名な熟語。またChoice is yours.「選ぶのはあなただ」は定型表現としてよく使う。

claim [kleim]
文句をつける「クレーム」ではない

意味 ☞ [名] 要求　[動] ①〜を要求する　②(〜の命)を奪う・殺す

[▶] 買った商品などに文句をつけることを日本語で「クレーム」と言うが、英語ではcomplaintである。claimはSVOで「(当然の権利として)何かを要求する」(ア)である。名詞もあるが意味は「要求」で、後ろにto Xを伴うと「Xを要求する」、on Xを伴うと「Xに対する要求」になる。「要求」から派生した少し意外な意味では動詞のclaimに「病気などが人の命を要求して持っていってしまう」ことから、X [病気・災害など] claim Y [人(命)] で、「XがYの命を奪う・殺す」(イ) がある。
[★] 英語的なclaimの使い方で日本人もよく目にするのが飛行機に乗った時、到着地の空港で行うbaggage claimである。これは「荷物の受け取り」という意味だが、自分の荷物を預けたのだから当然それを要求する権利がある、という意味が含まれている。そこでclaimが使われているというわけだ。

command [kəmǽ(ɑ́ː)nd]
「見晴らしがいい」と「語学能力」が盲点

意味 ☞ [動] ①命じる　②見晴らしがいい　[名] ①命令　②能力

[※] 動詞にも名詞にも意外な意味がある。
[▶] コンピューターのプログラム用語として日本語にも「コマンド」として定着した感のあるcommandだが「命じる」系の動詞としての原則通りの用法(特にSVOC〈=to V〉)(ア) 以外に、名詞・動詞ともに意外な意味がある。動詞の場合、command a viewという決まった言い回しで「見晴らしがいい」になる (イ)。主

語にくるのは「高い場所」である。commandは「命令する」という意味から分かるように、支配者が被支配者を見下ろしてコントロールすることを指す。このうち「(高いところから) 見下ろす」という部分だけを利用しているのがcommand a viewである。名詞の場合も通常は「命令」という意味で使われるが (ウ)、他に「(語学に関する) 能力」という意味で使うhave a command of Xという言い回しがある (エ)。
! 決まった言い回しによる特別な意味を正しく覚える。

compose [kəmpóuz]

①A ⟨be⟩ composed of Bでは「AはBでできている」(＝A consist of B)

②S compose Oだと「SがOを構成する」(＝S constitute O)

意味 ☞ 動 ①(文章・曲を)作る ②構成する

※ それぞれの意味に同義語がある。その使い分け。

▶ 元々 com (一緒) +pose (置く) で、「複数のパーツを並べて置く」ことを意味し、そこから「(文章を) 作る」「(曲を) 作る」という意味を持つ。名詞形のcompositionは「作文」か「作曲」になることが普通。だが、実際の言葉の運用場面では、A ⟨be⟩ composed of B＝A consist of B「A [全体] はB [パーツ] でできている」(ア) か、S compose O＝S constitute O「SがOを構成する」＝「SがOになる」(イ) のどちらかである。(ア) の場合は態の区別が問題 (詳しくはconsist参照→p.162)。(イ) の場合、使い方はどちらでも同じだが、constituteの方が一般性が高い (詳しくはconstitute参照→p.163)。

concern [kənsə́:n]

後ろの前置詞がaboutなら「心配」、withなら「関心」

意味 ☞ 名 ①心配 ②関心(関係)

※ 伴う前置詞による意味の区別。
▶ concernは「心配」「関心（関係）」の二つの意味を持つが、後ろにくる前置詞によって使い分けができる。後ろがaboutの時は「心配」、withの時は「関心」である。これは動詞でも同じこと。concernは他動詞だが、感情の動詞（シリーズ→p.205）なのでほとんどの場合は受身で使われ、〈be〉concerned about Xで「Xを心配している」（ア）、〈be〉concerned with Xで「Xに関心がある」（イ）となる。
! 前置詞による意味の区別。なお、concerningという前置詞もあって、意味はaboutと同じ。

confidence [ká(ɔ́)nfidəns]
一般的に使われるのは「信頼」の意味

意味 ☞ 名 ①秘密 ②信頼 ③確信

※ 多義語。二つの派生語。
▶ 動詞confideから派生した名詞。confideは「秘密を打ち明ける」だが、秘密を話すということはその人を信じていることでもあるので、そこから「信じる」という意味が派生した。それが名詞化した単語であるため、「（打ち明けられた）秘密」（ア）、「信頼」（イ）、「確信」（ウ）という三つの意味を持つ。さらに（ア）から派生した形容詞はconfidentialで「機密の」（エ）、「信任の厚い」（オ）という意味を持ち、（イ）から派生した形容詞はconfidentで「信頼している」（カ）、「確信がある」（キ）である。また、「Xを信頼」という意味の場合、後ろに伴うのはin X、「Xを確信」という意味の場合、後ろに伴うのはof Xで、前置詞が異なることに注意。
! もっとも一般的に使われるのは名詞だと「信頼」、形容詞だとconfident「確信して」。

contrary [ká(ɔ́)ntre(ə)ri]
①to the contraryは「予想と現実が逆になった」
②on the contraryでは同内容で肯定・否定が逆

意味 ☞ 形 ①反する ②反対に ③それどころか反対に

※ 使い方と意味を正しく知る。
▶ 代表的な使い方は形容詞で、contrary to X「Xに反する」(ア)、to the contrary「反対に」(イ)、on the contrary「それどころか反対に」(ウ)。特に(イ)と(ウ)の違いに注意。まず(ア)だが、同じ形容詞ではあっても、oppositeが「限定」「叙述」両方に使えるのに対し、contraryは「叙述形容詞」で、「限定用法を持たない」。the opposite sideとは言えても、the contrary sideという英語はない。次に(イ)と(ウ)の区別だが、(イ)は「予想と現実が逆になった」という場面で使うのに対し、(ウ)では、実は前後に同一の内容が「肯定・否定を逆にして書かれる」というからくりを知るべきである。

contrast [ká(ɔ́)ntræst](名) [kəntrǽst](動) 発音注意
動詞と名詞で発音のストレスの位置が異なる

意味 ☞ 名 ①反対 ②対比 動 比較する

▶ contraというパーツから分かる通り、意味は「対比・反対」である。名詞と動詞があるが、ストレス位置が異なる。いわゆる「名前動後(名詞のストレス位置は前、動詞のストレス位置は後ろ)」である。名詞の場合、by contrast「反対に」(ア)、in contrast to X「Xと反対に」(イ)、the contrast between A and B「AとBの対比」(ウ)を知っていればいい。ちなみに「数えられない名詞」。動詞はcontrast A with B(エ)とcontrast with X(オ)だが、どちらもパターン通り。
! 前置詞の使い分け。ストレス位置。

core [kɔː]
「表には出てこない核心」という意味が適切

意味 ☞ 名 ①本質 ②核心 ③球体の中心

※ 派生的な意味の方が今では重要。
▶ 元々「林檎の芯」という意味。そこから「球体状の物体の中心部分」を指すようになり、「地球の中心部」を指すようになった。おそらくはそのあたりから、「物事

の核心部分」という意味が生じたと考えられる。そのため、「本質」という意味で用いられるものの、essenceが「煮詰めて残ったもの」という「凝縮感」があるのに対し、coreには「表に出てこない本質」「上辺と異なる本当の理由」という意味がある。まあまさに「核心」という訳語に尽きるのかも知れない。

count [kaunt]

①第二の意味の「重要だ」に注意
②count on Xで「Xを当てにする」

意味 ☞ 動 ①数える ②重要だ ③当てにする

※ 第二の意味の方が重要。

▶ countは日本人にも馴染みのある単語で、他動詞「数える」（ア）。この認識は完全に正しい。名詞の文法的解説でよく出てくる「数えられる」「数えられない」は英語ではそれぞれcountable, uncountableであり、辞書ではその頭文字をとってC、Uと表記される。だが、countには派生的に第二・第三の意味があり、そちらの方がむしろ重要である。まず「数える」→「数に入る」→「重要」（日本語でも、「物の数に入る」というのは「重要だ」ということである）で、「重要だ」という意味の自動詞がある。この意味の場合、強調構文と併用されてit is X that count(s) という形式になることが非常に多い（イ）。またcount on Xで「Xを当てにする」もある（ウ）。（イ）（ウ）の場合、countは状態動詞なので進行形にならない。

! 実際には（イ）（ウ）の意味で使われることが多いので、こちらをしっかり記憶すること。

court [kɔːt]

元の意味は「四角い場所」＝「身分を明らかにする場所」

意味 ☞ 名 ①宮廷 ②法廷 ③（スポーツなどの四角い）フィールド

※ 元の意味を知ると覚えやすい。

▶ 元々「四角い場所」という意味。だから、スポーツをする時の「四角いフィールド」もcourtと言う。野球場は扇形なのでcourtとは言わない。日本の居室にも「床の間」

があることで分かるように、「四角い場所」は身分序列を明確にしやすい場所である。ある一辺を背にする場所を「上座」に設定し、それと向かい合うすべての人々を「下座」に据えることで、身分序列を明らかにできるわけだ。そこで、そういう身分序列を明確にした場所のことをcourt（日本語では「廷」）と呼ぶ。その代表例が「宮廷」（ア）と「法廷」（イ）である。どちらも、王様・裁判長という「偉い人」が上座に座る四角い場所である。

! 「四角い場所」＝「廷」。

★ これに対し、「丸い場所」は「身分序列のない平等な場所」である。和平交渉などで関係国が「円卓会議」（a round table）を開くのは、全員を平等に扱わないとそもそも会議の席についてもらうことさえできないからである。

credit [krédit]
元々の意味は「信用」

意味 ☞ 图 ①信用 ②良い評判 ③功績 ④〜のおかげ

※ 意味を勘違いしやすい。数えられない名詞。

▶ 「クレジットカード」という言葉や「クレジットで買う」という言葉から、クレジットを「分割払い」「借金」だと勘違いしている日本人は多い。だが、英語のcreditは「信用」（ア）である。そこから「良い評判」（イ）、「功績」（ウ）などと派生している。特にX〈be〉to the credit of Yは「XはYのおかげだ」という意味で使う。

★ 元のラテン語の意味は「貸付」なので、実は日本人の思っている意味の方が本当の原義に近いかも。

culture [kʌ́ltʃə]
第二の意味「教養」に注意

意味 ☞ 图 ①文化 ②教養

※ 文化だけではないその意味。

▶ 「文化」（ア）があまりにも有名だが、その場合多くは「数えられる名詞」。数え

られない名詞の場合「教養」（イ）という意味もあることに注意。

★ 動詞cultivate「耕す」からきた単語で、cultureも本来は頭の中を耕して身についた教養という意味。だからcivilizationのように物質的なものではなく、むしろ精神的な面が強調される。英作文の時、多少配慮するとよい。

dare [dεə]
助動詞と動詞の二つの用法がある

意味 ☞ 助動・動 あえてする

▶ dareは「あえてする」という意味の表現で、助動詞（ア）と動詞（イ）の二つの品詞がある。それぞれの用法に注意（後ろに続く形・三人称単数現在の主語の場合、語尾にsがつくかどうか・否定語の位置）。

★ 同じように助動詞と動詞を持つ単語にneedがあり、そちらの方が頻度は圧倒的に高い。

deal [di:l]
①It's a (good) deal.という決まり文句
②動詞はdeal with X

意味 ☞ 名 ①取引 ②多くのもの

※ 多品詞語。

▶ dealは本来「取引」という意味だが、そこから多くの意味、品詞が派生している。ただ、覚えておくべきものは大胆にいえば二つだけである。まずは名詞で「取引」（数えられる）（ア）だが、これはほとんどの場合、It's a (good) deal.という決まり文句でしか出てこない。もっとも記憶すべきはa good (great) deal of Xという表現（イ）である。これは「多くのX」という意味だが、Xには「数えられない名詞」しかこない。また、このa good (great) dealは単独で名詞として使われ（ウ）、その場合はmuchが名詞化したのと同じ扱いになる（「多くのもの」と訳す）。動詞のdealにはdeal with X（エ）となるものと、SVOO（オ）とがあるが、これはど

ちらもパターン通りの意味（p.46〈SV with X〉、p.42〈SVOO〉）なので、記憶の必要はほぼない。SVOOになるものは、「トランプのカードを配る」という意味でもっともよく使われる。

debt [det] 発音注意
①数えられる場合と数えられない場合で意味がずれる
②発音に要注意

意味 ☞ 図 ①借金・貸している金　②借金している状態

▶ 基本となる意味は「借金」だが、具体的な「借金」の内容を表す場合は「数えられる名詞」（ア）、「借金している状態」という意味の時は「数えられない名詞」（イ）である。しかも（ア）の場合は「借りている金」だけではなく「貸している金」という逆の意味にもなる。ある意味当然だが、同じことを借方から見ても貸方から見てもa debtなのである。一方、（イ）の意味の場合、「借りている状態」であって逆にはならない。なお、（イ）の具体的な用例は〈be〉in debt「借金がある・赤字である」、get into debt「借金する」、get out of debt「借金を完済する」という表現にほぼ限られる。

! debtのbは黙字。受験でよく目にするのは（イ）の方。

degree [digríː]
前置詞とのつながりで二つの意味

意味 ☞ 図 ①程度　②徐々に　③学位

▶ 元来の意味は「程度」（ア）で、その意味ではextentと同じ。この意味の場合、前にくる前置詞は必ずtoである。ただし、by degrees「徐々に」という熟語（イ）では前置詞はbyになる。さらに「位」という意味から生まれた「学位」（ウ）という意味がある。

★ 「温度」などの「度」にもdegreeは使うが、extentは使わない。

dense [dens]
「密」という字が意味の基本

意味 ☞ 形 密度が高い

※ 「濃い」ではなく「密度が高い」。

▶ denseは「密度が高い」という意味で、「ぎっしり詰まった感じ」がある。a dense forest「密林」、a dense crowd「密集した群衆」などが主な用例で、「密」という字が意味の基本だと考えればいい。訳語的には「深い」「濃い」とも訳さなくはないが、それはa dense fog「濃い（深い）霧」程度である。同じ「濃い」でも「色」ならdeepかdark、「化粧」ならheavy、「スープ」ならthick、「コーヒー」ならstrongである。他にも、「疑いが濃い」「関係が濃い」などというが、これらはそれぞれ「可能性が高い」「関係が密接」と言い換えて、それぞれa high/strong possibility, a close relationshipなどと表現するとよい。

!「密」という字で覚える。

★「密度」という名詞はもちろんdenseの派生形でdensity。「人口密度」population densityが有名な言い回し。

desert [dézət]（名、形）[dizə́ːt]（動）
①名詞・動詞・形容詞の綴りが同じ
②形容詞は限定用法のみ

意味 ☞ 動 捨てて出ていく 形 人の住まない 名 砂漠

※ 多品詞・多義語。

▶ 食事の後に食べるdessertとは綴りが違うので注意。元々は他動詞で目的語に場所をとり、「O（ある場所）を捨てて出ていく」という意味（ア）。そこから形容詞で「人の住まない」という意味になった（イ）。なお、形容詞で使う場合desertは限定用法のみ。叙述用法の場合はdesertedを使う（ウ）（これは限定用法でも可）。さらに、「人が住まない場所」の代表としてdesertは「砂漠」という意味の名詞になった（エ）。

! 意味の流れに従った正しい記憶。

★ a desert islandはもちろん「無人島」だが、学生諸君の中にはこれを「砂漠の島」

と訳す強者がいる。諸君はまさに驚きの泉である。非常識というのもここまでくると感服するね。

devote [divóut]
devote A to Bが覚えることのすべて

意味 ☞ 動 ～のために使う

※ 一定の型で使う。

▶ devote A to B「AをBのために使う」(ア) が覚えることのすべて（型による動詞の理解）。Aを「自分」すなわちoneselfにしてdevote oneself to Bだと、「自分をBのために使う」ことから、「Bに専念する」(イ) となる。これをさらに受動態にして〈be〉devoted to Bとしても「Bに専念する」で同じ（一般にV+oneself＝〈be〉Vp.pである。目的語にoneselfがくるのはS＝Oが成り立つ時だから）(ウ)。さらにto Bで「Bのために」だが、toは前置詞なので、後ろにはVingがくる。不定詞にならないことに注意。

! dedicateという動詞は頻度はだいぶ低いが、ほぼ同じ意味で使う。

★ 何かに専念することは、それに執着することでもあるから、devoteが名詞化したdevotion to Xは「専念」以外にも「Xに対する愛情・執着」と訳すことが多い(エ)。

diet [dáiət]
本来の意味は、人種や集団の常食としての「食事」

意味 ☞ 名 ①常食 ②食事 ③食事制限

※ 複数の意味を正しく理解すること。

▶「ダイエット」といえば「痩せること」というのが日本での通り相場だが、それは英語的にはごく派生的な意味で、〈be〉on a dietという表現で出てくる(ア)ことがほとんど。元々は「ある生物が食べられるもの」のこと(イ)。たとえばコアラはユーカリの葉っぱしか食べないが、それがKoala's dietだ。それから転じてある

人種や集団の「常食」もdietという（ウ）。さらに、ある目的（大体は病気の治療）のために規定された「食事」のこともdietと呼ぶ（エ）。そして「痩せる」という目的のために食事に制限を加えることもdietというので、（ア）の意味が出てきたという次第。

! 英語でもっとも一般的に使うのは（ウ）の意味。

disaster [dizǽ(ɑ́ː)stə]
「不幸」が転じて「ひどい被害をもたらすもの」

意味 ☞ 名 ひどい被害をもたらすもの

※ パーツから意味を思い出す。

▶ dis「悪い」+ aster「星」で、「星の巡りが悪いこと」を指す。星占いで「不幸」のことだ。それが転じて「ひどい被害をもたらすもの」という意味になった。自然災害にも人災にも使う。一般論としては「数えられない名詞」だが、特定の事故などを指す時は数えられる。

★ 受験ではかなりよく出てくる単語なので、しっかり覚えること。形容詞形はdisastrous。

doubt [daut]
「Xでないらしい」と否定する疑い方

意味 ☞ 動 〜ではないらしい

※ suspectとの違い。

▶ 同じ「疑う」でもdoubtとsuspectではその方向が逆。suspectは「Xであるらしい」とXを肯定するのに対し、doubtは「Xでないらしい」とXを否定する疑い方をしている（ア）。しかもdoubtの場合、Xの中には否定語は出てこない。疑い方の内容からいってsuspectの後にはthat節が続くのに対し、doubtの後ろにはif/whether節が続くのが一般的（that節もある）。またdon't doubtのようにdoubtそのものを否定すると後ろはthat節のみになり、「Xを信じる」と訳す（イ）。

★ doubt, suspectともに「思考・心理の動詞」なので状態動詞である。進行形にならない。

especially [ispéʃəli]
particularlyと違い、文頭には置けない

意味 ☞ 副 中でも・特に

※ 等位接続詞としての用法に注意。

▶ especiallyは「中でも・特に」という意味の副詞であり、その点ではparticularlyと同じ。どちらも見かけは副詞だが、実態は等位接続詞であり、前後に同じ形の反復がくる。だが、Particularlyは文頭に置いて前文を受けるが、especiallyにはその用法がないという点が大きく違う。つまり文頭にはespeciallyは置けない。また、単純に副詞として前から形容詞などにかかるのもparticularlyがほとんどの場合引き受ける。especiallyにその用法がないわけではないが、実際にはあまり使われない。つまり、especiallyには、同じ文中の二つの同じ形の部分をつなぐという等位接続詞的な用法しかないと考えるのが現実的だ。

★ 文頭にespeciallyを置けない、というのは意外に頻出項目である。ParticularlyはIn particularとも言える。

even [íːvn]
「平らな」「対等な」「偶数の」という形容詞もある

意味 ☞ 副 ①〜でさえ・たとえ〜でも ②さらにいっそう ③〜さえもある 形 ①平らな ②対等な ③偶数の

※ 多品詞語。

▶ 副詞が有名だが、形容詞も忘れないこと。副詞のevenは通常「〜でさえ・たとえ〜でも」という意味だが、副詞なのに、名詞に、それも冠詞の前からかかるという特徴を持つ（ア）。他にも比較級の直前に置いて「さらにいっそう」という意味になるもの（イ）、さらには等位接続詞として、A, even B「AだけでなくBさえもある」

もある（ウ）。だが、もう一つ、evenには形容詞もあって、その時は「平らな」（エ）が意味の基本だが、そこから「対等な」（オ）、「偶数の（対等だから2で割れる、というところから。反対語はodd）」（カ）と色々ある。他にも動詞もあるが、形容詞の意味から類推可能な上に、めったに出てこない。

evidence [évidəns]
数えられない名詞

意味 ☞ 图 証拠

▶「証拠」という名詞はevidence, proofともに「数えられない名詞」。「証拠物件」というような具体物を示す場合には数えられることもあるが、受験生的には「数えられない名詞」で通すのがよい。どちらも同格のthat節を従えることが多い。前置詞を使う場合、「Xを支持する証拠」はevidence（proof）of Xを使い、「Xを否定する証拠」はevidence（proof）against Xとする。

! evidenceは形容詞evident「明らかな」とともに覚え、proofは動詞proveとともに覚える。なおproveはSVC、SVO、SVOCと三つの文型をとる基本動詞である。

evolution [e(i:)vəlúːʃən]
まずは「進化」という意味を想定

意味 ☞ 图 ①進化 ②改革 ③発展 ④進歩

※「進化」という訳語を意識。

▶ evolutionは動詞evolveの名詞形で、物事が少しずつ進んでいくことを示す。「改革」「発展」「進歩」などの訳が考えられるが、生物がらみの話ではまず間違いなく「進化」と訳す。言うまでもなく、ダーウィン（Charles Darwin）の進化論に使われている専門用語だからである。入試の英文にはなぜかダーウィンおよび進化論が非常に頻繁に取り上げられる。そのため、evolutionを見たらまず「進化」を疑い、しかも話題が進化論である可能性を想定するとよい。この種の話題の時は他にもnatural selection（自然選択）、the survival of the fittest（適者生存）という

言い回しがよく出てくる。

★ revolutionはrevolve「回転する」の名詞形だから、evolutionに比べて短時間で一気にひっくり返る感じがある。だからrevolutionは「革命」と訳すことが多い。こちらは政治的な話や、技術革新（technological revolution）、産業革命（industrial revolution）などの使われ方が多い。

exclusive [iksklú:siv]
「排他的な」から生まれた様々な意味

意味 ☞ 形 ①排他的な ②特権的な ③高級な ④専門的な

※ 多義語。

▶ 元々他動詞exclude「排除する」からできた形容詞だから、「排他的な」（ア）が本来の意味。だが、「他を排除する」というのは「特権」や「専門」に通じる概念なので、そこから、「特権的な」（イ）、「高級な」（ウ）、「専門的な」（エ）という意味が生まれた。

★ 副詞のexclusivelyは時にonlyと同じ意味に使われることがある。

excuse [ikskjú:z]（動） [ikskjú:s]（名）
動詞は「許す」が基本。名詞は「言い訳」

意味 ☞ 動 許す 名 言い訳

※ 名詞と動詞で意味が異なる。

▶ 動詞の場合は「許す」が基本で、後ろに続くのはA for B（p.47参照）（ア）。だがほかにもexcuse A from Bで「AのBという義務を免除する」がある。これはほとんどの場合受身で使われ、A ⟨be⟩ excused from Bで、「AはBしなくてもよい」と訳す（イ）。一方名詞のexcuseは「数えられる名詞」で意味は「言い訳」（ウ）。make an excuse「言い訳をする」が有名な言い回し。

※ 注意すべきこと　▶ 説明　! 覚えるポイント　★ 備考・Tips

expose [ikspóuz]
受動態の時、見かけ上の日本語訳は能動になる

意味 ☞ 動 (〜に)触れさせる

※ 受動態の時の訳し方に注意。

▶ exposeは後ろにA to Bをとり、expose A to Bで「AをBに触れさせる」になる（ア）。A to Bの意味のパターンの中に収まっているので、その場での対応も可能だが、受動態の時の日本語訳が混乱の原因になりやすい。A 〈be〉 exposed to Bで「AがBに触れる」となり、さらにAに人間、Bに行動がくると「AがBを体験する」などとも訳せる（イ）。つまり、受動態の時に見かけ上の日本語訳は能動になるのだ。どうも我々は、英語と日本語の態のずれが根本的に苦手なようで、このあたりで混乱する人をよく見かける。

! 日本語訳と英語の見かけのずれに注意。

★ 同じように「英語が受動態、日本語訳は能動態」になるものにA 〈be〉 reminded of B「AがBを思い出す」やA 〈be〉 convinced of B「AがBに納得する」などがある。

familiar [fəmíljə]
withとtoの使い分け

意味 ☞ 形 ①〜をよく知っている　②馴染みがある　③親しみがある

※ 語順と前置詞の関係。

▶ 意味は「よく知っている」が基本。そこから「馴染みがある」「親しみがある」などが派生する。問題は使う言葉の順番によって出てくる前置詞が異なることである。X 〈be〉 familiar with Y=Y 〈be〉 familiar to Xで、意味はどちらも「XがYをよく知っている」になる。XとYの順番によってwith, toという異なる前置詞が使われることに注意。

! withとtoの使い分けをしっかり記憶。

favor [féivə]

熟語・派生語に配慮を

意味 ☞ 名 親切・好意・支持

▶ favorは「親切・好意・支持」(ア) という意味の名詞で基本は「数えられない名詞」。具体的に「親切な行為」という意味になる場合は「数えられる名詞」になる。favorに関する有名な熟語にask a favor of X [人]「Xにお願いごとをする」、do X [人] a favor「Xに親切にする、Xの依頼を引き受ける」(イ)、さらに〈be〉in favor of X「Xを支持している」(ウ) がある。また派生形の形容詞は二つある。favorableは「好ましい」が意味の基本 (エ)。場合によって「賛成している」「好都合な」という意味にも転じる。後ろにto Xを伴うことが多い。favoriteは「一番好きな」「お気に入りの」という意味 (オ) で、「一番」という意味を含むことから、比較級、最上級にならないことが重要。さらにfavoriteは名詞化して「気に入っているもの」という意味になることがあるが、その場合後ろにwith X [人] で、「Xのお気に入り」になる。withが珍しい (ただ、試験で問われたことはないように思う) (カ)。

fellow [félou]

形容詞の用法は「同じ空間を共有する」程度の意味

意味 ☞ 名 男・仲間・同僚・助教　形 同じ空間を共有する

※ 実は多品詞語。

▶ fellowは元来名詞で「男・仲間・同僚」(ア) などという意味がある。また、「大学の研究員」を指すこともあり、そこから「助教」という意味が発生したりしている (某予備校の「フェロー」はたぶんこのもじり)。ただ、むしろ重要なのはそこから形容詞化したfellowである。これは「同じ空間を共有する」という程度の意味 (イ) で、名詞が持っている「互いに見知った人間」という意味は全くない、と言っていい。見知った人間が含まれていても構わないが、知らない人も含まれる。これを分かっていないとfellow passengers (同じ乗り物に乗り合わせた乗客) を「仲間の乗客」などと誤読してしまうことがままある。

! 形容詞の用法をしっかり記憶する。

★ fellowというのは元々「共同出資者」という意味で、「運命共同体」に近いニュ

アンスがあった（語源的には違うが、companyとよく似ている）。そこから「道連れ」という意味に転じ、形容詞的な意味が派生したと考えられる。今でもfellowshipという名詞は、companyとよく似た意味で使われる。ちなみにfellow, guyは性別的には男性、という意識が強い。単数形では女性を指すのは避けるべきだ。だが、複数の場合は男女問わず使うようだ。Hi, guys!という呼び掛けは、集団相手なら男女問わず使われる（女性しかいない時はHi, ladies!と言いそうだが）。さらに言うと、girlsは成人女性に対する呼び掛けとして不適当。かつてクリントン元大統領が、大統領選挙の候補だった時、自分の選対本部の女性ボランティアたちをmy girlsと呼んで危うく選挙戦から脱落しそうになったことがある。その当時から彼には女性が鬼門だったらしい。

figure [fígjə(gə)]
四つの意味を正確に覚える

意味 ☞ 图 ①ものの形・輪郭　②人形・人影・人間　③図　④数字

※ 多義語。

▶ いくつかの意味の系統があるので、とにかく正確に出てくるようにすることが大切。元々は「ものの形・輪郭」（「形」という意味の差異についてはform参照→p.96）（ア）だが、それが「人の形」となって「人形」「人影」「人間」（イ）。また、形を描き出したものとして「図」（ウ）。それとはほとんど別系統に見えるもう一つの意味が「数字」（エ）。

! 最低限四つの意味は正確に覚え、いつでも出てくるようにしておく必要がある。頻出語の中でも重要度は高い。

finance [fi(ai)næns]
「最後は金」

意味 ☞ 名 金銭　動 資金を出す

※ 元来の意味を知ると記憶に残る。

▶「ファイナンス」という言葉は最近日本語でもよく聞く。その場面からいって金銭がらみの意味だということは想像がつく人が多いだろう。その通り、名詞の場合は「金銭」(ア)、動詞の場合は「資金を出す」(イ) という意味であるが、実は語源を聞くと感心すると同時に二度と忘れられなくなるはずだ。なんとこの単語、finishと同じ語源である。フランス語のfinには「終わり」という意味がある。今でもフランス映画を見ていると最後にFinと出るのを見たことのある人も多いだろう。finishが「終わらせる」なのはここからきている。そしてなんと、financeのfinも「終わらせる」なのである。それと「金」が何の関係があるのかって？ 身も蓋もない話だが、世の中「最後は金」なのである。つまりfinanceは「決着をつけるための金」、場合によっては「手切れ金」というのが元の意味だったのだ。同じことが「罰金」のfineにもいえる。要は「金で終わらせる」というわけだ。

❗ 実際には形容詞のfinancialの方が受験頻出。意味はもちろん「金の」である (ウ)。

for [fɔ:, fə]
①前置詞の意味は三種類
②等位接続詞「というのは～だから」

意味 ☞ 前 ①交換　②向かう方向　③期間　接 というのは～だから

※ 前置詞の他に等位接続詞もある。

▶ forの中心的な用法はもちろん前置詞で、意味は総じて三種類。「交換」(ア)、「向かう方向」(イ)、「期間」(ウ)。(ウ) の場合、forの後ろには「時間の長さ」を示す名詞がくる。さらに、forを使うのは「その期間ずっと」という意味の場合で、「ある期間の間に」という意味の場合はinを使う。ただし、forにはもう一つ「等位接続詞」がある (エ)。これは文頭以外では必ずcomma (,) あるいはsemi-colon (;) の直後に現れる。意味は「というのは～だから」という理由付け。詳しくは「前置詞シリーズ」→p.239参照。

grade [greid]
本来は「段階に分かれたもの」という意味

意味 ☞ 图 ①学年 ②成績 ③等級 ④格 ⑤身分

※ 意味を正しく知ると応用がきく。

▶ gradeはつい「成績」などという訳語だけで覚えてしまうが、本来は「段階に分かれたもの（あるいはその一つの段階）」という意味である。内容は「学年」でも「成績」でも「等級」でも「格」でも「身分」でも何でもいい。段階分けできるもの、そしてそのどれかの段階はみなgradeだ。

★ 関連語にgraduallyがある。「段階を追って」という意味から「徐々に」。またgradationも日本語では「グラデーション」と言い、同じ系統の色の濃さの変化を表すのに使われている。

impress [imprés]
例外的な語法。A impress O as Bに注意

意味 ☞ 動 (出来事など)が(人間)に何らかの印象を与える

▶ 本来はim（中に）+press（押す）で、外から中に向かって何かを押す、ということである。分かりやすい例を挙げよう。直径1センチの鉄パイプを思い浮かべてほしい。このパイプを右手で持ち、一方の端を左手の手のひらに強く押しつけたらどうなるだろう。そう、しばらくの間だが、手のひらにパイプの端の丸い形が残るはずである。この跡がいわばimpressionである。これが理解できたら、鉄パイプをたとえば誰かの発言、左手の手のひらを心に置き換えてみよう。すると、誰かの発言が心に残した跡、これがimpressionだ。日本語で言えば確かに「印象」である。そういえば「印象」という単語、「ハンコの形」という意味ではないか。動詞のimpressの場合、S［鉄パイプ］impress O［手のひら］の構造を持つ。S［出来事など］impress O［人間］で、「SがOに跡を残す」、つまり「SがOに何らかの印象を与える」という意味である（ア）。だが、impressについて重要なことは他にある。それはこれがV+A as Bの例外の一つだということである。一般にS+V+A as Bは「A＝BだとSが思う・言う」という意味である（p.39「動詞の文法による意味の類推法」、p.47参照）。この時、前置詞asによるイコールでつながるのは、Vの目的語

であるAと、asの目的語であるBである。だが、A impress (strike) O as Bの場合、Aは全体の主語で、全体の目的語には人間がきて、「A＝BだとOが思う」になる（イ）。主語がAになるという事実をしっかり記憶すること。

! asを同時に使う時、SがAで、Oには「感じる人間」がくること。

★ expressはimpressの反対語で、ex（外へ）+press（押す）である。中から外に何かを押し出すことをexpressと言う。だから一般に「表現する」と訳すのだ。名詞形のexpressionは中から外に出てきたもの、という意味で、「表現」と訳したり「表情」と訳したりする。確かに人間は心の中が顔に出るし、その顔に出たものを我々は「表情」と呼ぶからである。

independent [indipéndənt]
independent of ⇔ dependent on

意味 ☞ 形 自立している・独立している

※ 後ろに続く前置詞。

▶ independentはin（否定）+depend（頼る）であり、「頼らない」が元の意味。だから一般的な訳語は「自立している」「独立している」になる。反対語はdependentで「頼っている」。こちらは「頼る」＝「よりかかる」＝「接触している」だから、後ろにくる前置詞はonである。ちなみにindependentの後ろはofが続くが、これはなぜか？　まあ覚えてさえいればいいことだから理由など分からなくてもいい、という向きもあろうが、実は結構面白い理由がある。なんとindependentに続くofは通常のofではなく、offなのである。onとoffが反対語なのは電気のスイッチからも明らかである。onの接触に対してoffは非接触なのだ。ではなぜoffのままではなくofなのか？　実はこれは発音上の都合らしい。offという単語には今でも前置詞という品詞はあるが、副詞の方がより一般的である。それは、前置詞で使うと必ず後ろに名詞を伴うが、offのままだと単語末が無声音なので、次の名詞、特に冠詞aを伴うものとの発音の相性がよくない。何だそんなことで、と思う向きもあろうが、一般庶民が文字を長い間持たなかった英語においては、音の重要性は驚くほどである（まあ本当は日本語にもそういう面はあるが）。そこで、おそらくoffを前置詞として発音する際に、便宜上語尾を有声音にしたのだと考えられる。すると発音上、ofと同一になる。この結果、綴りもofを使うようになったのだと考えられる。少し牽強付会気味なところはあるが、これでindependentにつく前置詞が一見反対

語dependentにつく前置詞onと無関係に見える理由が分かったはずだ。
[!] dependent, independentに続く前置詞を正確に覚えること。
[★] 同じようにoffの意味でofが使われている有名な表現にfree of Xがある。これは「Xと無縁」という意味だが、まさにXから離れているというoffの意味を伝えている。

influence [ínfluəns]
①数えられる名詞
②ofとonの使い分け

意味 ☞ 動 ～の原因となる　名 影響

※ 多品詞語。

▶ 意味の基本は「影響」で、病気の「インフルエンザ」の語源である(インフルエンザは英語では略してfluという)。動詞の場合は他動詞でcauseと類似した意味・用法になり(ア)、名詞の場合は「数えられる名詞」でeffectと同じように使う(イ)。特に、後ろに「Xに対する」という言葉を置く時にはan influence on Xと前置詞onを伴うことにも注意。さらに「XがYに対して影響」とする場合にはan influence of X on Yのように、それぞれofとonを使い分ける。

latter [lǽtə]
代名詞的用法はthe formerと一対で「二つで対のもののうちの後の方」を指す

意味 ☞ 代 後者

※ 代名詞的用法に注意。

▶ lateの比較級であるが、その使い方は「lateの比較級・最上級の区別」シリーズ(p.312)参照。ここでは代名詞としてのthe latterの使い方に絞って説明する。これはthe formerと一対で使われることの多い代名詞で(もちろん、どちらかが単独で出てくる場合もあるが、それでも一対で想定される)、the formerが「前者」、the latterが「後者」である。この代名詞が使われる場合、必ず前に「二つで対の

もの（等位接続詞で並んでいるか、比較の対象になっているもの）」がある。the former, the latterは、これ以外のものを受けることはできない。だからこの表現の両方、ないしはいずれかを見つけたら、必ず前で「二つで対のもの」を探そう。そして言うまでもなくthe former「前者」は「前に書いてある方」、the latter「後者」は「後ろに書いてある方」である。その指示するものは、「対になっている表現の中での出てくる順番」によってのみ決定するように。

★ the formerとthe latterはこのように反対語だが、これはあくまでも代名詞でtheのついたthe former, the latterについて言えるのであって、形容詞のformerとlatterの間には意味上の関係はないので注意。formerは形容詞の場合、「かつての」「以前の」という意味に過ぎない。a former boyfriendは2011年現在の流行語で言えば「元カレ」である。「後半」the latter halfに対する反対語「前半」はthe first halfであって、former halfなどとは言わないので注意。

marry [mǽri]
用法ごとの形に注意

意味 ☞ 動 結婚する

▶「結婚」に絡む動詞だが、使い方は三種類。get marriedは「結婚する」という動作（ア）、⟨be⟩ married は「結婚している」という状態（イ）。この二つの用法の場合、後ろに「相手」を書く時の前置詞はtoである。⟨be⟩ married withの場合withの後ろに「子供」がきて、「結婚して子供がいる」という意味になる。marryには他動詞もあり、その場合Oは「相手」（ウ）。

measure [méʒə]
「手段」の意味に注意

意味 ☞ 名 ①尺度・基準　②程度　③手段

※ 多義語（意味が三つ）。

▶ measureというと日本では、裁縫道具や大工道具の「メジャー」が最も有名で、

英語でそれにあたる意味は「尺度・基準」(ア)。次にa measure of X「ある程度のX」という表現で頻出する「程度」(イ)。最後に、常に複数形で、多くの場合take measures という形で現れる「手段」(ウ)。

⚠ 特に(ウ)が盲点になりやすい。

★ in a measureは「ある程度」という意味でよく出てくる表現。

minute [mínit] (名) [mainúː(njúː)t] (形)
形容詞「小さい」とその発音に注意

意味 ☞ 名 分　形 小さい

※ 形容詞の意味と発音に注意。

▶ 名詞は「分」(ア)で有名だが、全く同じ綴りの形容詞があることを知らない人が多い。「同じ綴り」と書いたように、品詞、意味だけでなく発音も異なるので注意。形容詞のminuteは「小さい」(イ)。

nervous [nə́ːvəs]
色々な緊張状態を表すので、英作文で使いやすい

意味 ☞ 形 ①神経質な　②あがっている・緊張している・落ち着かない

▶ 名詞nerve「神経」からきている形容詞。限定用法では「神経質な」という意味だが、叙述用法、それも〈be〉nervous about Xで、「Xを前にして精神的に緊張状態にある」ことを示す。「あがっている」とか「緊張している」とか「落ち着かない」とか訳語は様々だが、英作文では使いやすい表現である。

note [nout]
日本語の「ノート」とは意味が違う

意味 ☞ 图 ①記録・メモ・符号・音符　②注目　動 気づく

▶ 英語のnoteの意味は大きく言って二つ。「数えられる名詞」の場合、「記録・メモ・符号・音符」（ア）。「数えられない名詞」の場合、「注目」（イ）。日本語で物体の「ノート」にあたるのは英語ではnotebookである（「ノートをとる」の方はnoteでよい）。「注目」という意味ではnoticeと同じ。動詞もあり、意味は「気づく」（ウ）だが、noticeの方が頻度が高い。

★ take note (notice) of X「Xに気づく」は有名な言い回し。またイギリスでは紙幣のことをnoteと言うが、アメリカではbillの方が一般的。

operate [á(ɔ́)pəreit]
workと同じだが、違う点も重要

意味 ☞ 動 ①働く　②作用する　③効果を発揮する　④〜の手術をする
⑤運営する　⑥操作する

※ 意味の広がりに注目。

▶ operateは「働く」が意味の基本で、workとほぼ同じ意味である。「働く」には「自ら動く」（ア）、「作用する」（イ）、「効果を発揮する」（ウ）という意味の広がりがあり、これはworkでもoperateでも変わらない。ただしoperateにはあるがworkにはない意味もある。それはoperate [on X] [for Y]「X [人・体の部位] のY [病気] の手術をする」（エ）である。「手術」という意味はworkにはない。反対に「頑張る」というニュアンスはworkにはあるがoperateにはないので、「労働する」「勉強する」という意味はworkだけのものである。他動詞のoperateも他動詞のworkと同じく「働かせる」「動かす」という意味だが、「（組織を）運営する」、（オ）「（機械・乗り物を）操作する」（カ）という意味はoperateの方が普通である。workの他動詞は辞書にはたくさん意味が出ているものの、実際にはほとんど見かけない。他動詞ならwork outで「発見する・開発する」が最も一般的だと言える。

! 「Xに手術する」の時、自動詞でonを伴うことに注意。

★ workとoperateの意味は似ているとは言っても、その力点は大分異なるようで、

それがworkerとoperatorの意味の違いに明確に出ている。workerは「労働者」、それに対しoperatorは「(何かを)操作する者」という意味から、「電話交換手」「バスや電車の運転手」「重機などの操縦士」「飛行機のパイロット」などを指す。

performance [pəfɔ́ːməns]
「人前でする」が意味の根幹

意味 ☞ 名 ①演技 ②成績・成果 ③能力

※ 意味の根幹とその派生。

▶ performanceは動詞performの名詞形である。performはSVOで、doとほぼ同じく「する」という意味である。ただし、単に「する」のではなく、見ている人間の前でやることである。そのことから名詞形performanceにはいくつもの派生的な意味が発生している。まずは「演技」(ア)だが、「演じる」ということより「見せる」ことに焦点がある。次に「成績」「成果」(イ)。受験生なら誰でも分かるだろうが、どんなに実力があると言い張っても、結果として人の前でそれをやって見せられなければ認めてはもらえない。その「人前でやって見せるもの」がperformanceだから、「成績」と訳せる道理である。さらに「能力」(ウ)。これは「人前で必ず出せる結果」という意味からきたもので、人間だけでなく機械などの無機的なものにも使う。

★ 動詞のperform、名詞のperformanceとも、英文中でかなりの頻度で見かける。performは「やる」、performanceは「やったこと・出来」という意味を基本に訳語を考えていくとよい。

physical [fízikəl]
「目に見えて、手で触れる」が基本の意味

意味 ☞ 形 ①物理的な ②肉体的な

※ 二種類の意味と反対語。

▶ physicalは「目に見えて、手で触れる」が基本の意味。訳語レベルでは「物理

的な」(ア) と「肉体的な」(イ) の二つを持つ。「物理的な」の反対語は「目に見えず・手で触れない」、つまり「精神的」だが、これは一般にspiritualである。「肉体的」の反対語は「精神的」でmentalである。

ちょっと待て。「物理的」「肉体的」という意味の異なる言葉の反対語がどちらも同じ「精神的」とはどういうことだ？ しかも英語ではspiritual, mentalと異なる単語が割り当てられるというのに。実はこれは日本語の問題である。今、普通の日本人に「精神」とは何か、と問いかけると、「人の内面のこと」と答える人が多いだろう。だが、それは「精」「神」という漢字の持っている意味とはかけ離れている。「精」とは「煮詰めて抽出したもの」、「神」は「核心部分」というのが漢字本来の意味である。つまり「精神」とは、「あるものの上辺や外見を取り去ってその肝心なところだけを取り出したもの」のことだ。それは「物理的な」つまり「ものの見かけや実態のまま」の確かに反対語であるが、この意味の「精神」は英語ではspiritである。spiritはまさに「煮詰めて抽出したもの」のことだからである。

それを最も分かりやすく伝えるのは酒の種類である。世の中にある様々な酒のうち英語でspiritと呼ばれるのは「蒸留酒」だけだ。「蒸留酒」は文字通り酒を蒸留して、その濃いところを取り出したものである。他にもspiritには「森の精霊」などの「精霊」という意味もある。これは自然界のある存在の肝心な部分を取り出したもの、というのが本来の意味で、それは当然「神」にも通じるのである。「肉体的」に対する反対語は「心理的」「心にまつわる」というのが本来であり、それはmental, psychicという言葉で表現できるが、確かに「心」も「目に見えない」ものであり、ある人間の「核心部分」だといえるので、そこから援用的に「精神」という言葉が使われるようになったと考えられる。これが「肉体的」「物理的」という明らかに異なる意味を持つ二つの言葉の反対語が「精神的」という同じ言葉になり、しかも英語ではspiritual, mentalという異なった単語が割り当てられる理由である（考えてみれば、spiritual, mentalという異なる言葉の反対語がともにphysicalという同じ言葉になるともいえる）。

★ physicalの意味の二面性を反映して、関連語には二種類の意味がある。正確に覚え分けよう。physics=「物理学」、physical education=「体育」、physicist=「物理学者」、physician=「内科医」

potential [pəténʃəl]
目に見えないが、存在する力

意味 ☞ 名 ①能力 ②可能性 形 潜在的

※ 多品詞語。品詞ごとの意味が大きく違うように見えるからくりを知る。

▶ potentialには名詞と形容詞があり、名詞の場合「能力」(ア)、「可能性」(イ)、形容詞の場合「潜在的」(ウ)と訳す。訳語だけ見ると名詞と形容詞の意味は無関係に見えるが、実は同じことである。potentialの元の意味は「目に見えないが、ある力」という意味だ。「目に見えない」ということはまだ発揮されていない、ということで、まだ発揮されていない能力、つまり将来の可能性、と考えられる。一方で、「目に見えないが、ある」ことを漢字で端的に表すと「潜在的」である。potentialの持つ「目に見えないがある力」という意味を如実に示すのがpotential energyである。物体がある位置に存在する時、他の位置に存在する時とは異なるエネルギーを持つ。ガラスのコップを高いところから落とすと、落ちた場所で割れてしまうが、そのガラスを割るだけのエネルギーが、高いところにあった時に隠れていた、ということなのだ。この「隠れているエネルギー」のことを、日本語では「位置エネルギー」と呼ぶが、英語では「隠れている力」だからpotential energyという。

! 「目に見えないが、存在する力」という意味を明確に。

★ potentialの意味の元になっているのはpotentという形容詞である。potentは「力がある」という意味で、反対語はimpotentだ。なぜか英語とは無関係にかなり有名な言葉である。もちろん人間社会ではこのpotentな力は普通「目に見えない」。見えたら野獣である。

prefer [prifə́ː]
"他と比較して"好き

意味 ☞ 動 (他と比較して)好き

※ 正しい意味の認識。使い方の把握。

▶ preferは一般にprefer A to Bないしはprefer A rather than Bで「BよりAを好む」である。rather thanを使うのはAとBにto Vがくる時。もちろん表現としてはto B/rather than Bは書かれないこともあるが、prefer Aを「Aが好き」だと思

うとすれば、それは勘違いである。Aが好きなのは、あくまでもBと比べて、のことである。I prefer John. と言ったからといって、単に「ジョンが好き」なのではなく、「他の人（たとえばビル）よりはジョンの方がいい」と言っているだけなのだ。

press [pres]
「報道」と「押す」という意味の歴史的な関係

意味 ☞ 名 報道　動 押す

※ なぜ「報道」なのか。

▶ 動詞としての意味はおそらくほとんどの学生にとって既知であろう。そう、言うまでもなく他動詞で「押す」である。名詞形はpressure（数えられない）。だが、pressには通常the pressで「報道」「報道機関」という意味がある。なぜ「押す」と一見無関係に見える意味があるのか。からくりは印刷機の構造による。印刷技術の歴史を語るのは本書の任ではないが、印刷機とワイン製造にはつながりがあるというのはわりと知られた話だ。ワインは元々収穫したぶどうを足で踏んで潰すのが製造の第一工程だったが、何しろ人間の足でやるため、ムラが多くて効率が悪かった。これを一気に解決した技術革新がぶどう搾り機で、この種の機械はキリスト誕生以前からあったという。この機械の仕組みは至って簡単。ネジの原理を利用して、樽に入れたぶどうの上から樽と同じ形の板を押し付けるというものであった。そして時を刻むこと1500年以上、15世紀にある人物（定説では、ドイツ人ヨハン・グーテンベルクだということになっている）がこの技術を印刷に利用することを思いついた。細かいことは割愛するが、インクを塗った組版（版画の版木にあたるもの）をぶどう搾り機に似た機械を使って紙に押し付けることによって、同内容の文書を複数作成できるようになったのである。ちょっと想像力があれば分かるが、この技術のもたらしたインパクトはインターネットの衝撃どころではなかったはずだ。何しろそれまでは一度に同じものを読めるのはたった一人だけ、ないしはその文字を同時に見られる人数だけだったのだ。それが「印刷」という技術によって一度に多くの人が同じ情報を手に入れられるようになったのだ。ヨーロッパでは、いわゆる「報道」がこの時期に始まったのも偶然ではない。つまり初期において「報道」＝「印刷物」＝「押し付ける機械」ということから「報道」をpressと呼ぶようになった。もちろんここで言う「報道」は文字媒体に限る。だが現在では、いわゆる映像音声メディアも含めて報道機関全般をpressと呼ぶ。ありがちな意味の拡張が行われて

いるわけだ。

qualify [kwá(ɔ́)lifai]
その人物の(技能の)質を保証する

意味 ☞ 動 ①〜できるようにする　②〜の能力を与える　③〜をする資格を与える

※ なぜqualifiedを「できる」と訳すのか。

▶ qualifyはqualityからきている言葉で「質」に関係があるが、目的語に「人」がきて、「その人物の（ある技能における）質を保証する」という意味である。そこから「(人に)資格を与える」という意味が出ている。とまあこれは建前で、ほとんどの場合受動態で、⟨be⟩ qualified for X ／ ⟨be⟩ qualified to V「Xを手にする資格がある・Vできる」で使われる（ア）。当然その場合の主語は「人間」である（qualifyの目的語は「人」だから）。ある人物がある動作をする資格を与えられている、ということは「その動作をしてよい、できる」ということである。これがqualifiedを「できる」と訳せる所以である。ただし、ここで言う「できる」は本来的にはその行動を取る権利を与えられている、という意味であって、能力的に「できる」という意味と完全に同一ではない（もちろん両者が合致するのが理想であり、あるべき姿ではあるが、現実には「能力はあるのに資格がない」人も、「能力はないのに資格だけ与えられている」人も存在するからだ）。能力さえあれば資格はどうでもいい、というのは素人の考えであって、医師であれ会計士であれ運転手であれ、「それをしてお金をとっていい資格」がないのにそれをやると犯罪と認定されるものは実は数多い。いつだったか、中国人の医師（中国ではちゃんと資格がある）が、日本でメスで患者の患部を切除したら、「傷害罪」で逮捕された、という新聞記事が出ていた。反対に、外国の被災地に「国境なき医師団」が出向いても、その国での医師免許がないと医療行為が犯罪になるなどの問題点があるとも聞いた。元々既得権益者の権利を守り、技能の確実な継承を意識して作られた資格制度だが、そういう意味での矛盾も弊害もあるようだ。そして、そういうことが、言葉の運用にも反映されている。本来は「正しく資格を与えられた」という意味で使われるqualifiedだが、逆説的文脈では「資格は実はないが、資格があってもおかしくないほどの能力がある」という意味で使われることもある（イ）。日本語の「資格がある」にもそういう意味の可能性があるではないか。こういう「言葉の転用」は、辞書などから学ぶことではなく、

実際の言語運用の場面で、言葉の意味をどれだけ「ゆるく」理解できるかという能力が問われる部分である。いわゆる教条主義者はこういうことに対してそれこそnot qualifiedである。

★ 名詞形はqualification（ほとんどの場合、複数形で使う）で「資格」（ウ）。資格がないとできない、ということから「制限」「条件」という意味もある。

reserve [rizə́ːv]
「取っておく」から「予約する」「蓄える」に派生

意味 ☞ 動 取っておく

※ 意味の派生。

▶ reserveは「取っておく」が元の意味である。他動詞で、reserve A for Bで「AをBのために取っておく」（ア）である。「取っておく」ことから「予約する」「蓄える」「しまって表に出さない」「他のものには使わせない」と派生する。そこで名詞形のreservationは「予約」（イ）、同じく名詞のreservoirは「蓄積・貯水池」（ウ）。形容詞のreservedは単独で使うと「控えめな（自分を表に出さない）」（エ）、reserved for Xは「X専用の」（オ）となる。

! 派生的な意味をしっかり覚えること。特に（オ）。

responsible [rispá(ɔ́)nsəbl]
因果関係は「→」で理解できる

意味 ☞ 形 ①XがYできる ②XがYしなくてはならない

※ 右向きの矢印に解釈できること。

▶ responsibleといえばX〈be〉responsible for Yが有名で、「XがYに対して責任がある」という意味。これはYにどのような語句がくるかによって二種類に解釈可能である。まずYに「今後の行動」がくる場合。その場合は「Xが率先してYに関わる権利および義務がある」と言っていることになる。さらにこれは「XがYできる」（ア）、「XがYしなくてはならない」（イ）になる。そしてこの表現にはもう一つ全く

別の意味がある。それはYに「すでに起きたこと」がきた場合である。たとえばX=「富田」、Y=「割れたコップ」としてみよう。「富田が割れたコップに対して責任がある」というのは、端的に言えば、「富田がそのコップを割った」である。再び抽象化して言うならば、この場面では「YはXのせいだ」という意味が成り立つことが分かる。この場合X［原因］〈be〉responsible for Y［結果］の関係があるので、〈be〉responsible forはまるごと因果関係を示す「右向きの矢印」（ウ）である。そう考えると意味をとる時の自由度が高まって意味がとりやすくなる。

★ 名詞形のresponsibilityは動詞takeの目的語になり、take responsibility for Xで「Xに対する責任をとる」。XにVingがくる場合にはtake responsibility of Ving「Vする責任を果たす」になる。

risk [risk]
「危険」ではなく「よくないことが起こる可能性」

意味 ☞ 図 よくないことが起こる可能性

※ 正しい意味を理解する。

▶ riskはカタカナ語の「リスク」として日本でも有名だが、その意味といえばあまり正確に理解されているとは言い難い。何しろ「危険」だと思っている人があまりにも多いのだ。危険はdangerやperilである。riskにはそういう「具体的に起きかかっている不幸」という意味はない。riskの意味は「良くないことが起こる可能性」である（ア）。言い方を変えれば、どんな事柄や行動にもriskはあるのだ。道を歩いていても空から隕石が降ってくる可能性があるし、家でくつろいでいても壁に掛かっていたエアコンが突然落ちてくる可能性もある。大学受験をすれば、不合格になる可能性もあるし、猫を撫でれば、ひっかかれる可能性もある。何をしても、よくない結末が待っている可能性はあるのだ。この「(不幸な)可能性」こそがriskである。take a risk, run a riskという表現は、「ある不幸な可能性を承知であえて何か行動を起こす」という意味でよく使う言い回しで、一般的には「危険を冒す」と訳すが、闇雲に危険なことをするという意味ではなく、危険な可能性を承知であえて行動することを指す（イ）。また、at the risk of Xは「Xを失う可能性を承知して」という意味の熟語（ウ）。一般には「Xを賭けて」と訳されることが多く、at the cost/expense of X「Xを捨てて」と似ている（こちらはXを失うことは前提となっているので、その点は異なる）。

★ riskに関する言葉でもっとも面白いのはat one's own risk「自己責任で」であろう。これはat the risk of XのXにone「自分」を入れたものである。つまり「自分を失う可能性を承知して」という意味だ（エ）。何かをすると、死ぬ（「死ぬ」は大げさだが、自分が酷い目に遭う）かも知れない、という状況で使う。欧米ではよく危険な観光地の入り口などに、この言葉を書いた看板が置かれている。「死ぬかも知れないけど、それを承知ならどうぞ」ということだ。

rough [rʌf]
「あらい」でゆるく覚えておく

意味 ☞ 形 ①（表面が）ざらざらした　②（場所・天候が）荒れた　③（布の目などが）粗い　④（計画などが）大雑把な　⑤粗暴な・下品な

※ 意味は一つだが、訳語は多数。

▶ 日本語の「あらい」と同じである。「あらい」には「荒い」もあれば「粗い」もある。roughにもそれと同様の意味がある。表面が「ざらざらした」（⇔smooth）、場所が「荒れた」（⇔tidy）、天候などが「荒れた」（⇔calm/fair）、布の目などが「粗い」（⇔fine）、計画などが「大雑把な」（⇔elaborate/fine）、態度・言動などが「粗暴な・下品な」（⇔gentle/decent）

! 「あらい」をゆるめに覚えるようにする。

★ 細かいことを言えば、「大雑把な」という意味ではroughは「限定用法」だったりするが、少なくともこれまでは、そんなことを問う大学はなかった。

sense [sens]
in…sense(s)の時は「意味」

意味 ☞ 名 ①感覚　②判断能力　③分別・常識・意義　④意味

※ 多義語。特定の前置詞との関係。派生語。

▶ senseには多くの意味がある。「感覚」（ア）、「感じ」（イ）、「判断能力」（ウ）、「分別・常識・意義」（エ）、「意味」（オ）などから選ぶには、それこそ「センス」が必

要である（笑）。だが（オ）だけは、目に見える分かりやすい特徴がある。それはin …sense(s) と、必ず前置詞inに続く形になっている。

★ make senseは自動詞で「正しく意味をなす」、make sense of Xは他動詞で「Xを理解する」である。

service [sə́ːvis]
①数えられない
②日本語の「サービス」とは違い「(ある人や団体の)本来の業務」

意味 ☞ 名 (ある人や団体の)本来の業務

※ 代名詞的性質に注意。

▶ はじめに重要なことを。英語のserviceは「数えられない」。次に意味について。日本語にもカタカナ語の「サービス」があるが、これとは全く意味が異なる。日本語で「サービス」というと、それは「ただでついてくるオマケ」というイメージが強い。もしかしたら諸君も、この単語集の中にたまに出てくる脱線気味の記述を見て、富田もサービス精神が旺盛だ、などと思っているかも知れない（失敬な）が、つまり諸君の判断ではそういう記述は本書の内容の本筋ではなく、ただのオマケだということになる（もう一度言うが、失敬な）。他にも、たとえば日本語で「鉄道会社のサービス」といえば、「案内放送」や「車内販売」などを指す。だが、英語のserviceは「(ある人や団体の) 本来の業務」という意味である。つまり英語でrailway serviceといえば案内放送などではなく、「鉄道の運行」である。教会の本来の業務は「祈ること」だから、church serviceといえば「礼拝」である。このように、どの人や団体の業務であるかによって指す内容が異なるので、代名詞に近い意味の単語だといえる。

share [ʃɛə]
「与える」と「もらう」という意味の二面性に注意

意味 ☞ 動 ①～を分け与える　②～をもらう

▶ shareは他動詞で、基本形はshare A with B「AをBと共有する」である。文法的にはたったこれだけだが、この言葉の意味には二面性がある。それは「与える」にも「もらう」にもなるということだ。「僕のものを君と共有しよう」なら「分け与える」（ア）という意味だし、「君のものを僕と共有しよう」と言うならそれは「くれ」（イ）と言っていることになる。なお、shareには自動詞もあり、その場合はshare in X「Xを分け合う」とinを伴うことに注意（ウ）。

! 受験的には前置詞がwithであることは意外に重要。

★ 名詞のshareには「分け前」という意味があるので、そこから派生して会社などの「株式」という意味もある。shareholderといえば「株主」のことだ。

strike [straik]
S strike Oで「O（人）がS（考え）を思いつく」

意味 ☞ 動 ①打つ　②～を襲う　③（考え）を思いつく

※ 多義語。

▶ strikeは他動詞で「打つ」（ア）だが、その派生的な用法を一つ、それ以外に二つの用法を正しく覚えておく必要がある。「打つ」という意味を少し拡張すれば分かるのはS［自然災害など］strike O［場所］で、「SがOを襲う」である（多く受身で使われる）（イ）。さらに派生的なものとしては、まずS［考え］strike O［人］で、「O［人］がS［考え］を思いつく」（「思いつく」シリーズ参照→p.198）（ウ）、さらにA strike O［人］as Bで「A＝BだとOが思う」（説明はimpress参照→p.137）（エ）。他にも多様な意味を持ち、また自動詞もあるが、それらはみな「打つ」から類推可能なもの、あるいはまず試験には出ないものばかりである。

! S［考え］strike O［人］で、「O［人］がS［考え］を思いつく」が最も頻度が高い。

★ （ア）（イ）（ウ）についてはhitにもすべて同じ用法がある。（エ）についてはimpressが同じ。

suggest [səɡ(sə)dʒést]
「目的語のthat節」と「主語」で二つの意味を見分ける

意味 ☞ 動 ①提案する ②暗示する

※ 二つの意味とその見分け方。

▶ suggestには二つの意味がある。一つは「提案する」(ア)、もう一つは「暗示する」(イ) である。「提案する」の場合、語法的に重要な問題点がある (recommend 参照→p.177)。問題は、二つの意味をどう見分けるかである。これには二つ簡便な方法がある。中でも分かりやすいのは目的語にthat節を取る場合である。この時はthat節の中の動詞の形を見れば、どちらであるかは明確に分かる。「提案」の場合、「要求・主張・提案」の内容というのに該当する (ポイント文法①→p.106) ので、that節の中の動詞にはshouldがついているか、原形になっているかのどちらかの性質がある。一方「暗示する」にはそういう意味はないので、当然that節の中の動詞は普通の変化をしている。もう一つは主語に着目する方法である。「提案」は人間がすることだから、当然その場合の主語は「人間」や「人間の集団」のはず。つまり「人間以外のもの」が主語の場合は「暗示する」だと考えられる (ウ)。ただし、「暗示する」の場合にも主語は「人間」ということはありうるので、主語が人間の場合はどちらの可能性もある。ほとんどの場合「暗示する」の目的語はthat節なので、第一の方法を中心に考えておくとよい。

! that節の形による意味の判別。

★ suggestの名詞形のsuggestionにも意味は二つある。一つは言うまでもなく「提案」。もう一つは「ヒント」という意味である。

suppose [səpóuz]
接続詞用法とS〈be〉supposed to Vが一般的

意味 ☞ 動 思う

※ 動詞以外の使い方に注意。

▶ supposeは動詞としては「思う」であり、漠然とした推量を意味する (「思う」シリーズ参照→p.199)。だが、より一般性が高いのが接続詞としての用法 (ア)、およびS〈be〉supposed to V (イ) である。(ア) はSuppose SVを命令文で使っ

たのがきっかけである。「SVだと考えてみよう」は容易に「仮にSVだとしよう」と言い換えられる。するとそのSuppose SVをif節と同じように使うという変化は簡単に想像がつく（おそらくはじめは［命令文 and SV］とandが入ったはずだが、取れてしまったのであろう）。(イ)はsuppose OC(toV)を受動態にしたものである。この構文のsupposeの目的語をXと置き、suppose X to Vだと「XがVすると考える」になる。これが受動態になると、「XがVすると考えられる」。「〜すると考えられる」ということは「当然そうなるべきだ」「当然そうなるはずだ」と言い換えられる。だから結果的に〈be〉supposed to Vは「べきだ」「はずだ」と訳せるのだ。

warn [wɔːn]

後ろにofは「（予め）伝える」、againstは「〜をやめよと命じる」

意味 ☞ 動 ①（予め）伝える　②〜をやめよと命じる

※ 前置詞によって用法が異なる。

▶ warn A of B「AにBを（予め）伝える」(ア)は「A of Bで『AにBを伝える』になる」シリーズ（→p.311）に入っているが、warnにはそれ以外にwarn A against Bで「AにBをやめよと命じる」という意味がある（イ）。この時Bの意味上の主語はAになることにも注意。

worth [wəːθ]

「前置詞でありながら形容詞でもある」という特殊な性質を持つ

意味 ☞ 前・形 ①〜に値する　②〜する価値がある

※ 文法問題頻出の理由を知る。

▶ worthは「前置詞でありながら形容詞でもある」という不思議な性質を持つ。X〈be〉worth Y「XはY（を受ける）に値する」が使い方の基本で、その意味ではX deserve Yと同じ。ただし、Yに準動詞を持ってくる時の扱いが違う。訳し方を

見ても分かる通り、Yには本来「ある動作を受ける」という意味の表現がくるべきで、この点に忠実なのはdeserve。deserveの場合、「彼の勇気は賞賛に値する」はより厳密には「彼の勇気は賞賛されるに値する」なので、His courage deserves to be praised.と受動態になる。単に上辺の日本語訳だけではピンとこない人もいるかも知れないが、より厳密に考えてみれば、受動態で書くのは実に筋の通った話である。同じことがX 〈be〉 worthy of Yという表現にもあてはまり、同じことをworthyを使って書けば、His courage is worthy of being praised.とpraiseは受動態になる。その点で文法的に特殊なのがworthである。というのはX 〈be〉 worth YにおいてYに準動詞を置く場合には、Yにはあえて他動詞を能動態で、しかも「目的語を書かずに」置く。かつ全体の主語であるXがその他動詞の目的語であるように設定する（ア）。つまり上と同内容の文をworthを使って書くとHis courage is worth praising.となる。worthは前置詞なので、後ろにVingを置く時、それは前置詞の目的語である。だから理屈としては仮主語のitを使ってit is worth Vingと書くのは文法的に正しくない。仮主語のitを使って書くには、worthの目的語に別の名詞を与えておく必要がある。それがit is worth while to V/ Ving「Vすることには（時間をかける）価値がある」である（イ）。この文の場合worthの目的語にはwhile（名詞で「時間」という意味）が与えられているので、仮主語のitを使って書けるのである。ただし、言語というものは必ずしもルールに従うものではなく、多くの人が使うようになればそれが誤りであっても認められるようになっていくという性質を持つ。従って現在では仮主語のitを使ったit is worth Ving「Vすることには価値がある」（ウ）も認められつつある

とみたのポイント文法②

形容詞の「限定用法」と「叙述用法」

　普段はあまり意識しないが、形容詞には大きく分けて二つの用法がある。それが「限定用法」と「叙述用法」である。見かけ上の大きな違いは、それぞれの使われ方である。**「前から名詞にかかる」場合のみ**が「**限定用法**」と呼ばれ、「**Cになる」場合**と「**後ろから名詞にかかる」場合**には「**叙述用法**」という名前がつく。

　意味上の違いは、「かかる相手の名詞がずっと持っている性質」は「限定用法」で表すが、「相手の名詞が一時的に持つ性質」は「叙述用法」で表す。つまり、「常に持っている」か「一時的」かを、その形容詞の位置によって区別するのだ。a black cat は black が「限定用法」なので、「黒い猫」であり、その「黒」は洗っても落ちないが、The black ink made the cat black. は black が「叙述用法（この場合はCになっている）」なので、「洗うか、毛が抜け替わればなくなる黒」である。

　ほとんどの形容詞には今説明した「限定用法」「叙述用法」どちらの用法もあり、どちらの用法でも意味は同じである。だが、一部に、「限定用法」「叙述用法」の一方しかないもの（main や asleep など）、およびそれぞれの用法で意味の異なるものがある。そういう例外的な形容詞は、試験で狙われやすいので、要注意だ。

LEVEL 4

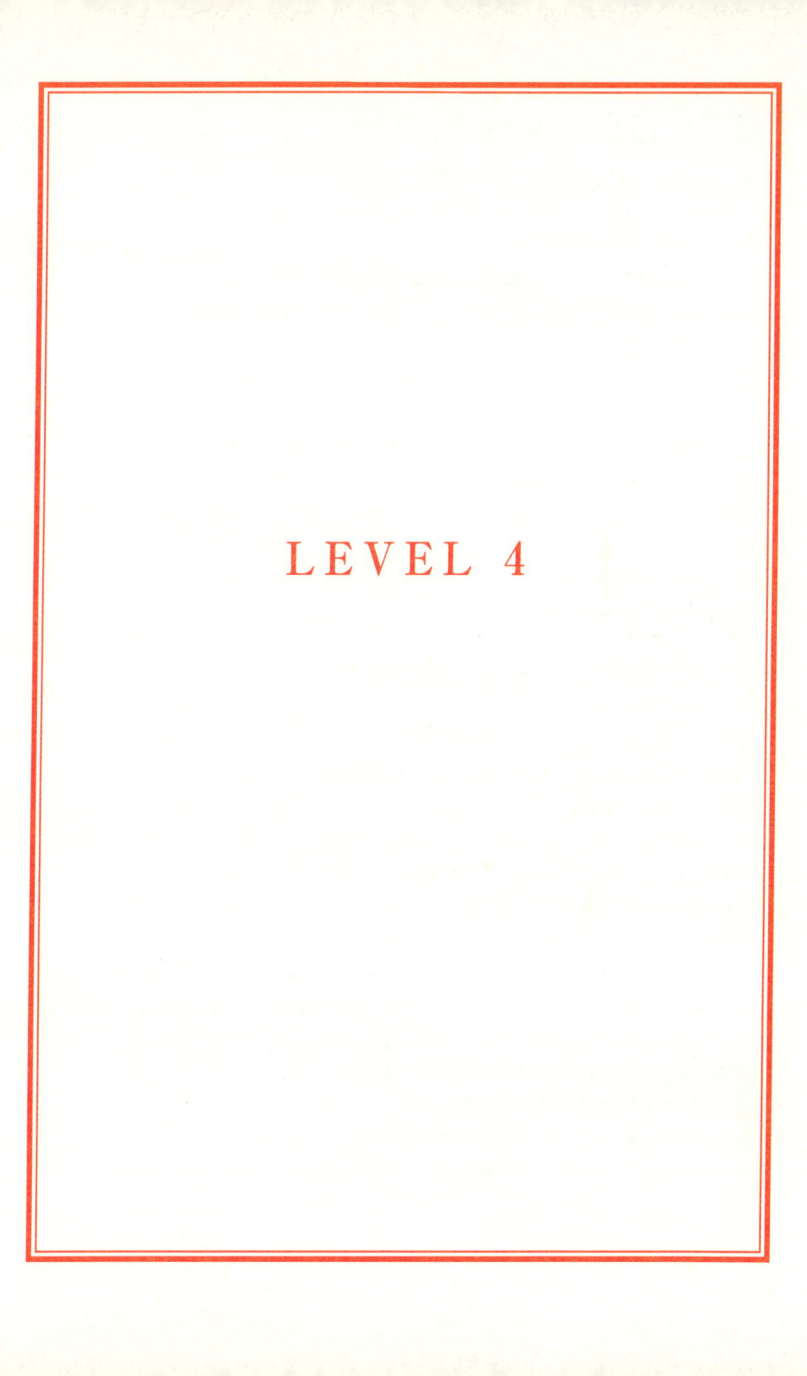

accuse [əkjúːz]

accuse A of Bという型に注目

意味 ☞ 動 告発・断罪する

※ 例外的な型をとる（→p.47の備考参照）。

▶ accuse A［人］of B［罪］「A［人］をB［罪］で告発・断罪する」。A of Bという形に注目。

! 同じ形をとるものにsuspect A［人］of B［罪］「A［人］をB［罪］のことで疑う」がある。

★ この表現でBにVingがくる時、その意味上の主語は全体の主語ではなく、全体の目的語であるAに一致するのが正しい。

alternative [ɔːltɚ́ːnətiv]

何かと同類だが、それと違うもの

意味 ☞ 形 他に考えうる 名 他の可能性・選択肢

※ 本来は形容詞だが、名詞として、それも代名詞的に使われる。

▶ 元々alter「変わる」という動詞から派生した形容詞で、「他に考えうる」というような意味（ア）だが、名詞化して「他の可能性・他の選択肢」という意味で使われる（イ）ことが多い。たとえば東京から大阪に移動する場合、一番先に思いつくのは「新幹線」という手段だが、他にも「飛行機」や「高速バス」「自家用車」「バイク」「自転車」「徒歩（!!）」などの選択肢がある。これらをalternativesという。誰かと連絡をとるのにまっさきに思いつくのは「電話」かも知れないが、他にも「手紙」「電報」「ファックス」「メール」「伝言」などの選択肢がある。これらをalternativesという。このようにalternativeは最初に出てきたものによって、指す言葉の種類が異なるので、代名詞的に使うと考えられる。

! 名詞の場合、代名詞的に使うこと。

★ 「一番先に思いつくこと」はalternativeとはいわない。

appeal [əpíːl]
日本語の語感に反して自動詞

意味 ☞ 動 ①~に訴えて有利に運ぼうとする ②訴える ③求める ④~してくれと求める 图 ①訴え ②魅力

▶「(何か) に訴えてことを有利に運ぼうとする」という意味だが、日本語の語感と異なり自動詞で、appeal to X「Xに訴える」(ア)。意味が「求める」に近いので、askと同じ形をとり、appeal to A for Bで「AにBを求める」(イ)、appeal to X to Vで「XにVしてくれと求める」(ウ) になる。名詞のappealには「訴え」(エ) という意味以外に「魅力」(オ) という意味もある。

! 自動詞であること。後ろにとる型。「魅力」という名詞の第二の意味。

★ appealingは形容詞で「魅力的な」。

bathe [beið] 発音注意
bathとの発音の違いに注意

意味 ☞ 動 浴びさせる

※ 発音注意。意外な意味。

▶ batheは想像通りbathの動詞形だが、頭のb以外の発音はすべて異なる。同じように発音が変化するものにbreathとbreatheがある。どちらも名詞の語尾にeがついて動詞になったものだが、発音が大きく変わる。さらに、breathとbreatheは発音が違うだけで意味は同じ「呼吸」だが、batheはbathe A in Bの形で「AをBの中に入れる」、つまり「AにBを浴びさせる」という意味になり、風呂以外にも「日光浴」などにむしろ使われる。

! 名詞と動詞の発音の違い。

challenge [tʃǽlindʒ]
「挑戦」を意味することは、ほとんどない

意味 ☞ 名 (解決の難しい)問題　動 (既存のもの)に反対する・異議を唱える

※ 「挑戦」ではない。

▶ 「挑戦」ではない、と断定するのは本当は少し語弊がある。だが、英文中で出合うchallengeが「挑戦」を意味することはほとんどない。名詞の場合は「(解決の難しい)問題」(ア)、動詞の場合は他動詞で「(既存のもの)に反対する・異議を唱える」(イ)の方が普通である。

character [kǽriktə]
複数の意味が存在することに注意

意味 ☞ 名 ①性格・性質　②文字　③登場人物

※ 多義語。

▶ 複数の意味を覚えておく必要がある。「性格・性質」(ア)、「文字」(イ)、「登場人物」(ウ)の三つが有名。

! 複数の意味があることに絶えず目配りすること。

characteristic [kæriktərístik]
⟨be⟩characteristic of で「いかにも〜らしい」

意味 ☞ 名 特徴　形 いかにも〜らしい・典型的だ・ありがちだ

※ 形容詞の場合の、後ろに続く前置詞と意味。

▶ characteristicには名詞もあって、その場合には「特徴」という意味であり、数えられるので、単数ならaなどの冠詞、複数なら語尾にsがつく。だがここで取り上げるのは、⟨be⟩ characteristic of Xという言い回しである。これは ⟨be⟩

typical of Xと同じく、「Xに典型的だ」「Xにありがちだ」「いかにもXらしい」といった意味になる。もちろん形容詞の場合、aもつかなければ語尾にsもつかない。

[!] 形容詞があるという事実。

clarity [klǽrəti] /clearance [klíərəns]
①clarityは形容詞clearの名詞形
②clearanceは動詞clearの名詞形

clarity　　　意味 ☞ 图 澄んでいること・はっきりしていること
clearance 意味 ☞ 图 ①撤去　②空間・隙間　③通行・離陸許可

※ 語源の違いによる意味の差。

▶ この二つの単語はどちらもclearの名詞形である。こう書くと、似た意味になるように思うが、実は両者の語源、および意味は全く異なる。clarityは形容詞clearの名詞形であるのに対し、clearanceは動詞clearの名詞形だからだ。形容詞のclearは「はっきり」だから、名詞形のclarityは「澄んでいること・はっきりしていること」という意味（ア）であるのに対し、動詞のclearはclear A of Bを基本の形として「AからBを撤去する・片付ける」なので、その名詞形のclearanceは「撤去」（イ）→「片付いて何もないこと」＝「空間・隙間」（ウ）→「空いている状態」＝「(通行・離陸などの) 許可」（エ）という意味である。

[!] 成り立ちの違いから正しい意味を知る。

[★] clarityは最初clearの名詞形だと分かりにくいかも知れない。日本人は「母音」で意味をとるので、母音が似ていないと似ていると思わないのだが、英語圏では「子音」で意味をとるので、cl**rとcl*r+ityはとてもよく似て聞こえる（「語幹は子音の類似性から」→p.20参照）。どちらかというと日本人に馴染みのあるのはclearanceの方だろう。いわゆる「売りつくし」のことをa clearance saleというが、これはほとんど日本語化している。

commit [kəmít]

①commit O[罪]で「O[罪]を犯す」
②commit A to Bで「AにBを委ねる」

意味 ☞ 動 ①犯す ②委ねる ③関与させる

※ 型によって大きく意味が変わる。

▶ commitにはcommit O [犯罪]「O [罪] を犯す」(ア)とcommit A [人] to B [行動]「A [人] にB [行動] を委ねる」(イ)の二つの型と意味がある。(イ)が名詞的に派生したものがcommittee「委員会（commit+ee「委ねられる人」。-eeには「～される人」という意味がある)」である。だが、実際の言葉の運用場面では、commitを「任せる」という意味で使うことはあまりない。むしろcommit A [人] to B [行動] で「AをBに関与させる」という意味で使い、involve A in B、expose A to Bなどに近い意味になることが多い。特にこの意味のcommitは受身が好まれ、A ⟨be⟩ committed to Bで「AがBに関与する」になる（ウ）。

❗ 目的語によって意味が違うことに注意。目的語に「人」がこない時、その目的語は何らかの「罪」という意味。

★ 「任せる」という意味でより一般性が高いのはleave A [行動] to B [人] やentrust A [行動] to B [人]。AとBにくる言葉の種類が逆であることにも注意。

❗ commit A to B, ⟨be⟩ committed to Bとも、toの後に続くのは名詞であり、to Vではないので動詞の原形ではなくVingが使われることに注意。

consist [kənsíst]

X consist of Y「XはYで作られている」は受動態にはなれない

意味 ☞ 動 ①～でできている ②～に核心がある

※ 自動詞であること。後ろに続く前置詞によって意味が異なる。

▶ consistにはX consist of Y「XはYでできている」(ア)、X consist in Y「X（の核心）はYにある」(イ)の二つの意味がある。後ろに続く前置詞によって意味が異なることに注意。X consist in YはX lie in Yでも同じ。「Xの肝心な部分がYにある」というのが原義だが、そこから派生して「XなのはYだからだ」、という因果関係に

なる（「左向きの矢印」）（ウ）。X consist of Yは「XはYで作られている」と訳せるため、日本語に引きずられて「受動態」で書くのが正しいと勘違いしやすい。だが、consistは自動詞なので受動態には最初からなれない。特に、Ving／Vp.pの選択では、Vp.pにはなれないことに注意（エ）。

! 頻度的にはconsist of の方が圧倒的に高い。自動詞であることに特に注意。

constitute [ká(ɔ́)nstitju:t]
S constitute Oで「S＝O」

意味 ☞ 動 ①構成する ②～になる

※ 他動詞だが、イコールの意味を持つ。

▶ S constitute Oで「SがOを構成する」（ア）がいわゆる直訳だが、Sに「部品」、Oに「全体」がくることを考慮すると、「部品の合計」＝「全体」だから、「SがOになる」と訳せる（イ）。その意味でSVCのbecomeと意味があまり変わらない。また、イコールになることを利用すると、SとOのどちらか一方の意味が分からなくても類推が可能になる。

! イコールを利用して単語の意味を類推する道具になる。

★ 名詞形のconstitutionは「基本構成・制度」が一般的な意味だが、ほとんどの場合、先頭のcを大文字で書いてConstitution＝「憲法」である。

correspond [kɔː(ɔ)rispá(ɔ́)nd]
後ろがtoなら「一致する」、with なら「文通する」

意味 ☞ 動 ①一致する ②文通する

※ 多義語。

▶ correspondは自動詞で、correspond to X「Xと一致する」（ア）、correspond with X「Xと文通する」（イ）となり、後ろに続く前置詞によって意味が二つある。

! 前置詞による意味の判別。

★ 名詞化したcorrespondenceもそれに対応して意味が二つある。correspondence

to X「Xとの一致」、correspondence with X「Xとやり取りした手紙」、またcorrespondentは「遠くから手紙をよこす者」＝「通信社などの特派員」。

critical [krítikəl]
意味の共通点は「二つに分ける」

意味 ☞ 形 ①批判的な ②重大な

※ 互いに無関係に見える二つの意味の間のつながり。

▶ 形容詞で意味は「批判的な」（ア）と「重大な」（イ）。互いに全く違うように見えるこの二つの意味には共通点がある。critの部分が「二つに分ける」という意味なのだ。考えてみれば、批評・批判というのは対象を「いい」「悪い」の二つに分類する作業である。この本は、いい本か、悪い本か、といった具合だ。また、何かを二つに分ける場面は実は非常に「重大」な意味を持つ可能性がある。たとえばこの単語集を「読む」か「読まない」かで、アナタの（進学先という意味での）運命は変わるかも知れない。その点で重大なのだ。だから「ものを二つに分ける」という意味から「批判的」と「重大」という二つの一見互いに無関係な意味が発生しているのである。

! 「批判的」の方は後ろにofを伴い、〈be〉critical of Xで「Xを批判している」という意味になる。

★ criterion（複数形はcriteria）という単語は「基準」という意味だが、「基準」もまた何かを二つに分けるためのものである。

current [kə́ː(ʌ́)rənt]
「流れ」から「流通している」へ

意味 ☞ 形 ①流れている ②流行している ③主流の ④現在の
名 ①流れ ②流行・傾向

※ 正確な意味から訳語を見つけ出す。

▶ currentは元々形容詞で「流れている」という意味。そこから「今流れている」→「流行している」（ア）→「主流の」（イ）→「現在の」（ウ）という意味が派生し

ている。そのままcurrentという名詞もあり、それは「流れ」(エ) → 「流行・傾向」(オ) である。

! 名詞にはcurrencyもあるが、これは「現在通用しているもの」という意味から「通貨」である。

decline [dikláin]
「断る」という第二の意味

意味 ☞ 動 ①減る・衰える　②断る

※ パーツから意味が類推可能だが、第二の意味を持つ。

▶ declineはde「下へ・悪い方へ」＋cline「傾く」だから「下に向かって傾く」こと、つまり「減る・衰える」という意味の自動詞 (ア)。こちらは正直覚えなくてもパーツから分かる。だがもう一つ、decline to Vで「Vすることを断る」(イ) があるのは覚えておくべきだ。ちなみに、名詞のdeclineは「数えられる名詞」で、必ず (ア) の意味。

! 「断る」という意味があることを記憶すること。

★ 「下に傾く」が「断る」になる理由は、「お辞儀」に関係がある。そういえば昔「ごめんなさい」と言ってお辞儀をすると交際を「断る」という意味になる、という番組があったっけ。

defeat [difí:t]
動詞と名詞で意味が逆

意味 ☞ 動 勝つ　名 敗北

※ 動詞と名詞で意味が逆。動詞の場合の目的語に注意。

▶ 動詞の場合、意味は「勝つ」だが目的語は「相手」(ア)。この件についてはbeat参照 (→p.113)。defeatで面白いのは、動詞の場合は「勝つ」なのに、名詞だと「敗北」という意味になる (イ) ことだろう。

! 動詞と名詞で意味が逆になること。動詞の目的語が「相手」であること。

★ 名詞defeatの反対語はvictory。

department [dipá:tmənt]
「分かれる」ことが意味の基本

意味 ☞ 名 分けられた部分

※ 場面に応じた正しい訳語を。

▶ 動詞partからの派生。中にpartが含まれていることからも分かるように、「分かれる」ことが意味の基本である。動詞のdepartは一般的に「分かれる」「離れる」「出発する」である。そこから派生したdepartmentであるから、その正しい意味は「分けられた部分」という意味である。日本人は「デパート」という商業施設の名前としてこの言葉に出合うが、あの種の商業施設を「デパート」というのは別に大きくて高級なものを売っている店だからではない（「大きい」「高級」という意味がdepartmentにあると思っている人が結構いるはず）。売り場が、多くの場合は階ごとに分けられているからa department storeなのだ。つまり一般的に英語では、一つの組織（organization）の中にある、いくつもに分けられた下部組織のことをdepartmentと呼ぶのである。つまり、departmentにどういう訳語をあてるかは、そのorganization全体が何であるかによって変わる。ある大学の中のthe department of economicsは「経済**学部**」であるのに対し、政府の中のthe department of foreign affairsは「外務**省**」である（訳語の中の太字の部分がdepartmentの訳語）。

★ departには別の派生形の名詞departureがあるが、これは「出発」「別離」という意味。

deserve [dizá:v]
目的語が名詞／to Vで扱いが違う

意味 ☞ 動 ～に値する・～を得るだけの値打ちがある

※ 用法を正しく理解。worth, worthyとの関係にも配慮。

▶ 「Oに値する・O（を得る）だけの値打ちがある」という意味の状態動詞（進行形不可）だが、目的語にただ名詞がくる場合（ア）とto Vがくる場合（イ）とで扱いが違う（と日本人には見える）。たとえば「彼は賞賛に値する」という表現は「賞賛」を名詞praiseで書けば、ただpraiseを置くだけでいいが、to Vの場合、「意味

上の主語＝全体の主語」というルールに従うためto be praisedと書く必要がある。もちろんto Vを書くからといって必ずしも受身にする必要はなく、意味上の主語と全体の主語が一致するという原則が守られればいい（ウ）。後ろの準動詞を書く方法については、worthとの違いに特に注意。worthは前置詞でS〈be〉worth Vingで「SはVに値する」だが、この場合、Vingには他動詞を置き、しかも目的語を書かず、目的語が全体の主語と一致するように設定する。つまり（イ）と同じ文をworthを使って書くと、He is worth praising.になる。being praisedにはならない。さらに同じ形容詞で「値する」でもworthyを使うと意味上の主語と全体の主語の原則は元に戻り、He is worthy of being praised.としなくてはならない。

★ 違いは正確に記憶しておくべきだが、このあたりの語法をネチネチと聞いてくる大学は意外と少ない。

device [diváis]
特定の用途を持つ複雑な仕組みの道具・機械

意味 ☞ 図 特定の用途のために作られた、複雑な仕組みを持つ道具・機械

※ 意味の範囲が訳語とずれている。

▶ 基本的には「道具」という意味だが、派生元の他動詞devise（綴りと発音の違いに注意）が「工夫して何かを作る」という意味なので、「ある特定の用途のために作られた、複雑な仕組みを持つ道具・機械」を指す。単純な工具や日用生活用品は一般的には指さない（たとえば「歯ブラシ」をa tooth-washing deviceと呼ぶ場合、そこには何か特別な効果を狙うという意図がある）。よく「装置」という訳語を耳にするが、おそらくは苦肉の策で思いついたものだと思われる。実際にこの単語に出合った時は、正しい意味を念頭において、適切な訳語をその場で探すように心がけよう。あえて言うなら、「装置」よりも「道具・手段」の方がヒット率が高い。

！ 「ある目的のための道具」という使われ方が多いが、その場合はa device for Xと、後ろにforを伴う。

★ そういういきさつを持つdeviceだが、一つ際立って派生している意味に「爆弾」がある。たとえばa nuclear deviceは、「核装置」ではなく「核爆弾」である。

due [duː(djuː)]

due to Xは「Xのおかげ」「Xのせいで」という前置詞的用法

意味 ☞ 形 借りがある 名 公平な扱い

※ 意味がつかみにくい単語。特定の用法をしっかり覚える。

▶ dutyやdebtと同じ語源で、元の意味は「借り」。形容詞と名詞がある。due to Xは「Xに借りがある」ということから「Xのおかげ」「Xのせいで」という前置詞としても使う（ア）。「借り」は同時に「貸し」でもあり、「返して当然・返してもらって当然」という意味から、S〈be〉due to Vで「SはVするはずだ」もあるが、比較的まれ。名詞としては、「返してもらって当然のもの」「分け前」「正当な報酬」という意味から「公平な扱い」という意味も生まれている。受験生としてはdue to Xが圧倒的に頻度が高い。また名詞でone's dueとあったら「oneがもらって当然のもの」（イ）を基本に考えていくと分かりやすい。

enormous [inɔ́ːməs]

元々は「通常の基準から外れて大きい」という意味

意味 ☞ 形 並外れて多くの

※ 語源を覚えると記憶しやすい。

▶ ex「はずれ」+norm「基準」で、通常の基準から外れて大きい、という意味。そこから「並外れて多くの」という意味が発生している。同じような成り立ちと意味を持つものにextraordinaryがある。extra「はずれ」+ordinary「並」で、「並外れた・尋常ではない」。

! ストレス位置も通常のous語尾と異なり、第二音節にある。

ever [évə]
肯定文では使わない

意味 ☞ 副 ①これまで ②少しでも・いくらかでも

※ 使う文の種類に注意。

▶ everの最大の特徴は、否定文（ア）、疑問文（イ）、条件節（ウ）では使うが、肯定文では使わないということだ。意味は「これまで」「少しでも・いくらかでも」。例外は最上級を含む名詞にかかる関係詞節の中で、この場合は肯定でeverを使う（エ）。また、not+ever=neverという関係から、hardly everなどのように否定語の直後に置かれることもある（オ）。その場合特に意味はない。比較級than ever beforeという成句も有名（カ）。

! 肯定で使わないこと。

except [iksépt]
基本は前置詞だが使い方に注意

意味 ☞ 前 〜以外

▶ exceptは基本は前置詞であるが、単独で使う場合にはno A except Bのように、前にno/all/every/anyなどがくる。しかもこの場合、AとBには意味上同類のものが置かれる（ア）。以上のことから分かるように、単独のexceptは文頭には置けないし、AとBに同類のものがこない限り使われない。文頭に置く場合、あるいはAとBが同類でない場合にはexcept forを使う（イ）。except forは文頭以外でも、AとBに同類がきても使える。またexcept (that) SVという接続詞があり、unlessとほぼ同じ意味で使う（ウ）が、unlessは文頭でも使えるのに対し、except that SVは文頭には置かない。

★ exceptとexcept forの使い分けは上の通りだが、これまでこの区別が試験で問われたことはない。save, but, other thanにもexceptと同じ意味・用法の前置詞があるが、やはり前にno/all/every/anyが必要。なお、この意味のbutは関係代名詞的にも使う。

feature [fíːtʃə]
「特徴」「特集」を中心に覚える

意味 ☞ 名 特徴 （複数形で）目鼻立ち・容貌 （単数形で）目・鼻などの顔の部分、特集
動 （主語が新聞・雑誌）Xを特集する、（主語が映画・演劇）Xを主演とする
※ 多義語。
▶ featureは元々「注目する点」という意味で、そのもっとも一般的な訳語は「特徴」（ア）。入試ではこの意味がもっとも頻出。ただ、誰かを見た時、「注目する点」はその人の鼻の形だったり、口元だったり、目つきだったりするので、そのことからfeaturesと複数形で「目鼻立ち・容貌」（イ）、単数a featureでは「目・鼻などの顔の部分」（ウ）を指すことがある。さらに、マスメディアが何かに「注目して取り上げる」と日本語ではそれを「特集」というが、英語ではa featureである（エ）。このfeatureが動詞化すると、他動詞feature Xで「Xに注目して取り上げる」ことから、主語が「新聞・雑誌」なら「Xを特集する」（オ）、主語が「映画・演劇」なら「Xを主演とする」（カ）という意味になる。
! （ア）と（エ）を中心に覚える。

fetch [fetʃ]
bring・takeとの違いが頻出

意味 ☞ 動 Xを取ってくる
※ 正しい意味を覚えよう。
▶ fetch自体はある意味単純な他動詞で、SVOOも、V+A from Bもとるが、一定の意味の範囲に入るのでとりたててその型を覚える必要もない。意味の基本は「Xを取ってくる」である。日本語訳を正確に理解しよう。「取ってくる」という言葉は、結構複雑な行為を一言で表したものである。噛み砕いていえば、まずXを持たない状態で地点Aにいて、そこからXのある地点Bに向かい、地点Bで「Xを手に入れた後、地点Aまで戻ってくること」を意味する。ね、ややっこしいでしょ？　それに対し、bring Xは「遠くの地点BにあるXを近くの地点Aに持ってくる」ことを表し、take Xは「近くの地点BにあるXを遠くの地点Aに持っていく」ことを示す。この三つの

違いは語法問題などでよく見かけるので注意。また、fetchの意味からすると、go and fetchという言葉は誤り、ということになる（「行く」部分もfetchに含まれているから）が、英語的にはよく見かける表現なので、誤りとまではいえない（まあこんなことを誤文訂正で出題する大学は大した見識のある大学ではないがね）。「後で後悔する」は理屈としてはおかしくても、言う人は言うのであって、それをいちいちあげつらうことにはさほどの意味がないのと同じである。流石に「馬から落馬する」はうまくないだろうが。

★ fetchとよく似た意味を持つ動詞がretrieveだ。この動詞は、動詞としては見慣れないだろうが、犬の名前として日本でも一般的だ。たとえば「ゴールデン・レトリバー（a golden retriever）」である。「レトリバー」という犬の由来には諸説あるようだが、少なくとも、「銃で撃ち落とした水鳥を回収に行く」ことが主な仕事だったから「レトリバー（a retriever）」というのだ。だから今でも正統な「レトリバー」（ゴールデンであれ、ラブラドールであれ）には二つの性質がある。それは「持来（投げたボールなどを取ってくること）が大好き」「決して吠えない（撃ち落とす前に音を立てたら狩りはできないから）」である。ついでに、水泳も得意だ。よく街で見かける吠えまくるゴールデン・レトリバーは、何か別の血が混ざっているに違いない。

identify [aidéntifai]
人間の認知活動の基本

意味 ☞ 動 ①〜を特定する　②〜を識別する　③〜を知っている　④身分を証明する

※ 多義語。結果の訳語だけ覚えようとしても対応が難しい。

▶ identify A with/as Bが基本形で「A［その時出会ったもの］＝B［すでに知っているもの］と考える」が意味の基本。実はidentifyによって示されるのは、人間の認知活動の基本である。たとえば空を飛んでいる鳥を見て「あ、カラスだ」と思う時、あなたの頭の中では、「今見えている鳥（A）」をあなたの頭の中にある様々な鳥に関する知識と比べて、「今見えている鳥（A）」が「すでに知っているカラスという鳥（B）」と同じである、と認識しているのだ。それがidentify the bird with a crowで「その鳥をカラスだと思う・分かる」と訳す。ただ、実際の運用場面では、with Bを示さずにidentify Aのみで、「Aを特定する」（ア）が普通。また、

ある鳥を「カラス」だと思うということは、「スズメではない」と思うことと等しいので、identify Aには「Aを識別する」という意味もある（イ）。しかもidentify Xできるためにはある条件が存在する。それは「Xをすでに見たことがあって知っている」ということである。たとえば「極楽鳥」という鳥を一度も見たことがない人が初めて極楽鳥を見ても、「極楽鳥だ」と思うはずはない。「極楽鳥」という鳥を（現実であれ絵や写真であれ）すでに見たことがあって、しかも誰かからそれが「極楽鳥」であるということを教わっている場合にのみ、人間は「極楽鳥」を見て「ああ、極楽鳥だ」と思えるのだ。そこでcan identify Xは「Xを知っている」と訳せる（ウ）。さらにidentifyには自動詞があり、identify with/as Bとなる。（ア）からAを消去したもので、A＝BとなるべきAがないように見えるが、これはA＝自分だからである。つまりidentify with/as Bは「自分＝Bであることを示す」になる。これでBに「身分・資格」がくると、「身分を証明する」という意味になる（エ）。これが名詞化したものがidentification（オ）で、「身分証明」、省略形はIDである。だが、「自分は何者か」という問いかけは、ただ単に「身分」だけの問題ではなく、その人のありのままの姿、という意味にもなる。この意味のidentifyが名詞化したものがidentity（カ）で、「その人らしさ」「個性」「存在意義」などと訳す。また、identify with B［あるグループ・集団］の場合、「自分はBの一員だと考えている」という意味で、そこから「Bに共感する・同情する」という意味が出る（キ）。

★（ア）の意味とほとんど同じ意味を持つ動詞にrecognize A as B「A＝Bだと思う」がある。「ほとんど」同じと言ったのは、identifyがたとえば「人間」と「サル」を見分けるような「種類識別」が主であるのに対し、recognizeは「高橋君」と「斉藤君」を見分けるような「個体識別」を意味するからである。久しぶりに会って誰だか分からなかった、などという場合は、I couldn't recognize him first because we had never met for long.とrecognizeを使うのが正しい。

immediate [imíːdiət]
①限定用法のみ／比較級・最上級を作らない
②「間がない」という意味

意味 ☞ 形 ①直接 ②すぐの
※ 成り立ちから意味を広げる。用法の制限に注意。
▶ 何より重要なのは、「限定用法に限る」「比較級・最上級を作らない」という性質。

誤文訂正などでこの単語を見かけたらその点に注意しよう。意味に関しては、im（否定）＋media（中間）、つまり「間がない」というのが元の意味。物体と物体の「間がない」のは「隣り合っている」「直に接している」であり、出来事と出来事の「間がない」のは「間を置かずに」「すぐに」で、一般的には「直接」（ア）、「すぐの」（イ）あたりの訳語ですむことが多いが、やはり「間がない」という本来の意味を正しく知っておく方が、色々な場面での色々な訳語に対応しやすい（ウ）。

!「間がない」という正しい意味。

★ これが副詞化したimmediatelyにはなんと接続詞の用法がある。immediately SVで副詞節を作り、意味はまあ予想通り「SVするとすぐ」である。

inspire [inspáiə]
「神が発明したものを、人間が吸い込む」と解釈

意味 ☞ 動 ①思いつきを与える ②やる気を与える

※ 意味の成り立ちを知る。

▶ 「語尾から意味が推定できる動詞」という項目で取り上げた通り、-spireには「息をする」という意味があり（p.18参照）、それがこの単語の語源である。inは「中に」なので、「（息とともに）中に吸い込む」が原義である。プラトン的世界観では（いきなり大風呂敷を広げて申し訳ないが、まあ話の前提なのでね）、世の中に存在しうるすべてのものは、すでに超越的存在である神がこの世に作り出して、世界中に撒いてあり、人間はそれを発見するだけだということになっている。inspireはこの世界観を反映した単語である。先程の考えによれば、どんな素晴らしいアイデアも発明も、すでに神がそれを発明してあり、たとえばそれが空中に漂っている。人間が、それを「吸い込む」と、それを「思いつく」ことになる。そのことからinspireは「発想」「意志」などを人間の中に送り込む、つまり「思いつきを与える」（ア）、「やる気を与える」（イ）などの意味になるのである。名詞形のinspirationは当然「思いつき」「意欲」などと訳すが、辞書に「霊感」などと載っていることが多いのは、こういう世界観（「霊」が思いついたことを受け入れる）が根底にあるからである。

★ inspireは「型で意味を理解する動詞」でもある。inspire A to B/inspire A with B/inspire A in B/inspire OC (to V) など、使われ方は多様だが、どれもパターン通りの意味の範囲に入る。

manifest [mǽnifest]
後ろに目的語があれば動詞

意味 ☞ 形 明らかな　動 明らかにする

※ 多品詞語。

▶ 形容詞で「明らかな」(ア)(ただし比較表現にならない)、他動詞で「明らかにする」(イ)。英文読解上の問題点は、同じ綴りのmanifestを「形容詞」「動詞(原形)」のどちらにとるか、ということだが、これは「後ろに目的語を持つか否か」で簡単に決まる。

★「政権公約」という意味のmanifestoも語源は同じである。

mercy [mə́ːsi]
基本は「慈悲」だがat the mercy of X「Xに支配されて」もある

意味 ☞ 名 慈悲

※ 単語の意味と使い方のギャップ。

▶ はっきり言って、mercyはそれほど頻度の高い言葉でもない。意味は「慈悲」で、形容詞はmercifulで「慈悲深い」、まあ一般性はあるが、どうしても覚えていなければ対応できない、という単語でもない。ではなぜここに登場するのか？　それはひとえにat the mercy of Xという言葉が面白いからである。これの意味は「Xの言いなりになって、Xに支配されて」である(ア)。ん？　なぜ「慈悲」がこんな意味になるのか。まあ簡単な話だから聞き給え。at the mercy of Xは「Xの慈悲にすがって」というのが本来の意味である。誰かの慈悲にすがる、つまりその人の助けを借りようとすれば、ある意味その人の言いなりにならざるを得ない。「何でも言うことを聞くから代わりに助けてくれ」ということになるからだ。「言いなり」つながりで言うと、⟨be⟩ at one's disposalというのもある。これも成り立ちは変わっていて、disposalは「処分」ということだ。at one's disposalは「oneが好きに処分できる」という意味で、まあ煮るなり焼くなり好きにしてくれて構わない、ということだろう。だから、「oneの言うことは何でも聞く」が一般的な意味である。ただしこちらは、「相手の都合に合わせて行動する」「相手を最大限もてなす」というような意味

で使うことが多い（イ）。

organ [ɔ́:gən]
複数のパーツが集まって全体で一つの機能を司るもの

意味 ☞ 名 生物の臓器・器官

※ 意味の成り立ちと派生を正しく掴む。

▶ organは本来、「複数のパーツが集まって全体で一つの機能を司るもの」という意味である。ほとんどの諸君がその人生で初めて意識的に出合ったorganは幼稚園にあった「オルガン」だろう。ただ、現在もっとも一般的に流布しているorganの意味は「生物の臓器・器官」である。生物の臓器は確かにパーツが集まって一つの機能を持っている。さらにその集合体、つまり「生物」がorganism。社会的な意味での集合体がorganization「組織」である。organは生物に一般的なものであることから、organicは「生物（有機物）が司る」、つまり「有機体の」、社会的な意味で人を集めて組織を機能させるという意味でorganizeがある。

otherwise [ʌ́ðəwaiz]
形容詞「反対の」、副詞「他に」が頻出

意味 ☞ 副 ①もしそうでなければ ②他に 形 反対の 名 他のこと・反対のこと

※ 多品詞語。

▶ 元々「反対周り」という意味で、時計と逆の回転方向を表す言葉である。そこから「逆・反対向き」という意味を持つ形容詞・副詞になった。仮定法とともに使う「もしそうでなければ」（ア）がひどく有名なせいか、他の使われ方が霞んでいることが多いが、実際には仮定法以外での用例の方がはるかに多い。形容詞では「反対の」（イ）、副詞では「他に」（ウ）が頻出。しかもotherを含むので、後ろにthan Yが続くことも多い（エ）。中には「他のこと・反対のこと」という名詞で使われるものもある（オ）。

positive [pá(ɔ)zətiv]
「はっきりしている」「確信がある」という意味が一般的

意味 ☞ 形 ①はっきりしている　②確信がある

※ 日本では誤解されている。

▶ 日本語で「ポジティブ」というとおそらく多くの人は「ネガティブ」の反対語で、「肯定的」という意味だ、と思うようだ。それはおそらく何かの誤解である。いや、確かにある意味でpositiveはnegativeの反対語だが、positiveは「肯定的」ではない。どちらかといえばpositiveはsureに意味が近く、「はっきりしている」（ア）、「確信がある」（イ）という意味が一般的である。positiveがnegativeの反対語になるのは、第一に「陽」と「陰」である。電気のプラス＝positive、マイナス＝negativeだし、病気の反応が「陽性」ならpositive、「陰性」ならnegativeである（ウ）。もう一つ、楽観的か悲観的かというのもある。positive＝「楽観的」、negative＝「悲観的」である（エ）。ちなみに、「否定的」という意味のnegativeの反対語はaffirmative「肯定的」である。

reasonable [ríːznəbl]
「安い」とは限らず、あくまで「適正な」という意味

意味 ☞ 形 適正な・正当な

▶ reason「合理的に判断」＋able「できる」で、「理屈で納得できる」という意味（ア）。そこから「適正な」「正当な」といった意味が出てくる。物の値段にも使うが、その意味するところは「適正な」（イ）価格ということ。もちろん高いものの中に「不当な」値段のものが多いので、「適正な」価格、というと「安い」ことが一般的ではあるが、中には安いことが不当なものもある。たとえば100カラットのダイヤを1000円で売ります、と言われたら、それは何かおかしい、つまり正当でないと感じるはずだ。だから100カラット1000円のダイヤは、ものすごく安いが、決してreasonableではないのである。

recommend [rekəménd] 発音注意

「提案する」のsuggestと語法的に似ている。that節内の形に注意

意味 ☞ 動 ①推薦する

※ 発音注意。後ろに続く形が頻出。

▶ recommendはre（繰り返し）+commend（褒める）で、「繰り返し褒める」ことから「推薦する」（ア）になる。ちなみに頭のreの発音は［re］なので注意。意味からいって「提案する」のsuggestと語法的によく似ている。SVOではsuggest同様「目的語に［薦める相手］をとらない」（イ）、「これからのことなのに目的語にはto VではなくVingをとる」（ウ）、「目的語にthat節をとる時、その中の動詞がshould VかV原型になる（ポイント文法①参照→p.106）」（エ）である。だがrecommendにあってsuggestにはない語法もある。それはSVOC (to V)である（オ）。この場合にはOには［薦める相手］がくる。

! 発音。that節内部の形。

★ SVOC文型は文章中にはそれなりに頻出だが、文型通りの訳ができるので(p.43参照)、覚えていなくても対応可能。なぜかこの件に関する語法問題は、今まであまり見ていない。suggestとの明確な違いなので、問われてもおかしくないとは思うが（出題者の方へ。別に誘っているわけではないが、誘われていただいても差し支えはない）。

still [stil]

位置で、形容詞か副詞かを見極める

意味 ☞ 形 じっとして動かない 副 ①まだ・相変わらず ②それでもやはり・だがしかし・さらに・いっそう

※ 多品詞・多義語。

▶ sti-というパーツの意味（p.36参照）から考えて、「じっとして動かない」が原義。ただし、stillには形容詞と副詞がある。形容詞の場合はそれこそ「じっとして動かない」という意味（ア）。副詞の場合は意味は二つに一つで、「じっとして動かない」ことから「まだ・相変わらず」（イ）になるものと、論理的に逆接して「それでもや

はり・だがしかし」（ウ）になるものがある。問題はその見分け方で、それはstillの置かれる位置によって決まる。簡単に言えば、動詞の前にstillがあれば「副詞」、動詞の後ろにstillがあれば「形容詞」。ただし、〈be〉動詞の場合だけは副詞のstillが動詞の後ろにくる。言い換えれば、形容詞のstillは単独では〈be〉動詞のCになることはない（それをやると紛らわしいので、避けるのだ）。stillが〈be〉動詞のCになるのはvery stillなど、stillに修飾語が付く場合に限る。副詞のstillには他にも用法がある。それは「比較級」「比較を示す表現」の前について、「さらに・いっそう」を表すものである（エ）。これに関しては、上に示した品詞の判別法は使わない。

! 位置で見分けること。

★「まだない」はyetを使う時はnot→yet、stillを使う時はstill→not。notとの位置関係で、どちらを使うかを選ぶ。

strange [streindʒ]
正しい意味は「それまで見たことがない」

意味 ☞ 形 ①それまで見たことがない ②奇妙（変）な ③不思議な

※ 思い込みを打破せよ。

▶ strange=「変な」という意味が定着しすぎている。その意味がないわけではないが、意味の一部しかすくいとっていない訳語を標準として覚えてしまうと融通が利かなくて自分の首を締めかねない。strangeの正しい意味は「それまで見たことがない」（ア）である。ある意味ではnewに近い。見たことがないものは「見慣れない」（イ）し、見慣れないものは「奇妙（変）」（ウ）に見えることも「不思議」（エ）に見えることもある。「見たことがない」を基本に考えていけば、こうしていくつもの訳し方の可能性に気づけるが、最初から「変な」という否定的な偏向を含む意味で物事を見てしまうと、肯定的な文脈でstrangeが使われている場合に対応が難しくなる。たかが覚えるだけ、とたかをくくっていると英語の勉強が進まない理由の一つが、こんなところにもある。

version [vә́ːʒәn]
本質的には同じで、見かけや細部を変えたもの

意味 ☞ 图 中身は同一で表面を変えたもの

※ 訳語ではなく意味を覚える。

▶ コンピューターゲームが一般化して、すっかり日本語に定着した感のあるversionだが、実は意味を正しく分かっている人は少ない。ひどいのになると「版」とかいう訳語だけを覚えている人までいる始末。versionはvert「変える」というパーツからきていて「中身は同一で表面を変えたもの」という意味。ソフトウェアのversionもそのいい例で、同じ名前のソフトウェアなら、同じ動作をするはずだが、versionによって細かい手直しがされ、見た目や細部が少し変わっていく。音楽でも、同じ曲を編曲したり、使う楽器を変えたりすることによって異なったversionにすることができる。そのように、本質的には元のものと同じだが、見かけや細部に手を加えて変えたものをversionというのだと理解しておけば、訳語に困ることはなくなる。

LEVEL 4
st-ve

とみたのポイント文法③

数えられる名詞と数えられない名詞、それにまつわる冠詞の種類

　英語の名詞には日本語と決定的に異なる点がある。それは「数えられる」ものと「数えられない」ものとがある、という点である。そもそも「数えられるかどうか」という点で英語の名詞には二種類ある、ということ自体がなかなか日本人には受け入れがたいことらしい。「なんで？」という虚しい質問をする人さえいる。だが、英語は外国語である。言い方を変えれば、英語は外国のゲームのようなものだ。外国のゲームをやろうと思ったら、そのルールを受け入れるほかない。将棋とチェスは似たゲームだが、一つ重要な違いがある。将棋では取った相手の駒を自分の駒として使えるが、チェスではできないのだ。将棋をやり慣れた人がはじめてチェスをやった時、このルールを説明されて「何で？」と聞いても無意味である。それが「チェス」というゲームなのだ。「将棋」で

できることをすべて「チェス」でもできなくてはならない、という考え方は単なるわがままである。自分と異なるということを含めて、受け入れることが理解の第一歩である。語学はそういう「受け入れる」という種類の「理解」を求める科目であることをまず認識してもらいたい。

では、名詞を「数えられる」「数えられない」と分ける基準は何だろうか。残念だが、「それを知っていれば全部きれいに見分けられる」というルールはない。大まかな基準を言えば、**「実体がなく、目に見えないもの（「抽象名詞」と呼ばれる）」および「重さでしか計れないもの（「物質名詞」と呼ばれる）」は「数えられない」**名詞である。このうち「物質名詞」はどうも「物質」という名称のせいで誤解されているようだ。すでに書いた通り、「重さで計る」ものは物質名詞に分類される。紙や金(かね)、食材の多くが「数えられない」のはそのせいである。

もちろん、例外もある。それは個別に対応してもらうしかないだろう。特に「同じ意味なのに数えられるかどうかが違う」名詞（代表はjobとwork）もあるので、しっかり覚えるべきである。因みに、「数えられる名詞」には「単数形」「複数形」があるのに対し、**「数えられない名詞」は「常に単数」**である。また「数えられる名詞の単数形」の前には必ず「冠詞」が必要なのに対し、**「数えられない名詞」の場合、冠詞は不要である**（ついてよいものもある）。

名詞に絡んでしっかり把握すべきものは「冠詞」および「数量の表現」である。これらは、相手の名詞が「数えられるかどうか」によって使うものが違う。特にaという冠詞は「数えられる名詞の単数形」の前にしか置かれない、という性質を持つので、試験では解答の鍵に使われることが多い。なおaのもう一つの性質として、直後にくる単語（名詞でなくてもよい）の先頭の発音が母音の場合、aではなくanを使うという性質もある。これも時々出題されるが、見落としやすいポイントである。

LEVEL 5

aesthetic [e(iː)sθétik] 発音注意
綴りから発音が推測しづらい

意味 ☞ 形 美的な

▶ 実はこの言葉は日本でもとてもよく耳にするし、また意味も日本語の理解とさほど変わらない「美的な」という意味である。だが、綴りを見ただけではその発音が分かりにくく、結果的に「知っているのに意味を思いつかない」ことになりがちである。同じ系統を持つものに、alien（見ただけで「エイリアン」と読めるか）、rhythm（言われてみれば「リズム」だがねぇ）、theme（これは英語の発音はほぼ「スィーム」で、日本語の「テーマ」とは音自体が違う）などがある。

★ estheticという綴りもある。

contemporary [kəntémpəre(ə)ri]
①「文中の時間設定と同時期の」という意味
②代名詞的用法では「同時代の人・もの」という意味も

意味 ☞ 形 ①同時代の ②今の・最新の 名 同時代の人・もの

※ 本来の意味。代名詞的用法。

▶ com+tempo=「同じ」+「時」だから、「（何かと）同時代の」という意味の形容詞（ア）。この用法の場合、どこか別の箇所に具体的な時間の設定があり、それと「同時期の」になる。だが、時制が現在形の時、設定される時間は自動的に「今」なので、それと同じ、つまり「今の・最新の」という意味がある（イ）。ファッション用語の「コンテンポラリー」はここからきている。また、名詞化して「同時代の人・もの」という意味にもなる（ウ）。この場合、一種の代名詞として使われることに注意。

counterpart [káuntəpɑːt]
代名詞的用法。「何を指しているか」を考える

意味 ☞ 图 別の世界や集団に属する、役割や働きが似た（対等な）もの

▶ counter「向かい合う」+part「役柄」で本来の意味は「向かい合う相手」。古くは「割符」などという意味で使われたが、今では「別の世界や集団に属する役割や働きが似た（対等な）もの」という意味で使われることがほとんどである。正確な訳語を作ってみるとずいぶん回りくどく感じるが、内容的にはシンプルで分かりやすい。たとえば日本の将棋とイギリスのチェスは、違うゲームではあるがよく似ている。そういう場合、「日本の将棋のイギリスにおけるcounterpartはチェスだ」というような言い方をする。この伝でいけば、日本の政治家のフランスにおけるcounterpartは「フランスの政治家」、東京の学校の授業と授業の合間の「休み時間」の愛知県におけるcounterpartは「放課」という塩梅に、一種の代名詞として使われる。その意味で、equivalentに近い。

! 代名詞なので、「何を指しているか」を探すこと。

★ contemporaryにも「同時代の似た立場のもの」という意味がある。

LEVEL 5
ae-co

coward [káuəd] 発音注意
特殊な品詞と発音

意味 ☞ 图 臆病者

▶「臆病者」という名詞。cowardlyが「臆病な」という形容詞で反対語はbrave。名詞にlyがついて形容詞になるのはよくある話だが、「形容詞にlyがつくと副詞」というルールが圧倒的に有名なので、cowardlyを副詞と勘違いする人が多い。また、発音も見かけからだいぶ異なった音なので、注意が必要。

★ cowardに限らず、「××な人」という意味の名詞（teacherだのmiserだの）がCになる時はそれは「人」ではなく「身分・資格」と考える。もしその名詞に関係詞節をかける時には、whoではなくthatを使う。これは「否定文対策」である。たとえば、I am a teacher.は「私」＝「先生」だが、この時「先生」＝「人」としてしまうと否定文のI am not a teacher.が「私」≠「先生」＝「人」つまり「私」≠「人」で「先生にあらずんば人にあらず」ということになってしまう。この不都

合を避けるため、「××な人」という意味の名詞がCの時は「人」ではなく「身分・資格」と考えるのだ。

domain [douméin]
元々は「領地」という意味

意味 ☞ 图 ①領地 ②分野・領域 ③Eメールのドメイン

※ パーツで知る意味。

▶ domは「自分の支配地・家」という意味なので、domainは元々「領地」という意味（ア）。そこから「分野・領域」などという意味（イ）が派生している。現在ではインターネット上のメールアドレスの@の後ろをdomainという（ウ）。

★ domを使う単語はdominate「支配する」、domestic「国内の・家庭内の」など重要なものが多い。

endeavor [endévə] 発音注意
発音は正確に覚えておく

意味 ☞ 图 努力

▶ 意味は「努力」。effortほど一般性はないから作文などでは使わない方が賢明だが、読解問題ではかなり頻出。問題は発音で、eaの部分は短母音。

! 発音を正確に。

★ そういえば、2011年4月現在、生き残っている二機のスペースシャトルのうち、一機の名前がEndeavour「エンデバー号」のはずだ。

※ 注意すべきこと　▶ 説明　! 覚えるポイント　★ 備考・Tips

migrate [máigreit]
immigrate, emigrateの方向は見た目で判断

意味 ☞ 動 移住する

※「移住する」だが、二つの方向性を持つ派生語を持つ。

▶ migrateは「移住する」という意味で自動詞である（ア）。SV文型で方向を示す言葉を伴う動詞は「変化・進行」を表すから、文型からも「移住」という意味は類推可能。この単語の面白いところはimmigrate, emigrateという派生型を持つことだろう。immigrateはim（中に）＋migrate（移住）で、「他からそこに移住してくること」（イ）、emigrateはe（外へ）＋migrateで「他の土地へ移住していくこと」を示す（ウ）。見た目とそれに伴う理屈を理解しておけば、どちらの方向へ向かう移住かがちゃんと分かるようになっている。

vary [véəri]
日本語訳からは分かりづらいが、実は動詞

意味 ☞ 動 様々だ

※ 意味と品詞の関係が意外。

▶ varyは自動詞で「様々だ」である。このように英語には日本人の目から見て「動詞だ」と言われてもピンとこない単語がある。vary以外ではdiffer「違う」とmatter/count「重要だ」あたりがそれに該当する。日本語訳から考えてしまうと動詞に見えないのだ。だからある意味、動詞だ、ということがもっとも重要な情報である。

第3部
××シリーズ

この「××シリーズ」では、ある共通項や特徴を持つ単語をピックアップし、その特徴を簡潔に示してある。もちろん、その共通項や特徴が、その単語が出題される場合にポイントとなる事項であるものを選んであるので、ぜひ参考にしてほしい。

合う シリーズ

同じ「合う」でも表現によって前後にくる語句が違い、当然意味も違う。
まずは**fit**（ア）。S［衣服など］fit O［人］で、「SがOに（サイズが）合う」。
次に**suit/become**（イ）。S［衣服・態度など］suit/become O［人］で、「SがOに似合う・似つかわしい」。
さらに**match/go with**（ウ）。これはS［品物A］match/go with O［品物B］で「SがOと合う・調和する」。
最後に**agree with**（エ）。これはS［気候・風土・水・食べ物］agree with O［人］で、「SがOに合う」。

（ア）The shoes fit me better than the other ones.
　　（その靴の方がもう一つのより私の足にぴったりです）
（イ）A white coat becomes a scientist.（科学者には白衣が似合う）
（ウ）Your hat matches your shoes.（靴と帽子が合ってますね）
（エ）The climate here doesn't agree with me.（ここの気候は私には合わない）

争い シリーズ

一口に争いといってもその内容にはいくつかの区別がある。**competition**はいわゆる「競争」だから、「勝ち・負けを争う」である。**conflict**は「対立」で、利害関係などで互いの意見が異なる状態を指す。**debate**は意見の食い違いに関する冷静な話し合いだが、**dispute/argument**には多少感情的対立も混ざる。感情の方が勝つようになると**quarrel**でこれは「口げんか」である。**fight**まで行くと殴り合いの喧嘩である。国対国で fight するとそれは**war**で、その中での具体的な戦闘行為が**battle**である。**struggle**は「もがく」ことで、目的に達するために状況と闘うことを指す。

She suffers from a conflict between love and hate.
（彼女は愛と憎しみとの葛藤に苦しんでいる）
Her father had fallen in battle.（彼女の父は戦死した）
Japan fought with Germany against the Allies.（日本はドイツとともに連合軍と戦った）
Tom had a quarrel with Jerry.（トムとジェリーは口論をした）

The scientist struggled with the problem of global warming.
(科学者は必死になって地球温暖化問題に取り組んだ)
Japan was at war with its neighbors. (日本は隣接諸国と戦争状態にあった)
They had a dispute over the border of their private land.
(彼らは土地の境界線のことで喧嘩をした)

言う シリーズ

「言う・話す」という訳語を持つ言葉は数多い。だが、そのほとんどはOにthat節をとり、そのことで「言う」と訳せばいいと分かってしまうので、特に覚える必要はない。だが、中には文法的に明確な特徴を持っているものがいくつかあり、そういう言葉の用法の違いが試験に頻出する。主な問題点は「自動詞か他動詞か」「目的語に何がくるか」「伴う前置詞は何か」の三つである。

自動詞：speak, talk, refer
目的語をとらないこと、特定の前置詞と結びつくことをしっかり理解しておくべきである。また、一部の用法に他動詞のあるもののうち、重要なものは個別に記憶しておくこと。
- speak of/about [話題] to/with [相手（人）]
- speak of A as B：AはBだと言う
- 例外的な用法：speak [O＝言語の名称]・speak [O＝word(s)] ←他動詞
- talk of/about [話題] to/with [相手（人）]
- talk [O] into Ving/talk [O] out of Ving ←他動詞かつSVOC「説得する」
- [人] refer to [話題]：[話題] に話の中で触れる
- [人] refer to [言葉]：[言葉] を話の中で使う
- [人] refer to [事柄]：[事柄] に注目する（＝attend to）
- refer to A as B：AをBと呼ぶ（＝call O C）
- [言葉] refer to [意味]：[意味] を指す・表す
- 例外的な用法：refer A to B：AをBの方に差し向ける

他動詞：say, state, tell, mention, discuss
同じ他動詞でも、とる文型や目的語にくるものの種類が異なるので、それをしっかり意識すること。
・say [O＝（言葉・発言内容）]：S ⟨be⟩ said to V＝It is said that SV
・state [O＝（見解）]

tellについてきわめて重要なことは、「言う」という意味の時、必ずOに「相手（人）」がくる、という事実である。「きてもいい」ではなく「必ずくる」ことに注意。たとえば

tell that節という英語は間違いである。
tell [O1=（相手）][O2=（言葉・発言内容）]
tell [O=（相手）] about [話題]
例外的な用法：主語に「本・話」がくると、自動詞で使うことができる。
[本など] tell of/about [話題]

mention [O=（話題・言葉）]：Oについて語る。Oという言葉を話の中に出す
mention X=refer to X/speak of X
discuss [O=（話題）]：Oについて議論する
discuss X=talk about X

mention, discussは日本語的には「～について話す」という言葉になるのにaboutなどの前置詞が入らないことが非常に多く問われる。

その他Oに「相手」がくる「言う」という意味の動詞：これも頻出事項だが、「言う」という動詞でOに「相手」をとる動詞は限られている。tell以外にはinform/notify/warn/remindとpersuade/convinceがある。

inform [相手（人）] of [内容]、inform [相手（人）] [内容（that節）]（他の三つも語法は同じ）

persuade [相手（人）] [内容（that節）]、convince [相手（人）] [内容（that節）]、convince [相手（人）] of [内容]

語法的にはinformなどとほとんど同じだが、仕分けしたのはpersuade/convinceは単に「言う」ではなく「説得する」という意味になるからである。ただしpersuadeにはofをとる語法はない。

他にも「命じる・依頼する・要求する」という系統の動詞は（demand以外）後ろにO to Vを従えるSVOCになるから、Oに「相手」がくるが、これは便宜上「言う」と訳すことはあるにしても単に「発言する」というのとは異なる。

意外な品詞・意味の語 シリーズ

このグループには統一的な性質があるわけではないが、見かけからは意外な品詞・意味になる言葉を集めてみた。

acquaintance：「知人」。語尾がanceのは名詞によく見られるが、たいてい抽象的な意味。「人」を示すのが意外。

bankrupt：形容詞で「破産した」。go bankruptという表現があるが、形容詞でCになっているのが不思議に見えるかも知れない。

breakthrough：名詞で「壁を超えるような大きな進歩」。名詞であることが意外。

but：副詞で＝only。

casualty:「事故や災害での死者・犠牲者」という意味は、形からすると意外。語尾がtyなので、名詞であることは分かるが、もっと抽象的な意味を表しそうに見える。
commonplace:形容詞で「一般的な」。品詞が意外。名詞に見えるし、事実名詞もあるが、形容詞が普通。
instant:名詞で「瞬間」。日本語でもインスタント・ラーメンという通り、形容詞だという思いが強い。形容詞もあるが、名詞もある。
save:前置詞で「……以外」。動詞が有名なので、前置詞でno A save Bとなり、「B以外のAはない」になるのは意外。
say:副詞で「たとえば」。前後をcommaで挟まれ、,say, となる時、副詞になる。
saying:数えられる名詞で「ことわざ・決まった言い回し」。準動詞と違い、数えられるので、aがついたり複数形になったりする。

癒す シリーズ

日本語で同じ「癒す」であっても「何を」癒すかによって英語では使う動詞が異なる。
appease:「空腹を」癒す　**cure**:「病気を」癒す
ease:「不都合・不便を」少なくして楽にする　**heal**:「(体・心の)傷を」癒す
quench:「のどの渇きを」癒す
remedy:「病気・傷を(薬やある技法で)」治療する
remove:「痛みを」取り除いて癒す　**work off**:「不機嫌・不満を」晴らす・癒す

医療用語 シリーズ

医療用語といっても、専門家以外の人間が知っているべきものはそれほど多くはない。私立大学の医学部がそういう専門知識を要求するといううわさがあるが、常識的に言ってそれはありえないはずだし、もしそういうことを真剣に高校生に求める大学があるとすれば、むしろその大学の見識を疑う。そういうjargon(一部の業界内部でのみ通用する専門用語のこと)を含めた専門知識を学ぶために学生は医学部に進学するのであって、中身がろくに分からないのに、上辺だけの専門用語を振りかざすような人間をもてはやすような風潮があるなら、それは厳に慎むべきことだろう。だからあえて、ここではごく日常的な言葉だけを取り上げることにした。後ろにある程度の専門用語も載せたが、それぞれに付されたコメントを参考にしてほしい。

＊日常的に使う医療用語
(a) 症状編
(1) 痛み:pain、acheという名詞とsoreという形容詞がある。「Xが痛い」はhave a

pain in Xと表現すればほとんど間に合うが、headache, backache, stomachache, toothacheとa sore throat, a sore eyeは決まり文句。

a sore throat「のどの痛み」 a sore eye「目の痛み」 back pain「背中や腰の痛み」 chest pain「胸痛」 headache「頭痛」 joint pain「関節痛」 muscular aches「筋肉痛」 stomachache「腹痛」 toothache「歯の痛み」

(2) よくある症状

a runny nose「鼻水」 a stiff shoulder「肩のこり」 a stuffy nose「鼻づまり」 an upset stomach「胃の不調(一般に「胸焼け」的な不快感を言う)」 chills「悪寒(形容詞はchilly)」 cough「咳」 diarrhea「下痢」 dizziness「めまい(形容詞はdizzy)」 fever「熱」 hiccup「しゃっくり」 nausea「吐き気」 sickness「気分の悪さ(形容詞はsick)」 sneeze「くしゃみ」 vomit/throw up「嘔吐する」 weakness「だるさ(形容詞はweak)」

(3) できものなど

hives「じんま疹」 lump「腫れ物、しこり」 pimple「にきび」 rash「発疹」 swelling「できもの・こぶ」

(4) その他の症状

constipation「便秘(定期的にこない、という意味ではirregularityもよく使う)」 cramps「けいれん」 fit「発作」 heartburn「胸やけ」 heart flutters「動悸」 shortness of breath「息切れ」

(b) 病名編

allergy「アレルギー」 arthritis「関節炎」 asthma「喘息」 cancer「癌」 cold「風邪」 diabetes「糖尿病」 gastroenteritis「胃腸炎」 hay fever「花粉症」 heart failure「心不全」 influenza (flu)「インフルエンザ」 insomnia「不眠症」 malaria「マラリア」 stroke「卒中」

(c) その他

antibiotics「抗生物質」 blindness「目が見えないこと」 blood「血液」 blood pressure「血圧」 blood type「血液型」 cholesterol「コレステロール」 deafness「耳の聞こえないこと」 delivery「出産」 diagnose「診断する」 dose「服用量」 dumbness「口のきけないこと」 obesity「肥満」 disease/illness「病気」 epidemic「流行病」 labor「陣痛・出産」 miscarriage「流産」 muteness「ものが言えないこと」 pandemic「流行病」 stool「便(ウンチですな)」 urine「尿(おしっこ。peeは子供用)」

*知っていると威張れる医療用語(試験には効果はない)

anemia「貧血症」 appendicitis「盲腸炎」 arrhythmia「不整脈(まあ専門用語では?)」 athlete's foot「水虫、足白癬」 barium「バリウム」 cholera「コレラ」

common cold「感冒、風邪」 leukemia「白血病」 tuberculosis「結核」

＊専門家以外知らなくてもいい単語（素人で知っているのは変人かも）
abdominal pain「腹痛（これは専門用語。stomachacheでたくさん）」 angina pectoris「狭心症（一般的にはheart attackでたくさん）」 atopic dermatitis「アトピー性皮膚炎」 avian flu「鳥インフルエンザ」 bloody stool「血便」 bloody urine「血尿」 cataract「白内障」 cerebral stroke「脳卒中」 cirrhosis「肝硬変」 contagion「伝染病」 convulsions「けいれん、ひきつけ」 eczema「湿疹」 endoscope「内視鏡」 epilepsy「てんかん」 fracture「骨折」 gallstone「胆石」 glaucoma「緑内障」 gout「痛風」 haemorrhagic stroke「脳出血」 hemophilia「血友病」 hemorrhoid「痔」 hepatitis A,B,C「A，B，C型肝炎」 herniated disc「椎間板ヘルニア」 hypertension「高血圧」 incontinence「失禁」 infection「感染症」 inflammation「炎症」 ischaemic stroke「脳梗塞」 lesion「傷、病変」 meningitis「髄膜炎」 migraine「偏頭痛」 myocardial infarction「心筋梗塞」 osteoporosis「骨粗鬆症」 painful urination「排尿症」 palpitations「動悸（心悸亢進）」 pancreatitis「膵炎」 plague「疫病、伝染病」 pneumonia「肺炎」 pulmonary infarction「肺梗塞」 rapid heartbeat「動悸」 rectal bleeding「直腸出血」 rheumatoid arthritis「慢性関節リウマチ」 sty「物もらい」 tumor「腫瘍、できもの」 ulcer「潰瘍」 ultrasound「超音波」

宇宙 シリーズ

大学入試は、比較的宇宙ネタが好きである。まあ確かに宇宙ネタはかなり斬新なものが多く、事前の知識が使えないので、英語を読み解く能力だけを純粋に問うにはいい素材ではある。だが、まあ出てくる知識といえばほとんど通り一遍であるし、それがわからないから解答不能に陥る、というような語彙はあまりない。惑星の名前など、事実上問題になることはないのだが、それこそ「水金地火木土天海冥」と同じで、知っていても悪くない、という程度である。むしろ文章中で必要になる語彙は、galaxy「銀河」だのasteroid「隕石」だのといった、専門性の特にない一般的な用語である。

＊一般的でかつ有名なもの
space「宇宙」 cosmos「宇宙」 galaxy「銀河」 star「恒星」 planet「惑星」 satellite「衛星（人工衛星含む）」 moon「月、衛星」 a heavenly body「天体」 asteroid/meteorite「隕石」 comet「彗星」 astronomy「天文学」 astronomer「宇宙飛行士」 gravity「重力」 attraction「引力（宇宙用語の場合）」
＊まあ一般的といっていいもの
eclipse「（太陽、月の）食」 orbit「軌道」 observatory「天文台」

rotation「自転」 revolution「公転」
＊惑星の名前
Mercury「水星」 Venus「金星」 Earth「地球」 Mars「火星」 Jupiter「木星」
Saturn「土星」 Uranus「天王星」 Neptune「海王星」 (Pluto「冥王星」)
＊マニアな知識
black hole「ブラックホール」 big bang「宇宙爆発起源」
constellation/configuration「星座」 flare「太陽のフレア」
sunspot「黒点」 aurora「オーロラ」

栄養素 シリーズ

栄養系の言葉は、医学や生物学の話題の場合に見られる。タンパク質、脂肪、繊維くらいを覚えておけば他はたいてい何とかなる。一応代表的なものを挙げておいた。
protein「タンパク質」 fat「(食用の)脂（あぶら）、脂肪、油脂、脂肪分」
fiber「食物繊維、繊維性食品、繊維」 amino acid「アミノ酸」
carbohydrate「炭水化物」 citric acid「クエン酸」 gluten「グルテン」
iron「鉄分」 mineral「ミネラル」 nutrition「栄養」
sugar「糖分」 vitamin「ビタミン」

「多い」「少ない」をlarge, smallで表す名詞 シリーズ

名詞のうち「数」「量」を表すものは「多い」「少ない」にlarge, smallを使うのは英文法では有名なルールである。また、ニュアンス的には「多い」「少ない」であっても、日本語で「高い」「低い」と言い換えられるものはhigh, lowを使うのが一般的。さらに「負担」というニュアンスを持つ場合はheavy, light/slightを使うことが多い。
large, smallを使うもの：number「数」、amount「量」、capacity「収容人数」、circulation「発行部数」、population「人口」、audience「聴衆(の数)」、fortune「財産(元々「多くの資産」という意味を含むので、largeはつくが、smallはつかない)」
high, lowを使うもの（large, smallも使う）：cost「費用」、expense「出費」、risk「リスク」、price「値段」、income「収入」、salary「給与」
heavy, light/slightを使うもの：burden「負担」、debt「借金」、traffic「交通(量)」、casualties「人的損害」(「死者」という意味で、manyを使うことも多い)

お仕事・職業 シリーズ

世の中にはそれこそ浜の真砂の数ほど職業はあり、それをすべて列挙するのは不可能だ

し、意味がない。思いつくままに重要度の高そうなものをあげてみたが、いかがだろうか。
employee/salaried man「勤め人」 office worker「事務職」 receptionist「受付係」 telephone operator「電話交換手」 manual worker「肉体労働者」 architect「建築家」 decorator「室内装飾家」 carpenter「大工」 blacksmith「鍛冶屋」 house painter「ペンキ屋」 astronaut「宇宙飛行士（女性形はastronette）」 astronomer「天文学者」 author「作家（playwrightは劇作家・脚本家、dramatistは劇作家、poetは詩人、novelistは＜長編＞小説家、lyricistは抒情詩人・作詞家、songwriterは作詞家・作曲家、biographerは伝記作家）」 composer「作曲家」 designer「デザイナー」 producer「興行師」 director「監督」 manager「支配人・現場責任者」 guard「警備員」 secretary「秘書」 housewife「専業主婦」 part-time worker「アルバイト」 artist「画家」 engraver「彫刻家」 photographer「カメラマン」 reporter「記者」 announcer「アナウンサー」 journalist「ジャーナリスト」 pilot「（飛行機の）操縦士」 cabin attendant「客室乗務員」 civil servant「公務員」 policeman「警察官」 instructor「技能などの指導者」 teacher「教師」 professor「教授」 firefighter「消防士」 hairdresser「美容師・理容師」 dresser「着付け師」 actor「俳優、男優（女性形はactress）」 doctor「医師（surgeonは外科医、physicianは内科医）」 psychiatrist「精神科医」 dentist「歯科医」 nurse「看護師」 lawyer「弁護士（「法律・裁判用語シリーズ」参照→p.300）」 accountant「会計士」 editor/compiler「編集者」 athlete「運動選手」 musician「音楽家」 maestro「マエストロ・大音楽家」 conductor「指揮者」 bank clerk「銀行員」 cook/chef「コック・シェフ」 waiter/server「給仕人・ウェイター」 busboy「皿洗い」 shop clerk/shop attendant「店員」 station attendant「駅員」 operator「（鉄道の）運転手」 conductor「車掌」 detective「探偵」 conjurer「手品師」 driver「運転手」 politician/statesman「政治家」

覚えるしかないSV シリーズ

SV文型の意味は、一般に「存在」か「変化・進行」だが、もちろん例外が多数存在する。何もかも覚えていてはきりがないが、最低限これだけはというものを列挙しておく（先頭の数字は難易度レベル。5に近づくほど難易度が高い）。
(4) applaud「拍手する」 (3) bow「おじぎをする」 (2) collapse「崩壊する」
(2) conform「（慣習・規則などに）従う、……と一致する」 (2) decay「腐る」
(3) discriminate「差別する」 (2) dwell「住む」 (1) emerge「現れる（「存在」の一種だが、頻度が高い。emergency「緊急事態」が派生）」 (3) erupt「噴火する」
(2) explode「爆発する」 (1) float「浮かぶ」 (2) flourish「栄える」 (1) flow

「流れる」 (2) **melt**「融ける」 (2) **nod**「頷く」 (3) **perish**「死ぬ」 (2) **prevail**「普及する」 (3) **reign**「支配する」 (4) **roam**「歩き回る」 (3) **rot**「腐る」 (1) **sink**「沈む」 (1) **struggle**「もがく」 (3) **thrive**「栄える」 (3) **trip**「躓いて転ぶ」 (2) **yell**「叫ぶ」

覚えるしかないSVO シリーズ

「動詞の文型による意味の類推法」(p.39)で説明したとおり、覚えなくてはいけない動詞は＜SV＞文型の例外と＜SVO＞文型の動詞である。そこで、ここでは大学受験において覚えておくべき＜SVO＞文型の動詞を列挙してみる。もちろん、中学生でも覚えているはずのものや、大学受験で必要ないと見なされるものは除外して最小限にしてある（先頭の数字は難易度レベル。5に近づくほど難易度が高い）。

(2) **abandon**「あきらめる」 (2) **abolish**「廃止する」 (3) **accelerate**「加速する」 (5) **accommodate**「収容する」 (2) **accomplish**「成し遂げる」 (4) **accumulate**「積み上げる、ためる」 (1) **achieve**「成し遂げる、獲得する」 (2) **acknowledge**「認める」 (1) **acquire**（努力して）得る (1) **adjust**「適合させる、慣れる」 (1) **admire**「敬服する、ほめる」 (3) **advertise**「広告する」 (5) **advocate**「主張する、弁護する」 (1) **affect**「影響する」 (3) **affirm**「肯定する」 (2) **alter**「変える」 (2) **announce**「公表する」 (3) **anticipate**「予想する」 (3) **arrest**「逮捕する」 (2) **assert**「主張する」 (2) **assure**「保証する」 (1) **avoid**「避ける」 (2) **bake**「焼く」 (3) **bend**「曲げる」 (3) **bet**「賭ける」 (2) **betray**「裏切る」 (5) **bid**「値をつける」 (2) **bite**「噛む」 (1) **boil**「煮る」 (1) **break**「（つながっているものを）断ち切る、壊す」 (2) **bully**「いじめる」 (2) **burn**「燃やす、焼く」 (2) **cast**「投げる」 (4) **celebrate**「祝う」 (4) **chase**「追う」 (2) **chat**「おしゃべりする」 (3) **cheat**「いかさまをする」 (4) **cheer**「元気づける」 (4) **cherish**「大事にする」 (5) **choke**「窒息させる」 (3) **circulate**「循環させる」 (2) **cite**「引用する」 (3) **compare**「比較する」 (2) **conceal**「隠す、秘密にする」 (2) **confirm**「（本当だと）確かめる、確証する」 (1) **define**「定義する」 (4) **deplore**「嘆く」 (1) **desire**「望む」 (2) **detect**「発見する」 (1) **determine**「決める」 (1) **develop**「発達させる」 (3) **dig**「掘る」 (2) **digest**「消化する、熟考する、整理する」 (2) **diminish**「減らす、（人の名声・信用などを）傷つける」 (4) **disguise**「変装させる、偽装させる、（事実・本性・感情などを）隠す」 (4) **dismiss**「解散させる」 (1) **distinguish**「見分ける、区別する」 (3) **distort**「ゆがめる」 (2) **distribute**「分配する」 (2) **disturb**「かき乱す」 (3) **donate**「寄付する、提供する」 (1) **earn**「（働いて金などを）稼ぐ、（生計を）立てる」 (2) **edit**「編集する」 (2) **educate**「教育する、指導する」

(3) eliminate「消去する、除去する」 (4) embrace「抱きしめる、大切にする」
(2) emphasize「強調する、目立たせる」 (1) employ「雇う、使う」 (1) escape「逃げる」 (2) establish「確立する」 (3) estimate「見積もる、評価する」
(4) exaggerate「おおげさに言う、誇張する」 (1) examine「調査する、審査する」
(3) exhaust「排出する、エネルギーを奪う」 (2) exhibit「展示する」 (4) exploit「利用する」 (2) explore「探検する」 (1) express「表現する」 (2) extinguish「消す」 (3) fasten「しっかり固定する」 (3) feed「給餌する」 (1) fill「満たす」
(2) fire「発射する、解雇する」 (1) fix「固定する、修理する」 (5) flatter「おだてる、お世辞を言う」 (3) focus「焦点を合わせる」 (4) fold「折りたたむ」 (4) foster「育成する」 (2) gather「集める」 (2) govern「統治する、管理・運営する」
(3) grab「掴む」 (4) grant「認める」 (4) grasp「掴む」 (2) greet「あいさつをする、反応する」 (3) handle「扱う、操る」 (1) hate「嫌う」 (4) haunt「(悪霊・考えなどが) 取りつく」 (1) hide「隠す」 (1) hurry「急ぐ」 (4) illuminate「解明する」 (1) imagine「想像する、思い込む」 (1) imitate「真似る」 (3) imply「意味する」 (2) include「含む」 (2) indicate「示す」 (3) infect「感染する」
(5) infer「(事実や証拠から) 推理する」 (3) inherit「相続する」 (4) inhibit「(自発的に) 抑制する、妨げる」 (3) inquire「質問する」 (3) insert「挿入する」
(3) integrate「統合する」 (2) interpret「通訳する」 (2) interrupt「邪魔をする」
(3) invade「侵入する」 (2) invest「投資する」 (2) investigate「調べる、研究する」 (1) invite「招く、招き入れる」 (3) isolate「孤立させる」 (2) leap「跳び越える」 (3) load「荷物を積む」 (5) lure「誘惑する」 (2) mend「修理する」
(3) merge「合流する」 (4) mimic「真似る」 (3) navigate「進路を決める」
(3) negotiate「交渉する」 (4) nourish「養う」 (2) obey「従う、守る」
(1) occupy「占有する、ふさぐ」 (2) overcome「克服する」 (4) overhear「小耳に挟む」 (4) overlook「見落とす」 (4) overtake「追い越す」
(4) overwhelm「圧倒する」 (2) own「所有する」 (5) penetrate「貫通する」
(2) perform「行う、演じる」 (3) polish「磨く」 (1) possess「所有する」
(2) postpone「延期する、後回しにする」 (1) praise「ほめる」 (1) prepare「準備する」 (4) prescribe「処方する」 (3) preserve「保存する」 (5) probe「調べる」 (1) provide「与える」 (2) publish「出版する、発行する」 (2) punish「罰する、こらしめる」 (3) purchase「買う」 (2) pursue「追い求める」 (2) quit「やめる、断念する」 (2) quote「引用する、引き合いに出す」 (4) reap「収穫する、刈る」 (4) reason「論じる」 (4) recite「暗唱する、朗読する」 (3) recollect「思い出す」 (2) reduce「減らす」 (3) register「登録する」 (4) reinforce「補強する」 (1) remember「思い出す」 (2) resist「抵抗する」 (3) resolve「決心する、解決する」 (3) restore「元の状態に戻す」 (3) resume「再開する」 (1) reveal「表

す、示す」(3) scold「説教する」(3) scratch「引っかく」(3) seize「掴む」(1) select「選び出す」(2) serve「仕える」(2) settle「落ち着かせる、一箇所に固定する」(3) sigh「ため息をつく」(4) soak「浸す」(1) solve「(問題などを)解く」(4) squeeze「絞る」(3) stalk「忍び寄る、後をそっと追う」(3) stimulate「刺激する、興奮させる」(3) stir「動かす、かき回す、感激させる」(2) store「蓄える、貯蔵する、取っておく」(5) suck「吸う、すする、飲み込む」(3) suppress「鎮圧する、鎮める」(4) surpass「凌ぐ、超える」(3) surrender「引き渡す、(希望などを)捨てる」(3) surround「囲む」(3) survey「調査する、見晴らす、概説する」(3) sustain「(建造物などを)支える、(生命を)維持する」(4) swallow「飲み込む、(お金を)使い尽くす、(怒り・涙などを)抑える」(4) swell「ふくらませる、いっぱいにする」(3) tame「抑える、和らげる、飼いならす」(3) tease「いじめる、悩ます、からかう」(1) tie「結ぶ」(1) trace「たどる、調べる」(4) trigger「引き金を引く」(2) undergo「(ある動作を)受ける」(3) underlie「下にある、背後にある」(2) undertake「引き受ける、始める」(3) update「(最新のものに)更新する」(3) utilize「利用する」(3) venture「賭ける、思い切って言う」(4) verify「証明する」(3) violate「違反する、冒涜する」(2) waste「(金・時間などを)浪費する」(3) weigh「重さを量る」(3) whisper「ささやく」(3) wipe「ふく、ぬぐう」(3) withdraw「引っ込める、撤退する」(5) wither「しおれさせる、ひるませる」(4) withhold「保留する」(5) withstand「(人・攻撃・誘惑などに)よく耐える」(3) worship「崇拝する」

思いつくシリーズ

S＝［考え］、O＝［人］になるもの：strike, hit, occur to, dawn on

It struck me that I would be a musician. (音楽家になろう、と私は思った)

A strange idea hit him when he heard her story.
(彼女の話を聞いた時、彼は奇妙な考えを抱いた)

It occurred to the doctor that the patient was addicted to drugs.
(その患者は麻薬中毒ではないか、とその医者は思った)

When I heard the news, it dawned on me that it was a murder.
(その知らせを聞いた時、それは殺人ではないかと私は思った)

S＝［人］、O＝［考え］になるもの：come up with, think of, hit on

The boy came up with an idea which may help him to win the respect of his classmates. (その少年は、クラスメイトの尊敬を獲得できそうないいアイデアを思いついた)

He thought of a good way to escape from the lesson that day.
(彼はその日の授業をサボるいい方法を思いついた)

His wife hit on a good way to treat his colleagues at the party held in their house on the weekend.
(彼の妻は、週末家でやるパーティで彼の仕事仲間をもてなすいい方法を思いついた)

※ただし、hit on [人 (たいてい女性)] は、「[人] を口説く」。←試験には出ません
At the party George hit on me. (あのパーティでジョージに口説かれたわ)

思う シリーズ

日本語の「思う」には色々な意味があるが、英語では同じ「思う」でもその意味によって単語の使い分けがある。

「断定」: think/consider （この両者はとる文型に違いがある）（ア）
「疑問」: wonder （後ろにはwh節を伴う。that節はこない）（イ）
「推量」: suppose/guess （guessは「当てる」感じ）（ウ）
「予想」: expect/anticipate （expectはthat節, to V, O to V〈SVOC〉をとるが、anticipateには to V, O to Vの用法はない）（エ）
「疑念」: doubt/suspect （両者の違いはdoubt→p.129参照）（オ）
「願望」: hope/wish （実現不可能と分かっている願望はwish＋仮定法）（カ）

(ア) People often think that seeing is believing, but actually, it is not.
(人々は目で見たものは正しいと思っていることが多いが、実際にはそうではない)

(イ) She wondered where she could get the answer.
(どこに行けばその答えが手に入るだろう、と彼女は思った)

(ウ) From the look she gives to you, I guess that she loves you.
(あの娘の視線からすると、君のことが好きらしいぜ)

(エ) No one anticipated that the typhoon would cause such serious damage to the whole country.
(その台風がそんな大きな被害を国中にもたらすとは誰も予想していなかった)

(オ) I doubt whether he is happy with me. (あの人、私といても嬉しくないのよ、きっと)

(カ) When I was a child, I wished that we had a birthday every month.
(子供の頃は、毎月誕生日があったらいいのにと思っていた)

会議 シリーズ

会議を表す名詞はいくつかあるが、それほど明確で統一的な区別の基準があるわけではなく、単に習慣で決まっているものが多いようだ。
meetingは「会議」全般をさす。conferenceは「明確な目的を持った話し合い」。conventionは大きな集まりの年次総会のような「会合」。sessionはmeetingなどの

期間中、具体的に人が集まって話し合うことを指す。**discussion**はテーマの明示された話し合いで、**debate**や**argument**などとも近い。

科学用語 シリーズ

こういう用語を並べてみると、自分がいかにその種の知識に欠けているかをいやというほど思い知らされる。とりあえず、代表的な分野の用語を並べてみた。なお、生物用語、数学用語、地理・地形用語、金属や元素関係はほかにシリーズがあるのでそちらに譲る。

proposition「命題」 **axiom/principle**「原理」 **proof/evidence**「証拠」 **hypothesis**「仮説」 **observation**「観察」 **experiment**「実験」 **verification**「検証」 **deduction**「演繹」 **induction**「帰納」

movement「運動」 **force**「力」 **gravity**「重力」 **mass**「質量」 **energy**「エネルギー」 **velocity**「(進行方向を含む)速度」 **acceleration**「加速度」 **displacement**「変位」 **inertia**「慣性」 **momentum**「運動量」 **potential energy**「位置エネルギー」 **kinetic energy**「運動エネルギー」 **uniform motion**「等速運動」 **free fall**「自由落下」 **parabola**「放物線」 **repulsion**「斥力」 **fluctuation**「波動」 **frequency**「周波数」 **wave equation**「波動方程式」

electricity「電気」 **voltage/tension**「電圧」 **electric current**「電流」 **electric potential**「電位」 **series**「直列」 **parallel**「並列」 **circuit**「回路」 **electric field**「電界」 **conduction**「導通」 **semi-conductor**「半導体」 **smoothing circuit**「平滑回路」 **electrode**「電極」

atom「原子」 **molecule**「分子」 **particle**「粒子」 **electron**「電子」 **proton**「陽子」 **neutron**「中性子」 **chemical compound**「化合物」 **ion**「イオン」 **crystal**「結晶」 **concentration**「濃度」 **equilibrium**「化学平衡」 **gas**「気体」 **liquid**「液体」 **solid**「固体」 **acidity**「酸性」 **alkalinity**「アルカリ性」 **oxidation**「酸化」 **reduction**「還元」 **catalyst**「触媒」 **solution**「溶液」 **titration**「滴定」 **isotope**「同位体」

Coriolis force「コリオリの力」 **atmosphere**「大気」 **trade wind**「貿易風」 **seasonal wind/monsoon**「季節風」 **tide**「潮汐」 **(air) current**「気流」 **ascending current**「上昇気流」 **descending current**「下降気流」 **air pressure**「気圧」 **high pressure**「高気圧」 **low pressure**「低気圧」 **front**「前線」 **cold front**「寒冷前線」 **warm front**「温暖前線」

volcano「火山」 **eruption**「噴火」 **phreatic explosion**「水蒸気爆発」 **lava**「溶岩」 **plate tectonics**「プレート理論」 **crust**「地殻」 **diastrophism**「地殻変動」 **mantle**「マントル」 **convection**「対流」 **Mohorovičić discontinuity**「モホロビチッチ不連続面」 **igneous rock**「火成岩」 **sedimentary rock**「堆積岩」

metamorphic rock「変成岩」 marble「大理石」 limestone「石灰岩」 stromatolite「ストロマトライト」 sandstone「砂岩」 granite「花崗岩」 basalt「玄武岩」 andesite「安山岩」
earthquake「地震」 fault「断層」 hypocenter「震源」 epicenter「震央（震源地）」 main shock「本震」 aftershock「余震」 primary wave「P波」 secondary wave/shear wave「S波」 magnitude「マグニチュード」 strain「歪み」 liquefaction「液状化」 quake-proof/quake-resistant「耐震」

学問 シリーズ

学問の名前には語尾に-logy, -phy, -icsがつくものが多い。それにしてもよくもまあたくさんの学問分野があるものである。
anthropology「人類学、文化人類学」 arithmetic「算術、算数」 astronomy「天文学」 biology「生物学」 botany「植物学」 chemistry「化学」 commercial science「商学」 ecology「生態学」 economics「経済学」 genetics「遺伝学」 geography「地理学」 geometry「幾何学」 gymnastics「体育学」 historical science「歴史学」 law「法学」 linguistics「言語学」 literature「文学」 pharmacy「薬学」 philosophy「哲学」 physics「物理学」 physiology「生理学」 politics「政治学」 psychiatry「精神医学」 psychology「心理学」 sociology「社会学」 statistics「統計学」 theology「神学」

貸す・借りる シリーズ

貸す　lend, let, rent, loan
lend：「貸す」という意味のもっとも一般的な語。これだけがSVOO文型をとる。有償の場合にも無償の場合にも使う。以下の単語はすべて「有償で」貸す場合に使う。letは「不動産を貸す」、rentは「車や備品、アパートなどを貸す」、loanは「利子を取って金を貸す」。
借りる　use, borrow, hire, rent, lease, owe
borrow：「借りる」という意味の最も一般的な語。「有償で」というニュアンスは特に含まれていない。useは「その場で借りて使う」。借り出す時はborrowを使う。hire, rent, leaseはすべて「有償で」借りることである。hire「ものや人を借りる」、rent「車や備品、不動産を借りる」、lease「長期契約で使用権を借りる」。oweは重要動詞だが、まず第一に状態動詞で進行形にならない。SVOO文型でO2 to O1という形も頻出。意味は「O1にO2を借りている」。変形して「O2はO1のおかげである」とも訳せるため、因果関係を示すのにも使われる。

数が問題になる名詞 シリーズ

常に複数扱いするもの（語尾にsはつかない）：crew「乗組員・搭乗員」、folk「人々」、offspring「子孫」、people「人々」、personnel「従業員」、the police「警察」、staff「スタッフ」

場面によって単数・複数を使い分ける名詞：人の集団を表すもの：family、committeeなど多数。ただしthe policeは常に「複数扱い」。また、audienceは単数でも複数でも同じように使える。

常に複数形になるもの：belongings「手荷物」、clothes「服」、congratulations「祝詞」、circumstances/surroundings「環境」、forebears「先祖」、aisles「通路」、suburbs/outskirts「郊外」、spectacles「メガネ」、scissors「はさみ」、trousers「ズボン」、shoes「靴」、socks「靴下」。特にspectaclesやscissorsは、我々の目から見てどう見ても単数の物体なのに、代名詞で受ける時には必ずthey/their/themになることに注意。

単複同形：means「手段」、species「（生物の）種」、series「連続」、aircraft「航空機」。fish、cattle、deer、sheepなど、群れをなす生物。「（ある国の）人」のうち語尾がeseで終わるもの。Japaneseなど。

数えられる・数えられないことが問題になる名詞 シリーズ

英語の重要な要素のうち、「名詞の数」ほど日本人が苦手とするものは少ない。それだけ試験でも突っ込まれることが多いポイントでもある。そこで、数に関するあれこれを拾ってみた。

※数えられないことが問われる名詞：advice「忠告」、baggage「荷物」、behavior「行動」、courage「勇気」、damage「損害」、evidence「証拠」、fun「楽しみ」、furniture「家具」、information「情報」、news「知らせ」、prestige「特権」、progress「進歩」、proof「証拠」、weather「天気」

※ほぼ同じ意味なのに、数えられる・数えられないの区別がある名詞：clueとevidence/proof「手がかり」、machineとmachinery「機械」、poemとpoetry「詩」、sceneとscenery「光景」、storyとfiction「話」、warとwarfare「戦争」、jobとwork「仕事」、facilityとequipment「設備・道具」、activityとbehavior「行動」。

※同じ名詞でも、数えられる場合と数えられない場合で意味が異なる名詞：accident「事故」と「偶然」、air「雰囲気」と「空気」、chance「機会」と「確率」、chicken「鶏」と「鶏肉」、craft「工芸」と「（手先の）技術」、force「軍隊（forcesのみ）」と「力」、genius「天才（人間）」と「天才（能力）」、good「品物（goodsのみ）」と「利益」、ice「アイスクリーム」と「氷」、industry「産業」と「勤勉」、lamb「子羊」

と「子羊の肉」、**medicine**「薬」と「医学」、**necessity**「必需品」と「必要」、**pain**「苦労（painsのみ）」と「痛み」、**paper**「新聞・論文」と「紙」、**play**「芝居」と「遊び」、**reason**「理由」と「理性」、**room**「部屋」と「余地」、**ruin**「廃墟」と「破滅」、**science**「学問」と「科学」、**trouble**「手間」と「難題」、**water**「水域（川・海など）」と「水」、**work**「作品」と「仕事」。

かたい シリーズ

rigid, solid, stubborn, hard, firm, tight, stiff, awkward, tough

同じ「かたい」でも使う場面や表す意味によって選ぶ形容詞は異なる。rigidは「こわばって硬い」ということ。solidは「固体の」、stubbornは「強情で固い」、hardは「やわらかい（soft）」の反対語である「硬い」、firmは「しっかりしてぐらつかないという意味で堅い」、tightは「しっかり結ばれているという意味で固い」、stiffは「柔軟性がないという意味で硬い」、awkwardは「ぎこちないという意味で硬い」、toughは「肉がなかなか噛み切れないという意味で硬い」である。

可能・可能性 シリーズ

probable, possible, likely, possibility, chance, potential

可能といえば、助動詞canやmayを使った表現が有名だが、ここではそういう文法的な解説は避け、単語としての「可能・可能性」の説明をしたい。よく問題になるのがprobableとpossibleの違いであるが、前者は「実現可能性が高い」、後者は「理論上可能」である。たとえば一般に大学受験資格を持っている者ならば、誰でも東大に合格することはpossibleである。だが誰もが同じようにprobableかというとそうはいかない。まあそういうことだ。そしてprobableに意味上きわめて近いのがlikelyである。ただ、文法的にはprobableとlikelyには一つ大きな違いがある。どちらも仮主語を使ってit is probable/likely that SVと表現できるが、それをS 〈be〉 likely to Vと変形できるのはlikelyの方だけだ。

「可能性」という名詞でもっとも一般的なのはpossibilityである。同格のthat節やof Vingを伴って、「……という可能性」という言葉が作りやすい。だが他にも「確率・可能性」という意味で使われるchance（p.83）や、「潜在的な可能性」という意味のpotential（p.145）もよく使われる。

体の部位 シリーズ

人の体の部位の名称を列挙しておく。「医療用語シリーズ」（p.191）と似ているものは削

除した。

内臓

lung「肺」　**stomach**「胃」　**heart**「心臓」　**esophagus, gullet**「食道」　**bowel**「腸」　**brain**「脳」　**liver**「肝臓」　**kidney**「腎臓」

顔関係

eye「目」　**ear**「耳」　**nose**「鼻」　**mouth**「口」　**cheek**「頬」　**forehead**「額」　**neck**「首」　**head**「頭、長」　**face**「顔、顔面」　**throat**「のど、咽喉」　**tongue**「舌（雄弁、味覚などの象徴）、ある言語」

胴体

back「背中」　**belly**「おなか」　**breast**「胸の前部、乳房」　**chest**「胸部」　**hips**「尻（左右それぞれがhipであり、全体ではhipsです）」　**waist**「腰、ウエスト」

腕関係

arm「腕」　**elbow**「肘」　**the upper arm**「二の腕」　**fist**「握りこぶし」　**fingertip**「指先」　**fingerprint**「指紋」　**nail**「爪」　**hand**「手、時計の針（←入試で狙われる）」　**palm**「手のひら」　**the back of a hand**「手の甲」　**thumb**「親指」　**forefinger, index finger**「人差し指」　**second (middle) finger**「中指」　**third finger, ring finger**「薬指」　**little finger**「小指」　**shoulder**「肩」　**wrist**「手首」

足関係

ankle「くるぶし」　**foot**「足（つま先からかかとまで）」　**toe**「つま先」　**heel**「かかと」　**big toe**「足の親指」　**knee**「膝、膝頭」　**lap**「膝（腰から膝頭までの部分、kneeは膝頭）」　**leg**「脚（腰の付け根からくるぶしまで）」　**limb**「手足、（人・動物の）肢」

体内関係

blood「血液、血統」　**body**「肉体、胴体」　**bone**「骨」　**muscle**「筋肉」　**nerve**「神経」　**spinal cord**「脊髄」

環境問題 シリーズ

入試の文章に取り上げられる話題にも流行りすたりがあるが、環境関係の文章はよく出題される。問題解答には事前の知識は必要ない場合が多いが、知っておいて損はなかろう。

endangered species「絶滅危惧種」　**habitat**「（動植物の）生息環境、生息地、原生地」　**surroundings/circumstances/environment**「環境（自然環境以外にも使う。surroundings、circumstancesは必ず複数形で使う）」　**pollution**「汚染」　**acid rain**「酸性雨」　**global warming**「地球温暖化」　**climate change**「気候変動（元はglobal warmingだったが、この用語に「人為的な責任」を嗅ぎ取ったアメリカとサウジアラビアの猛抗議で、国連の用語からはglobal warmingは消え、すべてclimate changeに置き換わった。これなら「自然現象」のニュアンスが強い。政治のパ

ワーゲームが言葉の世界を侵食した典型例)」
sanctuary「鳥獣保護区(昔は迫害から逃れる者の避難所、という意味だったが、今では環境系の話題によく出てくる)」 **ozone depletion**「オゾン破壊」 **greenhouse effect**「温室効果」 **carbon dioxide**「二酸化炭素」 **rain forest**「熱帯雨林」

感情 シリーズ

「感情」を示すもっとも一般的な単語は**feeling**である。次は**emotion**だが、これは少し冷静さを失っているニュアンスがある。**sentiment**は「理性と食い違う判断をもたらす感情」。**passion**はさらに激しく「冷静さを失った感情、特に愛着」を示す。**enthusiasm**は「何かに対する熱意」だから、一般的な意味での感情とは少し違う。なお、日本語では怒っていることを「感情的になって」というが、これは英語では〈be〉**angry**か〈be〉**excited**が一般的。emotionalという形容詞は「感情が高ぶっている」ことは示すが、怒っているとは限らず、とても喜んでいる時にも使う。

感情の動詞 シリーズ

英語の感情の動詞はほとんどが他動詞で意味は「与える」である。それは「原因が人間に感情を与える」というメカニズムをそのまま表現したものだ。当然S［原因］V O［気持ちを抱く人間］となるが、これでは人間が後ろにきてしまう。そこで、全体の順番をひっくり返すと、人間は原因から感情を「受け取る」ことになる。これが気持ちを抱く人間を主語にした時、英語が受身になる理由である。「受け取る」から受身なので、実にすっきり単純な話だ。S［気持ちを抱く人間］〈be〉Vp.p by (at/with/ofなど)［原因］である。だが、ここで日本語が絡むと話がとたんにややこしくなる。日本語では感情を抱くことを「する」と表現する(「びっくりする」など)ので、日本語を基準に英語を見てしまうと(これは英語のできない日本人に共通の欠点だが)、なぜ受身なのかが理解できなくなるのだ。ちなみにS［原因］〈be〉Vingにすると、Vingは「形容詞」に変化して目的語を持たなくなるのが「感情の動詞」の特徴である(「感情」は状態なので進行形にならない、というルールのせいである)。そのため、Sの種類によってVing/Vp.pの使い分けが可能になる。結論をかいつまんで言えば、「気持ちを抱く人間」が主語の時はVp.pを使い、それ以外、すなわち「原因」が主語の時はVingを使うのである。

感情の動詞リスト

＊**alarm**「不安」 **frighten**「脅威」 **dismay**「狼狽」 **threaten**「脅威」

＊**amaze**「驚愕」 **astonish**「驚愕」 **astound**「驚愕」 **shock**「衝撃」 **startle**「驚愕」 **surprise**「驚愕」

＊**amuse**「喜び」 **delight**「喜び」 **please**「満足」 **relieve**「安心」 **reassure**「慰

め」 satisfy「満足」 refresh「爽快・元気」 gratify「感謝」
*annoy「不快」 bother「迷惑・不快」 disgust「不快」 disturb「迷惑・不快」 frustrate「不満」 disappoint「失望」
*appall「恐怖」 horrify「恐怖」 scare「恐怖」 terrify「恐怖」
*bewilder「当惑」 embarrass「困惑」 puzzle「困惑」
*bore「退屈」 tire「退屈・疲労」
*charm「魅了」 dazzle「幻惑・魅了」 fascinate「魅了」 interest「興味」
*confuse「困惑」 perplex「混乱」 *excite「興奮」 thrill「興奮」
*depress「苦悩」 distress「苦悩」 grieve「悲嘆」
*humiliate「侮辱」 insult「侮辱」 irritate「苛立ち」
*impress「感動」 move「感動」 touch「感動」
*concern「関心・心配」（p.120参照）

感情の動詞の例外 シリーズ

感情の動詞はほとんどが他動詞で「与える」だが、一部例外的に自動詞もある。
grieve：「ひどく悲しむ」
marvel：「驚く」
rejoice：「喜ぶ」
relax：「くつろぐ」
wonder：「驚く」
これらはすべて自動詞。日本語と同じように使う。少し面倒くさいのはworryで、自動詞として「心配する」という意味もあるが、通常の感情の動詞と同じ「心配を与える」という意味もある。〈be〉worryingと〈be〉worriedは結果的にほとんど同じ意味である。また、resentは「Oに腹を立てる・憤慨する」という他動詞。

危険 シリーズ

危険といえばdangerであり、ほかにもperilや、危険な障害物という意味でhazardがあるが、一番問題なのはdangerとriskの違いだろう。ほかでも強調したかと思うが（見出し語→p.149）、あくまでriskは「危険な目にあう可能性」であり、dangerのような「危険」そのものではない。何をしたって危険な目にあう可能性はゼロではないから、どのような行動にもriskはつきものだが、dangerは差し迫った危険のことであって、通常の状態ではない。それこそ飛行機に乗れば必ずriskはあるが、飛行中にエンジンが爆発したり主翼がもげたりすればそれはdangerである。perilは歴史的にYellow Perilが有名。日本人としてあまり思い出したくない名前ではあるが。

記号化しやすい単語 シリーズ

英単語の中には、無理に訳語で覚えるのではなく、記号化しておいた方がいいものがある。記号といっても、イコール（＝）、反対（⇔）、右向きの矢印（→）、左向きの矢印（←）の四つだけだが。

(ア) イコール（＝）になるもの：⟨be⟩動詞、SVC文型のすべての動詞、as、for（交換）、like（≒）、mean、constitute、provide、similar to、close to

(イ) 反対（⇔）になるもの：instead of、rather than、far from、but、however（副詞）、contrary to、by contrast、different from

(ウ) 右向きの矢印（→）になるもの：causeを代表に「SがOを生む・決める・変える・増やす・減らす・殺す」となる動詞、SVOC文型で「思う・言う・感じる」以外のすべての動詞、mean、V＋to X（lead to/contribute toなど）、to、into、for（方向）、so that、for the sake of X

(エ) 左向きの矢印（←）になるもの：depend on、reflect、mean、⟨be⟩Vp.p on X、V＋on X、V＋from X、because、since、for（等位接続詞）、because of、owing to、due to、thanks to、from、out of

ここに挙げたのは記号化しやすい頻出語である。記号化することで、その場でもっとも適切な訳語を探すことが楽になる上に、その記号の左右にいる言葉の意味を類推することが容易になる。たとえば「矢印」ならば必ず根元と先端があるわけで、そのことから矢印の根元にいる言葉の意味が「原因・手段・条件・きっかけ」などに該当しないかと考えられる。イコールや反対なら、その左辺・右辺の一方の意味さえ分かれば、もう一方の意味はそれと同じ、ないしは反対の意味だと考えればいい。

- (ア) Thirty years constitute a generation. （三十年で一世代）（＝）
- (ア) Failure provides us with an opportunity to revise our way of thinking.
  （失敗は考え方を見直す契機となる）（＝）［失敗＝機会］
- (イ) Fish use gills rather than lungs for respiration.
  （魚は呼吸に肺でなくえらを使う）（⇔）
- (ウ) Success sometimes contributes to disaster.
  （成功したことで、不幸になることもある）（→）
- (ウ) Lack of money often means a breakup of a couple. （貧乏は離婚の原因になる）（→）
- (エ) No preparation of dinner always means that my wife is angry with me.
  （夕食を用意しないのは、妻が私に腹を立てているからと決まっている）（←）
- (エ) The reputation of the hotel rests on their good service. （そのホテルの評判がいいのはサービスがいいからだ）（←）

傷を与える シリーズ

「傷」は感情と同じで、S［原因］V O［人］で「S［原因］がO［人］に傷を与える」という意味になる。当然「傷つく」は受動態で表現することになるのも感情と同じ。

hurt：もっとも一般的な語。心にも体にも使う。不変化。（ア）
offend：心にのみ使う。（イ）
injure：体にのみ使う。事故などで意図せず傷を与えることを示す。（ウ）
wound：体にのみ使う。戦いなどで意図的に傷を与えることを示す。（エ）

(ア) She felt hurt by what he said. （彼の発言に彼女は傷ついた）
(イ) Sorry. I don't intend to offend you. （すみません。いじわるするつもりはないんです）
(ウ) Ten passengers were killed and more than one hundred injured in the plane crash. （その墜落事故では十人が死亡し、百人以上が負傷した）
(エ) In the gun fight, one of the robbers was killed and three of them were wounded. （その銃撃戦で、強盗団のうち一人が射殺され、三人が負傷した）

擬態語・擬声語 シリーズ

擬態語・擬声語onomatopoeiaがとても多いのも、英語の特徴である。たとえば「あくび」はyawn、「しゃっくり」はhiccupである。「ガラガラヘビ」はa rattle snakeという。これに限らず、英語は音に対するこだわりをかなり強く持つ言語である。From the Womb to the Tombにしても、Health is above wealth. にしても、Haste makes waste. にしても、その内容以前に、音にこだわった表現である。

bomb：[bɑ(ɔ)m]「爆弾」 bump：[bʌmp]「ぶつかる」
burst：[bə:rst]「破裂する」 chuckle：[tʃʌkl]「声を出さずに笑う」
clash：[klæʃ]「衝突する」 cough：[kɔ:(ɔ)f]「せきをする」
crash：[kræʃ]「音を立ててぶつかる」
groan：[groun]「うめき声、あざけり声」 growl：[graul]「うなり声、吠え声」
grumble：[grʌmbl]「(不平を) ぶつぶつ言う」 moan：[moun]「うめき声」
murmur：[mə:mə]「(不平の) ささやき」
rip：[rip]「引き裂く」 roar：[rɔ:]「どなる」
scatter：[skætə]「ばら撒く」
scream：[skri:m]「悲鳴を上げる」 shatter：[ʃætə]「粉々にする」
shriek：[ʃri:k]「叫び声」 slap：[slæp]「平手打ち」
smash：[smæʃ]「粉々に砕く」 snore：[snɔ:]「いびきをかく」
squeeze：[skwi:z]「強く握る、しぼる」 stumble：[stʌmbl]「つまずく、よろめく」

喜怒哀楽の喜 シリーズ

この項目でまず知らなくてはならないのは、happyという形容詞の用法による意味の使い分けである。叙述用法（ポイント英文法②→p.156参照）の場合、happyは「人間」のみを主語とし、「幸せで嬉しい気持ちである」という意味。限定用法（同上参照）の場合、意味は「幸運な」に近く、かかる相手は人間でも人間以外でもいい。具体例を一つ挙げると、The event is happy. は誤文だが、a happy eventは正しい、ということである。

[人が主語になる形容詞] happy, cheerful, glad, satisfied, delighted, gratified

この中でやはりもっとも一般的なのはhappyであろう。これとgladはほぼ同じ意味で、明確な原因があって嬉しい気分を指す。cheerfulは「機嫌がいい」に近く、特定の事柄を喜んでいるという意味は薄い。satisfiedは「満足している」で、喜びを外に出していないが、内心はよかったと思っているという感じがある。delighted, gratifiedは喜びを表現している感じが強いが、happy, gladで代用できるので、見れば意味が分かるという程度でよい。

[喜びの対象が主語になる形容詞] pleasant, joyful, delightful, interesting, amusing, funny

pleasant, joyful, delightfulは「楽しい」で、それに出会った人を楽しい気分にするような、という意味。interestingは「興味を掻き立てる」、amusing, funnyは「笑いを誘う」。

[名詞] pleasure, happiness, joy, delight, fun

pleasureは「喜び」「喜びをもたらすもの」にあたるもっとも一般的な単語。happinessは「幸福」に近く、joy, delightは「表に表れた喜び」。funは「喜びをもたらすもの」。これらの名詞はみな数えられないが、pleasure, joyには「喜ばしい出来事」という意味で数えられる名詞になるものがある。

喜怒哀楽の怒 シリーズ

[動詞（感情の動詞以外）]：resent この動詞はある意味感情の動詞の例外といえる。[人間] resent [事柄] で、「[人] が [事柄] に腹を立てる」という意味になる。

[感情の動詞] anger, offend, upset, outrage これらの動詞は「感情の動詞」だから、気持ちを抱く人間が主語の時は受身になり、〈be〉angered, 〈be〉offended, 〈be〉upset, 〈be〉outragedという形で使う。

[形容詞] angry, mad, furious, outrageous, annoyed, irritated, indignant
やはり一般的に使うのはangryだろう。後ろに続く前置詞に注意。一般に、〈be〉angry with [相手（人）] at/about/for [理由] である。furiousやoutrageousは「手がつけ

られないほど怒っている」感じ。逆に少しむっとしている程度なら、annoyedやirritatedを使う。indignantもあるが、これは自分のことではなく世の中のあり方などに「憤慨している」感じである。
[名詞] **anger**がもっとも一般的。resentmentもよく見かけるが、意味が分かれば十分。その他rage, fury, indignationもある。

喜怒哀楽の哀 シリーズ

悲しみを示す表現には当然ながら、動詞・名詞・形容詞がある。
＊動詞：**grieve**は典型的な感情の動詞の例外で、そのパターンに従う（「感情の動詞の例外シリーズ」→p.206参照）。だが、それはむしろ少数派で、「嘆く」という意味の動詞は他動詞ながら、日本語と同じ使い方のものが多い。**deplore, lament, regret**は最低押さえておきたい。**mourn**「(人の死を)嘆き悲しむ」もあるが、これはむしろmourning「葬式」の方が有名（morningと綴りが似ているから）。他には**repent**もある。
＊名詞：**unhappiness, distress, sorrow, sadness, grief**あたりが有名。書くときにはunhappinessかsadnessを使えばよく、sorrow, griefは見たときに意味が分かる程度でよい。
＊形容詞：**sad, unhappy, sorrowful, lamentable, regrettable, regretful**
作文ではsadが主語を選ばないので一番使いやすい。(un)happyは意外と使いにくいので注意。p.209でも説明したが、その理由はunhappyの語法にある。unhappyは「限定用法（前から名詞にかかる用法）」の時はかかる相手を選ばないが、「叙述用法（後ろからかかるor Cになる）」では意味上の主語が「人間」でないといけないのだ。つまりan unhappy lifeはオーケーでも、Life is unhappy.は誤文である。作文で使うときは注意すること。regrettable, regretfulは語尾を見れば主語が何であるか分かる。regrettableは「後悔」+「できる」なので、主語は後悔すべき事柄であるのに対し、regretfulは「後悔」+「いっぱい」なので、主語は「人間」である（後悔の気持ちでいっぱいだから）。lamentableはregrettableと同じ、sorrowfulはregretfulと同じである。

喜怒哀楽の楽 シリーズ

comfortable, at ease, easy

「楽」といったらcomfortable。これがもっとも定番でよく使われる。本来は「快適な」という意味である。at easeやat homeなども同じように使える。だが、「楽」にはもう一つ「簡単」と同義の意味がある。こちらの守備範囲はeasyが担当する。ただし、easyには「簡単で楽」という意味に加え、「なりやすい」という意味もある。こちらは「楽」とは無縁の意味である。また同じ「楽」でも経済的に豊かで生活が「楽(な)」はwell off、また「気を遣わなくていいから楽」という場合、comfortableに加えてcarefreeもある。

厳しい・激しい シリーズ

severe, strict, rigid, harsh, relentless, pitiless, merciless, intense, violent, sharp, fierce

「厳しい」と「激しい」は方向性は似ているが、使う単語はわりとはっきり区別されている（共通して使うのはsevereくらいか）。「厳しい」には意味が二つある。「融通が利かない」と「情け容赦のない」である。似たニュアンスを持つ言葉で、strict, severe, rigid, sternなどがある。辞書には細かい区別が載っているが、実際の用例ではほとんど区別がなく、まあ好みの問題に過ぎない。strictかsevereを使うのが安全。日本人に一番馴染みがあるのはsevereだろう。日本語で「シビア」というのはまさにドンぴしゃりの感じである。「情け容赦ない」はsevere, harsh, relentless, pitiless, mercilessなどが考えられる。この中でも、特に癖がなく使いやすいのはsevereである。もちろん同じ「厳しい」といっても「評価」などにかかる場合は「批判的な」という意味も持つから、そういう文脈ならcriticalも使えるが、とりあえずsevereを使えば間違いはない。

「激しい」にもsevereは登場する。それは「耐えるのがつらい」という意味の「激しい」である。harshも同じ方向で「激しい」という意味になる。intense, violent, fierceは「起こり方の程度が著しい」という意味の「激しい」だが、結果的にintense heatもsevere heatも「激しい（厳しい）暑さ」と訳す点では同じである。アプローチの方向は違っても、結果は同じというわけだ。なお、intense, violent, fierceの中で一番ニュートラルで使いやすいのはintenseである。violentやfierceは一種の「猛々しさ」を含むので、かなり強いニュアンスが出てしまうからである。sharpは元の意味が「とがった」であるから、一種痛みを伴うような激しさを表現している。

奇妙 シリーズ

一口に「奇妙」といっても、単語ごとに特有の癖があり、それが問われることが多いことに注意してほしい。最も注意すべきはstrangeとcuriousである。strangeは元々の意味が「見たことがない・知らない」という意味だということをまずしっかり認識する必要がある。strangerは「変人」ではなく「見知らぬ人」である。ただ、人間は見慣れないものを奇妙だと考える習性があるので、派生的に「奇妙」という意味が出る。

次はcuriousで、これは「奇妙な」という意味と「好奇心が強い」という二つの互いに異なる意味があるので、常にどちらであるかを前後から決める必要がある。

oddはもともとの意味が「割り切れない」なので（だから「奇数の」という意味にもなる）、理屈で納得しにくい、という意味で「奇妙」になる。
peculiarは「他と違う・独特の」という意味だが、互いに同じようなものばかりがいる中にひとつ際立って異なるものがあると「奇妙」と思われることが間々あるので、「奇妙」とも訳せるのだ。ほかに**queer**も「奇妙な」だが、これはあまり見ない。

客 シリーズ

日本語では一口に「客」と言うが、英語では数多くに分類される。区別は以下のとおり。
customer「買う客」 **passenger**「乗る客」 **guest**「食べる客・泊まる客」 **visitor**「訪問客」 **audience**「聞く客（主に単数で、「多い・少ない」にはlarge/smallを使う）」 **spectator**「見物客」 **client**「契約客」 **patron**「金を出す客」

行列・列 シリーズ

「行」と「列」は縦横の関係にあり、**row**と**line**がそれぞれを表す。ただし、縦横のどちらをrowと呼び、どちらをlineと呼ぶかはある意味自由である（通常は、隣同士が直接関係しているものの並びはline、それと直角方向がrow）。だから「一列に」はin a rowでもin a lineでもよい。ただし、一つずつ順番に、という意味ではin a rowは使うがin a lineとはいわない。むしろin a lineは「連続して」という感じになる。同様に、文章の「行」も「隣同士が直接つながっているものの集まり」なのでlineとはいうがrowとはいわない。日本語では「行」は縦向き、英語では横向きだが、ともにlineである。なお、「人が並んでいる」という意味の「行列」は一般にline、イギリスではqueueともいう。その「人間の行列」が前進している時、それはprocessionという。parade ともいうが、これはある種の「お祭り騒ぎ」を想定している。また、複数のものが互いに連結してできた列、という意味ではtrainを使う。

議論 シリーズ

議論にも、冷静で論理的なものから感情的なものまで様々だが、どちらかといえば冷静なのが**debate, discussion, controversy**で、**dispute, argument**は少し感情的になっている感じである。**quarrel**まで行くとこれは「口論」で半分喧嘩である。なお、**argument**には「論争」以外に「ある人物の主張」という意味もある。
ところで、この種の言葉はよくSVC文型のCに現れるが、そのときの意味を正しくご存じか。X is a matter of debate.などという形が典型的である。こういうのを「議論の問題」などと訳しているようでは未来は暗い。そもそも「議論」になるのは「意見が割れている」

からであり、意見が割れるのは「定説がない」が故である。定説がない、ということは、何が正しいか分かっていないことだから、最終的に上の文の訳は「Xはまだ未解明である・よく分かっていない」が正しいのだと分かる。

際立った シリーズ

「目立っている」という意味の形容詞は英語には数多い。それほど厳密な区別はないが、一通り覚えておこう。**notable, noticeable, marked, noteworthy**あたりは、note, noticeが「気づく」、markが「印をつける」だから、「目立つ」という意味になることは類推しやすい。**distinguished**はmarkedとの連想から（印がつけばほかと区別されて目立つ、といういきさつを考えればよい）、**outstanding**はstand out「目立つ」の語順を入れ替えただけのものだから、これまた類推可能である（「語順を入れ替えて作った言葉シリーズ」→p.218参照）。**prominent**は「傑出している」という意味なので、優れて目立つときに使う。**striking**はstrikeに「印象を与える」という意味があることから「印象に残る」という意味が発生している。**conspicuous**は単語の中央付近がspect「見る」でできており、まとまって見えるから目立つ、というニュアンスなので、別に「優れている」必要はない。

最も頻度の高い**remarkable**も同じである。これはremark+ableで、「口にすることができる」が元の意味である。諸君もたとえばクラスメイト全員の氏名をフルネームで言ってくれと言われたら、おそらくすらすら全員出てくる人は少ないだろう。あと数人、というところでそれ以上思い出せない人が出てくるのが普通である。ではどういう人が思い出せないのか？　逆に言えば、どういう人を真っ先に思い出すのだろうか。もちろん、何か目立つところのある人は、思い出しやすいはずだ。クラスで一番賢いやつとか、クラスで一番声がでかいやつとか、一番ぐれているやつとか、まあそういう類であるな。反対に、目立った性質を持たない人はなかなか思い出せないものなのだ。そういう、人が口にできるほど目立ったところがある、というのがremarkableの意味であり、決して必ずしも「いい意味で」目立つとは限らないことに注意してほしい。うかつに「際立った」などという訳で覚えてしまうと、勝手に「いい意味」だと思い込んでしまい、自分で自分をだますことになりかねない。

そういえば私がかつて駒場の学生だったころ、キャンパスに「魔人」と呼ばれる有名な人物がいた。別名は「月光仮面」。由来は主題歌の「どこの誰かは知らないけれど、誰もがみんな知っている」というあれである。つまり、「魔人」の友達だというやつはどこを探してもいないのに、「魔人」のことを知らない者もいなかったのだ。それくらい彼は目立っていた。何しろ、一年中麦藁帽子をかぶって面妖な格好で酒屋の自転車に乗って現れるのだ。まさにremarkableもここに極まれりである。

He is conspicuous for his good-looking. (彼はそのかっこよさで人目を引いている)

A notable event happened. (注目すべき事件が起こった)

His work of art is very noteworthy. (彼の芸術作品は注目すべきものだ)

The typhoon had a noticeable effect on the city traffic.
(その台風はその町の交通に目立った影響を与えた)

Industry has made remarkable progress. (工業は注目すべき進歩を遂げた)

There are striking similarities between those two people.
(あの二人には目立った共通点がある)

His achievement is distinguished. (彼の功績は有名である)

He was very outstanding in this world cup.
(彼は今回のワールドカップでとても目立っていた)

He did a prominent job. (彼は人目につきやすい職業をしていた)

金属 シリーズ

金属も挙げていくときりがないが、実際に知っておく必要のあるものはごく少数である。記憶に関して重要なのは、「鉛」leadで、動詞のleadと綴りは同じだが、発音が異なる(「発音が問われる単語シリーズ」→p.284参照)。またironは「鉄」という意味と服などにかける「アイロン」の意味がある(明らかにironを日本語風に読み間違えたもの)。また素材の名前から「缶」という意味になったのがtin。ほかに金属といえば、brass「真鍮」の形容詞形**brazen**だろう。これは「厚かましい」という意味を持つ。面の皮が真鍮でできている、というわけだ。日本語にも同じようなものに「鉄面皮」がある。素材は違えども、発想はほとんど同じで、面の皮が金属でできているように見えるほど厚かましいやつ、というのは全世界共通なのかもしれない。なお、「ナトリウム」は英語ではsodiumという。ナトリウム、はドイツ語である。

＊一般的かつ有名なもの

copper「銅」 **gold**「金」 **iron**「鉄」 **silver**「銀」 **steel**「鋼鉄 [はがね]」

＊まあ一般的といえるもの

aluminum, aluminium「アルミニウム」 **brass**「真鍮 [黄銅]」 **bronze**「青銅 [ブロンズ]」 **lead**「鉛」 **stainless**「ステンレス製の食器類」 **tin**「スズ、ブリキ」 **zinc**「亜鉛」

＊マニアな知識

calcium「カルシウム」 **duralumin**「ジュラルミン」 **lithium**「リチウム」 **manganese**「マンガン」 **magnesium**「マグネシウム」 **mercury**「水銀」 **platinum**「白金 [プラチナ]」 **potassium**「カリウム」 **sodium**「ナトリウム」 **titanium**「チタン」

苦しみ・痛み シリーズ

「痛み・苦しみ」といえば一般的にはpainである。「痛み」には他にache、「苦しみ」には色々あって、agony, burden, distress, hardship, suffering, anguish, ordeal, tormentあたりがそこそこ有名だが、受験生としてはagony, burden, distress, hardshipくらいは知っている方がいい。また、苦しみとは直接関係ないが、tortureは「拷問」で苦しみを与えることである。

傾向 シリーズ

often, tend, apt, inclined, liable, prone, disposed, subject

まずはじめに断っておくと、「傾向」は「傾いて」「向かっている」ことであるから、物事が中立からずれていることを意味している（その意味ではbiasedやprejudicedにも通じる）。従って、いかなる種類の「傾向」も、完全に肯定的に受け止められることはない。この種の言葉に「否定的なニュアンス」があるといわれる所以である（単に「可能性が高い」ならlikelyなどがあるが、これは「可能・可能性」シリーズ→p.203参照）。

この意味でもっとも一般的に使われながら、そのことに気づかれていないのが副詞oftenである。これは「……の場合が多い」という意味だから、usuallyなどよりもいっそう「する」方向に傾いていることを意味している（「頻度の副詞」シリーズ→p.295参照）。英文を読む時にもoften Vとtend to Vの類似性に注目して二つの部分を比べる、という作業をするが、それはこういういきさつによる。次に頻度が高いのは動詞tendである。ほとんどの場合to Vを後ろに伴う（to［名詞］/toward［名詞］もある）。その他、apt, inclinedあたりは〈be〉apt to V/〈be〉inclined to Vという形で使われ、ほぼtend to Vと同義である。liable, proneも同じように〈be〉liable/prone to Vで使われるが、より「よくない」ニュアンスが強く、その分頻度は低い。〈be〉disposed to Vは〈be〉tempted to V「（誘惑されて）Vしたくなる」に近い。

この種の言葉の中で少し感じが異なるのがsubjectである。これには「何らかの不幸」に対して、その影響を受けやすい、という意味がある。詳しくはsubject（p.104）を参照のこと。

軽蔑 シリーズ

軽蔑といえば、despiseが有名だが、ほかにもcontempt, scorn, look down onがある。このうち、despiseとlook down onは文法や作文にも使うが、その他の二つは見れば分かる状態にしておいてほしい。なお、反対語「尊敬する」はrespect, admire, look up toが有名。

欠点 シリーズ

「欠点」を表す言葉もいくつかあるが、作文などで一般的に使うのは**defect**「ある個体が持っている欠点」、**deficiency**「ある種類のもの全体が構造的に持っている欠点・欠陥」くらいか。他にも**flaw**があるが、これは「瑕疵」と訳すのがよい単語で、欠点ではあるが全体の中では見逃しても構わないという程度のもの。他にも**shortcoming**「至らぬ点」などがあるが、見れば分かるという程度でよい。

元素 シリーズ

これも金属などと同じで、事実上それほどの知識は必要ない。どうしても知っているべきものは、**Carbon dioxide**くらいである。これもdiが数字の2だとわかれば、CO_2、つまり二酸化炭素だとすぐ分かる。しかも、ほとんどの元素記号は各単語の頭文字だから、先頭を見ればたいてい見当がつく。なお、金属とはかぶるので、金属元素は除外してある。

＊一般的でかつ有名なもの
carbon「炭素」 **hydrogen**「水素」 **nitrogen**「窒素」 **oxygen**「酸素」 **sulfur**「硫黄」 **chlorine**「塩素」

＊理系なら知っていると友達に自慢できるもの（試験では役には立たない）
helium「ヘリウム」 **neon**「ネオン」 **argon**「アルゴン」 **silicon**「ケイ素［シリコン］」 **phosphorus**「リン」 **boron**「ホウ素」 **fluorine**「フッ素」 **iodine**「ヨウ素［ヨード］」 **bromine**「臭素」

行動 シリーズ

behavior, act, action, activity, movement, conduct
「行動」と訳される単語で最も多用され、もっとも一般的な行動を示すのはbehaviorだが、これの最大の特徴は「数えられない」こと。それ以外はみな数えられる。actは「手順と目的を持つ一つの行為」、actionは「何もしていない状態からする状態に移ること」、activityは「集団と協調して行う活動」、movementは「動きを伴う行動」、conductは「あるやり方を持った行動」。

語源が面白い単語 シリーズ

面白いというのはあくまで主観的評価だから、単語の記憶のきっかけになれば、という程度で読んで欲しい。まずこの手の話でもっとも有名なのが**planet**と**plankton**。plan-「うろうろする」が語源。地球と同じ太陽系内で公転している惑星は、恒星と違い、一定の速

度で天球上を東から西に動くことはしない。そのため、他の星と見かけの動きが異なり、「うろうろして」いるように見えるのだ。そこで「うろうろする星」という意味でplanetとなったのである（おそらく日本語の「惑星」の「惑」という字も同じような理屈からつけられたものだろう）。plankton「プランクトン」も観察してみれば分かるがいつでも「うろうろ」していて一箇所にじっとしていることがない。そういう習性からplanktonと名付けられたのである。世界でもっとも大きいものの一つと、世界でもっとも小さいものの一つの名前が共通というのは興味深い話である。

残念ながら死語だが、stewardessもなかなか面白い。ste-が「豚」で、wardが「見張り」なので、元々「豚小屋の番人」という意味である。確かに客に食事をさせて寝かせるのが仕事であると考えれば、「豚小屋の番人」とはよくいったものだ、と感心するが、今では差別用語として排除されてしまった。

testimony「宣誓する」、testify「証言する」、protest「抗議する」、test「試す」の語源は少し際どいものである。ローマ時代、男性は誓いを立てる時、それが本当であることを示すために体の一部を握るという風習があった。握った部位はtesticlesと呼ばれる。そこは男性にとっては急所であり、それを握るということは、男としての価値を賭けてする、という意味があったわけだ。まあしかし、学生諸君の将来を握る重要な存在であるテストの語源が「き○○ま」であるというのは、実に皮肉な話である。同系統の話では（面白いかどうかは別にして）rapidの語源はrapeである。男女の仲は色々な手続きを踏んで順に進んでいくものだが、それを飛ばしてしまうのがrapeである。rapidはそこから「途中飛ばして」という意味がある。同じ新幹線でも各駅停車のこだまはrapidではないが、ひかりやのぞみはrapidだといえる。途中を飛ばすからである。

下ネタ系でいえば、pencilとpenisは語源が同じ。とんがったもの、という意味である。もちろんpeninsula「半島」も。いつだったか「トリビアの泉」というテレビ番組があった。triviaは「取るに足らない情報」という意味だが、これはtrivialという形容詞と関連がある。trivialはtri（三）＋via（道）で、「三本の道が集まるところ」から、「ありふれた」という意味になったという「風が吹けば桶屋が儲かる」的語源を持つ言葉である。companyはcom「一緒」＋pan「パン」で、「一緒にパンを食べる」という意味である。実は人間はよほど親しい相手とでないと食事をともにしない。そのことから、「一緒にパンを食べる」のは「親しい付き合い」のことを示すようになった。さらに「同じ釜の飯を食う」ことから、運命共同体である「会社」という意味も持つようになった。

中には嘘か真実か分からない語源もある。あくまで俗説だが、newsはnorth, east, west, southの頭文字をとったという説がある。知らせは東西南北どこからでもくるから、というのだが、よしんばこれが全くの虚偽だとしても、思いついた人間はなかなかセンスがあると言わざるをえない。OKの語源も怪しい。ある大統領候補の渾名（あだな）からきたという説もあるが、all correctをわざとoll korrectと書いた、という説もある。

反対に、なるほど、と納得するような語源もある。historyは元々はhis story、つまり

「彼の話」である。彼、とは王のことを指す。元々歴史は国王の業績を記述称揚するためにあったことを考えればある意味当然である。**orient**は「（やり方・方向を）指示する」という意味だが、これは「古代オリエント」と関係がある。元々Orientには「東」という意味があるが、昔の西洋人はみな、一攫千金を夢見て東へと行きたがった。何しろ東には「香辛料」という当時もっとも貴重とされた財が多く手に入る地域があったのだ。今の野心家の若者が東大に行きたがるのと同じように、当時の野心家の若者たちは東に行って香辛料を手に入れ、それを持ち帰って財を成すことを願ったのである。だが、ヨーロッパから東の方角を眺めてみれば今でも分かるが、はるか東方貿易の地へたどり着くには地理的障害があまりにも多い。北は水さえ手に入らぬ砂漠地帯、南は地球最高峰の山々を抱える山岳地帯、さらに南へ迂れば茫漠たる海が広がり、もしそこで遭難すれば二度と戻ってはこられない。そういう中で「どうすれば東に行けるか」を教わることが成功の秘訣であった。そこで、東を意味するorientが「東に行く方法を教える」ことから転じて今のような意味になったという次第。

sundae「サンデー」は今でもあるアイスクリームの一種だが、これはアイスクリーム店の創意工夫によって生まれた言葉である。本来キリスト教で定められた安息日である日曜日は、遊興や快楽にふけることを禁じられた日であった（日曜日になるといそいそとゴルフに出かけていく諸君のお父さんなどは、真っ先に地獄に堕ちるはずである）。その習慣はごく最近まで続いていて、欧米では日曜日は商店は休業するのが普通だったし、営業しても、売ることのできないものが数多くあった。そのうちの一つがアイスクリームで、なんとアイスクリームは日曜日に販売することが法律で禁じられていた。だが、商売する側はそんなことは言っていられない。何とか抜け道を探そうと努力した結果、アイスクリームに、日曜日も売ることを許されていたチョコレートをかけることを誰かが思いついたのである。これなら一見チョコレートで、アイスクリームではない。この「日曜日専用のアイスクリーム」にsundaeという名前がついたのである。だから今でも「××サンデー」というアイスクリームには、必ず上にシロップか何かがかかっている。

こういう歴史的経緯を語源に持つ言葉もかなりある。**tragedy**は「悲劇」だが、これはギリシャ語で「山羊の歌」という意味である。まるで無関係に見えるこの語源にもわけはあって、ギリシャでサチュロスという半獣神の登場する劇をする時、サチュロス役の人間は山羊の皮をかぶって登場して歌った、ということからとられた言葉だという。

語順を入れ替えて作った言葉 シリーズ

日本語でも言葉の一部の順番を入れ替えて言う習慣が、特に一部の業界に見られる（サングラスを「グラサン」というようなもの）が、英語には正規の単語にもそういう作りのものが見られる。

outbreak「発生・出来」←break out「突然起こる」

income「収入」←come in「やってくる」
outcome「結果」←come out「出てくる」
inlet「取り入れ口」←let in「取り入れる」
outlet「出口・直売所」←let out「出す・放出する」
input「入力」←put in「入れる」
output「出力・生産量」←put out「生み出す」
intake「摂取」←take in「取り入れる」
offset「相殺・釣り合い」←set off「相殺する」
outset「始まり」←set out「出発する」
outstanding「目立った」←stand out「目立つ」
upbringing「育児」←bring up「育てる」

語尾がiorで終わる形容詞 シリーズ

語尾がiorで終わる形容詞には以下の特徴がある。
①後ろにto Xを伴い「Xより」と訳す ②比較級・最上級にならない
superior「より優れている」⇔inferior「より劣っている」
senior「経験年数が長い」⇔junior「経験年数が短い」(生物学的年齢とは無関係)
prior (anterior)「より前・先」⇔posterior「より後」
He is superior to me in physics.（私より彼の方が物理は得意だ）
I am three years junior to her in diving.
（彼女の方が私より、ダイビングを始めたのは三年早い）
Prior to all the other procedures, you should get a passport to go abroad.
（海外に行くには、他の何よりも先にパスポートを取らなくてはならない）

語尾がproof (resistant)になる シリーズ

X-proofは日本語で言う「防X」「耐X」にあたる形容詞である。「Xに遭っても大丈夫」というわけだ。もちろんこれは-proofの前に何をつけてもいいわけだから、考えられる意味の可能性はそれこそ無限にある。waterproofやsoundproofあたりは常識的だが、foolproofあたりはなかなか面白い発想である。文字通り「耐バカ性」があるわけで、おバカでも使える、というのだ。全自動のカメラなどがまさしくfoolproofの典型である。日本語にもかつてそれに似た言い回しがあったが、差別語とのあらぬ言いがかり（物の本によれば、人種差別とは関係ないらしい）をかけられて今では放送禁止用語である。その点foolproofはfoolしか使っていないから差別用語扱いされる気遣いはない。特定の人種を貶めるのは差別だが、バカは差別ではなく事実だ、ということだろうか。なお、同じよ

うな意味を作る語尾に-resistantがある。

bombproof, shellproof「防弾装甲の」 **bulletproof**「防弾の」 **childproof**「子供が使わないように細工してある」 **windproof**「防風の」 **soundproof**「防音の」 **quakeproof**「耐震の」 **flameproof**「難燃性の」 **fireproof**「防火の」 **greaseproof**「油がこびりつきにくい」 **crashproof**「耐衝撃性の」 **mothproof**「防虫の」 **foolproof**「全自動の」 **ovenproof**「電子レンジにかけて大丈夫な」 **rainproof, waterproof**「防水の」 **sunproof**「日光を通さない」 **dampproof**「防湿性の」 **burglarproof**「防犯性の」 **weatherproof**「耐候性のある」 **shatterproof**「割れても粉々にならない」 **airproof**「気密性の」 **heatproof**「耐熱性の」

語尾が-someになる シリーズ

語尾がsomeで終わる単語のほとんどは形容詞であり、その意味はほとんどの場合someより前に来る部分の単語の意味で決まる。もちろんパーツから意味が類推しにくいものもあるから、それは覚えておくとよい。ただ、この手の形容詞のほとんどは「……しにくい・難しい」という意味の方向を持つので、知らないときにはそれで見当をつけるのもいいかも。なお、someで終わる表現には他に［数字（X）］-someがあって、これは「X人の」という形容詞か、「X人組」という名詞の意味になる。もちろんsomeで終わるものの中にもchromosome「染色体」のように、上のパターンに入らないものもある。

＊パーツから意味が類推しにくいもの
handsome「男らしい、均整のとれた、かなりの」 **winsome**「愛嬌のある」 **wholesome**「健康によい」 **noisome**「不快な」

＊パーツから意味が類推できるもの
cumbersome「やっかいな、扱いにくい」 **bothersome**「やっかいな、うるさい」 **quarrelsome**「怒りっぽい、議論好きな」 **troublesome**「やっかいな、めんどうな、骨の折れる」 **wearisome**「疲れさせる、うんざりさせる」 **tiresome**「あきあきする、骨の折れる」 **lightsome**「光る、明るい」 **flavorsome**「いい味わいのある」 **awesome**「（畏れを抱かせるほど）荘厳な」 **venturesome**「冒険好きな」 **lonesome**「心細い、人里はなれた」 **burdensome**「負担を感じる、重荷の」

＊数に関係のあるもの
twosome「二人の」「二人組」

語尾にlyがついて形容詞になる語 シリーズ

語尾にlyがつくと副詞、と思い込んでいる人が多いが、それは形容詞+lyである。名詞+lyは全体で形容詞になる。costly, daily, friendly, homely, lively, lonely, lovely, orderly, timelyなどがそれにあたる。

ゴミ・汚いもの シリーズ

いわゆる「ゴミ」と総括される単語にもいくつかあり、日本語と同様意味の区別がある。まず「無駄なもの・使い道がないもの」という意味での抽象的な「ゴミ」はwasteである。抽象的な内容の作文では、この単語を使っておけばまず間違いがない。次に、いわゆる「ゴミ箱」に入れることを想定する「ゴミ」はrubbish/trash。見つけたら拾って捨てましょう。生ゴミはgarbage。さらに「空気中を舞っている」イメージのゴミがdust。こびりついたり固まったりしているのがdirt。「汚くて触りたくない」という感じがfilth。なお、これらの単語はすべて基本的に数えられない（wasteには「不毛の土地」という意味でwastesという複数形がある）。

混同しやすい単語（ミニマル・ペアを含む）シリーズ

aboard「搭乗して」 abroad「海外に」
adapt「あてはめる」 adopt「採用する・養子にもらう」
aisle「通路」 isle「中洲・島」
altitude「高度」 attitude「態度」
ant「蟻」 aunt「おばさん」
banish「追放する」 vanish「消える」
beast「野獣・獣」 breast「胸・乳房」
belly「腹」 berry「イチゴ」 bury「埋める」
beside「脇に」 besides「加えて」
bleed「出血する」 breed「繁殖する」
blight「枯らす」 bright「明るい・賢い」
blow「吹く」 brow「眉毛」
bold「大胆な」 bald「ハゲの」
bound「境界」 bond「つながり・絆」
bowel「腸」 vowel「母音」
brake「ブレーキ」 break「破る」
breath「息」 breadth「幅・広さ」

career「職業」 carrier「運び屋」
censor「検閲」 sensor「感知装置」
choir「聖歌隊」(発音注意[kwáiə]) chore「雑用」
clash「衝突する」 crash「衝突する」 crush「粉砕する」
clean「清潔な」 cleanse「汚れを落とす」
cleanly「清潔に」 cleanly「こざっぱりした」(発音が異なる。「発音が問われる単語シリーズ」参照→p.283)
close「閉じる・閉ざす」 close「近い・近くに」(発音が異なる。「発音が問われる単語シリーズ」参照→p.283)
clue「手がかり」 cue「合図」
coast「岸」 cost「費用」
collect「集める」 correct「正しい・修正する」
conserve「保存する」 converse「会話する」
cooperation「協力」 corporation「法人・団体」
council「協議会」 counsel「相談する」
country「国・田舎」 county「郡」
damp「湿った」 dump「放り投げる」
dawn「夜明け」 down「下に」
decent「上品な」 descent「下降」
disinterested「公平な・客観的な」 uninterested「興味がない」
effective「効果的な」 efficient「効率的な」
elect「選挙で選ぶ」 erect「立てる・立つ」
ensure「確保する」 insure「保険を掛ける」
ethics「倫理」 ethnic「民族の」
experience「経験」 experiment「実験」
faint「微かな・失神」 feint「フェイント」
fellow「仲間(p.134参照)」 follow「あとをついて行く(p.95参照)」
fertile「肥沃な」 futile「無益な」
flame「炎」 frame「枠組み」
flash「閃光」 flush「顔を赤らめる・トイレの水を流す」
flea「蚤(ノミ)」 flee「解放する」 free「自由な」
flesh「生身の肉」 fresh「新鮮な」
flour「粉」 flower「花」
fly「飛ぶ・蠅」 fry「油で揚げること・揚げ物」
fright「恐怖」 flight「飛ぶこと」 freight「貨物」
four「4」 for「〜に向かって・〜と交換に」

glass「ガラス・グラス」 grass「草」
globe「地球」 glove「手袋」
glow「赤く光る」 grow「育つ・栽培する」
grim「厳格な・厳然たる」 grin「笑顔」
hair「毛髪」 heir「跡継ぎ」(発音が異なる。「発音が問われる単語シリーズ」参照→p.284)
idle「怠けた・働いていない」 idol「偶像・人気者」
imprudent「軽率な・無分別な」 impudent「厚かましい」
instance「例」 instant「一瞬」
jealous「嫉妬している」 zealous「熱意のある」
law「法律・法則」 low「低い」 raw「生の」 row「列」
lead「導く」 lead「鉛」(発音注意[led]) read「読む」 red「赤い」
limb「手足」 rim「へり・縁」
liver「肝臓」 river「川」 lever「操作棒・レバー」 level「水平な」
loyal「忠実な・義理堅い」 royal「王族の」
mad「気が触れた・激怒した」 mud「泥」
minute「分」 minute「微細な」(発音が異なる。「発音が問われる単語シリーズ」参照→p.284)
miser「守銭奴」 miserly「けちな」 misery「悲惨」
moral「道徳的な」 morale「士気・やる気」 morality「道徳」
morning「朝・午前中」 mourning「弔い・葬式」
nature「自然・性質」 nurture「養育」
needle「針」 noodle「麺」
pause「停止」 pose「ポーズ・姿勢」
pear「西洋なし」 peer「仲間・同僚」 pair「対」
persecute「迫害する」 prosecute「起訴する」
physician「内科医」 physicist「物理学者」
plain「素朴な・明白な・平野」 plane「飛行機」
play「遊ぶ・演じる」 pray「祈る」
praise「褒める」 prize「賞」
premise「前提・敷地」 promise「約束」
preposition「前置詞」 proposition「提案」
principal「主役・校長」 principle「原理」
probe「調査する」 prove「証明する」
proper「適切な」 prosper「栄える」
prophecy「予言」 prophesy「予言する」(adviceとadviseの関係と同じ)
purity「純粋」 parity「同等」

quiet「静かな」 quite「全く」
religion「宗教」 region「地方」
rely「頼る」 relay「交代して伝える」
reward「報酬」 regard「配慮」
rhyme「韻」 rhythm「リズム」
role「役割」 roll「回転」
route「経路」 root「根」
rub「こする」 love「愛する」
sacred「神聖な」 scarce「少ない」 scared「怯えた」
scone「スコーン」 scorn「軽蔑する」
sermon「説教」 salmon「鮭」
smooth「なめらかな」 soothe「慰める」
split「分ける」 spirit「精神（physical参照→p.143)」
staff「スタッフ・従業員」 stuff「中身・ガラクタ」
stake「賭け」 steak「ステーキ」
stationary「静止した」 stationery「文房具」
tear「涙」 tear「引き裂く」(発音が異なる。「発音が問われる単語シリーズ」参照→p.286)
thorough「徹底的な」 though「……だが」 thought「考え」 through「……を通り抜けて」
topic「話題」 tropic「熱帯の」
touch「触れる」 torch「松明」 tough「固い・強い」
track「通路」 truck「荷物車」
tread「踏み跡」 thread「糸・つながり」 threat「脅威」
urban「都会の」 urbane「垢抜けた」
vacation「休暇」 vocation「聖職」
waist「腰」 waste「浪費する」
wander「うろつく」 wonder「驚く・疑問に思う」
warfare「戦争」 welfare「福祉」
wind「風」 wind「巻き上げる」(発音が異なる。「発音が問われる単語シリーズ」参照→p.286)
wound「windの過去・過去分詞」 wound「傷を与える」(発音が異なる。「発音が問われる単語シリーズ」参照→p.286)

最近 シリーズ

日本語の「最近」の意味には二つある。これがこの件のからくりのすべてだ。一つは「今の」

(ア)。「最近若者に覇気がない」などの「最近」がそれだ。もう一つは「少し前に」(イ)。「最近私は引っ越しました」などの「最近」がそれにあたる。つまり同じ「最近」でも意味が異なる。で、英語では(ア)と(イ)は違う言葉を使うのだ。(ア)が **today, now, these days, nowadays** で、この時は時制も現在形。(イ)が **recently, lately** で、この時は時制も過去形(現在完了は許容される)。これは誤文訂正、そして英作文頻出のネタである。

(ア) These days, cell phones are quite popular among young people.
　　(最近、携帯電話が若者にとても人気だ)
(イ) Some of my friends got divorced recently. (最近、友達が何人か離婚してね)

仕事 シリーズ

「仕事」に関する出題といえばほとんど **job** と **work** の違いに限られるといっても過言ではない。もちろん job は「数えられる名詞」、work は「数えられない名詞」である。その他「仕事」に当たる言葉を列挙しておく。

job [数えられる] /work [数えられない] いわゆる「仕事」。「仕事」という意味で数えられないのは work だけである。**task** は「ある作業」、**occupation** は生活の手段としての「職業」、**profession** は「専門知識を要する職業」、**career** は「職歴」、**labor** は「労働」、**walk of life** は人生において主にやっていること、という意味での「職業」。

時代 シリーズ

「時代」という意味の言葉はいくつかあるが、さほど差異はないので、どれも同じと覚えてよい。
age:(広く)〜時代・時期
day:(比喩的に)時代
era:(歴史上重大な)時代・時期
period:(歴史上区分された)時代
time:(複合語で)〜時代
ただし、次の単語には少し変わった特有の意味がある。
epoch:(重大な事件の起こった・新しい)時代

視点 シリーズ

「ものを見る時の立場、視点」という言葉はかなりよく見かける。もっとも一般的で広く使えるのは **a point of view**。**perspective** もそれに次いでよく出てくる。また名詞

ではないが、**in terms of X/in the light of X**は「Xという点から見て」と訳すことができ、結果的に「視点」を表している。他にも**outlook**「価値観」がある。

死ぬ・亡くなる シリーズ

die, ⟨be⟩ killed, perish, pass away, lose one's life, kick the bucket

「死ぬ」といえばやはりdieがもっとも一般的。特にdie of［原因］は有名。原因の前にofがくるのは珍しいので、文法問題で頻出する（fromも可）。自然死以外の「死ぬ」には⟨be⟩killedもよく使われる。

また「死んでいる」という状態を示す時には⟨be⟩deadがよく使われるが、このdead、dieとは無関係の形容詞であることに注意。これをdieのVp.pと誤解している人をよく見かけるが、dieは自動詞だから、受身になるはずもない。perishも「死ぬ」だが、ほぼ文語である。見て意味が分かる程度で十分。なお、「死」というのはどこの世界でも好まれる話題ではなく、婉曲な言い回しが好まれる。その代表例がpass awayである。他にも似たような言い回しがあるが、大学入試レベルではまず見かけることはないし、見ても別の箇所の他の表現から類推できる。kick the bucketは出てくる単語と「死」が一見全く結びつかない例として有名ではある。

宗教 シリーズ

宗教関係はそれぞれに奥深いので、あまり深入りしない程度にとどめておく。英語なのでほとんどはキリスト教にまつわる表現だが、より広い宗教に使うものもある。

預言者：**prophet**（占いではないのでfortune-tellerとは言わない。将来を予言するのではなく、神の言葉を預かってそれを人々に伝える役目を負う者をいう。イエス・キリストやマホメットが典型的な例）

霊廟：**mausoleum, tomb**　聖杯：**holy grail**　信仰：**religion, faith, belief, devotion**　教祖：**the founder**（of a religious sect）

教会：**church, chapel, congregation**（すべてキリスト教），**synagogue**（ユダヤ教）　キリスト教では教会をchurchというのが最も一般的。temple, shrineはキリスト教以外の宗教に使うのが一般的。

神社：**shrine**　寺院・神殿：**temple**

聖書：**Bible, Holy Bible, Scripture, Testament, Book**

福音：**gospel**

教義：**doctrine, dogma**（doctrineはdoctorから派生したもので、一般的には「政治的な見解」という意味で使うことが多い。dogmaは「教条主義」とも訳され、融通の利かない頑固な考え、というニュアンスで使うことが普通）

断食：**fast**（朝食をbreakfastというのはここからきている。断食を中断するからだ）
聖戦：**sacred war, crusade**
修行：**training, apprenticeship, religious austerities**
降誕：**nativity**　讃美歌：**hymn**
十字架：**cross, crucifix**　聖地：**holy [sacred] place, Mecca**

以下に、「僧侶」に関する表現を列記する。教会の種類や職制によって呼び方はさまざまあるが、概ね、上から「法王」「枢機卿」「大司教」「司教」の順で序列が決まっているようだ。それ以下の僧については宗派によっても表現が異なるので代表的なものを列記するにとどめる。

法王：**Pope**　枢機卿：**cardinal**　大司教：**archbishop**　司教：**bishop**　僧侶：**monk, priest, clergyman, minister**

集団 シリーズ

一口に「集団」といっても、ただ集まっているだけの集団と、「組織」のある集団とがある。そのあたりの区別を中心に分類しよう。

mass：もともと、「大きな塊」という意味である。したがって、「多くの人の集まり」という意味にはなるが、単に数が多いというだけで、その内部にいる人間の姿はまったく見えない。

public：一般に「大衆」と訳すことでもわかるように、世間一般の人々を指す。何らかの意味で範囲限定はあるはずだから、そういう意味では集団であるが、個別的な意思は持たず、全体的傾向だけを持つに過ぎない。

crowd：「群集」が最も一般的で的確な訳語。狭い範囲に密集して存在している人の集団を指し、たいてい、全体としてある方向に移動しているイメージを伴う。ただし、そこに強い意志があるかというとそれは疑問である。何らかの外的要因に反応して方向を変えるが、自分の意思によって明確な方向を選択することはない、というのがcrowdのイメージだ。

flock：鳥や獣などの「群れ」で使うことが多く、そこから、個々の意思は持たず、集団として行動する集団、という意味になる。日本語で言う、「烏合の衆」に近い。

society：「社会」というイメージが定着してしまっているが、本来は「人の集まり」という意味である。Dead Poets Society（映画の題名である。邦題は「いまを生きる」）のように、共通点を持った人間の集まり、という意味で使うことも多い。なお、形容詞のsocialの意味は「社会的」というより「社交的・対人の」という意味の方がむしろ頻度が高い。

community：societyと似た感触を持つが、societyよりいっそう「共通点による結びつき」が強い集団を指す。特に「共通の場所に住む人の集まり」という意味から「地域社

会」という意味になることも多い。

group：ある共通点によって他と区別できる集団、という意味で、「人間」にも「人間以外」にも使う。「集まり」という日本語にもっとも近い単語である。

party：「他と区別されるもの」という意味が強い。「人間」の集まりにのみ使う。いわゆる「集団」を意味する単語の中で、内部の人間の数が「一人」でもかまわない唯一の単語である（groupでも、内部のものがひとつ、ということはあるが、それは人間以外の場合）。a third party「第三者」のようにほぼ「人間」という意味で使うことさえある。また「他との区別」を強調する働きがあるので「政党」はa political partyという。もちろん「宴会」という意味もある。

school：「同じ志向性を持ったものの集まり」という意味。もともと「学者」scholarが主張の似たもの同士集まったことを指す単語で、「学派」と訳すのが一般的だが、「同じ志向性」を持てばいいので、a school of fishという表現が定着している。魚の群れは、みんな同じ方向を向いているからだ。

class：代表的な訳語は「階級」だが、共通な性質によって分けられた集団を指す。groupなどよりは「分けられた」という感じが強い。

category：ある基準によって分けられたもの、という意味ではclassに近い。ほとんどの場合、人間以外に使う。

organization：実現すべき目的を持って人工的に作られた「組織」を指す。

department：organizationの中にあって、役割ごとに仕分けされた小グループを指す。

company：「一緒にパンを食べる」が元の意味で、親しい付き合いをしている仲間、という意味がある。「同じ釜の飯を食う」という意味からある種の運命共同体（代表例は「会社」）を指すこともある。

収入 シリーズ

「入ってくるお金」、いわゆる収入にもいくつかの種類があり、それに対応した言い回しがある。一通り分類しておこう。なお、paymentは給与ではなく「支払い」のことである。

※(主に個人の) 収入：**income**

※(国家の) 歳入：**revenue**（個人の総所得、という場合にも使う）

※(企業活動や個人の資産から生まれる) 利益：**profit**

※給与：**pay**（もっとも一般的）、**salary**（定期的な給与）、**wages**（常に複数、主に肉体労働の給与）、**fee**（専門職が受け取る一回あたりの収入）

※資産：**property, fortune, wealth**

※(生活の手段としての) 資金：**means**

※(使用を許された) 小遣い：**allowance**

重要・必要 シリーズ

「重要」を意味する言葉は数多い。日本語では「形容詞」で表現するのが一般的だが、英語には動詞もある。

動詞：**matter, count, make difference** どれも頻出。すべてSV文型を作る自動詞である。make differenceは否定でmake no differenceとなるのがより一般的。

形容詞：**important**（重要な）、**significant**（有意義な）、**necessary**（必要な）、**essential**（根本的な）、**indispensable**（必要不可欠な）、**crucial**（決定的な）、**vital**（命に関わるほど重大な）、**critical**（重大な：critical→p.164参照）

主義・政治体制 シリーズ

世の中にはいろいろな主義・主張があり、挙げていったらきりがない。それこそ、professionalism「プロ根性」などというのまであるのだ。それならamateurismだってあるだろうし、ビール至上主義だの鉄道至上主義だのいくらでも作れそうだ。こういう果てしない造語の可能な分野では、網羅的に覚えるという発想自体が無意味である。まあ代表的なものをそれなりに挙げておこうと思う。

なお、ひとつだけ言っておきたいことがある。それは**humanismは「博愛主義」ではない**ということである。このあたりはいろいろな思想が錯綜していて整理するのが難しいのだが、humanismとはルネッサンス期の「人間至上主義（神の意志に従うことなく、人間が自分の運命を決められる、という考え方）」を源流にしている。だが、この「人間」の中にはいわゆる有色人種が入っていないため、大航海時代から帝国主義の時代における非ヨーロッパ圏蹂躙を正当化する思想的背景としてhumanismが利用されたのである。簡単に言えば、世の中は人間（ここでは白人を指す）の利益のためにあるのだから、人間の利益を最大化するためには他の生物（有色人種はここに入る）から搾取をしてもよいという考え方である。アヘン戦争を引き合いに出すまでもなく、ヨーロッパ人がアジアやアフリカで行った行為は、やっている本人たちにはそれほど「ひどい」ことには見えなかった。何しろ相手は「人間ではない」のだから。そのようなhumanismを最も体現していた人物がかのヒットラーである。だから、ヒットラーは20世紀最大のhumanistと評せられる。日本では「ヒューマニズム」は人道的で思いやりのある考え方、という意味で捉えられるが、そのつもりで日本人がI am a humanist. などとやると、有色人種が白人至上主義者とはどういうことだ、という失笑を買う。日本語の「ヒューマニズム」に当たる英語はhumanitarianismである。人道的、という意味でhumanismを使うこともないわけではないが、避けておくに越したことはない。

＊政治関係

anarchism「無政府主義」　**republicanism**「共和主義」

nationalism「国家主義・国粋主義・民族主義」
internationalism「世界主義・国際主義」 cosmopolitanism「世界主義」
federalism「連邦主義」 democracy「民主主義・民主政治」
communism「共産主義」 militarism「軍国主義」 despotism「独裁政治」
aristocracy「貴族政治」 monarchy「君主政治」 imperialism「帝国主義」
feudalism「封建主義」
＊経済関係
capitalism「資本主義」 socialism「社会主義」 liberalism「自由主義」
commercialism「商業主義」 Marxism「マルクス主義」
＊性格
optimism「楽観主義」 pessimism「悲観主義」 empiricism「経験主義」
rationalism「合理主義」 individualism「個人主義」 opportunism「日和見主義」
idealism「理想主義」 pacifism「平和主義」 racism「人種差別主義」
humanism「人間（白人）至上主義」 humanitarianism「人道主義」
absolutism「絶対主義」 male chauvinism「男性優位主義」
＊文学系
classicism「古典主義」 egoism「利己主義」
realism「写実主義」 romanticism「ロマン主義」

熟考する シリーズ

じっくり考える、という意味の動詞で最も有名なのはreflect。これは自動詞で、後ろにonを伴う。だが、他にもいくつかそういう意味の単語がある。文法問題や作文で使うことを求められることはまずないので、見て意味がわかる、という記憶で十分である。
contemplate, meditate, ponder, speculate, deliberate
（最後に挙げたdeliberateは「意図的な」という形容詞としてのほうが有名である）

趣味 シリーズ

日本語の「趣味」には二つの異なる意味があり、それを表す英語は異なる。まずはそれが重要。一つは「好み・嗜好」であり、もう一つは「好きでやる行動」である。
「好み・嗜好」：taste
この意味の「趣味」は英語ではもっぱらtasteである。「彼の食べ物の趣味は変わっている」はHe has a strange taste of food.である。ちなみに「服のセンスがいい」と日本語ではいうが、これはa good taste of clothesでsenseは使わない。あくまでも「好み」だからである。「ユーモアのセンス」の「センス」は「感覚の鋭さ」という意味なので、a

sense of humorという。

「好きでやる行動」：hobby, pastime, activity, leisure, interest, pursuit, obsession

古典的な分類では、hobbyといわれる趣味は「作る・集める」系統のものであり、読書や音楽鑑賞はhobbyではなくpastimeであるということになっている。だが、現実にはネットで検索すると"My hobby is reading books and listening to CD's."的な英文が素性はともかく数百万件ヒットするのもまた現実である。だから個人的には「好きでやる行動」はhobbyでもpastimeでもよいと考えている。作文で使う時には、採点官が頭の古いお年寄りであることを想定するなら、先に述べた分類を大事にする方がいい。むしろ読解の際に、activity, leisure, interest, pursuitなどを状況によっては「趣味」と訳せることを知っておくことが重要である。特にpursuitは「追求」という意味で覚えている人が多いので、「遊び」というニュアンスを持つ「趣味」と訳すのに抵抗を感じる向きもあろうが、それこそオタクの人々にとっては「趣味」こそ最大の「追求」ということもありうるのだ。なお、obsessionは「取りつかれたもの」という意味で、「やらずにいられないほど好きなこと」を表すことがある。

ところで「あなたの趣味は何ですか？」という日本語を英語で何と言うか、ということが英語学習の分野ではよく話題になる。「趣味だからといってhobbyを使うのは不自然で云々かんぬん」というのが、こういう授業の時の教師の常套句である。「本当の英語を分かっていない、だから私に習いなさい」というわけだ。だが、考えてみると、日本語で「あなたの趣味は何ですか？」と聞かれることがあるだろうか？ ちなみにあなたが前回「趣味」を聞かれたのはいつのことだろう？ そりゃ、クラスでの自己紹介とかいう、特殊な場面ではあるだろうが、日常的にはそんなことはまずない。お見合いでもあるまいし「ご趣味は？」なんていう質問自体が気持ち悪い。普通は、「休みにはどんなことをしているの？」とか、「どんなことが好き？」とかだろう？ それどころか、「なんか運動してる？」とか「音楽はどんなの聴くの？」などと言う方がさらに一般的なはずだ。「あなたの趣味は何ですか？」という質問を英語では"What do you like to do in your free time?"と言う、というのは、実は日本語でも当たり前のことだったのである。知っていてやっているのか、知らずにやっているのか、通常の英語教育には罪作りなことが多い。

商品 シリーズ

goods, product, commodity, merchandise

goods：「商品」という意味で日常的にもっともよく使う語。常に複数形。
product：商品というよりは「産物・結果」という意味で使うことの方が多い。数えられる。
commodity：「日常的に買う商品」という意味で、通常は複数形で使う。

merchandise：「ある店や会社で売られている商品全体」という意味で、「数えられない名詞」である。

調べる シリーズ

examine, research, check, inspect, investigate, probe, assess, estimate, survey, study

「調べる」には大きくいって意味の系統が三つある。「内部・実態がどうなっているかを調べる」「どのくらい価値があるかを調べる」「事前に見て記憶に入れておく」である。
このうち、「内部・実態がどうなっているかを調べる」にあたる単語が一番多い。examine, research, check, inspect, investigate, probeがそうだ。「どのくらい価値があるかを調べる」にあたるのはassess, estimate, surveyなどがある。
最後の意味「事前に見て記憶に入れておく」にあたる単語はstudy一つである。
違いがいまひとつ分かりにくいという向きに具体例を挙げよう。examine a mapというとその地図が正しいかどうか調べることになるが、study a mapだと「地図を見て道を調べる」ことになる。studyしている時には「地図の信憑性」は問題にされていない。もちろんstudyには「研究する」という意味もあるが、それとて、対象とされるものの成否を判断するという意味ではない。study Englishは「英語を勉強（研究）する」だが、「英語が正しい言語かどうかを調べる」わけでは決してないのだ。

心配 シリーズ

care「配慮・気配り」 **concern**（+about Xの場合）「具体的な懸念」 **worry**「気に病むこと」 **fear, dread**「恐れ」 **anxiety**（+about Xの場合）「漠然とした不安」 **caution**「警戒・慎重」

You should give a lot of care to your health. （健康には十分気を配りなさい）
His concern about the future is not without any reason.
（彼が将来に懸念を抱くのも無理からぬことだ）
You worry yourself to death over every trifle.
（君はつまらないことでいちいち死ぬほど心配するね）
My sister has a fear of heights. （私の姉は高所恐怖症です）
She dreaded that she would be fired. （彼女はクビになるのではないかと恐れていた）
She was filled with anxiety about her husband's return.
（彼女は夫の帰りを心配する気持ちで一杯だった）
Let's take every caution against errors. （間違いを犯さないように注意しよう）

数学用語 シリーズ

英語の数学用語を見ると、小学校の時、なぜそういう記号を使ったのかがわかって面白い。逆に言うと、英語圏の小学生は円周＝２πrを見れば、rからradius（半径）が連想できて我々より有利だったことも分かる。日本語では半径と記号rの間には何の関係もないのだから、それを覚えさせる日本の教育はむちゃくちゃだったとも言えそうだ。

sum「和、合計」　difference/remainder「差」　product「積」　quotient「商」
add「足す」　subtract「引く」　multiply「掛ける」　divide「割る」
root「根、ルート」　square「二乗する」　natural number「自然数」
real number「実数」　whole number/integer「整数」
rational number「有理数」　irrational number「無理数」
imaginary number「虚数」　fraction「分数、（数の）比」
denominator「分母」　numerator「分子」
proportion「比例（direct proportion「正比例」、inverse proportion「反比例」）
d　diameter「直径」　r　radius「半径」　h　height「高さ」
S　square/area「面積」　V　volume「体積」　L　length「長さ、距離」

dimension「次元」　function「関数」
parameter「媒介変数」　infinity「無限大∞」

line「線、直線」　curve「曲線」　parabola「放物線」　hyperbola「双曲線」
parallel「並行の」　right angle「直角」　hypotenuse「斜辺」
cubic「立方体の、体積の、三次の」　linear「線形の」　square「正方形、四角」
roundness/circle「円」　ellipse「楕円」　sphere「球」　triangle「三角形」
rectangle「長方形」　pentagon「五角形」　hexagon「六角形」

少し高度だが覚えておくべき形容詞 シリーズ

動詞は文型や句動詞、語尾などのパーツの知識を駆使すれば知らなくても意味の類推は可能だが、形容詞の中には「これは覚えておかないと」というものがそれなり以上にある。重要なものは各所で取り上げているが、ここでは、そういう取り上げ方をしていないもののうち、ぜひ覚えておいた方が得だろうと思えるものをいくつか取り上げた。もちろん他にも形容詞は星の数ほどあるのだが、過去の入試問題の中で、その形容詞の意味が解答に不可欠で、かつ前後からの類推が難しかったものを選んだつもりである。

absolute：「絶対的な」
appropriate：「適切な」

explicit:「明らかな」(⇔ implicit「内にこもった」)
feasible:「実現可能な」
indispensable:「必要不可欠な」
inevitable:「必然的な」
plausible:「もっともらしい」
simultaneous:「同時の」
splendid:「輝かしい」
spontaneous:「自発的な」
transparent:「透明な」
vulnerable:「脆弱な」

捨てる・処分する シリーズ

give up, abandon, abolish, do away with, throw away, deal with, dispose of

「捨てる」という行為を抽象的に表すもっとも一般的な動詞はgive upである。いらないものをゴミ箱に入れる、という具体的な動作はthrow awayで表す。abandonはほとんどgive upと同じだが、少し硬い言葉。abolishやdo away withは「(制度や仕組みなどを)廃止する」。「捨てる」より意味が広いのが「処分する」だろう。「処分」の中には「売る」「譲る」なども含まれるからである。こちらはdeal with X, dispose of Xが普通。特にdispose of Xは前置詞がofであることをよく問われる。

ストレス位置が問われやすい単語 シリーズ

英単語のストレス位置はそのほとんどがルールで決まるため、いちいち暗記する必要がない。だが、ルールにあてはまらないものや、日本語の語感と大きく異なる位置にストレスがくる場合、予め知っておかないと失敗しやすい。その点で注意すべき単語をいくつか挙げておく。

advice [ədváis], calendar [kǽlində], display [displéi], drama [drá:mə], energy [énədʒi], event [ivént], hotel [houtél], routine [ru:tí:n], success [səksés], violin [vaiəlín], accessory [æksésəri], arithmetic [əríəmətik], barrier [bǽriə], canal [kənǽl], comment [ká(ɔ́)ment], egoism [í:gouizm], idea [aidí:ə], interval [íntəvəl], politic [pá(ɔ́)lətik], politics [pá(ɔ́)lətiks], tenant [ténənt], vanilla [vənílə], mayonnaise [meiənéiz]

～する人／～される人 シリーズ

動詞の語尾にerをつけると「Vする人」になるのは有名だが、eeをつけると「Vされる人」になる。だからほとんどのものは二つずつセットで用意されている。代表的なところを列挙しておく。

committee　委員
- employee　従業員
- employer　雇い主、社長
- examinee　受験者、調査される人
- examiner　試験官、調査官
- grantee　被譲渡者
- grantor　譲渡者
- guarantee　被保証人
- guarantor　保証人
- interviewee　インタビューされる人
- interviewer　インタビューする人
- invitee　招待された人
- inviter　招待する人
- mortgagee　抵当債権者
- mortgagor　抵当権設定者
- payee（手形、証券などの）受取人、被支払人
- payer（手形、証券などの）支払人、払い渡し人
- presentee　聖職録受給者
- presenter　贈呈者

returnee　強制送還者、帰国子女
- selectee　選ばれた人
- selector　選ぶ人
- trainee　訓練を受ける人
- trainer　訓練をする人
- tutee　個人教授を受けている人
- tutor　個人教師
- warrantee　被保証人
- warrantor　保証人

政治経済用語 シリーズ

政治の世界というのはいつの時代でもいろいろな思惑に満ちている。日本語でもそうだが、「善処する」=take appropriate stepsで、適切でさえあれば「何もしない」という可能性を排除しない言い方をする。外交交渉の場で「率直な話し合い」=a frank talkがあったというのは、会談中最低一回は怒鳴り合いをした、という意味だ。政権担当者はみな「不景気」=depressionという言葉を嫌い、「景気後退」=recessionと言いたがる。我々はつい言葉を黒子的ででしゃばらない道具だと考えがちだが、単語の選択一つにも、実はその背後にいろいろな経緯や思惑が隠れているのだということを政治用語は思い出させてくれる。

その点面白いのが「議会」だ。何しろ同じ議会でも英国議会はParliament、米国議会はCongress、そして日本の議会はDietだという。個人的な話で恐縮だが、これには最初実に困惑した。イギリス人が自国の議会を「英語で」Parliamentと呼ぶ。これはごく当たり前のことだ。英語は自分の国の言葉なのだから。アメリカ人が議会を「英語で」Congressと呼ぶ。これもまあいい。英語は自分の国の言葉なのだから。だが、なぜ英語とは何の縁もゆかりもない「日本」の議会を「イギリス人・アメリカ人が」Dietと呼ぶのか。これが理解できなかった。たとえば私「富田」のところにアメリカ人だかイギリス人だかがやってきて、「今日からお前のことをMacと呼ぶからな。わかったかMac？」と言われたらどんな気分になるだろうか。ワン公じゃあるまいし、勝手な名前をつけるなよ、と言いたくならないか？ イギリス人やアメリカ人が自分の国のものにどんな名前をつけようが、それは彼らの勝手だ。われわれが自国の議会のことを日本語で「たわけ」と呼ぼうが「パーとトンマの集まり（これじゃPTAだ）」と呼ぼうがかまわないのと同じことだ。だが、外国人に、日本の議会に名前をつけられるいわれはない。これではまるで不平等条約じゃないか？

ところが、調べてみると、これがまったくの勘違いであることが判明した。なんと日本の議会を英語でDietと呼んでいるのは「日本人」だったのだ。そう、これは日本国議会自身の公式見解だったのである。

日本史を学習している向きはご存じだろうが、日本の議会制度は今のドイツ、つまりプロイセンの制度を模倣している。そしてドイツでは帝国議会のことをRechitstagと呼ぶ。このtagは「昼間」のことで英語のdayに通じていたため、イギリス人はRechitstagのことをGerman Dietと呼んだ。そのドイツ議会に倣って日本の帝国議会が作られたため、日本自らがその議会をDietと呼ぶことを主張したのだ。そう、つまり日本人が自ら議会にDietという英語名をつけたのである。現在でも日本の衆議院のウェブサイトに行くと、国会のことを自らDietと称している（《「衆議院」自体はthe House of Representativesというアメリカ風の名前、「参議院」はthe House of Councillorsというイギリス風だがほかに例のない名前である。どうしてこういう不統一なことになって

いるのかは謎）で呼ばれているが）。
一方、リンク先である「衆議院憲政記念館」の英語名はParliamentary museumなので、Dietという名前は歴史的経緯に敬意を表して使い続けられている正式名称、にすぎないようだ。とはいえ、欧米の辞書をネットで検索してもDietは「日本などの議会」と、必ず「日本」という言及があるので、世界的にもDiet＝日本の議会、は浸透しているようだ。というわけで、他人のものに好き勝手に名前をつけるとはなんと横暴な連中だと鼻白んでいたら、何のことはない、こちらのワガママに寛容にもつき合っていただいていたのだと知って恥をかいた、という次第。

＊政治体制
communist regime「共産主義政体」 democracy「民主政治」 monarchy/kingship「君主政治」 republic「共和政体」 tyranny「暴政、専制政治」 tyrant「暴君、独裁者」

＊政治関連の用語
assembly「議会」 Parliament「（英国の）議会」 Congress「（米国、中南米諸国の）国会」 Diet「（日本などの）国会」 House of Lords「英国議会上院」 House of Commons「英国議会下院」 Senate「米国議会上院」 House of Representatives「米国議会下院」 Upper House「上院」 Lower House「下院」 house「議会」 council「地方議会」 politician「（職業としての）政治家」 statesman「（politicianの中で優れた）政治家」 political party「政党」 cabinet「内閣」 ministry/department「省庁」 government「政府」 administration「行政組織（官庁など）」 president「大統領」 presidency「大統領職」 court「裁判所」 tax「税金」 diplomacy「外交」 negotiation「交渉」 summit（meeting）「首脳会談」 joint statement「共同声明」 behind the scenes「水面下」 (political) horse-trading「駆け引き」 treaty「条約」 embassy「大使館」 pension「年金」 election「選挙」 vote「投票」 public opinion「世論」 (opinion) poll「世論調査」 Non Profit Organization（NPO）「非営利法人」 Non Governmental Organization（NGO）「非政府組織」

＊経済関係
Gross National Product（GNP）「国民総生産」 Gross Domestic Product（GDP）「国内総生産」 Official Development Assistance（ODA）「政府開発援助」 demand「需要」 supply「供給」 inflation「通貨膨張、物価の暴騰、インフレ」 deflation「通貨収縮、物価下落、デフレ」 stagflation「スタグフレーション、不況下のインフレ」 redenomination「デノミ」 prosperity「好景気」 boom「（急激な）好景気」 depression「（長期に及ぶ深刻な）不景気」 recession「一時的不景気、景気後退」

currency「貨幣、流通」 foreign (currency) reserve「外貨準備高」 currency

exchange「為替、(外国通貨との)両替」 currency appreciation「通貨高」 currency depreciation「通貨安」 foreign exchange rate「為替レート」 foreign exchange intervention「為替介入」 sanction「(公権力による法的)認可、(違法者に対する)制裁」 capital「資本」 bond「債権(国債はnational bond)」 stock「株、資本金」 investment「投資」 property「資産」 moratorium「支払猶予(令)」 mint「造幣局」 economic power「経済大国」 business climate「経済情勢」 juridical person/corporation/organization「法人」 foundation「財団」

生物用語 シリーズ

動物シリーズや鳥シリーズなどが別にあるので、その他一般性のある生物用語をここで取り上げる。なお、植物シリーズがないのは、偏に著者が植物に全く造詣がないゆえである。
living organism「生物」 creature「生物」 reproduction「繁殖」 offspring「子孫」 evolution「進化」 natural selection「自然淘汰」 the survival of the fittest「適者生存」 mutation「突然変異」 variation「変異」
food chain「食物連鎖」 predator「捕食者」 prey「被捕食者」
flower「(草に咲く)花」 blossom「(木に咲く)花」 bud「芽・つぼみ」 pistil「めしべ」 stamen「おしべ」 stalk「茎」 valve「弁」 seed「種子」 photosynthesis「光合成」 chlorophyll「葉緑体」
cell「細胞」 nucleus「核」 fission「分裂」 chromosome「染色体」 gene「遺伝子」 deoxyribonucleic acid「DNA(デオキシリボ核酸)」 mitochondrion「ミトコンドリア(複数形注意:mitochondria)」

前後の前置詞によって意味が異なる シリーズ

各所で取り上げていることだが、同じ単語でも前後にくる前置詞によって意味が変わるものがある。代表的なものをひとまとめにして取り上げておく。
①後ろの前置詞によって意味が異なる
anxious about X:Xを心配して
anxious for X/ to V:Xを/Vを望んで
concerned about X:Xを心配して
concerned with X:Xと関係して、Xに関心を持って
consult O:O(玄人)に相談する
consult with X:X(素人)に相談する
involved in X:Xに含まれて・巻き込まれて

involved with X：**Xと関わって**
leave A with B：**AにBを与える**
leave A to B：**AをBに任せる**
part O：**Oを分ける**
part from X：**Xと別れる**
part with X：**Xを手放す**
tired (weary) from/with X：**Xで疲れている**
tired (weary) of X：**Xに飽きている**
true of X：**Xにあてはまる**
true to X：**Xに忠実である**

②前にくる前置詞によって意味が異なる

┌in ... condition：**状況**
└on ... condition：**条件**
┌after a fashion：**下手に、どうにか**
└in ... fashion：**やり方・流儀**
┌for ... purpose：**目的**
└on purpose：**わざと**
┌in ... respect：**点**
└with ... respect：**尊敬**
┌in ... way：**方法・方向・様子・点**
└on ... way：**途中**

前置詞 シリーズ

句動詞などで重要な意味の形成要素である前置詞だが、やはり単独での意味もそれなりに知っておく必要がある。

about=「あるものと関係して」(ア)、「あるものの周囲に」(イ)。特に**X 〈be〉 about Y**「XのテーマはYだ・YのためにXはある」は要記憶(ウ)。またaboutには副詞もあり、その区別が問われる。判断基準は、aboutが名詞を支えているかどうか。副詞のaboutには「(数字の前に置いて) およそ・だいたい」(エ) と「(単独で使って) あちこち」(オ) とがある。なお、regarding/concerningも、「……に関して」と訳せるため、aboutと同じ意味の前置詞だと考えることもできる。
(ア) I have one thing to talk about now. (今話したいことがあるんだ)
(イ) Some self-check-in machines are located about the entrance of the

airport.（空港の入口辺りに自動チェックイン機が何台か設置されている）
（ウ）Philosophy is about trying to find an answer to such fundamental questions as why the universe exists.（たとえばなぜ世界は存在するのかといった根源的な質問に対する答えを見つけようとすることが哲学の使命である）
（エ）About four fifths of the students in our class were against the plan.
　　（クラスのだいたい80%がその計画に反対だった）
（オ）He wandered about in the park.（彼はその公園の中を歩きまわった）

above＝「何かより上の方に（overが「真上」であるのに対し、aboveは「上の方で」である）」（ア）が意味の基本。反対語はbelow（ただし、（ウ）の場合はbeneathが一般的）。「上下関係」は当然「優劣」や「優先順位」に通じるので、「何かよりまさって」という意味もある（イ）。また、[X（人）]〈be〉above [Y（行動）]＝[Y（行動）]〈be〉beneath [X（人）]「XはYをやらない」は要記憶（ウ）。もちろん元の意味は「Xの方がYよりも上（Yの方がXより下）」なのだが、ではなぜ「やらない」という意味になるのか。その理由は簡単である。たとえばもういい歳（失礼！）であるあなたに、「君は『おかあさんといっしょ（某国営放送がやっている幼児番組）』を観ますか？」と訊いたら、「ばかにするな」と思うだろう。自分はそんな子供向けの番組など観ない、とね。つまり「あなた」は「『おかあさんといっしょ』を観る」という行動より上にいる、と認識していることになる。

逆に言えば、「『おかあさんといっしょ』を観る」という行為は「あなた」にふさわしからぬ水準の低い行動だ、という認識でもある。これが [X（人）]〈be〉above [Y（行動）]＝[Y（行動）]〈be〉beneath [X（人）] が「XはYをやらない」と訳される理由である。またaboveには副詞もあり、「上の方」という意味だが、これはある文章中でそこよりも前にあった記述を指すことが多い（英語は横書きなので、「前の方」＝「上の方」なのだ）（エ）。

（ア）Look, Mom! Some of the soap bubbles are flying above the roof!
　　（ねえママ、シャボン玉が屋根の上まで飛んでくよ）
（イ）You should know that health is above wealth.（健康は富にまさると知るべきだ）
（ウ）He is so noble a statesman that he is totally above accepting a bribe.
　　（彼は立派な政治家なので賄賂を受けとるなんて考えられない）
（エ）As I mentioned above, this book is for people who want to improve their social skills.（前述の通り、本書は人付き合いの技術を磨きたいと思う人向けである）

after＝「左向きの矢印」：X after Yはもちろん「Yの後でX」（ア）が元の意味だが、それはすなわち「X←Y」であり、after自身は「左向きの矢印」（イ）である。しかもafterの面白いところは、通常の矢印にある順接の関係だけでなく、「Yしたのに結局X」

のような譲歩的な意味も含むことである（ウ）。他にもname X after Yで「Yに基づいて・ちなんでXを名付ける」のような使い方もある（エ）。もちろん反対語はbeforeでこれは「右向きの矢印」だが、beforeはそれほど幅広い使われ方はしていない。

(ア) My mother moved to her hometown after my father's death.
（父の死後、母は故郷に戻った）

(イ) After a long discussion, we have reached an agreement.
（散々話し合った挙句、我々は意見の一致を見た）

(ウ) He failed after a long and sincere effort.
（長期間真面目に努力したのに、彼は結局失敗した）

(エ) They named their son after a famous ball player.
（彼らは有名な野球選手にちなんで息子を名付けた）

against＝多義語。といっても、本来の意味は一つである。一般化すればagainst [X]の場合、Xには「比べる相手」がくる。ただし、ここでいう「比べる相手」には三種類ある。それぞれ「敵」「尺度・基準」「背景」だ。それぞれ「Xと敵対して・反対して」（ア）、「Xと比べて」（イ）、「Xを背景に」（ウ）。

(ア) Those who didn't like him voted against his plan.
（彼のことを面白く思っていない連中は、彼の計画に反対した）

(イ) It is important to always measure your performance against someone else's.（自分のやっていることを常に他の人のやっていることと比べることが重要だ）

(ウ) The silhouette of the skyscrapers looked beautiful against the evening sky.（日暮れ時の空を背景に高層ビルのシルエットが美しく浮かび上がった）

along＝「Xに沿って」：一つしか意味のない単純な前置詞（ア）。他に副詞で「ともに」という意味もあるが、ほとんどはalong with Xという表現で使われる（イ）。

(ア) You can find a post office along the road.（この道を行けば郵便局がありますよ）

(イ) I don't know how to get along with my classmates.
（クラスメイトとうまくやっていく方法が分からないの）

among＝「同類のものの中に（X ⟨be⟩ among Y「XはYの一つだ」）」（ア）、「三つ以上のものの間で」（イ）、「（ある人々、集団の）中で・間で」（ウ）。

(ア) In America I was in an unfamiliar landscape and among those whose values are totally different from mine.
（アメリカでは、私は見慣れない風景の中で、私とは全く異なる価値観を持つ人に囲まれて暮らしていた）
[inは「範囲」を、amongは「同類のもの」を表す]

(イ) Tokyo is among the largest cities in the world.

(東京は世界でもっとも大きな都市の一つだ)
(ウ) Manga is now getting popular among young people in France.
(フランスでも若者の間で漫画は今人気が出始めている)

around≒about：「……の周りに」が元の意味。前置詞・副詞ともほとんどaboutと同じに使うが、「……について」という意味では使われない。

as=「イコール」：必ず文中でA as Bになり、「A＝B」という意味を作る（as Bが文頭にある場合、Aは後ろにある）。V A as B「AはBだと思う・言う」がもっとも一般的な使い方。「として」という訳語にこだわるのは得策ではない。
Don't treat me as a child. (私を子供扱いしないで)

as to=「……について」：単語二語でできた変わり種の前置詞。並べ替え問題の常連。so as to Vやso ... as to Vといった表現と混同されやすいことにも注意。意味自体は非常に単純。asとtoを組み合わせて一つの意味を作る、ということに気づくことが求められる。
There was much discussion as to what should be done to deal with the problem. (その問題に対処するのに何をすべきかについては多くの議論があった)

at=「時や場所の一点」→「的（まと）」：「ある一点に」(ア)、「ある点をめがけて・当てようと」(イ)。
(ア) I will meet him at 5 o'clock sharp. (五時きっかりに彼と会う)
(イ) The robber pointed his gun at the bank teller. (強盗は銀行の出納係に銃を向けた)

before=afterの反対語。右向きの矢印だが、「……の前に」という意味(ア)でのみ使う。ただし、afterと異なり、空間的な意味で「……の前に」という意味にもなる(イ)。副詞もあるが、その時の使い方には二種類あるので注意。単独では「以前に」という意味で「今よりも前に」という意味でも使う(ウ)が、前に数量×単位を伴うと、「過去のある時からさらに前に」という意味でしか使わない(エ)。「今から……前に」ではagoを使う。
(ア) You should brush your teeth before you go to bed. (寝る前に歯を磨きなさいよ)
(イ) He put some money before me. (彼は私の前に金を置いた)
(ウ) I have never seen such a strange scene before.
　　　(今までこんな不思議な光景は見たことがない)
(エ) He said he had seen the movie one week before.
　　　(その映画は一週間前に見た、と彼は言った)
cf：I met him a week ago. (一週間前に彼に会った)

behind=「……の背後に」：意味は非常に単純である。状態動詞とともに使う時は「……の背後に」（ア）、動作動詞とともに使う時は「……を後に残して」（イ）だが、どっちにしても「背後」であることに変わりはない。副詞の場合も「背後に」（ウ）であって意味は同じである。

(ア) Behind his irritation lay some uneasiness from the unfamiliarity with the subject. (彼が苛立っていたのは、おそらくその問題をよく知らないせいで不安だったからである)

(イ) He left his hat behind him. (彼は帽子を忘れていった)

(ウ) Will you take all your belongings with you or leave them behind?
(お荷物はお持ちになりますか、それとも置いていかれますか)

below=「……より下に」：aboveの反意語。underやbeneathと異なり、真下である必要はない。

Death Valley is a kind of inland basin whose bottom is about one hundred meters below sea level.

(デスバレーは内陸にある盆地で、そのもっとも低いところはおよそ海抜マイナス100メートルである)

beneath=under「……の下に」：overの反意語（ア）。ただし、[Y（行動）]〈be〉beneath [X（人）]ではaboveの反意語といえる（イ）。それについてはabove（p.240）参照。

(ア) When my four-year-old son asked me what lies beneath the earth's surface, I was totally at a loss what to answer.
(四歳の息子に、地面の下には何があるの、と聞かれた時は何と答えていいか分からずに往生したよ)

(イ) Gossiping is beneath me. (私はうわさ話なんかしない)

beside=「……の脇に」：besidesとは全く違うので注意。

When the doctor gives me an explanation about my condition, please sit beside me because I'll feel safer with you.

(先生が僕の病状について説明してくれる時、隣に座っていてほしいんだ。その方が安心だから)

besides=「……に加えて」：besideとは全く違う。「……に加えて」（ア）は、むしろin addition to Xやexcept Xに近い。なおbesidesには副詞もあり、「それに加えて」（イ）という意味になる。

(ア) Besides the emotional problems of forgetting someone's name, there are some practical inconveniences from such a condition.
(人様の名前を忘れると気持ちの上でもいやなものだが、現実的にも色々困ったことが生じる)

(イ) I don't agree that we should move now. First, the weather is bad.

Besides, we are all exhausted.

(今動くのは得策ではないと思う。第一に、天候が悪い。さらに、我々は疲れきっている)

between=「二つのものの間で(三つ以上ある時はamongを使う)」(ア)。between A and B (イ) が有名。

(ア) He cannot decide between his two options.
(二つの選択肢のどちらを選ぶべきか、彼は判断に迷っている)

(イ) It's between you and me, but I'm having an affair with my tutor.
(二人だけの秘密だけど、私家庭教師の先生と付き合ってるの)

beyond=「……を越えて」:元の意味は一つだが、派生的にいくつかの使い方がある。まず「Xの向こうに」(ア)。次に「Xの能力を越えて」(イ)。さらに「Xが届かない・Xを受けない」(ウ)。beyondには副詞もあり、その場合は「向こうに」(エ)。

(ア) If you want to see real wilderness, go beyond the river.
(本当に手付かずの自然に出会いたいなら、川向こうまで行きなさい)

(イ) This job is far beyond me, I'm afraid. (ちょっとこの仕事は僕の手にあまるなぁ)

(ウ) What I saw at the summit of the mountain is beyond description.
(私がその山の頂上で見た光景は筆舌に尽くしがたい)

(エ) Take yourself to the limit, and beyond!
(限界まで行き、それを越えよ)

by=多義語:by+X[犯人・手段]「X[犯人・手段]によって」(「道具」の場合はwithを使う)(ア)。by+X[通信・交通手段]「X[通信・交通手段]で」(この用例ではXは無冠詞。on the X[通信機器]、in/on the X[乗り物]の時は冠詞がつく)(イ)。by+X[数字]「X[数字]だけの差で」(ウ)。by+X[時]「遅くともX[時]までに」(till/until+X[時]「X[時]までずっと」とは全く違う)(エ)。by+X[場所・もの]「X[場所・もの]のそばに」(オ)。byには副詞もあり、「そばに」(カ)、「通り過ぎて」(キ)。

(ア) He succeeded by gathering other people's help.
(他の人の力を借りることによって彼は成功した)

(イ) I talked with him by phone [on the phone] a few days ago.
(何日か前に彼とは電話で話したよ)

(ウ) Our sales have decreased by 20 per cent this year.
(今年わが社の売上は二割減少した)

(エ) You should hand in the assignment by Friday.
(遅くとも金曜までには宿題を提出するように)

(オ) Please stand by me in time of need.

(いざという時、私のそばにいてください)

(カ) The villagers were just like one large family. They lived close by, helped each other in every aspect of their daily life.
(その村の住人はいわば一つの大家族であった。彼らは互いに寄り添って暮らし、日常生活のあらゆる面において互いに助け合っていた)

(キ) Many people passed by, but no one paid attention to him.
(多くの人が通っていったが、誰も彼に気づかなかった)

despite＝in spite of＝for all/with all＝逆接:「にもかかわらず」という訳語で記憶している人が多いが、それは危険である。せめて漢字で「にも拘らず」とするならまだしも、平仮名で記憶したのではregardless of/irrespective of「にも関わらず」と区別がつかなくなる。はっきり「逆接」と記憶しよう(ア)。「……だが」「……けれども」という訳語を心がけること。また、for all/with allの場合、for＋all 名詞/with＋all 名詞の可能性もあり、この場合は通常のfor/withの意味で考えるべきなので、きちんと「逆接」になっているかどうかを点検する必要がある(イ)。

(ア) Despite his repeated pleas, they killed him.
(彼は繰り返し命乞いをしたが、彼らは彼を殺害した)

(イ) For all the thought-out plans beforehand, they failed because of their carelessness. (事前によく考えて計画したのに、不注意ゆえに彼らは失敗した)

cf: For all the thought-out plans beforehand, they substituted their intuition on the spot. (事前に考え抜いた計画の代わりに、彼らは現場では直感に頼って行動した)

down＝「……に沿って」:副詞のdownが「下がって」という意味なので、そればかりが強調されがちだが、downには前置詞もあり、その時は「……に沿って」という意味である。元々はdown the riverで「川沿いに」であり、「川を下って」という意味から転じたものであるが、down the streetなどでは「下る」という意味は特に含まれないことに注意。

You can find a pharmacy down the street. (通り沿いに薬屋がありますよ)

during＝「……の間に」:まずは前置詞であることに注意。同じ意味を持つwhileは接続詞である。whileの後ろにはSVないしはVing/Vp.pがくるが、duringの後ろには名詞だけがくる(Vingは不可)。両者の区別は特に頻出。

(×While/○During) her absence, the man gave her a call, and at last he came up (○while/×during) she was having dinner.
(彼女の留守中にその男は彼女に電話をよこし、そして食事中の彼女のところに現れた)

except＝見出し語→p.169参照。

for＝方向/交換/期間（for→p.136）：重要な前置詞だが基本となる意味は三つだけ。一つは「……に向かって/……を求めて」（ア）という「方向」で、右向きの矢印。この場合、ある方向へ向かうだけで、到着は前提とされていない。到着を前提とする場合にはtoを使う（詳細はto参照→p.250）。
もう一つは「交換」（イ）で、二つのものを交換する場合に使う。取引などを表す時に頻出する上に、「褒める・責める」という言葉と一緒に使うことも多い（ウ）。罪と罰、功と賞とは「引き換え」の関係にあるからだ。理由と結論もしかりである。また「交換」が成立するということは両者が同価のものだ、という意味からforには「イコール」の意味もある。take A for Bがその代表で「A＝Bと考える」という意味だ（エ）。
三つめは「期間」。for＋［時間の長さ］で「……の間ずっと」という意味もある（オ）。ここにはあくまでも「ずっと」という意味が含まれることに注意。単に「……の間で」ならin＋［時間の長さ］である。

（ア）He struggled for the freedom from old ways of doing things.
（彼は旧来の物事のやり方から逃れようともがいた）

（イ）Tell me your secret or you shall be killed. Is it what you'll die for?
（口を割らなければ殺すぞ。その秘密は命を賭して守るほどのものか？）

（ウ）The president was criticized for his slow decisions.
（大統領は決断力に欠けると非難されていた）

（エ）You should take this crisis for a chance to improve your ability to deal with difficulties.（君はこの危機を問題に対処する能力を改善する好機と捉えるべきだ）

（オ）I have been doing the job for three days.（三日間この仕事にかかりきりだ）

cf：I will do the job in three days.（三日あればこの仕事はできる）

from＝「左向きの矢印」：fromは「……から」という訳語で記憶されていることが多いが、それは危険である。from Xはあくまでも「Xから離れて」であり、Xから遠ざかることを意味する。Xはfromの右側にあるから、結果的にfromは「左向きの矢印」だということになる（ア）。矢印なので、もちろん因果関係にも前後関係にも使える。そういうゆるい理解が、fromを正しく理解するコツである。なおout ofもfromと同じ意味で用いる。またfromの大きな特徴として、後ろに「場所を示す副詞」を従えることができることが挙げられる。前置詞の後ろにくるのは名詞と決まっており、その意味では非常に珍しい前置詞だといえる（イ）。

（ア）This is just from curiosity, but why did you go out of your way to see the girl you had parted with?
（単に好奇心から伺うんですが、なぜわざわざ別れた女性に会いに行ったのですか）

（イ）He always found out a solution from nowhere.
（彼はいつも、どこからともなく解決策を見つけてきた）

in＝「ある範囲の中に」：inに続く名詞は「範囲」を示すことに注意。これでほとんどのinの用法は説明がつく。「方向」の前にinがくるのは、「方向」とは一点ではなくある「範囲」だからであり、in Vingが「Vする時・場合」になるのも、そういう行動をするという「範囲」だからである。「……という点で」似ている・違っている、という時にもinを使うが、それも「似ている範囲」だからである。
The two dresses are similar to each other in design, but totally different in color.（その二枚のドレスはデザインは似ているが色は全く異なる）

into＝「右向きの矢印」：intoは「……の中へ」という訳語で理解されていることが多いが、それより「右向きの矢印」と認識した方が合理的だ。基本的には左から右への移動を表す。ただし、前後や因果関係に使われるのではなく、A into Bで「AがBの中に入っていく」（ア）ことか「AがBに変化する」（イ）ことを表す。使い道が明確なので、一度理解してしまえば扱いやすい前置詞である。
（ア）Please put this glass into the box.（このグラスをその箱の中に入れてください）
（イ）Please put this sentence into Japanese.（この文を日本語に訳してください）

like＝「似ている」：「……のような」という訳語が一般的だが、それより≒という記号（数学でいう「近似値」）だと考える方が合理的である。印象を示すSVC文型のVとC（名詞に限る）の間に入ることも多い。また≒という記号で覚えておけば、それを利用して未知の単語の意味を類推しやすい。
Symptoms like fever, coughing, and dizziness often show you have caught cold.（熱・咳・めまいなどの症状から、風邪だと診断できることが多い）

near＝「……の近く」：nearは形容詞と前置詞の性質を両方持つ変わり種である。near Xで「Xに近い」だが、同じことを純粋な形容詞closeを使って言うとclose to Xと間にtoが入る。同じように形容詞と前置詞の性質を併せ持つ単語にworthがある（worth→p.154）。
Our house is located on a hill near the river.（我々の家はその川近くの丘の上にある）

of＝二つの顔を持つ：ofには二つの顔がある。一つは「帰属・所属」を示すofであり、もう一つは「離れて」であるoffのfが一つとれたものである（詳細はindependent参照→p.138）。この二つは別物であるが、「つながり」と「分離」という相反する意味を同じ単語が受け持つのは皮肉な話だ。「帰属・所属」を示すofの代表的なものが「格を示す」

ofである（ア）。主格・所有格・目的格・同格、どの格であれ、それは前にある名詞との「つながり」を示すからである。proudなどの形容詞に続くofも同じもので、「目的格」を示す。aboutと同じ「……について」という意味になるof（イ）も同じである。「所属」とは「くっついて」いることであり、「……について」の「ついて」も同じ意味だからである。X［人］of Y［性質・所属］「Yに属するX、Yという性質を持つX」のof（ウ）もこれであることは言うまでもない。この用法は、of+抽象名詞にも通じている。一方、free of X「Xと無縁」やexpect A of B「AをBに求める」などは「分離」（エ）を示しており、こちらはoffから派生したものである。

（ア）After the passage of several weeks, he heard from her.
　　（何週間か経ってから、彼のところに彼女から連絡があった）
（イ）We'll have a talk of the matter later. （その件については後で話そう）
（ウ）A man of wisdom would never do that. （賢い人ならそんなことはしないだろう）
（エ）You should be independent of your parents as soon as possible.
　　（なるべく早く両親から自立すべきだ）

off＝「……から離れて」：訳語だけ見るとfromと区別がつかないが、意味はかなり違う。fromが「遠ざかっていく」という移動を示すのに対し、offは「離れた状態を維持」する、つまりある一定の距離を保っている状態を示すのである。
The diving spot is off the coast of the island.
（そのダイビングスポットはその島の沖合にある）

on＝「……に接して」：これもinと同じく、単純な意味の前置詞。「接触」が意味の基本。空間的な接触（ア）の場合は「……に接して」などの訳になり、時間的な接触（イ）の場合は「……してすぐに」、さらに問題や話題の接触は「……について」（ウ）になる。ただし、「つながり」は「右から左」「左から右」の両方の可能性を含むので、onには「左向きの矢印」（エ）も「右向きの矢印」（オ）もある。左向きの矢印の代表はbe based onやdepend onであり、右向きの矢印の代表がV A on Bやfocus onである。

（ア）There is a picture on the wall. （その壁には絵が一枚かかっている）
（イ）We started our meeting on his arrival. （彼が着くとすぐ会議を始めた）
（ウ）We talked on the risks of our scheme.
　　（我々は我々の計画の持つ問題点について話し合った）
（エ）His theory is based not on the fact but on his imagination.
　　（彼の理論は事実に基づいたものではなく、単なる空想の結果である）
（オ）The effect of the invention on our life was amazing.
　　（その発明が我々の生活に与えた影響は驚くべきものだった）

over=「……の上に/……を支配して」:「……の上に」(ア) が元の意味だが、支配者は「上から押さえつける」という感じがあるため、「……を支配して」(イ) という意味で使われることが多い。他に、aboutに近い「……をめぐって」という意味 (ウ) もあり、争いごとなどに関して使われる。また「……越しに」という意味もある (エ)。

(ア) I want to put a light over the door. (そのドアの上に照明を付けたいんだ)
(イ) Our control over nature is quite limited.
　　(我々が自然を支配する力など微々たるものである)
(ウ) They had a quarrel over the design of their team flag.
　　(彼らはその団旗のデザインをめぐって口論をした)
(エ) I talked with him over the phone. (彼と電話で話したよ)

past=「……を通り過ぎて」:もっとも有名なのは時刻の言い方で、「10時10分過ぎ」はten past tenである。ただし、時間だけではなく場所を示すのにも使える (ア)。なおtheや所有格などの冠詞がつくと名詞で「過去」(イ)。限定用法だけだが形容詞もある (ウ)。

(ア) We drove past the restaurant we were going to.
　　(我々は行こうとしていたレストランの前を車で通り過ぎた)
(イ) You should look into your past to know how to deal with your future.
　　(将来に対処するには過去を調べる必要がある)
(ウ) Human beings are good at learning from their past experiences.
　　(人類は過去の経験から学ぶことに長けている)

regardless of/irrespective of=「……と無関係に」:「かかわらず」と訳すなら漢字で「関わらず」と書くこと。「関係なく」というのが正しい意味であり、in spite ofなど (despite参照→p.245) と明確に区別すべきである。

Things went on regardless of the intentions of the people concerned.
(関係者の思惑とは無関係に事態は動いていった)

since=「……以来(ずっと)」:「継続」を示す時制(動作の場合は「完了進行形」、状態の場合は「完了形」)とともに使われ、sinceの後ろには「時の起点」を示す言葉がくる (ア)。sinceの特徴は、前置詞でありながら、後ろに副詞がくることを容認するところだ (イ)。これはsince以外にはfrom/exceptとtill/untilにしか見られない現象である。

(ア) The couple have loved each other since their first meeting at a party.
　　(二人はあるパーティで出会って以来、お互いに愛し合ってきた)
(イ) Since then I have never seen him. (その時以来、彼には会っていない)

through=「……を通り抜けて」：意味は単純。「通り抜けて」というニュアンスを理解すればよいだけである。後ろにくる名詞は「通過点」を示す（ア）。誤解しやすいのは「ドアから入る」のような言い回しで、「から」という訳語に引きずられてfromを使うのは誤り。ドアはあくまで「通過点」なのでthroughを使うのが正しい。「窓から外を見る」なども同様。また「通り抜けて」には「最後までやり通す」というニュアンスがあり、そういう意味でも使われる（イ）。副詞もあるが、同じ意味で考えればよい。

(ア) He entered the house through the kitchen door.（彼は裏口からその家に入った）

(イ) You should go through the course once you begin it.
（そのコースを始めた以上は最後までやるべきだ）

till/until=「……までずっと」：時を示す前置詞の一種。問題になるのはほとんどbyとの区別。byが「遅くとも……までに」という最終期限を示すのに対し、till/untilは「……までずっと」で、継続を示す（ア）。「まで」という部分に騙されて似ていると思い込んではいけない。またA till/until Bでは「BまでA」だが、これは同時に「BになったらAと逆になる」ことを示す（イ）。たとえば［起きている］till［10時］の場合、「10時になったら寝る」ということが同時に意味されている。これがA before Bとの違いである。この表現ではBする前にAと言っているだけで、Bした後もAのままの可能性もある。たとえば［起きている］before［10時］では、10時まで起きていることに変わりはないが、11時になっても起きていることを否定していない。このtillの性質を利用した表現がnot A till/until Bである（ウ）。これは「Bになって初めてA」と訳し、notを訳さないことがあるが、not Aと逆になればAになる理屈だからである。これをさらに変形してit is not until B that Aなどという強調構文もある（エ）。

(ア) You should stay at the office (○till/×by) 9 o'clock.
（9時までは会社を出てはいけない）

cf: You should come to the office (×till/○by) 9 o'clock.
（9時までには出社しなくてはならない）

(イ) You should stay here until the ringing of the bell.（ベルが鳴ったら帰っていいよ）

cf: You should stay here before the ringing of the bell.
（ベルが鳴る前にこの場を離れてはいけない←鳴ったら離れていいとは言っていない）

(ウ) I didn't know the truth until his confession.（彼の告白を聞いて初めて真実を知った）

(エ) It was not until 1945 that women in Japan got the right to vote in national elections.（日本で婦人参政権が実現したのは1945年のことであった）

to=「右向きの矢印（到達）」：toの後ろには「目的地」がくる。当然そこへ向かって進むことを意味するが、到着することを前提としているのがforとの違いである。たとえば「東京へ行く」は、たとえ未来のことであっても、「東京に着くこと」を前提とした言い回

しである。このような場合go to Tokyoとtoを使う。反対に「東京に向けて出発する」場合には、「東京に向かう」というだけで到着は前提とされていない。従ってleave for Tokyoとforが使われる。鉄道や飛行機の行先表示がfor［行き先］となっているのは、到着するかどうかが分からないからである。また、後ろに「方向」がくる場合には前置詞はinで、toは使わないことにも注意。なお、「……に行く」という表現は、種類によって伴う表現が異なる。「Vしに行く」はgo Vingで、前置詞は伴わない。「ある場所にVしに行く」の場合、go Ving in/at［場所］である（その場所でVするから）。go for a［移動］は、移動それ自体が目的であるようなお出かけを示す。go on a picnic/a hike/an errand「ピクニックに/ハイキングに/お遣いに行く」はそれぞれ熟語。

The family's good intention to invite family friends eventually led to the disastrous murder case.
（その一家が善意から友人たちを招いたことで、結果的にその悲惨な殺人事件が起こった）

toward/towards＝「……に向かって」：英語では一般に-wardは「……向きに」という副詞だが、toward/towardsだけが前置詞である。意味は「……に向かって」だが、後ろにくるのは「目的地」である（ア）。toと異なり、到着は前提としないので、どちらかと言えばforに近い。また、後ろに「人」がくると、towardは「……に対する」という意味になる（イ）。

（ア）She walked toward the parliament after having a quick look at Big Ben. （ビッグベンをさっと眺めた後、彼女は国会議事堂の方に向かった）

（イ）Her attitude toward her brother is one of indifference.
（彼女の弟に対する態度は無関心なものだった）

under＝「……の下に」「……に支配されて」：overの反対語。当然意味が二つある。「……の下に」（ア）。もう一つは「……に支配されて」（イ）である。ただ、（ア）の意味には「……のもとで」という派生がある（ウ）。日本語でも「状況下で」と言うが、この「下」が英語ではunderであり、under a situationなどと使う。それがさらに派生して「……されている途中で」もある（エ）。under repairは「修理中」だが、厳密に言うと「修理を受けている最中で」である。

（ア）There is a trash box under the desk. （机の下にゴミ箱が一つある）

（イ）After the battle, the town was put under the control of the army.
（その戦闘の後、その町は軍の支配下に置かれた）

（ウ）We had no other choice under such conditions.
（そのような状況下では我々は他に手の打ちようがなかった）

（エ）Sorry, but we have found out that you are the murderer. You are under arrest now, sir.

(お気の毒ですが、あなたが殺人犯であることが判明しました。あなたを逮捕します)

with＝［多義語］：withは後ろに伴う名詞の種類によって多くの意味になる。with X ［付随物・同伴者・行動（Ving不可）］だと「Xを伴って/Xとともに」（ア）。with X ［相手］だと「Xを相手に」（イ）。with X ［道具］で「Xを使って」（ウ）。さらにwith ［S→P］で「付帯状況」（エ）。どれも重要だが、中でも（エ）は英語の読み方そのものが正しい手順を踏んでいるかどうかを測るための一種のリトマス試験紙として使われるので、試験ではきわめて重要度が高い。これは「述語を見つけてから、（多くは前で）主語を探す」という読解の手順を正しく踏んでいれば簡単に発見できる表現だが、前から順番に切れ目を探しているような誤った読解法では、withの後ろに名詞を一つ見た時点で表現を切ってしまうため、ほとんどの場合見落とすことになる。これ以上の説明は単語集の域を超えるが、文法書などでしっかり発想法を学んでおく必要がある。

（ア）With the passage of time, the event was gradually forgotten.
（時が経つにつれ、そのことは徐々に忘れられていった）

（ア）I'll go with you if you go out shopping today.
（今日買い物に行くなら付き合うよ）

（イ）I'll talk with you about it later.
（そのことについては後であなたとお話ししましょう← 一緒に、ではない）

（ウ）He broke the door open with a screwdriver.
（彼はドライバーを使ってドアをこじ開けた）

（エ）She kept silent with her eyes full of tears.（彼女は目に涙をためてじっと黙っていた）

within＝「……の範囲内で」：意味は一つしかない。範囲の種類によって訳語は異なるが、ある範囲の中で、という意味である。
He will be back within a week.（彼は一週間以内に戻るだろう）
cf：He will be back in a week.（彼は一週間後に戻るだろう）

without＝「……なしで/……しないで」：意味は単純でwith＋否定だと思えばよい。仮定法でも使うが、特に変わった意味になるわけではない。ちなみにdo without Xは「Xなしですます」だが、Xを消去したdo withoutという自動詞もあるので注意。
I really appreciate the help you have given to me. Without your help, I couldn't have done even one half of what I have done.（君がくれた援助には感謝している。君の援助がなければ、できたことの半分もできなかったよ）

育てる シリーズ

raise, bring up, rear, foster, develop

「育てる」に関してもっとも強調しておくべきことは、growは使うな、ということである。growは自動詞ならば「成長する・育つ」があるが、他動詞の場合はOに植物をとり、「栽培する」という意味である（「ひげを伸ばす」はgrow a beardと言うが、おそらくひげを植物に見立ててのことだ）。他にも、一般的ではないが、「家畜を育てる」という意味にも使うことがあるようだが、少なくとも「人間の子供を育てる」という意味でgrowを使うことはない。「人間の子供を育てる」という意味で一般的なのはraise, bring up, rearで、これはどれも全く同じ他動詞で同じように使う。自分の子ではなく養子を育てる時にはfoster、能力などを育てる時にはdevelopが一般的。なお、家畜を「育てる」という場合、「育てる」は単なる比喩で、実態は「飼っている」なので、こういう場合はkeepを使うのが普通である。

「態」に関する間違いをしやすい動詞 シリーズ

受動態は英語を勉強する上で日本人が間違いやすい代表的な項目の一つである。特に「れる・られる」→「受身」という発想は重大な間違いを生みやすい。

①自動詞なのに「れる・られる」と訳すことで騙されるもの

consist of X「Xでできている」および**take place**「（出来事が）起こる・（会などが）開かれる」：ともに「自動詞」であることがとても重要。自動詞は受身にならないから、選択問題では答えは明らかなのだが、訳語に騙されてVp.pを選ぶ人が続出する。

例題：The expedition was made by a team (consisting/consisted) of five men and three women. (その遠征は男性五名、女性三名で構成されるチームによって行われた)（正解はもちろんconsisting）

例題：The meeting (taking/taken) place here is going to be a great success. (ここで開かれている会合は大成功に終わりそうだ)（正解はもちろんtaking）

②受動態なのに「……する」と訳すことで騙されるもの

convince, dress, entitle, qualify, remind, seat

それぞれ〈be〉convinced of X「Xに納得する」、〈be〉dressed in X「Xを着ている」、〈be〉entitled to X「Xの権利を得る」、〈be〉qualified to X「Xの資格がある」、〈be〉reminded of X「Xを思い出す」、〈be〉seated「座る」のように、受身にした時の訳語が「……する」なので、受身であること自体が理解されにくい。

③能動と受動の意味上の関係が日本語と逆に見えるもの

accompany/follow

この二つの動詞は意味が同じで、S accompany/follow Oで「SがOについて行く」で

ある。ついて行くのだから、Oが行動の主導権を握っているという理屈である。これを「連れる」という訳語に変換して考えると日本語と英語の能動、受動が逆転する。X accompany/follow Yは「XはYに連れられている（YはXを連れている、とも訳せる）」、Y 〈be〉 accompanied/followed by Xは「YがXを連れている」である。

多義語・多品詞語 シリーズ

多義語は見出しにも多数採用したが、見た時に複数の意味がすべて思い浮かぶようにしておかないと判断を誤りやすい。ここでは説明云々ではなく、見たら複数の意味が出てくるかどうかチェックしよう。

article：①品物 ②記事 ③冠詞
available：①利用できる ②手に入る ③空きがある
bound：①bind「縛る」の過去・Vp.p ②弾む ③境界線（通例複数形）
bow：①お辞儀をする ②弓
bright：①明るい ②賢い ③美しい
character：①性質 ②文字 ③登場人物
charge：①請求 ②充填 ③非難
check：①点検 ②障害物
chemist：①化学者 ②薬屋
clever：①賢い ②器用な
close：①閉じる [klouz] ②近い [klous]
code：①暗号 ②決まり
content：①内容 ②満足した
convention：①しきたり ②習慣 ③展示会
curious：①奇妙な ②好奇心が強い
custom：①習慣 ②税関
date：①日付 ②デートの相手
end：①終わり ②端 ③目的
excuse：①許す ②言い訳
faculty：①能力 ②大学の教員
fairly①公平に ②かなり
figure①形・輪郭 ②図 ③人形・人影・人間 ④数字
fine：①素敵な・よい ②罰金
firm：①堅い ②会社
fit：①適した ②健康な ③発作
fortune：①幸運 ②資産

forward：①前方へ ②転送する
free：①自由な ②無料の ③解放する
funny：①面白くておかしい ②奇妙でおかしい
general：①一般的な ②将軍
gift：①贈り物 ②才能
good：①よい ②利益 ③善
grave：①重大な ②墓
hard：①硬い ②一生懸命に
hold：①持つ ②主張する ③開催する
however：①たとえhowSVでも ②しかし（副詞）
ideal：①理想（数えられる名詞）②理想的な
interest：①興味 ②利益 ③利息
issue：①問題 ②発行
just：①正しい ②ちょうど
last：①最後の ②続く
learned：①learnのVp.p ②博識な（形容詞・発音注意 [lə́:nid]）
leave：①残す、などの動詞 ②許可（take leave）③leavesで、「葉」の複数形
letter：①手紙 ②文字
light：①明かり ②軽い
like：①好きだ ②似ている
major：①主要な ②専攻する ③専攻科目
matter：①物質 ②問題 ③重大だ
minute：①分 ②微小な（発音注意 [mainú:（njú:）t]）
natural：①自然な ②当然の ③生まれつきの
nature：①自然 ②性質
object：①反対する ②物体 ③対象 ④目的
observe：①観察する ②順守する
occasion：①機会 ②パーティ
once：①一回 ②かつて ③一度……すると
order：①命令 ②注文 ③順番 ④秩序 ⑤桁
past：①過去 ②……を通り過ぎて
plain：①素の・素朴な ②平野
present：①現在の ②その場にある・いる ③贈り物 ④（贈り物を）贈る
pretty：①可愛い ②かなり
produce：①作る ②提示する ③農産物
production：①作ること ②提示すること

project：①投影する ②企画
property：①性質 ②財産
public：①公の ②大衆
race：①競争 ②種族・人種
respect：①尊敬・尊重 ②点
rest：①残り ②休み
right：①権利 ②正しい ③右 ④ちょうど
secret：①秘密（数えられる名詞）②秘密の
serious：①重大な ②深刻な ③真面目な
short：①短い ②足りない
sound：①音 ②入江 ③音が鳴る ④探りを入れる ⑤健康な
spring：①春 ②泉 ③生まれる
state：①言う ②状態 ③国家
stick：①くっつく ②杖・棒
subject：①話題 ②課題・科目 ③王国の国民 ④実験の被験者 ⑤支配されている ⑥影響されやすい
suit：①適合する ②上下揃いの服 ③訴訟 ④トランプのマーク
term：①言葉 ②期間 ③関係 ④観点 ⑤条件
train：①列車 ②訓練する
treat：①扱う ②おごる
vain：①虚栄心の強い ②空虚な
well：①うまく ②健康な ③井戸

正しい シリーズ

一口に「正しい」といってもその意味するところは一つではない。代表的なものを取り上げてみよう。作文などの時に活用してもらいたい。
※「基準などに一致している」accurate, correct, exact, precise
（exact, preciseの方がより厳密に正確であることを示す）
※「その場において適切な選択である」right, proper, fit, suitable, appropriate
※「論理的に正当である」right, reasonable, rational, logical
※「信用できる」credible, believable
※「虚偽でない・事実に即している」true, truthful
※「正義に一致する・公正である」just, fair, impartial, disinterested
※「偽物でない・真正である」authentic, real
※「信頼に値する」reliable, trustworthy

※「合法的な」legal, lawful, legitimate
※「正直な」honest, sincere, truthful

単数と複数で意味の異なる名詞 シリーズ

an arm「腕」とarms「武器」、a measure「尺度」とmeasures「対策」、a manner「やり方・流儀」とmanners「礼儀作法」、air「空気」とairs「態度」、good「利益」とgoods「商品」、force「力」とforces「軍隊」、letter「文字・手紙」とletters「文学」、pain「苦痛」とpains「労力」、paper「紙」とpapers「新聞・論文」、people「人々」とpeoples（a people）「民族」（単数と複数ではないが、見かけで意味が判定できる）

力 シリーズ

power, force, energy, might, strength, ability, potential
「力」という意味で最も幅広く使える単語はpowerだ。物理的な力にも、精神力にも、権力にも、能力にも使える。forceは「抵抗を押し切る力」、energyは「わきあがる力」、mightは「他を圧倒する力」、strengthは「強さ」、abilityは「できる力」、potentialは「目に見えない力」である。mightを同じ綴りの助動詞と間違える人が多いので注意。

注意すべき状態動詞 シリーズ

状態動詞は時制を考える時「進行形にならない」という性質が重要だが、そのことをつい忘れがちな動詞がある。おそらく「……ている」という訳語にするせいだろう。つい〈be〉Vingにしたくなってしまうが、それを避けなくてはならないという点が要注意だ。
belong to X：「Xに属している」　depend on X：「Xに依存している」
differ：「異なっている」
know O：「Oを知っている」（learnは「知る」で動作動詞）
matter：「重要である」
note/notice/realize O：「Oに気づく」
resemble（take after）O：「Oに似ている」　vary：「様々である」

地理・地形用語 シリーズ

大学入試に出る文章が特にそうなのかどうかは定かではないが、地理・地形用語はそれなりに頻出である。もちろん知っておくべきものはごくわずかだが、フォローはしておいたほうがいい。

map「地図」 chart「海図」
contour line「等高線」 equator「赤道」 hemisphere「半球」 latitude「緯度」
longitude「経度」 meridian「子午線」 tropic of Capricorn「南回帰線」
tropic of Cancer「北回帰線」 International Date Line「日付変更線」
arctic circle「北極圏」 antarctic circle「南極圏（anti+arctic：北極圏の反対、ということ）」 North/South Pole「北極点・南極点」 tropical zone「熱帯」
temperate zone「温帯」 frigid zone「寒帯」 subtropics「亜熱帯」
monsoon「モンスーン」 tundra「ツンドラ」 savanna「サバンナ」 steppe「ステップ」
landscape「地形」 trench「海溝」 continent「大陸」 bay「湾、入り江」
beach「砂浜、海岸」 cape「岬」 desert「砂漠」 cliff「（主に海岸の）絶壁」
water「海、湖、川、〜s: 水域、海域、領海、近海」 fall「滝」 the horizon「地平線、水平線」 gulf「湾」 peninsula「半島」 island「島」 insular「島の（ような）、島国の」 archipelago「群島」 the… Ocean「…洋」 lake「湖」 pond, pool「池」
river「川」 stream「小川」 tableland, plateau「台地、高原」 mountain「山、〜s: 山脈」 hill「丘、小山」 plain「平野」 marsh, swamp, meadow「湿地、沼地」 valley「低地、くぼ地、盆地、谷間」 the seabed「海底」 submarine volcano「海底火山」 delta「三角州」 dismal「湿地帯」 jungle「ジャングル」
rain forest「熱帯雨林」

綴りを間違えやすい単語 シリーズ

ごく基本的な単語でも、綴りを間違えやすい単語がいくつかある。作文などで減点の対象になるので、注意しよう。

aesthetic：日本語で「エステティック」になるせいか、thと書けない人が多い。語頭のaeはeでも可。

calendar：ご存じ「カレンダー」、語尾がarなのをご存じか。

February：学生泣かせの代表。発音と綴りが大きくずれているせいで、綴りが覚えにくい。その他TuesdayとThursdayの区別ができない、Wednesdayが綴れないなど、月日関係も初歩的な知識が欠けている人が多く見られる。

fundamental：元の動詞foundがouなので、間違えやすい。

grammar：これまた語尾がarだが、間違えやすい。

maintenance：maintainの名詞形だが、tとnの間がaiからeに変わるのが間違えやすい。

steak：日本語で「ステーキ」なので、stakeと綴ってしまうことが多い。

technique：語尾がqueであることを忘れやすい。

twelve：数字ではなぜか「12」の出来が悪い。ましてや「12番目」twelfthは書けない

人だらけ。他にもfourteenとfortyの違いなど、数字には意外な落とし穴がいくつもある。
umbrella：頭のu、llと重なることなどを間違いやすい。
vocabulary：「ボキャブラリー」という音は日本でも有名だが、特に後半の綴りが怪しい人が多い。

出来事 シリーズ

event, experience, happening, occurrence, incident, accident, coincidence, disaster, catastrophe

「出来事」という意味でもっともよく使われるのはeventである。ただし、「自分が出会った」という意味を強調したい場合にはexperienceを使うことが多い。happeningは日本語の「ハプニング」と違い、偶然性を強調することは少なく、eventとほぼ同じ意味で使うが、単純な名詞としての使用頻度ははるかに低い。同様の名詞にoccurrenceもある。「出来事」とも訳すが、occurの名詞形として動詞的に訳すことの方が多い。「偶然の出来事・事故」という意味であればincident, accidentを使う。航空業界での使い分け（軽微なニアミスや部品落下などは「インシデント」、機体の破壊や負傷者・死者が出ると「アクシデント」と呼ぶ）を見れば分かるが、incidentはたいしたことではなく、accidentは重大な結果をもたらすことを指す。偶然性を特に強調したい時はcoincidenceを使う。「悲惨な結末をもたらす出来事」という意味ではdisasterがもっとも一般的だが、結末がよほどひどいとcatastropheを使うこともある。出来事と意味の近いものに「事件」があるが、これはむしろ「問題」に近いので、そちらで説明する（「問題シリーズ」→p.304参照）。

天気 シリーズ

天気を語るときには日本人が英作文でよくしでかす間違いに触れておかなくてはならない。英語に関する我々の重大な誤解のひとつは、be動詞を「は」だと思い込んでいることだ。そう思い込んでいると、「今日は雨だ」を英語にしようとするとき、「今日」＝Today、「は」＝is、「雨」＝rainと思い込む。何しろ日本語の「今日は雨だ」において、「雨」は名詞だから、そのまま英語でも名詞であるrainを置けばいいと思ってしまうのである。その結果Today is rain. It is rain today.という、不可思議な英文を作ってしまうのである。
ではなぜこれが英語的に「間違い」なのか。からくりはbe動詞にある。「基本文型で意味の分かるもの」（p.42）でも触れたように、be動詞（SVCの場合）の意味は「は」ではなく、「イコール（＝）」である。すると「今日」＝Xとした時、Xには「今日」とイコールになるもの、つまり「日」がこなくてはならない。「今日」＝「雨」ではなく、「今日」＝「日」であることは明らかだ。そこに「雨」を絡ませてみると日本語にも「雨日」という言葉はない。当然「

雨の日」となる。ここでの「雨の」は当然ながら形容詞である。英語化するとToday is a rainy dayとなるのだ。だが、考えてみれば今日が「日」であることは自明だから、a dayを削除しても文意は変わらない。さらに、一般的に「時間・天候・距離・明暗」に関する表現では主語はitなので、正しい英語はIt is rainy todayとなる。

このように「今日は××だ」で、そこに天気に関する表現が入る場合、その表現は一般に形容詞でなくてはならない。ただし、「雨が降る」「雪が降る」に関しては、動詞rain, snowがあるので、それを使ってIt is going to rain todayともいえる。このときのrainは動詞であることに注意。

＊天気に関してよく使う形容詞

fine「晴れた」　clear「快晴の」　cloudy「曇った、日のほとんど差さない」　rainy「雨降りの」　snowy「雪の降る」　stormy「嵐の、暴風雨の」　frosty「霜の降りる（ほど寒い）」

＊天気に関する名詞

frost「霜」　lightning「稲妻（稲光）」　thunder「雷（雷鳴）」　mist「霞」　rain「雨、降雨」　snow「雪」　cloud「曇り」　fog「霧」　snowstorm「吹雪」　blizzard「猛吹雪」　storm「嵐」　typhoon「台風」　tornado「竜巻・トルネード」　hurricane「大暴風・ハリケーン」　cyclone「大竜巻サイクロン」　downpour, heavy rain「豪雨」　shower, scurry「にわか雨」　gust, blast, a flurry of wind「突風」　drought「干ばつ」

天災・災害 シリーズ

この種の言葉はほぼ決まりきったものなので、覚えておかないと英作文で困る。といっても、ここに挙げたものを知っておけば十分。

avalanche「雪崩」　drought「干ばつ、日照り続き」　earthquake「地震」　eruption「噴火」　famine「飢饉」　fire「火災」　flood「洪水」　hurricane「ハリケーン」　landslide「がけ崩れ」　mud flood「土石流」　typhoon「台風」　tsunami「津波」

avalancheと言えば、今でも赤面する思い出がある。まだ若かりし頃（前世紀だろうって？　まあそうだ……だから何だというのだ）、友人と二人でニュージーランドを車で回ったことがある。冬のことで、南島（[南] というと暖かいイメージを持つのは北半球人の偏見。南半球では南の方が寒いのだ）の山間部はかなり雪深いところであった。その山間を抜ける道を走っている時、道路端に"Avalanche Danger. No stopping"という表示を見つけた。「Avalanche危険。停車禁止」というわけである。

ところが、私も友人もAvalancheが何の事だかわからない。そうこうするうちに、その同じ標識が何度も現れるようになった。そんなにAvalancheは危険なのか？　いったい

どんな邪悪な生き物なのだろう？　愚かな我々の好奇心はやがてDangerという標識の意味を我々の脳裏からかき消していった。そして、「Avalancheがどんな生き物か確かめてみたい」との思いからついに車を道路脇に止め、辺りを捜索することにした。二人なので、それぞれが車の前方と後方を担当し、道路際の雪の残る草むらを目を凝らしながら歩いて回った。しばらくしてお互いの距離がだいぶ離れてしまったため、私は大声を出し、「おーい、何かいるかぁ」と聞いた。「いないぞぉ」と友人。さすがに寒くなったため我々は捜索を諦め、それぞれ元来た草むらを車まで戻り、その地を後にした。

だが夜になってその日の宿に着いても、Avalancheがどんな生き物なのか（なぜか二人の間では「生き物」であるということに疑いの余地はないように見えた）を確かめたいという思いは冷めなかった。そこで翌日その町の小さな図書館に行き（今と違ってGoogleなどないのだよ、お若いの）、辞書を見つけて調べてみた。するとそこにはこう書いてあった。

avalanche : a large mass of snow, ice, etc., detached from a mountain slope and sliding or falling suddenly downward.

「な、雪崩？」

お後がよろしいようで。

同音異義語 シリーズ

以下に同音異義語を挙げておく。なかなか面白い組み合わせもあって笑えるが、大学によってはこういうことを問いたがるところもあるので、そういう大学を受ける人は特に覚えておこう。必要と思われるところには意味を付与したが、助動詞であるとか、動詞に特定の語尾がついたものなど、意味を書いても無意味と思われるところは空白にした。名詞の場合、複数形になっているものもあるが、そういうものも特に指摘はしていない。

air 空気＝**heir** 跡継ぎ [εə]　　**alms** 義援金＝**arms** 武器(腕の複数) [ɑ:mz]
aloud 声に出して＝**allowed** [əláud]　　**altar** 供物台＝**alter** 変える [ɔ́:ltə]
assent 賛成＝**ascent** 上昇 [əsént] (**dissent** 不同意＝**descent** 下降) [disént]
bad 悪い＝**bade** bidの過去形 [bæd]　　**bare** 剥き出しの＝**bear** 熊・耐える [bεə]
base 基盤＝**bass** 低音(ブラックバスなど、魚のbassは発音が異なる) [beis]
be＝**bee** 蜂 [bi:]　　**bean** 豆＝**been** [bi:n]
beech ブナの木＝**beach** 浜辺 [bi:tʃ]　　**berry** イチゴの類＝**bury** 埋める [béri]
berth 寝台＝**birth** 誕生 [bə:θ]　　**blew**＝**blue** 青 [blu:]
bough 大枝＝**bow** お辞儀・舳(bow「弓」は発音が異なる) [bau]
boy 少年＝**buoy** 浮き・ブイ [bɔi]　　**brake** ブレーキ＝**break** 破る [breik]
bread パン＝**bred** [bred]　　**buy** 買う＝**by** [bai]
capital 首都・資本＝**capitol** アメリカの国会議事堂 [kǽpitəl]
cereal シリアル(穀物の朝食)＝**serial** 連続した [síəriəl]

check 調査・障害＝cheque 小切手 [tʃek]
course コース(進路)＝coarse ざらついた・粗い [kɔːs]
days＝daze 茫然 [deiz]　dear 愛しい＝deer 鹿 [diə]
desert(動) 見捨てる＝dessert 食後の菓子 [dizə́ːt]
dew 露・しずく＝due 相応の [duː(djuː)]　die 死ぬ＝dye 染める [dai]
eye 目＝I [ai]　faint かすかな・発作＝feint 見せかけ・陽動作戦 [feint]
fair 公平な・見本市＝fare 運賃 [fɛə]　feat 功績＝feet 足(複数) [fiːt]
find＝fined [faind]　fir モミ(クリスマスツリーの木)＝fur 毛皮 [fəː]
flea 蚤＝flee 逃亡する [fliː]　flew＝flu インフルエンザ [fluː]
flour 粉＝flower 花 [fláuə]　formally 公的に＝formerly かつて [fɔ́ːməli]
forth 前方に＝fourth 四番目 [fɔ́ːθ]　foul 汚い＝fowl 鶏肉 [faul]
gorilla ゴリラ＝guerilla ゲリラ [gərílə]
guessed＝guest 客 [gest]　hair 髪の毛＝hare ノウサギ [hɛə]
hall 廊下・公会堂＝haul 運ぶ [hɔːl]　heal 癒す＝heel かかと [hiːl]
hear 聞く＝here ここ [hiə]　higher＝hire 雇う [háiə]
him＝hymn 賛美歌 [him]　hole 穴＝whole 全体の [houl]
holy 神聖な＝wholly 完全に [hóuli]
idle 怠けた＝idol 偶像 [áidl]　isle 小島＝aisle 通路 [ail]
lain＝lane 路地・車線 [lein]　led＝lead (名) 鉛 [led]
lessen 減らす＝lesson 授業 [lésn]　loan 分割払い＝lone 孤独の [loun]
made＝maid 女中・メイド [meid]　mail 手紙＝male 男の [meil]
meat 肉＝meet 会う [miːt]　mind 嫌がる・考え＝mined [maind]
miner 炭鉱夫＝minor 少数の [máinə]　mist 霞＝missed [mist]
new 新しい＝knew [nuː(njuː)]　night 夜＝knight 騎士 [nait]
no＝know 知っている [nou]　none 一つもない＝nun 尼僧 [nʌn]
nose 鼻＝knows [nouz]　not＝knot 結び目 [na(ɔ)t]
one 1＝won [wʌn]　oral 口の＝aural 耳の [ɔ́ːrəl]
our 我々の＝hour 時間 [áuə]　pail 手桶＝pale 青ざめた [peil]
pain 痛み＝pane ガラス板 [pein]　pair 対＝pear 西洋梨 [pɛə]
passed＝past 過去 [pæ(aː)st]　peace 平和＝piece かたまり [piːs]
peer 仲間＝pier 桟橋 [piə]　plain 平らな＝plane 飛行機 [plein]
prey 獲物＝pray 祈る [prei]　profit 利益＝prophet 預言者 [prá(ɔ́)fit]
rain 雨＝reign 治世＝rein 手綱 [rein]　raise 上げる＝rays [reiz]
read 読む＝reed 葦 [riːd]　red 赤い＝read [red]
right 正しい＝rite 儀式 [rait]　rode＝road 道 [roud]
root 根＝route 経路 [ruːt]　sail 帆＝sale 売り出し [seil]

scent 香り=sent=cent セント(ドルの百分の一) [sent]
sea 海=see 見る[siː]　sell 売る=cell 細胞 [sel]
sew 縫う=so=sow 種をまく[sou]　side 脇=sighed [said]
sighs=size 大きさ [saiz]　sight 光景=site 場所=cite 引用する [sait]
sole 唯一の=soul 魂=Seoul ソウル [soul]　some ある〜=sum 合計 [sʌm]
son 息子=sun 太陽 [sʌn]　stair 階段=stare 見る [stɛə]
stake 杭・関与=steak ステーキ [steik]
stationary 静止した=stationery 文房具 [stéɪʃənèri]
steal 盗む=steel 鋼鉄 [stiːl]　straight まっすぐな=strait 海峡 [streit]
sword 刀=soared [sɔːd]　tail 尻尾=tale 話 [teil]
their 彼らの=there そこ [ðɛə]　threw=through [θruː]
throne 玉座=thrown [θroun]　tide 波=tied [taid]
too=two 2 [tuː]　tray 盆・皿=trait 特徴(別の発音もあり) [trei]
vain 虚栄の=vane 風向計 [vein]　waist 腰=waste 浪費 [weist]
wait 待つ=weight 重さ [weit]　ware 商品=wear 着る [wɛə]
warn 予告する=worn [wɔːn]　way 道=weigh 重みを与える [wei]
weak 弱い=week 週 [wiːk]　would=wood 木 [wud]

動物 シリーズ

獣の名前も覚え出したらきりがない。しかも試験に出るのは一般的なものだけだ。一通り並べてみたので参考にしてほしい。ちなみに、「サル」は日本ではmonkeyのほうがやたら有名だが、我々が日本語で「サル」という名前を聞いて思い浮かべる生物はmonkeyではなくapeの方である。こういう誤解は、一度染み付いてしまうとなかなか抜けないものだ。

イヌ：dog　イルカ：dolphin　ウサギ：rabbit　ノウサギ：hare　ウシ：bull/ox(雄),
cow(雌)　ウマ：horse　オオカミ：wolf　貝：shellfish　カエル：frog
カニ：crab　カバ：hippopotamus　カメ：turtle(海)/tortoise(陸)
カンガルー：kangaroo　キツネ：fox　キリン：giraffe
クジラ：whale　クマ：bear　クラゲ：jellyfish　コアラ：koala　コイ：carp
ゴリラ：gorilla(ゲリラguerillaと同音異義語)　サイ：rhino　サソリ：scorpion
サメ：shark　サル：ape(大型の尾のないサル), monkey(小型の尾のあるサル)
シカ：deer　シマウマ：zebra　ゾウ：elephant　タコ：octopus/devilfish
チンパンジー：chimpanzee　トカゲ：lizard　トラ：tiger　ネコ：cat
パンダ：panda　ヒョウ：leopard　ブタ：pig　ポニー：pony
ヤギ：goat　ヤモリ：gecko　ライオン：lion　ラクダ：camel　リス：squirrel

ロバ：donkey　ワニ：crocodile/alligator　恐竜：dinosaur

特定の使い方だけが問われる単語 シリーズ

言葉の中には現実問題として一定の表現でしか使われないものもある。その種の言葉はその表現をまるごと記憶するのがもっとも効率がよい。

accustom：〈be〉 accustomed to X：Xに慣れている（usedと同じ）
acquaint：〈be〉 acquainted with X：Xと知り合いである
apt：〈be〉 apt to V：Vする傾向がある
arrange：arrange for X to V：XがVするように手配する
attempt：attempt to V：Vしようとする、attempt at X：Xを試みる（名詞もある）
avail：avail oneself of X：Xを利用する
basis：on the basis of X：Xに基づいて
characteristic：〈be〉 characteristic of X＝〈be〉 typical of X：Xに典型的である
compensate：compensate for X＝make up for X：Xを補償する
compete：compete with X：Xと競う
detail：in detail：詳細に
extent：to a … extent：……の程度
faithful：〈be〉 faithful to X：Xに忠実である
fuss：make a fuss：騒ぎを起こす
grant：take X for granted：Xを当然と思う
jam：a traffic jam：交通渋滞
keen：〈be〉 keen to V：Vしたがる、〈be〉 keen on X：Xに熱心である
lacking：〈be〉 lacking in X：Xが不足している
mercy：〈be〉 at the mercy of X：Xの言いなりになっている
refrain：refrain from Ving＝keep from Ving：Vしない
remotely：not remotely：全くない
reserved：〈be〉 reserved for X：X専用である
riot：run riot：収拾がつかなくなる
shed：shed light on X＝throw light on X：Xを解明する
stake：〈be〉 at stake：危機に瀕している
temper：lose one's temper：腹を立てる、〈be〉 in good (bad) temper：機嫌がいい（悪い）
thumb：〈be〉 all thumbs：不器用である
verge：〈be〉 on the verge of X：Xする瀬戸際にいる

土地・土・泥 シリーズ

land, ground, field, earth, soil, mud, dirt
岩や石がrock, stoneであるのに対し、「土」という言葉は何だ、と言われたら、通常はsoilと答えるだろう。だが、他にも「土」の意味を持つ単語は結構あるのだ。
land「陸地(海に対して)」「土地」、**ground**「土地」「敷地」、**field**「(ある用途を持った)土地」「畑・農地」、**earth**「陸地(空に対して)」「地表」「表土・土」、**soil**「表土・土壌・土」、**mud**「(水分を含んだ)泥」、**dirt**「(汚いものとしての)土」

鳥 シリーズ

我々英語の教師は、英単語は何でも知っている、と思われているようだがそれは事実に反する。それどころか、ほとんど知らない分野もある。私にとってその典型例が「鳥」である。世の中には鳥が五万といるが、私が普通に知っている英単語の鳥といえば、bird以外に、chicken, crane, crow, owl, swallow, sparrow, lark (ヒバリ), swan, duck, goose, seagull (カモメ), eagle, pigeon, condorくらいだろうか。いつだったか、英国人と日本人のバードウォッチャーに通訳を頼まれたときは往生した。イギリス人が質問する。"What is that bird over there?" 私が通訳する。「あそこのあの鳥はなんですか、ときいてますよ」日本人が返事する。「あれはコグンカンです」「は?」「だからコグンカンですよ」「それは何ですか?」「鳥の名前ですよ」「なんていう鳥ですか」「だからコグンカンですってば」「はあ」。痺れを切らしたイギリス人が言う。"What does he say?" で、私は言う。"He says that's a bird." 我ながらこれほど情けない経験はない。だから、まあ覚えられたら覚えられるだけ覚えておいてほしい、とだけ言っておく。ちなみに、鶴の首に似た形をしているから、あの種の作業用の自動車を「クレーン車」という。

chicken「ニワトリ」 **condor**「コンドル」 **crane**「ツル」 **crow**「カラス」 **duck**「アヒル」 **eagle**「ワシ」 **goose**「ガチョウ」 **hawk**「タカ」 **owl**「フクロウ」 **parrot**「オウム」 **peacock**「クジャク(のオス)」 **peahen**「クジャクのメス」 **penguin**「ペンギン」 **pigeon**「ハト」 **sparrow**「スズメ」 **swallow**「ツバメ」 **parakeet**「インコ」 **pelican**「ペリカン」 **skylark**「ヒバリ」 **stork**「コウノトリ」 **swan**「ハクチョウ」 **thunder bird**「ライチョウ」 **wood pecker**「キツツキ」 **common pheasant**「キジ(日本の国鳥!!)」

とる型が例外的な動詞 シリーズ

動詞の意味と型の間に関係があることはすでに語った通り(p.39〜参照)だが、中にはそれを裏切る例外がいくつか存在する。ここではそれをひとまとめに提示しておくので、

試験の直前などに確認してほしい。

※**目的語にto V、Vingどちらもとる動詞**：begin（start）to V/Ving（どちらも同じ意味）

regret to V「残念だがVする」、regret Ving「Vしたことを後悔する」

remember/forget to V「これからVすることを覚えている・忘れる」

remember/forget Ving「すでにVしたことを覚えている・忘れる」

stop Ving「Vするのをやめる（Vingはstopの目的語）」、stop to V「立ち止まってVする（to Vは目的語ではない）」

try to V「Vしようとする」、try Ving「試しにVする」

※**目的語にto V/Vingのどちらをとるかに関する例外**：fail to V, refuse to V, decline to V, hesitate to V, cease to V（状態動詞）, suggest Ving, consider Ving

※**「要求」なのに後ろにO to Vがこない例外**：demand to V

※**「禁止」なのに後ろにO from Vingがこない例外**：forbid O to V

※**「ほめる・責める」なのに後ろにA for Bがこない例外**：accuse A of B, charge A with B, suspect A of B, congratulate A on B, compliment A on B

※**V＋A as Bの例外**：A impress/strike 人 as B「AはBだと人が思う」

泣き笑い シリーズ

①泣く：**cry**が最も一般的な意味での「泣く」。**sob**は「すすり泣く」、**weep**は「しくしく激しく泣く」、**scream**「泣き叫ぶ」。

②笑う：**laugh**が最も一般的な意味での「笑う」。**smile**は「微笑む」。**sneer**は「冷笑する」。**chuckle**は「クックッと笑う」。**grin**は「にっこりする」。**giggle**は「くすくす笑う（成人男性が主語になることはあまりない）」。

匂い シリーズ

「におい」といえば**smell**。これはいい匂いも悪い匂いも含む。それに対し**odor**は「臭いにおい」でよくない。**scent**は「香り」で、よい匂い。人工的なよい匂いは**fragrance**という。ちなみに動詞のsmellは文型ごとに意味が違い、〈SV〉だと「匂いを嗅ぐ」だが、〈SVC〉だと「S＝Cの匂いがする」である。おそらく試験場で出合うことはないが、「臭くにおう」という動詞には**stink**もある。

日本語化しているが、日本語と意味が異なる単語 シリーズ

日本語としても頻繁に耳にする言葉だが、英語の意味は日本語の用法と大きく異なるもの

がある。ここではそういう単語を取り上げ、認識を改めておこう。

accent: 言葉の「訛り」のこと。単語の中で強く発音する部分を日本では「アクセント」と言ったりするが、その意味では英語はstressを使う方が一般的。

aggressive:「攻撃的な」が英語の意味で、人間を形容する時にあまりいい意味では使わない。日本では「アグレッシブな人」というのは物ごとに積極的であると認識されているようだが、それは誤解である。

bond:「つながり・絆」。日本では「木工用ボンド」のように「接着剤」という意味で使うが、英語にはbond単独でその意味はない。「接着剤」ならa bonding agentと言う。

business:「商売」という意味以外に「用事・関係すること」という意味がある。日本語で「ビジネス」というといわゆる「金儲け」をイメージするはずだが、英語での意味の守備範囲はもっと広い。

celebrity:「誰でも知っている有名人」のこと。日本では「あくせく働いていないお金持ち」というイメージで「セレブ」という言葉が流行っているようだが、そういう意味はない。

challenge:「困難・反抗」が英語での意味の中心。日本語では「挑戦」という意味で使われるが、そういう肯定的なニュアンスは英語にはあまりない。

channel:「運河・経路」。日本ではテレビのチャンネルという意味がほとんどだが、英語の意味はもっと広い。

cheat:「だます・いかさま」。試験で不正を働くことはcheatingと言い、cunningとは言わない。cunningは英語では形容詞で「悪賢い」という意味である。

circuit:「(閉じた) 回路」。日本では車のレースをする専用路のことを「サーキット」と言うが、その道がどこにも通じていない閉じた回路だからである。

claim:「権利の主張」。日本語のように「文句をつける」という意味はない。詳しくは見出し語→p.119参照。

class:「分類されたもの」。日本では学校の「組」でしか使わないが、英語ではあらゆる意味での分類に使う。「階級」などという意味も持つ。

column:「柱・柱状に仕切られた空白・欄・(新聞などで署名入りの) 寄稿」。日本語で「コラム」と言うとエッセイの同義語だが、英語では元々「柱」という意味である。新聞では紙面全体を縦にいくつにも区切るが、その区切られた範囲が柱状に見えるのでcolumnと呼ばれるようになり、やがてそのcolumnを使って載せる文章をcolumnと呼ぶようになった。

commercial:「商業上の」が英語の意味。日本では「宣伝」という意味だが、それは英語ではadvertisement。テレビの「コマーシャル」はa commercial filmである。

companion:「同行者・友達」。一緒に食事をする人、というのが元の意味。日本で「コンパニオン」と言うと若くて綺麗なお姉さんだが、それは誤解である。

complex: 形容詞で「複雑な」、名詞では「複合体・まとまり」。日本では「劣等感」

のことをコンプレックスと呼ぶが、これは全くの誤解である。英語ではan inferiority complexが「劣等感」のことで、「自分が劣っているという認識に基づく複数の気持ちのまとまり」と言うのが正確な日本語訳である。complexの部分はあくまでも「複数のものがまとまったもの」という意味でしかないのだが、いつの間にか日本ではこれがつづまって「コンプレックス」と呼ばれるようになったため、「コンプレックス」＝「劣等感」というとんでもない誤解が広まっていった。英語で名詞complexを使う場合は建造物が多く、いくつもの建物が集まって一つの施設になっているようなものを指す。たとえば法隆寺には金堂・五重塔・中門・宝物殿などいくつもの建物があるが、これをひとまとまりで英語ではThe Horyuji complexと呼ぶ。

consent：「同意」。意見が一致することである。電気のコンセントと日本では言うが、英語ではない。電気のコンセントは英語ではa socketかan outletである。

context：「言葉のつながり・ある出来事の背景」。日本語ではコンテクストはもっぱら「文脈」だが、英語のcontextにはそれよりはるかに広い意味がある。

crazy：「熱中している」。日本語では「頭がおかしい」という意味で使うが、英語ではその意味に加えて「とても好き」という意味もある。

dance：「ダンスパーティ」。もちろん「ダンス」という意味もあるが、英語では「ダンスパーティ」のことをa danceと言う。ダンスパーティは和製英語。同じようになるものに「ガードマン」がある。ガードマンは和製英語で、英語ではa guardである。

desperate：これは主語によって意味が変わる形容詞。人間なら「自暴自棄の」、行動なら「死に物狂いの」、状況なら「絶望的な」。

document：「文書・記録」。日本語では「現場報告」のような意味で使われるが、これは和製英語。英語ではdocumentaryと言う（日本語に「ドキュメンタリー」という言い方もある）。

fashion：「流行・流儀・やり方・様子」。日本で「ファッション」といえばオシャレのことだが、それは「流行」からの派生で、英語の場合の意味の主流ではない。主な意味は「流儀・やり方」で、wayとほぼ同義。

handle：「（手で）扱う・取っ手」。日本語で「ハンドル」といえば自動車の操縦装置のことだが、英語では動詞の場合「扱う」、名詞の場合は「取っ手」であって、日本語と同じ意味では使わない。車の操縦装置はa steering wheelと言う。

illustration：「説明・本の挿絵」。元々「説明」するという意味で、小説などで、その内容を説明する絵を本文に挟んだことから、そういう説明的な絵を描くこともillustrateと言った。日本ではそれがいつの間にか書物とは無関係な「絵」、それも少し漫画的なタッチのものを「イラスト」と呼ぶようになったが、英語にはそんな意味は全くない。

image：「目に見える映像」。日本語では、頭の中に思い浮かぶ映像をもっぱら「イメージ」と言うが、英語のimageの意味はむしろ「目に見える映像」の方が主流である。もちろん日本語の「イメージ」にあたる意味もなくはないが、それしか思い浮かばないので

は困る。なお英語のpictureには日本語の「イメージ」にあたる意味がある。

impact：「影響」。日本では「衝撃」という意味で使うことが多いが、英語では「影響」という意味の方がむしろ一般的である。

interview：「面接・面談」。日本ではマスメディアが著名人などを相手に行う面談のことを「インタビュー」と言うが、英語では刑事の尋問でも、就職の面接でもinterviewである。

item：「項目」。日本では「品物」という意味で使うのが一般的だが、英語ではいくつも並んでいるもののうちの一つ、という意味で使う。

leisure：「余暇」。日本語では発音も「レジャー」で「遊び」に近い意味だが、英語では「何もしない時間」のことである。

local：「ある土地に固有の」。日本語ではなぜか「田舎の」という意味で使われるが、都会であるか田舎であるかはlocalとは関係がない。ある土地だけのものであればlocalである。反対語はuniversalやglobalである。

mad：「頭がおかしい・(怒りなどで)冷静さを失っている」。日本語では「正気を失った」という意味でしか使わないが、ひどく興奮している状態も英語ではmadと言う。

manager：「支配人・管理者」。日本語では「マネージャー」というと中間管理職というイメージがあるが、英語ではむしろ「社長」に近い。たとえばa branch managerといえば「支店長」である。

maternity：「母性・母親であること」。日本では「マタニティウエア」でしか使わないせいか、「妊娠」だと思っている人が多いが、本当の意味は「母性」である。ちなみに「父性」はpaternityである。

merit：「長所・美点」。「利益」とは異なる。(「利益」シリーズ→p.309参照)

miss：「手に入れそこなう」。日本語で「ミス」といえば「間違い」を指すが、これはおそらくmistakeがつづまったものだろう。英語のmissには間違いという意味はない。

moody：「不機嫌な・気分屋の」。日本語で「ムーディー」というと「雰囲気のある」という意味のようだが、英語のmoodyにはそういう意味は全くない。

naive：「単純バカ」。日本語で「ナイーブ」というと「感じやすい」「傷つきやすい」「繊細な」という意味のようだが、なぜそうなったのかは全くの謎。英語では「単純バカの」という意味に過ぎない。naïveとも書く。

native：日本語で「ネイティブ」というと、英語が母国語の人、という意味であることがほとんどだが、英語のnativeは「土着の」という意味である。もちろんa native speaker of a languageという言い方はあって、それはある言語を母国語とする人という意味である。

novelty：「新しいこと・目新しい小物」。英語ではnovelの名詞形だから「新しいこと」という意味。日本では新規顧客を惹きつけるための小物のことを「ノベルティ」という。英語ではその意味では通常incentiveを使う(日本語で「インセンティブ」と言う業界も

あるようだ)。

offense:「法律違反・犯罪」。英語でもスポーツ用語としてoffense、defenseは存在するが、その意味は傍流で、英語でoffenseといえば「ルール違反」が通り相場。

pierce:「穴をあける」。耳に穴をあけることはpierceと言うが、そこにつける装身具はearringsであって「ピアス」とは言わない。pierced earringsとは言うが。

production:「生産・提示」。日本語で「プロダクション」といえば「芸能関係の人材派遣所」であるが、それは完全に和製英語。

reform:「(社会制度の) 改革」。日本ではリフォームには「家の改築」という意味があるが、英語のreformにはそういう意味は全くない。英語で「家の改築」はreconstruction、rebuildingである。

sensation:「刺激」。日本語でセンセーションというと「衝撃的な事件」だが、英語でその意味になるのはまれ。単なる「刺激・感覚」という意味が多い。

skip:「一部を飛ばすこと」。日本語でスキップといえば子供の歩調の一つだが、英語では手順や段階を一部飛ばすことを言う。

smart:「賢い・かっこいい」。日本語でスマートというと、「痩せている」をイメージする人が今でもかなりいるようだが、英語のsmartにはそういう意味はない。「痩せている」はslimかslenderである。

summit:「頂上・首脳」。トウキョウ・サミットなどという言葉からサミットを会議だと勘違いしている人がいるようだが、各国の首脳が集まるからサミットと言うのである。

text:「文書」。日本ではテキストを「教科書」だと思っているが、textにはそういう意味はない。「教科書」はa textbookである。

veteran:「戦争帰還兵」。日本ではベテランというと「熟練者」という意味だが、英語のveteranにはそういう意味はない。実戦経験のある兵士という意味である。「熟練者」はan expertかa man of experience。

virtual:「事実上の」。日本では「バーチャル・リアリティ」という言葉が一人歩きし、「バーチャル」といえば「仮想の」とか「デジタル装置で作り出した」という意味になっているが、そういう意味は英語にはない。「上辺はともかく中身の上では」というのが英語のvirtualの意味である。デジタル装置で作り出した現実が、「上辺はともかく、事実上」現実と同じになる、ということからvirtual realityと言うのだ。

vitality:「生命力」。日本語でバイタリティといえば「元気」というかある種のたくましさを示すが、英語のvitalityはもっと基本的な意味で「生きる力」という意味である。医学用語でvital signというのは「生きている徴候」のことであって、元気であることではない。

voluntary:「無報酬で自主的な」。日本語でボランティアといえば「人助け」のイメージが強いが、英語では無報酬で仕事をすればそれはすべてvolunteerであり、そういう態度はvoluntaryである。

日本語化しているが、日本語とは異なる意味で使われることが多い名詞 シリーズ

最近日本語に入ってきた外来語の中には、原語の意味をそれなりに受け継いでいるものが多いが、中には原語と異なる意味で日本語として使われているものもある。

demonstrate：日本語では「デモ」という短縮形にされて広く使われている。英語的には「実演によって何かを証明する」ことを指す。実際に使われる意味はかなり幅広い。①「学者が証拠を示して理論を証明する」という意味にもなるが、②「売り手が、商品の能力を実際にやってみせて示す」という意味や、③「軍隊が、その力を誇示するために演習を行う」という意味にも、④「ある団体が、その主張を訴えるために人の前で何らかのアピールをする」という意味にも使う。日本語化しているのは②と④である。

delivery：日本語でも、ピザのデリバリーサービスなどという言葉が一般化して、deliveryという単語の垣根は大きく下がった。日本語ではいわゆる「配達」のことだと思われていて、事実英語的にもそういう意味は主流だが、英語ではもう少し幅広く使われる。一つの重要な意味は「出産」である。子供を世の中に届ける、というわけだ。さらに「講演」などという意味もある。相手先まで出向いて何らかの説明を行うような行動もdeliveryと呼ぶのである。

image：日本語で「イメージ」といえば、「頭の中に思い描く映像」という程度の意味で、具体物という感じは少ない。だが、英語のimageの本来の意味は「目に見える映像」である。日本人が「イメージ」と呼ぶものはむしろ英語ではpictureの方が一般的である。もちろん英語のimageにも「イメージ」に近い意味はないわけではないが、imageといったらまず「目に映る具体的な映像」のことを最初に考えるべきである。

nail：最近「ネイル・サロン」が流行っているせいで、nailといえば「爪」というイメージが定着した。そういう意味も英語にはあるが、もう一つ「釘」もnailであることは忘れてはならない。

pension：個人経営の山小屋などを日本ではよく「ペンション」という。英語のpensionにもその意味はないではないが、あまり一般的ではない。安い宿はそのサービス内容によってlodgeとかbed and breakfastなどと呼ぶのが普通である。英語でpensionといえば、まず「年金」である。

stress：日本語ではもっぱら「好ましからざる精神的負担」という意味で使われる「ストレス」だが、英語のstressの意味の主流はそれではない。元々「強く押すこと」なので、何かを「強調」することという意味がもっとも主流である。英語の単語の中で他より強く読む音節を英語ではstressのある音節という。accentは使わなくはないが、「訛り」という意味がむしろ普通である。他にも「重視」などという意味もある。「精神的負担」という意味ももちろんある。

stretch：元は「伸びること」である。日本語ではいわゆる「柔軟体操」のことを指すが、

英語では柔軟体操はcalisthenicsと言い、ストレッチでは全くない。むしろ英語では、「**ひと続きの時間・空間**」という意味で使うことが多いようだ。

日本語でも正しい意味で認識されている シリーズ

我々が通常使う外来語のほとんどは英語由来で、中には「和製英語」といわれるように意味のすっかり変わってしまっているもの（naiveなど）や英語にないもの（「ガードマン」「エネルギッシュ」「ナイター」など）もあるが、特に最近は原語の意味をほぼ正確に保ったまま日本語で使われているものも数多い。ここではそういう単語の例を挙げてみる。ほとんどはカタカナ読みだけで分かるはずだが、一部補足説明をつけるものもある。

access：「アクセス」。狙ったものに接触することだが、日本では「行く」に近い意味で使うことが多い。

adventure：「アドベンチャー」。

artist：「アーティスト」。芸術家。

athlete：「アスリート」。発音さえできれば意味は分かる。

basic：「ベイシック」。

career：「キャリア」。職歴のこと。英語的には綴りに注意。carrierは「運ぶ人」である。国を代表する航空会社を「ナショナル・キャリア」というのはcarrierの方である。

charity：「チャリティ」。慈善、ないしは慈善事業のこと。

client：「クライアント」。長期契約をした顧客のこと。発音さえできれば分かる。

comic：「コミック」。

comment：「コメント」。

communication：「コミュニケーション」。

compilation：「コンピレーション」。選んで集めたもの、という意味。CDなどの「ベスト盤」をa compilation albumという。

concept：「コンセプト」。概念、アイデア、といった意味。

connection：「コネクション」。日本では「コネ」ともいう。

consensus：「コンセンサス」。意見が一致していること。

consult：この言葉自体はあまり使わないが、consultantはよく使う。consultは「相談する」でconsultantはconsult＋ant（人）だから、「相談にのる人」。

contact：「コンタクト」。接触という意味は日本語でも同じ。ちなみにコンタクトレンズは日本語では「コンタクト」だが、英語ではcontact lensesである。

cottage：「コテージ」。日本ではリゾート地にある山小屋のイメージが強いが、それは英語ではlodge。いずれにしても「小屋」であることは確か。

decoration：「デコレーション」。飾り付けのこと。

delicacy：「デリカシー」。思いやりや気配りのこと。ただし、英語のdelicacyにはそ

れ以外に「繊細で華奢であること」という意味もある。なお、ストレス位置は英語と日本語では異なる。

delicate：「デリケート」。英語の発音は「デリキィト」に近い。品が良くて優美であることが主な意味。繊細で壊れやすいという意味もある。

display：「ディスプレイ」。動詞と名詞両方に使うのも日英共通。展示することや、展示物、画像を表示する装置を指す。

documentary：「ドキュメンタリー」。「実録物」。事実を描いた映画のことだが、今では他のジャンルのものでも使う。日本では「ドキュメント」とも言うが、これは和製英語。

double：「ダブル」。二倍。動詞としても使う。

eccentric：「エキセントリック」。少し変な状態を指す形容詞。ex（はずれ）＋centric（中心）で、「中心から外れた」が元の意味。

entertainment：「エンターテインメント」。娯楽。元は「もてなす」こと。こちらの意味では日本語では使わないようだ。

essence：「エッセンス」。物の本質、が元の意味だが、エキス、とか香水といった意味もある。日本語でも同じ。

event：「イベント」。ストレス位置注意。出来事、行事。日本では行事という意味で使われることが多いが、最近では出来事、という意味も一般化しつつある。

flash：「フラッシュ」。元々「一瞬強く光ること」。写真を撮る時の補助光のことも指す（最近は「ストロボ（strobe）」の方が定着したが）。また、一瞬だけ映し出す、ことから「ニュース速報」という意味もあり、これも英語でも日本語でも使う。

fresh：「フレッシュ」。「新鮮な」という意味が日本では定着している。英語では他にも「生の」（fresh meat「生肉」など）や「塩分を含まない」（fresh water「真水」など）という意味もある。

grip：「グリップ」。元の意味は「握ること」。英語では「支配する」という意味でも使う。

grocery：「グロセリー」。食料品のこと。ホントに日本語化しているのか？

horror：「ホラー」。恐怖のこと。日本では映画やストーリーの種類に使う。英語でもa horror film/a horror storyという。

hug：「ハグ」。日本人には英語的発音が難しい。抱き合うこと。

initiative：「イニシアティブ」。主導権のこと。

innovation：「イノベーション」。革新、新しいアイデアのこと。日本では、企業の自社アピールなどによく使われる。

inspiration：「インスピレーション」。霊感、素晴らしい思いつき。

leak：「リーク」。漏れること。水漏れや情報漏れなど色々な使い方をするが、日本語では「情報を漏らす」という意味で使うことが多いようだ。

lecture：「レクチャー」。講義のこと。

maid：「メイド」。女性の使用人のこと。ホテルでベッドメイキングなどをする女性のこ

とを言うのが今は一般的。

mail:「メール」。発音注意。元々は「手紙」のことだったが、時代の変化とともにいわゆる「電子メール」のことを表すようになった。

maintenance:「メインテナンス」。設備の維持・管理のこと。もちろん英語では動詞maintainの名詞形なので、その意味もある。

manifesto:「マニフェスト」。政権公約。政治的な流行語だが、いつまで使われることやら。

manual:「マニュアル」。「手で」という意味の形容詞と、「手引き書」という意味の名詞がある。どちらも日本語でも使う。

mild:「マイルド」。穏やかな、が通常の意味。日本語では「味が強くない」「甘口の」という意味で使うことが多いが、その意味も英語にある。

miracle:「ミラクル」。奇跡。本来は宗教的な意味だったが、今では「信じられないようなすごいこと」という意味で使う。

mobile:「モバイル」。動かせる、という形容詞。今では携帯電話や軽量なノートパソコンなども指す。

motivation:「モチベーション」。英語とは微妙に発音が違うので注意。動機、というのが原義だが、やる気、意欲、といった意味で使う。

offer:「オファー」。英語では動詞の方が頻度が高いが、名詞でも使う。「申し出」という意味。

patent:「パテント」。ストレス位置注意。特許のこと。

pattern:「パターン」。発音、ストレス位置注意。元は「(一定のものを繰り返す) 模様」のことで、そこから「決まったやり方」などの意味が派生。

penalty:「ペナルティ」。罰。日本では「罰」よりは少し軽い感じがするが、英語では「死刑」はdeath penaltyと言う。

policy:「ポリシー」。英語では「政策」という意味でも使うが、「心情・主義・主張」という意味もある。日本語では主に後者の意味で使う。

presentation:「プレゼンテーション」。発表のこと。日本の企業でもこの言葉はすっかり定着した。日本では略して「プレゼン」とも言うが、これは和製英語。

pressure:「プレッシャー」。圧力・圧迫のこと。物理的、社会的、心理的な圧迫をすべて指す。日本語では心理的な圧迫のみを指す。

process:「プロセス」。はじめと終わりがあり、段階を追っていく工程を指すのが元の意味。英語にはもう一つ「処理する」という意味があるが、この意味で使われる日本語は「プロセスチーズ」くらいである。

rank:「ランク」。段階、等級。英語では動詞でも使う。

real:「リアル」。現実の、本当の、作り物ではない、という意味。

recipe:「レシピ」。調理法、が主な意味。他にも様々なものの「解決法」「やり方」と

いう意味で使う。

release：「リリース」。本来は「解放する」という意味だが、しまっておいたものを「公表する」という意味でも使う。日本語では、新製品を発売することを指す。

repair：「リペア」。修理のこと。

request：「リクエスト」。要求すること。日本では、ラジオなどで、楽曲の放送を求めることを指すのが主であったが、今では、「顧客からの要望」はリクエストと呼ぶ。

rescue：「レスキュー」。救助すること。

residence：「レジデンス」。住居。日本人は外来語に弱いので、集合住宅のことを外国語で呼んできた。「富士見荘」ではカビ臭いので、「富士見アパート」とするだけでもオシャレだった時代もあるのだ。だが、言葉は使い込まれていくとお洒落度が下がって日常化してしまうため、やがて「アパート（apartment）」もカビ臭くなり、次に選ばれたのが「マンション（mansion）」だった。英語のmansionは主に郊外の大邸宅（一戸建て）を指すので、意味は大きくずれてしまうが、そういうことはどうせ知らない日本人には分かるはずもないと、日本全国雨後の筍の如くマンションだらけと相成った。だがこうしてマンションも使い古され、今では王座を引きずり下ろされようとしている。変わって最近よく聞くのが「レジデンス」や「メゾン」である。「メゾン」はフランス語だが。

retire：「リタイア」。「引っ込む」という意味の動詞。日本語では名詞でも使う（英語の名詞はretirement）。日本語では「レースの途中棄権」と「退職」という意味でのみ使う。

return：「リターン」。戻すこと。あるいは戻ること。

revenge：「リベンジ」。復讐。英語にはavengeもあるが、多分こちらは日本ではほとんど知られていない。正確に言えばrevengeは「私怨による復讐」、avengeは「正義による復讐」である。

reverse：「リバース」。逆・反対。本来は「反転する」という意味。

review：「レビュー」。英語では本来「見直す」ことだが、その中に「（本などを）批評する」という意味がある。日本語ではその意味だけが使われる。

risk：「リスク」。危険な目に遭う可能性のこと（p.149参照）。

score：「スコア」。得点、成績表、楽譜。

sensational：「センセーショナル」。扇情的な。英語のsensationalには他にも「劇的な」「素敵な」という意味がある。

sentimental：「センチメンタル」。発音注意。感傷的な、涙もろい、という意味。名詞のsentimentは「感情」であって喜怒哀楽すべてを示す。

shift：「シフト」。変化。他に移ること。

shy：「シャイ」。恥ずかしがりの、という形容詞。日本語化したのは比較的最近。

simple：「シンプル」。単純な、簡単な、飾らない。

single：「シングル」。英語では「一つの、一人の」という意味で広く使うが、日本語では「独身の」という意味だけが利用されているようだ。

span:「スパン」。「範囲」が原義（手を開いた時の親指と小指の間の長さ）だが、「期間」という意味でもっともよく使う。日本語では「期間」という意味でしか使わない。

stalking:「ストーキング」。英語では敵にこっそり忍び寄ることだが、日本では「つきまとい」という意味に限り使われている。

standard:「スタンダード」。基準、水準。

status:「ステイタス」。地位・身分という意味だが、日本語では「高い」が隠されている使い方をする。

stereotype:「ステレオタイプ」。固定観念。

straight:「ストレート」。発音注意[streit]。まっすぐ、という意味。

support:「サポート」。支援、支え、という意味。

survival:「サバイバル」。試練などに耐えて生き残ること。

tackle:「タックル」。英語では「難しい問題に取り組む」ことを主に示すが、日本語ではスポーツ用語である。

territory:「テリトリー」。縄張り。

test:「テスト」。検査、試験。

tone:「トーン」。（声などの）調子。

treasure:「トレジャー」。宝。

trend:「トレンド」。英語では「傾向」が主な意味だが、日本語では「流行」という意味で使われることが多い。

utility:「ユーティリティ」。英語では「実用品」という意味に加え、「公的設備」などの意味もある。日本語化したのはコンピューター用語として。何かを便利に使うための道具、ソフトウェアのことを指す。

venture:「ベンチャー」。リスクのある事業のこと。

visual:「ビジュアル」。視覚的な、という意味。

日本語になっているが、意味の曖昧なもの シリーズ

ここでは、日本語になっていてよく耳にするが、実は意味をよく分かっていないのではないかと思われる言葉を取り上げる。

accountability:「説明責任」。accountに「説明する」という意味があることから、自分のしたことを「説明できる状態にしておくこと」を指す。ただ単に、説明すればいいということではなく、説明できる状態、つまりやましいところや難点のない状態にしておくことを指す。

agent:仲立ちをするもの、という意味だが、日本で「エージェント」というと「交渉などを代理でする者」という意味に限られるようだ。英語ではもっとずっと範囲が広く、化学反応の「触媒」などの意味にも使われる。

animate：anim-が「動き」なので、「動きを与える」という意味であり、その点では日本語で使う「動画」の意味ももちろん持つ。だが、英語では感情の動詞で使うことが多い。〈be〉animatedで「生き生きしている」である。

compliance：元々は「規則に従うこと・要求に応じること」であるが、今では企業などの「法令遵守」という意味で使われることが多い。

handy：「使いやすい・手軽な・手際がいい」。日本語では「手で持つ・外出用の」という意味で使われるようだが、その意味は英語にはない。

infrastructure：日本語でも英語でも意味は同じ。日本語でもインフラストラクチャー、略してインフラと言う。あえて訳せば「社会基盤設備」とでもなろうか。水道・電気・交通など、社会を形成する上で必要不可欠な公共施設を言う。

inflation：元は「膨らむこと」。風船などに空気を入れることもinflateと言う。日本では「インフレ」と略され、物の価値が上昇して物価が上がることを指す経済用語のみで使う。

initial：英語では「はじめの」という意味の形容詞。日本語では、アルファベットで書いた名前の先頭の一文字のことだけを指す。英語にもその意味はあるが、もっと幅広く使う。

joint：英語では名詞の場合「関節・つなぎ目」、形容詞の場合「共同の」である。日本語でもどちらの意味でも使う。

margin：英語では元々「差」という意味。当然「収入と支出の差」もmarginになるので結果的に「利益」という意味にもなるが、それはあくまでも派生である。日本語で「マージン」といえば「利益」のことだが、あくまでもそれは意味の一部に過ぎない。

mass：元は「ひとまとまりの塊」という意味。そこから「質量」「大量」「大衆」という意味が出ている。

moratorium：語尾がumなので、複数形がmoratoriaとなるが、まあ試験には出ないだろう。英語は、一時的な使用停止・非常時の支払猶予のことを指すが、日本語では決断ができない時の判断停止状態、およびその期間のことを指す。特に、学生が進路を決めきれずに留年するような場合を「モラトリアム」という。

property：英語では、「資産」という意味と「性質」という意味で主に使われる。日本語では、パソコンが普及すると同時に「プロパティ」という用語が広まったが、これはむしろ「設定」という意味に近い使われ方をしている。

range：発音注意[reindʒ]。「レンジ」ではなく「レインジ」に近い。意味は二つ。「範囲」という意味と「調理用の竈」という意味だ。後者は「電子レンジ」という言葉に使われているが、英語ではこれはmicrowave ovenといい、rangeという言葉は使わない。

routine：発音注意[ruːtíːn]。「ルーチン」ではなく「ルティーン」である。決まった手順のことで、日本語でもほぼ同じ意味で使う。

sanctuary：英語では元来、教会のような宗教的な意味での聖域をこう呼んでいたが、それが派生して「危険から逃れられる場所」という意味に転じた。環境問題に関連する用

語として動物が人間による開発から逃れて暮らせる場所、という意味で使われることが多いが、DV (domestic violence) から逃れる「駆け込み寺」という意味でも使う。

supplement：英語では「補足」という意味が最も一般的で、本の注釈などを指すのによく使われる表現である。日本では、「栄養補助食品」といった意味で使われるが、英語にも同じ意味はある。

ubiquitous：元々は「同時にあらゆる場所にある・遍在する」で、universalに近い意味であり、宗教的な言葉ではほとんど一般性はなかった。にわかに注目されるようになったのは、20世紀末になって提唱されたUbiquitous Computingという概念によってである。正直言えば、提唱した本人たちも、それがどういう姿になるのか、まだ現時点（2011年）では読みきれていないのが現状だ。かいつまんでその理想を言うならば、自分個人のコンピューターを持ち歩かなくても、いつでもどこでも自分のIDを使って自分のデータを呼び出し、利用、加工、送受信できる、というようなコンピューター社会のことを指しているようだ。だが、正直言って日本でも一部の人間にしかまだ知られていない概念である。現実的にはハードウェアの共有ではなく、個人用の軽量なハードウェアを志向しているように見えるが、それでもウェブ上のデータストレージなど、多少その方向への進展も見えつつある現在である。

vacuum：英語では純粋に「真空」という意味であるが、日本人には全く違った意味に聞こえている言葉だ。私などの世代の日本人には「バキュームカー」という特有の匂いを感じさせる言葉が思い浮かぶし、若い世代でも「バキュームクリーナー」から「掃除機」を思い浮かべる可能性が高い。

日本語の語感と異なる前置詞を伴う動詞 シリーズ

つい日本人は日本語訳から英語を考えるクセがあるが、そういう考え方でアプローチすると間違えてしまう前置詞を伴う言葉がいくつかある。
begin/start/originate **with** X：「X**から**始める・始まる」
demand/expect A **from/of** B：「AをB**に**要求する」
order A **from** B：「AをB**に**注文する」

忍耐 シリーズ

一般に、「忍耐」と訳す単語には**patience, perseverance, endurance**があるが、その持つ意味はかなり異なる。patienceは「苦痛や問題が解消するまでじっと待つ」（ア）、perseveranceは「目標を実現するために苦しいことやいやなことを受け入れる」（イ）、enduranceは「苦痛の中で限界まで時間を保たせようとする」（ウ）である。特にenduranceはdureに「保ち時間」という意味があることとの関連で、「時間が経過する」

という意味が強く出る（durationは「電池などの寿命」、duringは「……の間ずっと」という前置詞）。「我慢する」という動詞には**stand**、**bear**、**put up with**がある。

(ア) At last we have got the necessary information. It has taken more than ten minutes, much longer than it usually does. Sorry for the delay and thank you for your patience. (やっと必要な情報が手に入りました。いつもよりも大分時間がかかりましたね。10分以上ですね。お待たせして申し訳ありません。お待ちいただいて感謝します)

(イ) He has achieved a splendid success with great perseverance. (彼は刻苦勉励、ついに素晴らしい成功を手に入れた)

(ウ) He tried to develop physical endurance. (彼は持久力を身につけようとした)

バカ シリーズ

fool, idiot, donkey, asshole, foolish, silly, stupid, ridiculous, absurd, dull, idiotic, nonsense, naive

日本語でもそうだが、「愚か」であることを示す単語は数多い。私を含めて、世の中のバカの数は尽きないというわけか。最も代表的、というか日本人が知っているのは**fool**だが、これは名詞で、しかも数えられる。形容詞形は**foolish**。これもかなり使う。他にも**silly**、**stupid**、**ridiculous**、**absurd**、**dull**、**idiotic**と枚挙に暇がない。そういえば名詞のバカには**idiot**もあった。こっちの方がむしろ口語的でよく使う。もっと俗語的なのが**asshole**。動物を使うのもある。代表は**donkey**。本当のロバはかなり賢いというが、うすのろというイメージが強いのかも。ちなみに形容詞の「バカ」たちはみなIt is foolish of him to do that.のように、不定詞の意味上の主語の前にくる前置詞がofになる例外のグループに属する。その他名詞で「ばかげたこと」は**nonsense**。少し系統は異なるが、**naive**という形容詞も「バカ」の一つである。日本では「ナイーブ」は「傷つきやすく繊細な」という意味で使われるようだが、英語でnaiveは「単純バカで騙されやすい」という意味である。

なお、言葉というのは時に全く逆転した意味に使われることがあることも、諸君は知っているだろう。人を評価する時、**ridiculous**や**asshole**はもちろん通常は低い評価に使うのだが、常識とかけ離れたほど優れた、という意味で "He is really ridiculous." "He is a real asshole."などという表現もある。もちろん試験に出るとは到底思えないが。

場所・地区 シリーズ

場所・地区を表す表現にも色々ある。作文では、areaとplace、regionくらいが使い分けられればよいが、読んで「場所」だと分からないと困る言葉もあるので、一応は記憶にとどめておいてほしい。

area　（特定の用途・特徴などで区切られた）地域
block　市街の一区
district　地方・地域
domain　支配地
lot　土地の一区画
part　部分（全体の中の残りの部分）
place　場所
province　政治的に区分された領域、県
quarter　都市の一部
realm　領域・分野（fieldに近い）
region　地域
zone　地区

場所を示す副詞 シリーズ

場所を示す言葉は日本人の語感的には名詞だが、英語の中には副詞も混ざっている。副詞の前には前置詞はつかないし、副詞は動詞の目的語や補語にできないことを正しく理解しておかなくてはならない。

abroad「海外に」、here「ここ」、there「そこ」、downtown「繁華街に」、home「家に」、downstairs「階下に」、upstairs「階上に」、indoors「屋内で」、outdoors「屋外で」

派生形が変則的な単語 シリーズ

単語の品詞による変化は定型的なものが多いが、中には変則的な変化をするものがある。もちろんそれぞれの変化形には経緯があるのだが、そういうことにこだわるより、とりあえず知っておいた方が話が早い。覚えやすいように似たものを並べる配慮をしたが、意味上の関連性はあまりないので、そういう期待はせず覚えておこう。

advise (←advice)　device (←devise)　bathe (←bath)　breathe (←breath)
boredom (←bore)　freedom (←free)　kingdom (←king)　wisdom (←wise)
brevity (←brief)　clarify (←clear)　clarity (←clear)　parity (←pair)
poverty (←poor)　purity (←pure)　sobriety (←sober)　breadth (←broad)
depth (←deep)　length (←long)　strength (←strong)　width (←wide)
burial (←bury)　denial (←deny)　refusal (←refuse)　removal (←remove)
conquest (←conquer)　deed (←do)　death (←die)　dead (←die)
esteem (←estimate)　flight (←fly)　fundamental (←found/foundation)

furniture (←furnish)　**hatred** (←hate)　**health** (←heal)　**height** (←high)
hindrance (←hinder)　**reliance** (←rely)　**remembrance** (←remember)
resemblance (←resemble)　**ingenuity** (←ingenious)
maintenance (←maintain)　**obedience** (←obey)　**passage** (←pass)
prayer (←pray)　**proof** (←prove)　**provision** (←provide)
pursuit (←pursue)　**receipt** (←receive)　**suit** (←sue)　**recession** (←recess)
injury (←injure)　**recovery** (←recover)　**absorption** (←absorb)
acquisition (←acquire)　**compilation** (←compile)
compulsion/compulsory (←compel)　**pronunciation** (←pronounce)
publication (←publish)　**repetition** (←repeat)　**retention** (←retain)
revelation (←reveal)　**suspicious** (←suspect)　**suspicion** (←suspect)
shortage (←short)　**storage** (←store)　**tendency** (←tend)

発音が問われる単語 シリーズ

以下に挙げるのは、発音が問われることのある単語である。語彙・文法などの面では論理的一貫性が高い英語ではあるが、こと発音に関してはほとんど統一的なルールがなく、なんとネイティブスピーカーでも初見の単語は正確な発音が分からない。ちょうど我々日本人が難しい漢字の熟語を見た時と同じく、たぶんこうだろうと見当はつくものの、それが必ずしも正確とは限らない、と感じるのと同じ感じなのだ。本来表音文字であるはずのアルファベットだけで書かれている英語が、初見で正しく発音できないことがある、というのはかなり意外でかつ不思議な事実である。それどころか、新語の発音は「多数決で」いつの間にか決まっていく、という習性もあるようだ。コンピューターの世界で最近起こったことだが、UNIX系の新しいOSであるLINUXの発音は、ごく初期の頃は「リナックス」と「ライナックス」と二つあり、どちらの発音をする人もいたが、今では「ライナックス」が英語圏では主流になりつつある（皮肉なことに、日本では「リナックス」が定着した模様）。

実はペーパーテストで英語の発音を問うのがあまり主流にならないのはこのあたりに理由がある。ペーパーテストではいくつかの選択肢の中から「一つ」答えを選ぶ、という形式をとるほかないのだが、そうなると、特に論理を持たない発音の世界では、偶然他と違う発音を持つ単語、つまり「例外」がほぼ必ず答えになることになる。つまり、全体としての英語の理解ではなく、珍しいもの、例外的なものを知っているかどうかばかりを問うことになるので、問題に広がりが出てこないのだ。逆に言えば、単に発音問題で点をとるだけなら、ある綴りに対する主流となる発音を覚えるのではなく、例外的なものだけをピックアップして覚えれば事足りる、という歪んだ状態が発生しやすく、そのため、心ある大学はあまり発音を問わないのである。とはいえ、日常的に見かける単語の発音が正しくできないと、コミュニケーションにも事欠くようになるので、単に試験対策として例外

的な発音ばかりを覚えるだけではなく、単語を見たら、「多分こう読むのだろう」と予想がつくくらいには単語の発音に通じるように、普段から勉強する必要がある。日本人が英会話が得意にならないのは文法重視の学習に問題があるのではなく、「単語を見たらだいたい発音できる」という状態にならない人が多いからだ。その点では、このコラムは直接的には力になれないが、ここに挙げた単語の変わった発音さえ覚え、後は「単語を見てなんとなく発音の見当をつける訓練」を積めば初見の文を見ても発音に困ることがなくなる、という点で英語学習の一つの鍵にはなろう。

adolescent：[ǽdəlésnt]「思春期の」『アドレスント』
aesthetic：[e(i:)sθétik]「美的な」『エステティック』カタカナ読みを見れば我々にも馴染みがある。綴りから発音が類推できない。
angel：[éindʒəl]「神の使い」『エインジェル』日本人は「エンジェル」だと思っている。
anxiety：[æŋzáiəti]「心配」『アンギザイェティ』綴りにxが入るとまず見た目では発音が難しい。形容詞のanxiousは [ǽŋkʃəs]『アンクシャス』なので、発音が大きく異なる。
autumn：[ɔ́:təm]「秋」『オータム』語尾のnは黙字。mnと綴る時、nは黙字である。column「柱・コラム」、condemn「非難する」、damn「呪い」、hymn「讃美歌」、solemn「物々しい」も同じ。
aunt：[æ(ɑ:)nt]「おばさん」『アーント』auという綴りで「アー」と読むのはきわめて例外的。
awe：[ɔ:]「恐れ」『オー』綴りにwが入ると「ウ」と読みたくなるが、二重母音ではなく長母音が正しい。
bait：[beit]「餌」『ベイト』見かけからは「バイト」に見えるはず。釣り用語なので、太公望なら発音できるのかも。
bomb：[bɑ(ɔ)m]「爆弾」『バム』語尾mbではbは黙字。climb「登る」、comb「櫛」、lamb「子羊・子羊肉」、limb「手足」、numb「麻痺した」、thumb「親指」、tomb「墓」、womb「子宮」も同じ。
bough：[bau]「(木の)大枝」『バウ』日本では発音問題でしか見かけない、という不可思議な単語。英語圏でも、すでに死語であるが、"The Mistletoe Bough"という有名な子供向けの民謡が今でもとても有名なので、単語として知らない、というネイティブはまずいない。
breast：[brest]「胸」『ブレスト』eaは「イー」と伸ばすか「エ」となるかだが、beastが有名なせいか、こちらが「エ」となるのが比較的意外に感じる。ただ、水泳の世界では平泳ぎのことをbreast-stroke、日本語では「ブレスト」というので、それとの関連で覚えれば比較的馴染みやすい。
brow：[brau]「眉」『ブラウ』日本語化しているが、日本語ではアイ・ブロウだと思わ

れている。

bury：[béri]「埋める」『ベリィ』綴りがuなのに発音が「エ」となるのはこの単語とその名詞形のburial[bériəl]だけである。

career：[kəríə]「生涯」『キャリーア』この単語で問題なのはストレスの位置。carrierと異なり、語尾にアクセントがある。一般に-eerで終わる単語は語尾にストレスがくる。

chaos：[kéiɑ(ɔ)s]「混沌」『ケイオス』日本語では「カオス」で知られる。英語読みは異なる。

choir：[kwáiə]「(教会の)聖歌隊」『クワィア』次のchoreと比べると発音の不思議さに気づくだろう。教会ではかなり有名な単語。

chore：[tʃɔː]「(家の内外の)雑用」『チョー』語尾のeは発音しない、というルールに忠実なだけだが、最初音を聞くと違和感があるはず。意味もかなり重要。

cleanly：[klénli]「こざっぱりした」『クレンリィ』はじめ形容詞cleanから派生した副詞であるcleanly[klíːnli]『クリーンリィ』に見えるが、それとは異なる形容詞である。発音も異なる。

cleanse：[clenz]「きれいにする」『クレンズ』日本でも「クレンザー」「クレンジングクリーム」などという商品名や固有名詞で知られているが、綴りを見ていきなりそう読むと分かるかというと、なかなかそうもいかない。cleanse A of B は句動詞である。

climb：[klaim]「(手足を使って山・木・はしごなどを)よじ登る」『クライム』語尾mbではbは黙字。

close：[klous]「接近した」『クロウス』同じ綴りの動詞 close[klouz]『クロウズ』との違いは有名。

clothes：[klou(ð)z]「衣服」『クロウズ』元はclothの複数形だが、通常は「服」という独立した意味で使う。複数形である。発音上の問題点はtheが黙字だということ。

coast：[koust]「海岸」『コウスト』二重母音に注意。cost：[kɔː(ɔ)st]「(金が)かかる」『コースト』との違いは有名。

cottage：[kɑ́(ɔ́)tidʒ]「小住宅」『カティジ』日本語では「コテージ」だが、英語では語尾のageは通常『ィジ』と発音する（stageは違うが）。baggage「荷物」、cabbage「キャベツ」、carriage「馬車」、damage「損害」、manage「経営する」、marriage「結婚」、mileage「総マイル数」、mortgage「住宅ローン」、package「包み」など多数ある。

cough：[kɔː(ɔ)f]「せき」『コフ』oughという綴りは曲者だが、「オフ」と読むものはこの単語のみ。

creature：[kríːtʃə]「神の創造物」『クリーチャー』createの名詞形だが、母音の発音が異なる。

debt：[det]「借金・貸している金」『デット』btのbは黙字。doubtも同じ。

evil：[íːvl]「悪い」『イーヴル』語頭のeは『イー』と長母音。devilとはだいぶ発音が

異なる。

fluid：[flúːid]「液体」『フルーイド』意外に聞こえるが、iはきちんと発音する。

front：[frʌnt]「前」『フラント』日本では「フロント」というが、英語の発音では「フラント」で、「オ」でなく「ア」である。同じ種類のものにonion「たまねぎ」『アニオン』がある。

glove：[glʌv]「手袋」『グラヴ』手袋は「グラヴ」と「ア」の音である。日本語風に「グローブ」というと、globeの方に近い。

heart：[hɑːt]「(何かの) 核心部分」『ハート』綴りにrを見ると、やたら巻き舌にする人がいるが、この単語はほぼ「ハート」で、母音は明確に「アー」であり、rは黙字に近い。巻き舌にして発音するとhurtに聞こえてしまうので注意。

heir：[εə]「跡継ぎ」『エア』airと同音異綴り語。hには黙字もある、というルールの典型例。honest「正直な」、honor「名誉」などがその他の例。

hierarchy：[háiərɑːrki]「身分序列」『ハイェラーキー』日本では「ヒエラルヒー」という発音が知られるが、これはドイツ語。

hurt：[həːt]「傷を与える」『ハウェート(カタカナで表現しがたい)』いわゆる典型的な巻き舌の音。heartとは違うことに注意。

impious：[ímpiəs]「不信心の」『インピアス』piousの否定形だが、pious[páiəs]『パイアス』とは聞こえ方が大きく違う。その点はfamous[féiməs]『フェイマス』の反対語infamous[ínfəməs]が「インファマス」になるのも同じ種類の変化である。

island：[áilənd]「島」『アイランド』sは黙字。isle[ail]『アイル』も同じである。さらにaisle[ail]『アイル』はisleと同音異義語。

knife：[naif]「ナイフ」『ナイフ』knとなる時、kは黙字。knit, knob, know, knightなど。

label：[léibəl]「(薬瓶、旅行鞄などに貼り付ける)ラベル」『レイブル』日本語では「ラベル」だが、英語では二重母音。

laugh：[læ(ɑː)f]「笑う」『ラーフ』auで「アー」と読むのはこれとauntだけ。

lead：[led]「鉛」『レッド』動詞のleadと同綴り異音語。欧米ではガソリンの種類としてunleaded が有名。

learned：[ləːnid]「博学の」『ラーニド』動詞learnの過去分詞と同じ綴りだが、異なる形容詞。限定用法のみ。

leisure：[líː(é)ʒə]「余暇」『リージュア』日本語のレジャーとは意味・発音ともに異なる。

meteor：[míːtiə]「流星」『ミーティア』見かけからは発音が分からない。

minute：[mainúː(njúː)t]「微細な」『マイニュート』「分」のminuteと同綴り異音語。

naked：[néikid]「裸の・剥き出しの」『ネイキッド』限定用法の形容詞。

naughty：[nɔ́ːti]「腕白な」『ノーティ』綴りを見ると「ナウ」となりそうだが、そうはならない。

only：[óunli]「唯一の・単なる」『オウンリィ』「オンリィ」だと思っている人が多いが、

頭の母音は二重母音で「オウ」である。

pear：[pɛə]「西洋梨」『ペア』pairと同音異綴り語。

peasant：[pézənt]「小作農民」『ペズント』最初のeaは「エ」、次のaは発音しない。一音節語。

pour：[pɔː]「注ぐ」『ポー』hour、sourなど-ourで終わる単語は多くの場合「アウァ」と読むが、この単語は「オー」と伸ばす。同じ音を持つものにfourがある。

previous：[príːviəs]「過去の」『プリーヴィアス』最初のeを「イー」と伸ばす。かなり頻出。

procedure：[prəsíːdʒə]「手順」『プロスィージャァ』真ん中のeを「イー」と伸ばす。見かけ上ごく短いe一文字が、発音上単語の大部分を占める。

range：[reindʒ]「範囲」『レインジ』実はルール通りの発音。だが日本では「レンジ」で通っているため、「エイ」という二重母音であることが忘れられがち。

ratio：[réiʃiou]「比」『レイショウ』aは「エイ」、oは「オウ」という二重母音である。日本語では「レシオ」が普通なので、誤解しやすい。

realm：[relm]「領域」『レルム』eaは「エ」。

receipt：[risíːt]「領収書」『リスィート』pは黙字で、eiを「イー」と伸ばす。音を聞けば日本語の「レシート」が思い浮かぶが、綴りからは類推しにくい。

recipe：[résipi]「調理法」『レスェピー』英語では通常語尾のeは発音しないが、これは「イー」と読む。外来語だからだろう。

recommend：[rekəménd]「勧める」『レコメンド』ぱっと見た印象で発音すると「リコメンド」になりやすいが、明らかに「レ」なので注意が必要。

route：[ruːt]「経路」『ルート』日本語でも「ルート」なので発音は分かりやすい。むしろrootと同音異綴り語なので、意味を混同しやすい。

routine：[ruːtíːn]「日課・決まりきった手順」『ルーティーン』日本語では「ルーチン」だが、英語ではtの後ろ側の方が強く長い。ストレス位置が後ろにあることも頻出。

satire：[sǽtaiə]「風刺・皮肉」『サタイア』後半の綴りはtireだから「タイヤ」と同じで当然なのだが、全体としては見ただけでは発音しづらい単語である。形容詞形のsatiricalは見ただけで「サティリカル」と読みそうに見え、事実そう発音する。

scheme：[skiːm]「計画」『スキーム』chを「カ」と読むのはstomachなどかなり多いのだが、やはり知らないと自信を持って発音しづらい。

separate：[sépəreit][sépərit]「分離する・分離した」『セパレイト』『セパリット』語尾がateの場合、動詞なら『エイト』、形容詞なら『イト』と発音する。これは結構有名な知識。

smooth：[smuːð]「なめらか」『スムーズ』日本でも「スムーズ」は有名。語尾の発音はカタカナの「ズ」とは少し違うが、有声音で濁る、という点では同じ。なぜかこの単語については、そのことしか聞かれない。本来smoothの「ズ」とzooの「ズ」は違う（発

音記号で見れば一目瞭然）が、それはあまり聞かれないのだ。

subtle：[sʌtl]「微妙な」『サトゥル』bは黙字。

sword：[sɔːd]「剣」『ソード』wは黙字。見かけからは分かりにくい。ただし、日本ではゲームソフトの普及により、一部ではよく知られている。

tear：[tɛə]「引き裂く」『テア』「涙」のtearと同綴り異音語。発音だけで区別する。

theme：[θiːm]「テーマ」『スィーム』日本語では「テーマ」で有名だが、これはドイツ語の方で、意味は同じでも英語の発音はまるで違う。外来語といってもすべて英語から入ったわけではないので、時折こういう現象が起こる。normと「ノルマ」がそう（日本語の「ノルマ」はドイツ語源）だし、アルバイトやアンケートはそれぞれドイツ語、オランダ語なので、いくら探しても英語には似た言葉はない。

thesis：[θiːsis]「論文・課題作文」『スィーシス』thが無声音になることも多いが、これは初見では発音が難しいだろう。なお、複数形はthesesで『スィーシーズ』と末尾は濁る。

touch：[tʌtʃ]「触れる」『タッチ』「タッチ」という音自体は日本語にもなっている。だが、音から綴りを思い浮かべるのは難しい。

use：[juːs]「使用」『ユース』動詞のuseは『ユーズ』と濁るが、名詞は無声音。

vaccine：[væksiːn]「ワクチン」『ヴァクシーン』。

vehicle：[víːəkl]「乗り物・車」『ヴィークル』hが黙字。ひと目で発音するのは難しい。

virus：[váiərəs]「ウイルス」『ヴァイァルス』日本語化しているが故に発音できない。

vitamin：[váitəmin, vítəmin]「ビタミン」『ヴァイタムン』先頭のiは『アイ』という二重母音。少数派ながら『ヴィタミン』と読むこともあるようで、発音問題には出ないが、リスニングでこの単語が出ると意外と聞き逃して辛い。

waist：[weist]「腰」『ウェイスト』日本語では「ウエスト」だが、英語では二重母音である。

wind：[waind]「巻き上げる」『ワインド』「風」のwindと同綴り異音語。過去・V.p.pはwoundで発音は『ワウンド』。「傷を与える」というwoundは『ウーンド』で発音が大きく異なる。

women：[wímin]「女性（複数）」『ウイミン』oは「イ」と読む。頭のwは子音だから、母音は「イ」だけである。

wool：[wul]「羊毛」『ウル』日本では「ウール」と呼ぶが、英語では短母音で『ウル』。

早い・速い シリーズ

同じように聞こえる「はやい」でも、日本語でも漢字に「早い」と「速い」の違いがあるように、英語にも区別がある。何よりもそれが重要。

※「**早い**」：**early** 「早い」にあたる英語はearlyのみである。これは、「ある時間帯の中のはじめの方」という意味であり、実は訳語は一定ではない。これについてはearly（→

p.91)を参照のこと。なお、「五分早く」を日本人はよくfive minutes earlyと思いがちだが、正確にはfive minutes earlierと比較級になる。「五分早く」というのは「何かと比べて」いるからできるので、当然比較級になるのだ。

※「速い」：fast, rapid, quick, prompt これらはすべて「速い」と訳せるが、その示すところは多少異なる。promptは「てきぱきと」、quickは「間をおかずに」。fastとrapidはともに「速い」だが、意味はかなり異なる。新幹線を例にとると分かりやすい。すべての新幹線はfastだが、中にはrapidとはいえないものがある。それは東海道新幹線ならば「こだま」だ。何しろ「こだま」は各駅停車なのでrapidではないのだ。rapidには「途中を飛ばして」という意味があるのである。この説明はあまり婦女子には評判がよくないが、rapidは語源的にrapeと同じで、まあ途中を飛ばすのだ（断っておくが、現在の英語使用者はこの語源の共通性をほとんど意識しておらず、従ってrapidはきわめて一般的に使われる単語である）。

反意語 シリーズ

反意語は数多いが、ざっと見ておくだけでも英作文などでも重宝する。一方しか思い出せなくてもnotをつけてやるだけで済むからだ。

先祖：ancestor, forebears, forefather ⇔ descendant, offspring：子孫
異常な：abnormal ⇔ normal：正常な
その場にいない：absent ⇔ present：その場にいる
絶対的な：absolute ⇔ relative：相対的な
抽象的な：abstract ⇔ concrete：具体的な
酸：acid ⇔ alkaline：アルカリ
後天的な：acquired, learned ⇔ innate, inherent, inborn：先天的な
能動的な：active ⇔ passive：受動的な
急性の：acute ⇔ chronic：慢性の
肯定的な：affirmative ⇔ negative：否定的な ※positiveが反意語であると勘違いしやすい。
攻撃的な：aggressive ⇔ defensive：防衛的な
アナログの：analog ⇔ digital：デジタルの
天使：angel ⇔ devil, demon：悪魔
反意語：antonym ⇔ synonym：同義語
到着：arrival ⇔ departure：出発
上昇する：ascend ⇔ descend：下降する
左右非対称：asymmetry ⇔ symmetry：左右対称
不毛な：barren, sterile ⇔ fertile：肥沃な

有益な：**beneficial** ⇔ **harmful**：有害な
利益：**benefit** ⇔ **harm**：害（「利益」シリーズ→p.309参照）
偏った：**biased, prejudiced** ⇔ **neutral**：中立の
祝福：**bless** ⇔ **curse**：呪詛
底：**bottom** ⇔ **top**：頂点
原因：**cause** ⇔ **effect**：結果（cause→p.82参照）
混沌：**chaos** ⇔ **cosmos**：調和
文民の：**civil** ⇔ **military**：軍事の
明確な：**clear, distinct** ⇔ **ambiguous, vague**：曖昧な
器用な：**clever** ⇔ **clumsy, poor**：不器用な
閉じた：**closed, shut** ⇔ **open**：開いた
口語的な：**colloquial** ⇔ **literary**：文語的な
喜劇：**comedy** ⇔ **tragedy**：悲劇
強制の：**compulsory** ⇔ **optional**：任意の
自惚れ：**conceit** ⇔ **modesty, humidity**：謙虚・控えめ
保守的な：**conservative** ⇔ **progressive**：進歩的な
建設する：**construct** ⇔ **destroy**：破壊する

＊de ⇔ in

減る・減らす：**decrease** ⇔ **increase**：増える・増やす
原理に基づいて現象を説明する：**deduce** ⇔ **induce**：現象から原理を導く
演繹法：**deduction** ⇔ **induction**：帰納法
有限の：**definite** ⇔ **infinite**：無限の

深い：**deep** ⇔ **shallow**：浅い
赤字：**deficit** ⇔ **surplus**：黒字
需要：**demand** ⇔ **supply**：供給
勤勉な：**diligent, industrious** ⇔ **idle, lazy**：怠慢な
意欲を奪う：**discourage** ⇔ **encourage**：意欲を与える
説得してやめさせる：**dissuade** ⇔ **persuade**：説得してやらせる
逸脱・散乱する：**distract** ⇔ **attract**：集中・収束する
乾燥した：**dry** ⇔ **damp, humid, moist**：湿った
鈍い：**dull** ⇔ **sharp**：鋭い
生気がない：**dull** ⇔ **vivid**：生き生きした
動的な：**dynamic** ⇔ **static**：静的な
偶数の：**even** ⇔ **odd**：奇数の

*ex ⇔ in

- 排除する：exclude ⇔ include：含む
- 表に現れた：explicit ⇔ implicit：内にこもった・表に現れない
- 輸出：export ⇔ import：輸入
- 表現する：express ⇔ impress：印象を与える
- 外的な：external ⇔ internal：内的な

- 偽物の：fake ⇔ authentic, genuine：本物の
- 嘘の：false ⇔ true：本当の
- 太っている：fat ⇔ thin：痩せている
- 女性の：female ⇔ male：男性の
- 女性的な：feminine ⇔ masculine：男性的な
- 有限の：finite ⇔ infinite：無限の
- 融通が利くflexible ⇔ rigid, stubborn：融通が利かない
- 前者：the former ⇔ the latter：後者
- 新鮮な：fresh ⇔ stale：古くなった
- いっぱいの・空きがない：full, booked, occupied ⇔ vacant：空きがある
- （時計が）進む：gain ⇔ lose：（時計が）遅れる　＊loseの反意語にはwinもあり。
- 集める：gather ⇔ distribute, scatter：ばら撒く
- 一般的な：general ⇔ specific, particular：特定の
- 利益：good ⇔ harm：害
- 総計の：gross ⇔ net：差し引き考慮した
- 有罪の：guilty ⇔ innocent：無実の
- 天国：heaven ⇔ hell：地獄
- 水平の：horizontal ⇔ vertical：垂直の

*im/inがついて否定語をとるもの

- 未熟な：immature ⇔ mature：成熟した
- 公平な：impartial ⇔ partial：不公平な・偏った
- 短気な：impatient ⇔ patient：辛抱強い
- 不信心な：impious ⇔ pious：信心深い
- 気が触れた：insane, mad ⇔ sane：正気の
- 不合理な：irrational ⇔ rational：合理的な・筋の通った

- 緩い：loose ⇔ tight：きつい
- 負ける：lose ⇔ win：勝つ

下の：lower ⇔ upper：上の
多数の：major ⇔ minor：少数の
多数派：majority ⇔ minority：少数派
物質的な：material ⇔ spiritual：精神的な ＊physicalとの違いに注意
最大化する：maximize ⇔ minimize：最小化する
最大：maximum ⇔ minimum：最小
内科的治療：medicine ⇔ surgery：外科的治療
精神的な：mental ⇔ physical：肉体的な
母性の：maternal ⇔ paternal：父性の
専制政治：monarchy ⇔ republic：共和政治
(幅が)狭い：narrow ⇔ wide：(幅が)広い
騒がしい：noisy ⇔ quiet：静かな
育ち：nurture ⇔ nature：生まれ
客観的な：objective ⇔ subjective：主観的な
反対派：opponent ⇔ proponent：推進派
楽観的な：optimistic ⇔ pessimistic：悲観的な
並の：ordinary ⇔ extraordinary, special：並外れた
永続的な：permanent ⇔ temporary：一時的な
内科医：physician ⇔ surgeon：外科医
丁寧な：polite ⇔ rude：失礼な
捕食者：predator ⇔ prey：獲物
主要な：primary ⇔ secondary：副次的な
私的な：private ⇔ public：公の
散文：prose ⇔ verse：韻文
予想：prospect ⇔ retrospect：回顧
引く：pull ⇔ push：押す
質：quality ⇔ quantity：量
くつろいだ：relaxed ⇔ tense：緊張した
正しい：right ⇔ wrong：間違っている
右：right ⇔ left：左
がさがさした：rough ⇔ smooth：なめらかな
田舎の：rural ⇔ urban：都会の
性差別主義：sexism ⇔ feminism：男女同権主義
強い：strong ⇔ weak：弱い
無理数の：surd ⇔ rational：有理数の
人に馴れた：tame, domestic ⇔ wild：野生の

理論：**theory** ⇔ **practice**：実践
厚い：**thick** ⇔ **thin**：薄い
小さい：**tiny, small, little** ⇔ **big, large**：大きい
休み：**vacation** ⇔ **vocation**：仕事（聖職）
美徳：**virtue** ⇔ **vice**：悪徳
母音：**vowel** ⇔ **consonant**：子音

反対語といえない反対語 シリーズ

英単語の中には接頭辞や接尾辞によって反対語を作るものが多いが、中には反対語ではないものや、反対、とはいっても我々がつい思いつくものとは違う意味を持つものもある。ここではそういうものを取り上げてみた。

countless：「**数えきれないほど多くの**」。「数」が「ない」から少ないのかといえばさにあらず。numberlessも同じく「無数の」。

priceless：「**値段がつかないほど高価な**」。某クレジットカードのCMで有名。

invaluable：「**評価できないほど貴重な**」。valuableの同義語であって、反意語ではない。「価値がない」はvaluelessである。

inflammable：「**とても燃えやすい**」。flammable「燃えやすい」の反対語に見えるが、むしろ同義語である。とても紛らわしく、間違えると危険なので、ほとんどの業界ではinflammableは使用禁止用語である。反対語の「燃えにくい」はnonflammable。

infamous：「**悪い意味で有名な**」。famousの反対語であるが、famousを「有名」と覚えていると「無名」だと誤解しやすい。実際にはfamousは「評判がいい」なので、infamousは「評判が悪い」である。同義語はnotorious。

disinterested：「**公平な**」。interestedの反対語であるが、「興味のある」の反対語ではない。そちらはuninterestedである。disinterestedは「利害関係のない」という意味で、同じinterestでも「利益」からきている。

indifferent：「**無関心な・むとんちゃくな・公平な**」。differentの反対語に見えるが意味は異なる。

ingenious：「**才能がある・独創的な**」という形容詞。名詞のgeniusと似ている上に、inが頭についているため、反対語と誤解しやすいが、意味的にはほぼ同じ。頭のinは「持って生まれた」という意味らしい。

「反対に」シリーズ

on the other hand/by contrast：「一方で反対に（対比）」
I am poor at English. But on the other hand, I am pretty good at math.

(私は英語は苦手だ。だが一方で数学は得意だ)

Even today, the productivity of workers in most developing countries is not so high. By contrast, its counterpart in developed nations is quite high.
(現在でも、発展途上国の労働者の生産性は高いとはいえない。一方で、先進国のそれはかなり高い)

to the contrary：「実際には反対に（予想と現実が逆）」

I hope that I would get a good grade in English. But to the contrary, I nearly failed in English.
(英語でいい点を稼ぎたいと思っていた。だが反対に、英語で危うく落第点をとりそうになった)

on the contrary：「それどころか反対に（内容は同一。肯定・否定が逆）」

I am afraid it is not going to be fine this afternoon. On the contrary, it is likely to be rainy all day.
(どうも午後も晴れそうにないですね。それどころか反対に、一日中雨になりそうです)

in turn：「今度は反対に（立場の逆転）」

Laziness causes bad grades. And bad grades, in turn, cause more laziness.
(勉強しないから成績が悪くなる。すると今度は反対に、成績が悪いから一層勉強しなくなる)

instead：「反対に・むしろ（逆接：AでなくB）」(On the contraryに近い例もある（ア）が、そうでないものもある（イ）)

（ア）His attitude didn't make the situation better. Instead, it made it even worse. (彼の態度は状況をよくするどころかむしろ事態を悪化させた)

（イ）It is not the student that is to blame. Instead, the teacher is entirely responsible for that accident. (悪いのは生徒ではない。その事故の責任はもっぱら先生の方にある)

in return：「反対に（お返しに）」

I am proud to hear from you and to be told my small gift pleases you so much. And also, I am very pleased to receive such a beautiful gift from you in return. (丁寧なお礼状をいただき恐縮しております。しかも反対にこんな素敵な贈り物をいただいて、とても嬉しく思っております)

光る シリーズ

「光る」は一般にshineであるが、他にもいくつか知っておいた方がいいものがある。まずflash。これは「一瞬光る」という意味だ（なぜか懐中電灯のことはflashlightという。一瞬しか光らないわけではないが）。次にtwinkle。これは「星や遠くの明かりが瞬く」である。次にglitter。光り方はともかくAll is not gold that glitters.「光るもの必ずしも金ならず」という表現で有名。さらにglow。これは「鈍く赤く光る」ということで、古いタイプの蛍光灯の点灯器具である「グローランプ」の語源でもある。

否定語 シリーズ

否定語は、ただ並べて済む、という類のものではない。本書は文法の参考書ではないが、一通りの整理をしておこう。

英語の否定語は形容詞と副詞に分類できる。そして形容詞の否定語はすべてnoの親戚、副詞の否定語はすべてnotの親戚だと考えるとよい。するとnoに関する文法事項、notに関する文法事項がそれぞれほかの形容詞・副詞の否定語にも当てはまると分かる。no 比較thanや部分否定など、この応用ができないと往生する表現がかなりあるので注意。

＊形容詞の否定語（noに近いもの）：few, little

形容詞の否定語はfewとlittleだけである。それも「aがつかない」という事実が重要。ほかのaと違い、このaは「単数」とは関係なく、「肯定」を示す。もちろんfewは「数えられる名詞の複数形」につき、littleは「数えられない名詞」につく。なお、few/littleには後ろにif anyを伴うものが見られる。ほかにもrareやscarceが「少ない」という意味で否定的なニュアンスは持つものの、否定語とは言えない。

＊副詞の否定語（notに近いもの）：never, hardly, rarely, scarcely, seldom, by no means, no longerなど。

hardly, scarcely, seldom, rarely（「ほとんどない」と訳すもの）の後ろにはif everがつく（few, littleとつくものが異なることに注意）

＊名詞の否定語：none, neither, nobody, nothing, little, few

名詞の否定語は、名詞の頭にnoがついたものか、数量の形容詞が名詞化したものに限る。特にlittleはnothingとほぼ同じ意味でhave little to do with X「Xとほとんど関係がない」のように使うので要注意。neitherも名詞として使えるが、意味は限定的。

＊形容詞・副詞・名詞のどれにもなるが、使い方が限られるもの：neither

neitherはeitherに否定のついたもので、元々neither A nor B「A、Bのどちらもない」というパターンで使われる。元の品詞は副詞であるが、eitherと同じように冠詞の一種として形容詞と同じように名詞にかかる用法もあり、またそのまま名詞化してneither of Xのような使い方もする。どの場合にも「二つのどちらもない」という意味で、三つ以上ものがあるときには使わない。

＊動詞の否定語：fail to V, refrain（keep）from Ving, cease to V, refuse to V

否定語、というのは少し抵抗があるが、動詞の中にも「……しない」という意味で使うものがある。代表例はfail to Vでこれは「Vしない」と訳す。ただし、failに「失敗」というニュアンスがあるため、「しない」といっても意志的にしないのではなく「したくてもできない」感じがある。refrain（keep）from Vingも「Vしない」という意味で使うが、こちらは「するのを避ける」という意味（そういう意味では、avoid Vingも「Vしない」になる）。cease to Vは「Vしなくなる」という意味だが、Vには状態動詞がくるのが特徴。

refuse to Vはrefuseが「拒絶」なので、するのを断る、という意味。
＊前置詞の否定語：without
without Xは「Xなしで」という意味だから、当然否定の意味を持つ。
＊等位接続詞の否定語：A rather than B, A instead of B, A far from B, A, not B
ここに挙げたものはすべて「BでなくA」と訳せる。Bは否定することになるので、それに対応した形（someではなくanyを使うなど）が来る。
＊特定の用法で使う場合だけ否定の意味になる表現：far from
far fromは<be> far from [X=形容詞]の場合、Xでない、と訳す。元々は「Xから（程）遠い」。
＊否定語がないのに「否定」を想定すべき表現：doubt, no [比較] thanの後ろ。
doubt if/whether SV（最近ではdoubt that SVも容認される）では「SVでないと思う」が訳の基本であり、否定語はないけれども否定を想定して意味をとらないと、文意を逆に取ってしまうことがある。また、no [比較] thanの後ろには否定語は来ないが、この部分は否定的に訳す必要がある。もちろん[比較]の部分がless…の場合は二重否定になるので否定はしない。
＊否定語があるのに「肯定」を想定すべき表現：仮定法+否定+比較級
これは単語というより文法の問題だが、仮定法+否定+比較級は「肯定＆最上級」である。I couldn't have been better.は「これ以上気分がよくなろうとしてもよくなることはできない」という意味だから「最高の気分だ」だし、I couldn't agree with you more.は「もっと賛成しようとしても賛成できない」だから「全面的に賛成」である。
＊否定語と絡んで使う等位接続詞：not A let alone B
let aloneは等位接続詞だが、前に否定語（notとは限らない）があるときしか使われない。意味は「Aはないし、Bはなおさらない」である。

「人の性質」という意味の名詞 シリーズ

厳密に分類すれば以下のような性質があるが、英作文で「人の性格・性質」を訳すことを求められた場合には、the person's characterと言っておけば間違いない。
character：類型化できる性質
identity：その人のもっとも明確な特徴という意味での性質
individuality：他者との違いという意味での性質
personality：その人らしさを示す性質　**temperament**：全体的な傾向としての気質

費用・料金 シリーズ

「費用・料金」に何を使うかは、その種類や支払先によって異なる。一通り頭に入れてお

こう。
bill/account/check：レストラン・ホテルなどでかかった金額（を記した紙・請求書）
charge：（ホテルなどで、後払いにした）料金、手数料・使用料
cost：（ある行動に要する）費用
expense/expenditure：出費
fare：運賃
fee：（ある行動をするのに払う）料金、入場料、知的専門職に対する謝礼（医師の診察代、弁護士の相談料、家庭教師の料金など）
price：物の値段・価格
rate：（ホテルなどの）事前に決められた値段・利用料金
tariff：ホテルの室料（業界用語）、関税
toll：（道路・橋などの）通行料

品詞・用法の違いが問題になる語の組み合わせ シリーズ

意味は同一でも、品詞や用法が異なるというタイプの使い分けの問題がある。出題されるものは限られるのでしっかり覚えておこう。

almostとmost：「ほとんど」と訳すので混同しやすい。almostは品詞が副詞なので、後ろには動詞・形容詞・副詞のいずれかがくる。mostは「数量の形容詞」なので後ろには名詞かof the 名詞がくる。後ろにくるもので見分ける。

becauseとbecause of：どちらも「理由」を表すのに使うが、becauseは接続詞、because ofは前置詞である。

duringとwhile：duringは前置詞、whileは接続詞である。whileの後ろにはSVないしVing/Vp.p（分詞構文を作るため）、duringの後ろには名詞がくる。ただしduringの後ろにはVingはこない。

lonelyとalone：どちらも「孤独な」であるが、lonelyは限定用法、aloneは叙述用法である（限定用法、叙述用法については「用法に注目すべき形容詞」シリーズ→p.306参照）。またaloneには副詞もあるがlonelyにはない。

otherとelse：ともに「他の」であるが、otherは形容詞限定用法、elseは文法定義上は副詞である。だが、実際にはどちらも名詞にかかり、そのかかる位置が異なる。otherは前から名詞にかかり、elseは後ろから名詞にかかるのだ。

頻度の副詞 シリーズ

頻度の副詞は基本的な位置に注意。動詞の前、ただし〈be〉動詞の後ろ、ただし完了形ならhaveとVp.pの間、ただし助動詞と動詞の間である。

always「いつも」(反対語はnever)
often＝frequently「ひんぱんに」(反対語はrarely/seldom)
usually「普通」(頻度は半分くらい)
sometimes＝from time to time＝occasionally＝every now and then＝once in a while「時々」
rarely/seldom「めったにない」(反対語はoften/frequently)
never「全くない」(反対語はalways)
なお、hardly, scarcelyは「否定の副詞」ではあっても、頻度は表さないので注意。

複数形が変わっている名詞 シリーズ

＊パターン化できるもの（単数→複数）
-f→ves：knife→knives、half→halvesなど。例外はroof→roofs。
-on→a：phenomenon→phenomena「現象」、criterion→criteria「判断基準」。
-sis→ses：oasis、analysis、synthesis、hypothesis、crisisなど多数。
um→a：stadium→stadia、datum→data、medium→media。
なし→en：child→children、ox→oxen「牡牛」。
＊単独で覚えるもの
formula→formulae「公式」
radius→radii「半径」
stimulus→stimuli「刺激」

複数の派生語を持ち、その意味の違いが問題になる単語 シリーズ

英単語の中には複数の派生語を持ち、その違いが問題によく使われるものがある。その元になっている単語に注目し、派生語を整理しよう。

appear：文型によって「現れる（SV）」「Cに見える（SVC）」があるため、派生した名詞にも形容詞にも意味が二つずつある。appearance「出現」「外見」、apparent「明らかな」「見せかけの」である。意味が二つあることを常に意識するように。

art：見出し語でも説明している通り（→p.111参照）、「人手が加わったもの」が原義で、そこから「技」「芸」などの意味が出ている。派生語として有名なのはartful、artistic、artificialの三つだが、ぼんやり覚えると混同しやすい。artfulは頻度は低いがart＋ful「技がいっぱい」で「巧みな」と覚えやすい。artisticは綴りの中にartistが隠れているから「芸術的」、残ったartificialは「人工的」である。この順番で覚える

と忘れにくい。

attend：「**参加する**」「**注目する**」という二つの意味があるために、派生形によって意味が異なる。attendance「**参加・出席**」、attention「**注目・注意**」。その他attendant「**参加者・世話係**」、attentive「**注意力のある**」も注意。

child：「**子供**」から派生している形容詞には二つあり、それぞれchildlike「**子供らしい**」、childish「**子供じみた**」である。childishには批判的な響きがあることに注意。

compete：「**競争する**」だが、そこから派生した名詞が二つある。competition「**競争**」とcompetence「**能力**」である。形容詞も二つあり、competitive「**競争力のある**」competent「**有能な**」である。

consider：「**考える**」に加えて「**配慮する**」があるため、considerationという名詞には「**考慮**」という意味以外に「**思いやり・配慮**」という意味もある。このことも頻出だが、形容詞ではconsiderable「**かなりの**（考慮に値する、ということから）」以外にconsiderate「**思いやりのある**」もある。この二つの区別はかなり頻出。またout of consideration of X「**Xを考慮せずに**」とout of consideration for X「**Xに対する配慮から**」は、前置詞だけで意味を区別する必要があるので要注意。

economy：economic、economicalという二つの形容詞を持つ。どちらも「**経済的**」と訳せるが、意味は全く異なる。economicは「**経済に関する**」であり、economicalは「**安い**」である。

enter：名詞形を二つ持つ。entryは「**入ること**」で、数えられない名詞。entranceは「**入り口**」で数えられる名詞。

forget：形容詞が二つある。forgettableはforget＋able、「忘れる」＋「できる」なので、「**忘れてしまうほど印象が薄い**」という意味。一方、forgetfulはforget＋fulだから、「物忘れ」＋「いっぱい」で、「**忘れっぽい**」。

history：形容詞が二つある。historicは「**歴史的に有名な**」、historicalは「**歴史の・歴史上実在する**」。ただし、違いが問われることはまれ。

imagine：派生した形容詞が三つある。imaginable「**想像できる・ありうる**」、imaginative「**想像力に富む**」、imaginary「**架空の**」。この区別は結構頻出する。

industry：「産業（数えられる名詞）」「勤勉（数えられない名詞）」と意味が二つあるため、派生する形容詞も二つある。industrial「産業の」、industrious「勤勉な」。文章中で見る頻度はindustrialの方がかなり多いが、問いとして出題される時の正解はindustriousの方が多い。

intend：intentとintentionという二つの名詞を持つ。両者とも「意志・意図」と訳す。違いをあえて言うなら、intentが明示的な意志であるのに対し、intentionは「行動の背後にある本当の意志・意図」というニュアンスだろうか。だが、大学入試でこの両者の違いが問われることはないので、ふーんで終わって構わない。

like：動詞と前置詞があり、それぞれ「好き」「似ている」である。まず反対語だが、dislikeは「嫌う」でunlikeは「似ていない」。likenという動詞もあり、「似せて作る」。

observe：「（現象を）観察する」「（ルールを）守る」という意味があるため、それぞれに対応した名詞がある。observationは「観察・発言」、observanceは「順守」。

produce：「作る」に加えて「出してみせる」という意味があるため、派生語がややこしくなっている。名詞にはproduction、produce、productがある。productionは「produceすること」という意味だから、「生産」「提示」両方の意味がある。produce、productはともに「産物」であるが、produceは「農産物」、productは「工業製品」を指す。またproducerは「生産者（消費者consumerの反対語）」という意味に加えて「見世物の興行師」という意味もある。テレビ・映画業界で言うところの「プロデューサー」はこれで、よく言う「製作者」は誤訳である。producerは映画を作ったりしないからだ。彼らがやる仕事は一言で言えば金集めである。脚本と演出家と主だった俳優とをピックアップして映画なら映画の計画を立て、その計画書を持って投資家からお金を募るのだ。場合によっては俳優の人選やストーリーの展開にも口は出すが、その基準はひたすら「金になるかどうか」である。さらにできあがった作品を広く大衆に宣伝する仕事も担うが、これも簡単に言えば金集めであり、作品が話題になって興行収入が上がれば、それだけ投資家にとって大きな利息が手に入る、ということに過ぎないのだ。

respect：名詞に「尊敬」以外に「点」という意味があるため、形容詞が三つある。respectableはrespect＋ableだから「尊敬できる」つまり「まともな・おかしくない」であり、respectfulはrespect＋fulなので、「尊敬で胸がいっぱい」つまり「尊敬を感じている」という意味。最後に「点」という意味のrespect（必ずinに従う）から派生したのがrespective「それぞれの」。

sense：形容詞が五種類もある。ただし、問いで解答になるのはsensible、sensitiveの二つだけである。sensibleは「常識的な・まともな」、sensitiveは「敏感な」で、後ろにto Xが続く。残りの三つはsensuous「感覚的な」、sensory「五感の」、sensual「官能的な」である。

short：「短い」「足りない」の二つがあるため、名詞も二つ。shortnessは「短いこと」、shortageは「足りないこと」。

succeed：動詞の意味が二つあるので派生語もそれに対応する。「成功する（自動詞）」「跡を継ぐ（他動詞）」だから、名詞・形容詞にも二種類ある。success「成功」とsuccession「継続」、successful in ...「...に成功して」とsuccessive「継続的な」。ちなみに「跡継ぎ」はa successor、「成功者」はa success。

普通 シリーズ

common, normal, ordinary, regular, usual, general, average
同じ「普通」と訳す単語でもその意味は少しずつ異なる。この使い分けは問われることが多いので、きちんと覚えておくべきである。commonは「共通の」が元の意味だから、どこにでもある、という意味での「普通」を表す。normalは「基準（norm）に合っている」「標準的」、ordinaryは「日常的な」、regularは「定期的な」、usualは「いつもと同じ」、generalは「一般的な」、averageは「平均的な」。それぞれ「普通」とは言い換えられるが、元の意味の違いを知れば使い分けは容易である。

震える シリーズ

「震える」はshakeが基本であるが、その他原因や様子によってtremble、shudder、quiver、quake、shiverなどがある。ただ、あまり細かく覚えようとしても無理があるので、shake以外は「見たことがあって意味が言える」状態ならそれ以上は必要ない。

文法用語 シリーズ

noun：名詞　adjective：形容詞　adverb：副詞　preposition：前置詞　pronoun：代名詞　conjunction：接続詞　relative：関係詞　article：冠詞　interjection：間投詞　phrase：句　clause：節　consonant：子音　vowel：母音　punctuation：句読点　exclamation：感嘆　quotation：引用　grammar：文法
case 格　subjective case：主格　possessive case：所有格　objective case：目的

格 apposition：同格　singular：単数　plural：複数　countable：数えられる　uncountable：数えられない　syllable：音節　tense：時制　usage：語法　verb：動詞　modification：修飾語 complement：補語　subjunctive mood：仮定法　imperative mood：命令法　indicative mood：直説法

法律・裁判用語 シリーズ

裁判・法律の世界では、特殊な専門用語が使われることが多いのは日本も彼の国も同じである。大学入試で必要とされるのはごくわずかだが、それなりの割合で出題される話題なので、基本的なところは押さえておきたい。特にconstitution「憲法」とjury「陪審員」、witness「目撃証人」あたりは頻出である。

＊法律用語
constitution「憲法」 civil law「民法」 the criminal law「刑法」
the commercial law「商法」 provision「条文」
bill「法案」 human rights「人権」 false accusation「冤罪」 precedent「判例」

＊裁判用語
人物
attorney「弁護士（米国）」 barrister「弁護士（英国）」 accuser「原告、告訴人」
defendant「被告」 judge「裁判官、判事」 jury「陪審員（団）」 lawyer「法律家、弁護士」 solicitor「事務弁護士（英国）」 (public) prosecutor「検察官」
spouse「配偶者」 witness「目撃者、現場証人」

発言・物
suit/lawsuit「訴訟」 case「事件、事案」 trial「裁判、公判」 oath「宣誓」
objection「異議、異議あり」 judgment「裁判、判決」 sentence「（刑罰の）宣告、判決、刑」 warrant「令状、召喚状」 appeal「控訴、上告」 verdict「評決」
death penalty「死刑」 imprisonment「懲役」 fine「罰金」

行為
open「開廷する」 recess「休廷する」 adjourn「閉廷する」 sue「訴える、請願する」 testify「証言する」 testimony「証拠、証言」 sustain「（裁判官が）（発言、異議などを）認める」 override「（裁判官が）（異議、発言などを）却下する」
※一般には「認めます」は (I) sustained (it)、「却下します」は (I) overrode (it) と言う。
sentence/rule/decide/convict/judge「判決を下す」 dismiss「却下する」

紛らわしい自動詞・他動詞 シリーズ

まず最初に強調しておきたいのは、多くの動詞は日本語と英語で自動詞・他動詞が同一で

あるということだ。ほとんどの場合、日本語で自動詞であるものは英語でも自動詞、日本語で他動詞のものは英語でも他動詞である。
自動詞に見えるが実は他動詞：
await＋O：「Oを待つ」　discuss＋O：「Oについて議論する」
dress＋O：「Oに服を着せる」　enter＋O：「Oに入る」
excel＋O：「Oより優れている」　mention＋O：「Oについて語る」
reconcile＋O：「Oと仲直りする」　seat＋O：「Oを座らせる」
survive＋O：「Oより長生きする」　visit＋O：「Oに行く・訪問する」
他動詞に見えるが実は自動詞：
appeal to X：「Xに訴える」　belong to X：「Xに属す」
boast of X：「Xを自慢する」　complain of X：「Xの不満を言う」
dream of X：「Xを夢見る」　graduate from X：「Xを卒業する」
insist on X：「Xを主張する」　interfere with X：「Xを妨害する」
interfere in X：「Xに干渉する」　listen to X：「Xを聞く」
object to X：「Xに反対する」　refer to X：「Xについて語る・Xを参照する」
respond to X：「Xに反応する」　submit to X：「Xに服従する」
subscribe to X：「Xに申し込む」　think of X：「Xについて考える」

なお、自動詞・他動詞の区別でもっとも興味深いのはlieとlayだろう。なにしろ、lie－lay－lain－lyingとlay－laid－laid－layingを見比べれば分かる通り、lieの過去形とlayの原形（現在形）が同じ形なのだ。この点についてのいわゆる引っ掛け問題は頻出する。

まわす シリーズ

「まわす」には三つの意味の系統がある。①「自分自身がその内部を中心に回転すること」、②「何かの周りを距離をとりながら回転すること」、③「譲り渡す」という意味である。このうちturnは①②両方の意味になるが、rotate、spinは①のみを、revolveはほとんどの場合②を表す（revolveは①のこともまれにある）。circulateは「循環する」で、②に近いが、同じものが軌道の上を通って回るのではなく、「出発点から出ていって、出発点に戻ってくる」という一回限りの行動を指す。言うまでもなく③は全く意味が異なるが、pass「手渡す」やforward「転送する」などが「まわす」と訳せる。

味覚 シリーズ

味覚といえば「甘み」「辛味」「酸味」「苦味」が代表的なものである。ほかにも「うまい」「まずい」もあるか（ただし、これは「よい」「悪い」を使えば済む）。英語ではこの種の

言葉はすべて形容詞であり、tasteという動詞の後に続いてSVC文型を作る。副詞にならないことに注意。
甘い：**sweet（mellow）**　辛い：**hot（spicy）**　塩辛い：**salty**　酸っぱい：**sour**
苦い：**bitter**　おいしい：**nice/good/delicious/tasty**　まずい：**terrible/awful/nasty**　（味が）濃い／薄い：**strong, rich/weak, bland**　（濃度、とろみが）濃い／薄い：**thick/thin**　こくがある：**rich, tasty**　気が抜けた、味気ない：**flat, tasteless**

見出しにするまでもないが、一言言っておきたい単語 シリーズ

aspect：「点・面」と訳すのが普通。いまだに「外観」という訳語を一番に掲げる辞書が多いが、その意味になることはほとんどない。

delight：感情の動詞だが、delightingという表現はない。delightfulを使う。

favorite：「一番好きな」なので、比較級、最上級にならない。

occur：主語によって意味が違う。S＝［出来事］ならば「起こる」、S＝［考え］なら「思いつく（［考え］occur to［人］）」。

perfect：「完璧な」なので、比較級になることも、veryがつくこともない。

pure：「混ざっていない」。純度百パーセントでまじりっけなし、ということ。「純粋な」と覚えると「よい意味」というバイアスがかかるので注意。a pure fool（救いようのないバカ）とも言う。

recall：「思い出す」。rememberと同じだが、to Vは目的語にとらず、過去の記憶しか扱わない。

refer：自動詞。refer to Xで「Xに注目する」が原義。「Xについて語る」「Xを参考に見る」はその派生。「言及」という訳語は使わない方がいいかも。

tradition：「昔からあって、今もあるもの」という意味。「伝統」という訳語に逃げ込むのは得策ではない。conventionもそれに近い。

travel：「移動」。travelというと「旅行」と訳す人が多いが、それを最初に持ってくる記憶の仕方は正しくない。travelはあくまで「移動」のすべて。通学もtravelだし、カタツムリが葉の上を歩くのもtravel、バスケットボールでボールを持ったまま三歩歩くとtravellingである。

valid：「（会員証などが）有効期限内の」。一般的に「有効な」と訳すが、effectiveなどとは全く意味が違う。

watch：「見る」だが、一般に「動いているもの」を見ることに限るということはあまり知られていない。see a paintingとは言うが、watch a paintingとは言わない。

write: write to［人］で「人に手紙を書く」。hear from［人］で「人から連絡をもらう」。

見る シリーズ

「見る」の代表例は自動詞なら **look**（at X）、他動詞なら **see**。自動詞には他に **gaze**、**stare**、**glance**、**glimpse** などがあるが、ほとんど後ろに at X がついているのでそこから分かる。他動詞は他に **watch**、**observe** あたりか。watch は「動くものを見る・見張る」という意味があることに注意。

虫 シリーズ

insect/bug 昆虫全般。甲虫は **beetle**（ロックグループの The Beatles は、わざと綴りを間違えているので注意。くまのプーさんの hunney と一緒）。ミミズなどのニョロニョロ系は **worm**。芋虫系は **caterpillar**。個別の名称では、蟻は **ant**。蠅は **fly**。蚊は **mosquito**。蝶は **butterfly**。蛾は **moth**。トンボは **dragonfly**。ノミは **flea**。ハチは **bee**。バッタは **grasshopper/locust**。クモは **spider**。セミは **cicada**。ゴキブリは **cockroach**。これくらい知っていれば十分以上。

目的 シリーズ

目的、という単語は英語には数多い。日本語では「目標」「目的」くらいしかないことを考えると意外なほどである。どれも頻出するからちゃんと覚えておこう。
aim, end, object, intention, goal, purpose
中でも end は「終わり」「端っこ」という別の意味も持つこと、object は名詞で「対象物」、動詞で「反対する」という異なるものがあること、purpose には on purpose で「わざと・故意に」というイディオムがあることは覚えておこう。

目的語にくるものに使い分けがある動詞 シリーズ

一見同じ意味に見えても、目的語によって使い分けがある動詞の組み合わせがある。そういうものは、違うポイントをしっかり意識しておこう。
attend と **join**。ともに「参加する」という意味だが、attend は目的語に「活動」が、join は目的語に「人・集団」がくる。詳しくは次の項に。
seek と **search**。ともに「探す」だが、seek は目的語に「探すもの」、search は目的語に「探す場所」がくる。search [場所] for [モノ] が一般的。
thank と **appreciate**。ともに「感謝する」だが、thank は目的語に「人」が、appreciate は目的語に「感謝に値する行為（実際にはそれは他で言われているので代名詞の it）」がくる。

「目的語に何をとるか」が問題になる動詞 シリーズ

「人をとらない」もの：**suggest/explain/say/demand**
「人をとる」もの：**tell/remind/inform/notify/warn/convince/persuade**
「人以外とらない」もの：**help**（助ける）

他にも、目的語にくるものに絡む出題が多い動詞がいくつかある。一つは**hear**。これはSVOの場合、目的語には「音・音源」だけがくる。日本語では「彼の死を聞く」などと言うが、「彼の死」は音でも音源でもないので、英語ではhear his deathとは言えない。それにあたる正しい表現はhear of his deathである（hear of X ［話題］「Xについての話を聞く」）。また、訳語が同じでも目的語による使い分けがあるのが**attend**と**join**。ともに「参加する」だが、joinは目的語に「人・集団」がくるのに対し、attendの目的語には「活動」がくる。join himとは言うが、attend himとは言わず、attend the activityとは言うが、join the activityとは言わない。

×I was explained that his behavior was purely out of curiosity.
○It was explained to me that his behavior was purely out of curiosity.
（彼の行動は単に好奇心から出たものである、と私は説明された）

×He helped my work.
○He helped me with my work.（彼は私の仕事を手伝ってくれた）

We're going on a picnic this afternoon. Would you like to join (×attend) us?
（今日の午後ピクニックに行くんだけど、一緒にくる？）

I am glad to hear of (×hear) his quick recovery.（彼がすぐによくなったと聞いて安心しました）

問題 シリーズ

question, problem, issue, trouble, matter, affair, case

「問題」を示す英単語は数多いが、その持っている方向性やニュアンスによって使い分けがある。「問題」という意味で一番汎用性が高いのは**problem**である。頻度も高い。だがproblemは本質的には「困った問題・解決すべき問題」という意味を持つ。単に「謎・答えの分からない問題」は**question**を使う。problemとquestionの大きな違いは、problemは「解決しないと困る（何か被害が発生する）」が、questionは「分からない」というだけで、解決を求める切迫感は含まれていない。「環境問題はどう解決すべきか」はproblemだが、「初めて酒を飲んだのは誰か」はquestionではあってもproblemではない。**issue**は「表に出た問題」ということで、「人々が議論している問題」を指す。一方、**trouble**は「対人関係」が含まれる問題である。

だが、我々が「問題」と言う時、普通はそれほど大げさなことではなく、「（その場で）取り上げられていること」という程度の意味で使うことが多い。それにあたるのが**matter**

である。「話題」なら**subject**、「関心事」なら**concern**もあるが、それらをみな含めて漠然と「問題」という意味で一番使いやすいのはmatterだ（That's another matter.「それは別問題だ」のように）。だから、訳語としては「問題」以外に「件」という言葉をあてることもできる（Shall we talk about the matter later?「その件は後で話そう」）。さらに、そういうmatterの中で、「まずい話・不祥事」に近いのが**affair**である。従って「事件」という日本語の意味に一番近いのがaffairであるといえる。ただ、警察が絡んだり、裁判になったりするような「事件」は普通**case**という。殺人事件はa murder caseである。

柔らかい シリーズ

soft, tender, flexible

通常の「柔らかい」にあたる単語は**soft**くらいである。硬いに色々ある（「かたい」シリーズ→p.203参照）ことを考えるとあっけないが、これが現実である。「融通が利く」という意味の**flexible**と「肉などが柔らかい」という意味の**tender**が他にはあるくらいだ。ちなみに「あの人は頭が柔らかい」は"She is imaginative."あたりが正しい。「態度・物腰が柔らかい」は「穏やか」ということだから**mild**を使う。

ゆるす シリーズ

これからすることを：allow, permit
SVOC（＝to V）（ア）/SVO（＝名詞・Ving）[受身が多い]（イ）
すでにしたことを：forgive
SV A［人］for B［罪（名詞・Ving）］（ウ）
したこと・すること両方に使い、Oを受け入れる、という意味：tolerate, pardon, excuse
SVO（＝行為・人・もの）（エ）

（ア）Our economic condition never permitted us to buy any luxurious car.
（経済状況からして、贅沢な車を買うことはできなかった）

（イ）Smoking is not allowed on the premises of this hospital.
（当病院構内での喫煙を禁ず）

（ウ）He begged her to forgive him for having said something quite inappropriate in the situation, but in vain.
（彼は彼女に場違いなことを言ったことを赦してくれるように頼んだが、ダメだった）

（エ）Such behavior is not tolerated at all in this school.
（本校ではそのような行為は一切許容されない）

※「すみません」のあれこれ：Excuse me./Pardon me./I beg your pardon./Sorry.

「要求する」という意味のSVOCシリーズ

ask, beg, require, request, urge はかなり一般的。中でも、beg は「請い願う」感じ（beggar は「物乞い」）であり、urge は「せきたてる」感じがある（urgent は「急を要する」）。

He asked me to marry him but I didn't accept it.
(彼に結婚を申し込まれたが、断った)

The prisoner begged himself to be released.
(その囚人は釈放してもらえるように嘆願した)

The company requires its employees to work on Sunday.
(その会社は従業員に日曜日も当然働くように要求する)

This hotel requests their guests to vacate their rooms by 10 o'clock on the day of departure.
(このホテルでは客は出発日の10時までにチェックアウトすることになっている)

My parents have urged me to make a decision but I haven't made up my mind yet. (両親は私に決定を催促してきたが、私はまだ迷っている)

＊この種の動詞で変り種は**plead with**である。withがあるから自動詞に見えるが、SVOCでCにはto Vがくる。

She pleaded with her former husband to be allowed to see her children again. (彼女は子供たちにまた会うことを許してもらえるように前の夫に懇願した)

＊この種の動詞の例外として記憶すべきは**demand**で、これはSVOCにはならない。SVOでOにto Vが来る形があるのも、ほかの動詞と異なる。

He demanded to be given a new room by the hotel immediately.
(彼はホテルに、ただちに新しい部屋を用意するよう求めた)

同じことをrequestを使うと、

He requested the hotel to give him a new room immediately. となる。

用法に注目すべき形容詞 シリーズ

ほとんどの形容詞には「前から名詞にかかる（限定用法）」と「Cになる・後ろから名詞にかかる（叙述用法）」とがあり、どちらも意味は同じである。だが、ごく一部に、限定・叙述のいずれかの用法にしかならないもの、さらには用法によって意味の異なる形容詞がある。そういうものは試験で問われやすいので注意しよう。（ポイント文法② →p.156）

限定用法でのみ使うもの
chief：主な（名詞もある）

elder：高齢の
learned：博識の（発音注意[lə́ːnid]→p.255参照）
live：生きている・生の（発音注意[laiv]。aliveとの違い）
lonely：孤独な（叙述用法ではaloneを使う）
main：主な
mere：単なる
savage：未開の

叙述用法でのみ使うもの
alike：似ている（前から名詞にかける時はsimilarを使う）
alive：生きている（liveは限定用法のみ）
alone：一人で（前から名詞にかける時はlonelyを使う）
asleep：眠っている
astray：道に迷って
available：利用できる・手に入る
averse（＋ to X）：（Xを）嫌って
awake：起きていて
aware：意識していて・気づいていて
compatible：両立できる

限定用法と叙述用法で意味が異なるもの

	限定用法	叙述用法
casual	何気ない	無頓着の・気まぐれな
certain	ある	確かな
given	与えられた・一定の	Xしがちで（given to Xで）
ill	悪意のある	病気の
particular	特定の	こだわりがある
present	現在の	その場にいる
remote	（距離が）遠く離れた	大きく違って
sure	確実な・あてになる	確信して・自信を持って
used	中古の	慣れている

よく知られている意味以外に
別の意味（品詞）を持つ単語 シリーズ

初歩的で有名な単語でも、意外な別の意味を持つものがある。ここではそういう単語の「別の意味（品詞）」だけを取り上げる。

address：「呼びかける・語りかける」。目的語に人をとる「言う」という動詞の一つ。
body：「集まり」。a body of soldiersは「軍の部隊」である。
book：「予約する」。他にもa book makerといえば「賭け屋」である。
but：「単なる（副詞）」。onlyと同じ。
culture：「教養・素養」。どんなに卑俗でも文化はcultureだが、「素養・教養」の意味の場合は野卑でない状態を指す。
faculty：「大学教授」。普通は「才能」という意味だが、集合的に大学の教員を指す。
found：「土台を作る」。findの過去・Vp.pと紛らわしい。
instrument：「楽器」。確かに道具の一つではある。
lead：「鉛（名詞）」。発音注意（p.284参照）。動詞のleadとは無関係。
leave：「許可（名詞）」。たいていtake leaveという形。
might：「力（名詞）」。形容詞形はmightyである。助動詞と間違えると最悪。
mine：「鉱山」。単に同綴り異義語なだけであるが、「私のもの」というmineと間違えると大ごと。形容詞のmineralはむしろ有名。
move：「感動を与える」。確かに「動かす」ではある。
plastic：「ビニールの」。vinylという語はあるにはあるが、一般的にはplasticを使う。日本語では「プラスチック」というと硬いイメージがあるが、ペラペラのビニールも英語ではplasticである。
quarter：「地域・場所・範囲」。四分の一ではない。
rate：「速さ」。確かに「速さ」は「移動距離」÷「所要時間」である。
realize：「実現する」。「気づく」以外にもう一つ意味がある。
refreshment：「軽い飲食物」。確かに軽く食べたり飲んだりして休み、元気を回復する、ということは一理ある。
resort：「頼る（動詞）」。通常resort to Xで使う。リゾート地とは関係がない。
safe：「金庫」。そりゃ金庫は安全だよね。
save：「……を除いて（前置詞）」。
say：「たとえば（副詞）」。両端をcommaに挟まれている。
school：「派閥」。a school of fishは「魚の群れ」である。決して「メダカの学校」ではない。
second：「秒」。意外、という程ではないが、「二番目」と思い込まないことが重要。
send for X：「Xを呼びにやる」。「送る」というのとは別の方向。

somebody：「一廉(ひとかど)の人物」。

spell：「期間」。have a spell of Xが有名。

square：「二乗」。元は「正方形」だから、確かに二乗になる。「広場」という意味もある。

story：「階」。家の窓に歴史物語を描く習慣から。今でもエジプトでは、家族旅行の報告を壁に描く習慣がある。

study：「書斎」。

suit：「訴訟」。動詞sueの名詞形。

tall：「荒唐無稽な・突飛な」。a tall storyという表現をよく見かける。

tell：「(現金の) 出納を取り仕切る」。a bank tellerは「銀行の窓口係」。ATMはthe automatic teller machineの略称。

touch：「感動を与える」。日本語にも同じコンセプトで「心の琴線に触れる」という言い回しがある。

trade：「交換」「職業」。貿易や商売でなくても、どんな種類の仕事でもtradeといえる。Two of a trade never agree.（同業者は仲が悪い）は有名。

vital：「重要な」。vitalityの形容詞形だが、「元気な」という意味はない。「生きている」という意味ならある。大事故などの時にけが人のvital signsが問題になるが、これは「生きている証拠」という意味。

vitality：「生きる力」。元気という意味ではない。

want：「不足（名詞）」。まあ欲しいのは足りないからであるが。

well：「井戸（名詞）」。副詞や形容詞と間違えやすい。

whole：「未加工の」。「全体の」という意味から派生したらしい。食べ物に使うことが多い。素材を加工せず、そのすべての栄養素を含んだ状態のままのものをいう。

利益 シリーズ

benefit, advantage, profit, good
benefitは抽象的な意味での「利益」で、役に立つことのすべてを指す。advantageは「他者に対する利点」で、他の人や団体より有利になるものを指す。profitは「経済的利益」。goodはdo good、common goodなどの表現で使われ、harmと対置される利益。なおmeritは「長所・美点」という意味で、「利益」とは異なる。

理解する シリーズ

understand, appreciate, comprehend, apprehend, recognize, grasp, see
理解する、という動詞にもいくつかあり、その特徴を知っておいた方が有利なことが間々

ある。英作文でならば、understandを知っていれば事足りるが、読解ではもう少し深い知識があると参考になる。
understand「理解する」の基本。元々「下に立ってみる」ことなので、「敬意を持って相手を分かろうとする」こと。appreciate「正しく理解する」こと。肯定的評価を含む。comprehend「全体像を把握する」。apprehend「直感で理解する」。recognize「認知する」だから、表に出にくい事情などを理解すること。grasp「つかむ」なので、概略を大づかみに理解すること。see「分かる」で、「あ、そうか」と思う感じ。

論理接続の副詞 シリーズ

論理的な接続関係は示すが、文法的に動詞と動詞をつなぐ能力を持たない言葉を「論理接続の副詞」と呼ぶ。論理接続の副詞は等位接続詞と違い、文中のどこにあっても（たとえ文末でも）文頭に出して意味をとる、という性質がある（等位接続詞の後ろにある場合は、等位接続詞の直後に移動）ことに注意。以下に代表的なものを列挙する。

対比・逆接 however, though, nonetheless, nevertheless, on the other handなど。
順接 therefore, thenなど。
並列・付加 moreover, besides, in additionなど。
同意・言い換え for example, in other words, in shortなど。
譲歩・強意 of course, no doubt, indeed, in factなど。

忘れる・無視する シリーズ

forget, pay no attention to, ignore, neglect, disregard, overlook, defy

「忘れる」といったらforget。もちろん「忘れる」といってもforgetは「意識から消えてしまう」ことで、同じ「忘れる」でも「悲しみを忘れる」のは「克服」することだからovercomeやget overを使い、「何かを置き忘れる」のはleaveを使う。
「無視する」で一番使いやすいのはpay no attention to X。これなら「軽視する」と弱める時にはpay little attention to Xとすればすむし、使用範囲も広いので使いやすい。英作文ではこれを勧める。単語として有名なのはignoreとneglectだが、ignoreが「意識的に無視」するのに対し、neglectは「無意識に、ないしは気づいていてもまあいいかと思って無視する」である。overlookは「見過ごす」で、無視というよりは最初から気づかない感じ。同じことがignoreの形容詞形ignorantにも言える。〈be〉ignorant of Xは「Xを知らない」である。他にもdisregard, defyなどがあるが、disregardは類推可能、defyは頻度が低い。

A of Bで「AにBを伝える」になる シリーズ

この表現はBにthat節がくる時のみofを使わずSVOO文型になる。「言う」という意味で目的語に「人（話す相手）」がくる珍しい動詞。convince、inform、notify、remind、warnが有名。なおconvince、remindは受動態でも頻繁に使われ、〈be〉reminded of Xや〈be〉reminded that節で「Xを（that節を）思い出す」、〈be〉convinced of Xや〈be〉convinced that節で「Xに（that節に）納得する」と訳す。訳語が能動で英語が受動なので、誤解することが多い。

I don't believe I can be convinced of your theory however many times you try to explain it. (何回聞いても君の理論は納得いかないと思う)

If you find something unattended, please notify our station staff immediately. (もし持ち主の分からないお荷物がございましたら、速やかに駅員までお知らせください)

This is to warn you of my arrival beforehand.
(このお手紙は、私が伺うことを事前にお伝えするためのものです)

a […] of シリーズ

a […] of Xという表現は頻出であるが、ここで重要なことは、この表現はほとんどの場合、Xに意味上の力点があり、そちらを中心に読めばむしろすっきり理解できるということである。その際はa […] ofの部分は無視してしまうほうがよい（形容詞が含まれている場合には形容詞の意味だけは残す）。

具体例をひとつ挙げてみると、a large body of knowledgeでは、knowledgeに力点があるので、a…body ofを無視して「多くの知識」と理解するとすっきりわかる、ということである。こういうとき[…]の部分に来る言葉の意味は「種類」「部分」「集団（数量）」のどれかである。a […] of Xに重要なものがあるとしたら、Xに数えられない名詞がくるものだ。一般に数えられない名詞を数える方便に、この表現が使われる（a sheet of paperなど）。ただしその場合でも意味上の力点はXにある。また、説明の便宜上a […] of Xとしたが、[…]の部分が複数形になる場合もthe […] of Xの場合もある。なお、a […] of Xという形をした表現がすべてこれに当てはまるわけでもないので、前後にある言葉の意味との関連性の中で臨機応変に考えることは忘れてはならない。

下にその代表的な例をいくつか挙げておく。

「種類」という意味になるもの：kind, type, sort, form, measureなど。
「部分」という意味になるもの：part, sect, section, piece, portionなど。
「集団（数量）」という意味になるもの：band, body, bunch, bulk, collection, gang, heap, lot, pack, piece, school, scope, set, troopなど。

〈be〉形容詞 to V＋完全な文になる熟語 シリーズ

一般に〈be〉形容詞 to Vの場合、後ろは不完全な文になり、Vの目的語が全体の主語と一致する（The book is easy to read.など）が、「感情・判断＋to V（根拠）」となるものと、一部の熟語では、〈be〉形容詞 to Vの後ろが完全な文になる。ここではその形を作る形容詞を取り上げる。

〈be〉able to V ／〈be〉ready to V
〈be〉likely to V ／〈be〉sure to V ／〈be〉certain to V
〈be〉anxious to V ／〈be〉eager to V ／〈be〉keen to V ／〈be〉hungry to V
〈be〉impatient to V ／〈be〉willing to V
〈be〉reluctant to V ／〈be〉afraid to V
〈be〉apt to V ／〈be〉prone to V ／〈be〉liable to V

Cの種類を覚えておくべき シリーズ

SVOCのCにくる表現はパターン化できるが、いくつかはどうしても覚えておく必要がある。どれも基本的なものばかりなので、必ず覚えておくこと。
make＋O＋C（＝V〈原形〉、Vp.p、形容詞、名詞）……to VとVingはCにしない。なお、感情表現のinterestingなどはVingではなく形容詞なのでCになる。
have＋O＋C（＝V〈原形〉、Ving、Vp.p、形容詞）……to VはCにしない。VingがCの場合、「OがCしているままにしておく」という意味になる。
get＋O＋C（＝to V、Ving、Vp.p、形容詞）……V（原形）はCにしない。
let＋O＋C（＝V〈原形〉、副詞）……to V、Ving、Vp.pはCにしない。特にallowのCがto Vであることとの違いが問われる。
keep/leave＋O＋C（＝Ving、Vp.p、形容詞、名詞）……V（原形）、to VはCにしない。

lateの比較級・最上級の区別 シリーズ

lateには比較級・最上級が二つある。一つはlate→later→latest、もう一つはlate→latter→lastである。前者は「時間」、後者は「順番」に使う、というが、状況によってはこの区別は曖昧になりやすい。もっとも分かりやすいのは「空間的に後ろ」にあたるものはもちろんlate→latter→lastだということである。何しろ「空間」なので、時間は無関係だ。「三列後ろに」はthree rows latter、最後から二行目はthe last line but oneである。
少し戸惑うと思われるのは、順番と時間の区別がつきにくい場合である。たとえば、試合

の「前半」「後半」は、「後半」の方が「順番が後だ」ともいえるが「時間的に後だ」ともいえるではないか、と考えてしまうらしい。でも、この区別ははっきりしている。「一つのものの部分を考える場合、時間は無視して順番だけ考慮する」「複数のものの前後関係を考える場合、順番ではなく時間的に捉える」である。つまりあるゲームの後半はthe latter half of a gameだが、後で行われたゲームはa later gameである。ついでに言っておくと、一つのものを三つに分けた場合、「最後のパート」はthe last partであるが、二つに分けた場合「最後のパート」はthe latter partである。これは「最上級は三つ以上のものの中で一番。二つの中で一番を示すにはthe＋比較級を使う」というルールによる。ただし、lastのlatestの違いにはもう一つの要素が絡むので注意。もちろんlastは「順番的に最も後」というのが原義であり、latestは「時間的に最も後」である。だから「最後」という訳語にあたるのはlastであってlatestではないことは明白である。だが、lastの意味は必ずしも「最後」だけではない（last参照→p.99）。「過去の＋今に一番近い」と言う意味もあるのだ。the last summerは「最後の夏」ではなく、「去年の夏orすでに終わった今年の夏」である。するとlatestも「最も最近の＝一番新しい」という意味なので、やはりどちらでもいいのではないか、という疑問がわく。だが、結論から言うと、どちらでもいいわけではない。もちろん「彼の最新作」はhis last bookともhis latest bookとも言う。でも両者には明らかに意味の違いがある。lastはそれが「過去」であり今と直接のつながりがない、ということを示すが、latestでは、それがまだ「現在」のものであり、現在とつながっている、という意味になる。だから、「過ぎてしまった夏」はthe last summerではあってもthe latest summerとは言わないし、his last bookは「彼が今に一番近い過去に書いた本」だから、それが数年前の発行でも構わないが、his latest bookだと同じ「最新作」でも、今書店で平積みで売られている今話題の本、ということになる。his last movieが「前作」で、今ではDVDでしか観ることができない作品であるのに対し、his latest movieは現在ロードショー中、といったところだ。

I'm afraid I can't be in time for the performance. I can watch a later one.
（その回は間に合いそうもないですね。もっと後の回なら観られますよ）

He did not say a word in the latter half of the conference.
（彼はその会議の後半は一言も口を開かなかった）

During the last summer we had a long drought. （去年の夏はひどい旱魃だった）

This collection of his works does not include his last novel.
（この彼の作品集には彼が一番最近書いた小説は入っていない）

His latest novel is selling like pancakes now. （彼の最新作は今飛ぶように売れている）

out of X シリーズ

out of Xで「Xから外れて」という意味になる表現は数多い。基本的には、「Xから外れて」

という意味を元に考えれば意味の類推は可能。out of Xのうち、Xに「感情」がくるものは、「ある感情から」という意味になるので、区別が必要。

「Xから外れて」となるもの：

out of account「考慮外」、out of action「動いていない」、out of alignment「ずれている」、out of all knowledge「想像を絶する」、out of balance「不均衡」、out of bloom「さかりを過ぎて」、out of bounds「立入禁止の」、out of cash「現金がない」、out of condition「調子が悪い」、out of consideration of X「Xを考慮せずに」、out of contact「連絡せずに」、out of context「脈絡なく」、out of control「制御できない」、out of count「数えきれない」、out of cry「声の届かないところに」、out of danger「危機を脱して」、out of date「時代遅れ」、out of debt「借金がない」、out of doors「戸外で」、out of employment「失業して」、out of fashion「流行遅れ」、out of focus「ピントが外れて」、out of fuel「燃料切れで」、out of hand「手に負えない」、out of health「健康を害している」、out of hours「営業時間外に」、out of ideas「考えに行き詰まって」、out of order「調子がおかしくなって」、out of place「場違いの」、out of power「権力の座から外れて」、out of press/print「絶版になって」、out of production「生産休止」、out of proportion「バランスが悪い」、out of reach「手の届かないところに」、out of reason「理屈に合わない」、out of recognition「識別不能で」、out of rhythm「リズムが合わない」、out of rule「慣例に反して」、out of scheme「蚊帳の外に置かれて・のけ者にされて」、out of season「季節外れで」、out of service「運転休止中で」、out of shape「調子が悪くて」、out of sight「目に見えないところに」、out of step「歩調が合わない」、out of stock「在庫切れで」、out of temper「腹を立てて」、out of the blue「出し抜けに」、out of the box「型にとらわれず」、out of the common「並外れた」、out of the game「脱落して」、out of the loop「主流派から外れて」、out of the question「問題外」、out of track「脱線して」、out of tune「調和せずに・音痴で」、out of work「休職中で」

「ある感情から」となるもの：

out of compassion「同情から」、out of love「愛情から」、out of consideration for X「Xに対する配慮から」、out of courtesy「好意から」など多数。

S〈be〉形容詞 to V と it is 形容詞 that SV の両方をとる形容詞 シリーズ

certain, likely, said

sureはS〈be〉sure to Vとは言うが、it is sureとは言えない。

to Vingという形になる シリーズ

toの後に動詞を置くとなると、通常はto Vだが、一部にto Vingという形をとる表現も存在する。だが、日本語で考えても両者の区別はほとんどつかないので、事前に記憶しておくほかない。

with a view to Ving「Vするために」
〈be〉used/accustomed to Ving「Vするのに慣れている」
〈be〉devoted to Ving「Vするのに専念する」
〈be〉exposed to Ving「Vを経験する」
〈be〉reduced to Ving「Vする羽目になる」
look forward to Ving「Vするのを楽しみに待つ」
contribute to Ving「Vする方向に向ける」
owing to Ving/due to Ving「Vしたせいで」

あとがき

　単語集を書こう、と思い立って早数年、その間に息子は大学に行ってしまった（爆）。仕事が遅いのはいつものこととはいえ、我ながらあきれるばかりである。だが、時間はかかったが、その一方でこれほど刺激的な本づくりも珍しかった。いつもは一人で黙々と執筆するので、まさに自分と向かい合うことに終始するのが本書きの宿命だが、今度ばかりは知識の本である。やはり自分一人のものの見方だけでは偏りが出ると思い、多くの大学生の力を借りることになった。「力」といっても、それは英語力ではない。受験を終えたばかりのまだ記憶の新しいうちに、どういう単語のどういう面に助けられたか、ひどい目にあったか、どんなことが印象に残ったか、忘れやすかったか、といったことがらを私がピックアップした単語について語ってもらったのだ。

　そこで私がほとんど感心したことをひとつ。皆、啞然とするほど単語を知らない。固有名詞をあからさまに書くのは差し控えるが、錚々たる大学の学生諸君が、まああれもこれもよくもまあ知らないこと。これで大学生になれるのだから、受験勉強などはちょろいものである、と思わず錯覚しそうになった。まあこれは冗談だが、知識のレベルを含めて、私のような「プロ」が思いもよらないような角度から単語のことを考えていることが分かって実に楽しかった。やはり若い人と話すのは勉強になる。おそらく本書の最初の印税はすべて彼らの胃袋の中に先行投資となって消えていったと推測されるが、それでも私にとっては非常に貴重な時間であった。以下に、その名前を列挙して感謝の意を表しておく。鎌田真澄　種村仁志　長尾陸　林美帆子　若泉耕平の各氏である。また、原稿の段階で本書の記述を利用し、実験台（？）になってくれた息子の友人（大嶋悠吾君・江熊龍雲君・石川凜太朗君）にも感謝したい。

さらに、おそらく入社直後から編集を担当し、実に忍耐強く怠け者の私に付き合ってくださった大和書房編集部の鈴木萌氏にも心からの感謝を贈りたい。

　はしがきにも書いたことだが、こういう知識本を書くときに特に悩むのは情報の取捨選択である。日本で売られている辞書はそういう点で非常に保守的で、まるでコピーアンドペーストではないかと思うほど、同じことを選んで載せている。ある意味それは理解できる。日本社会はどこでもそうだが、横並びが大好きである。逆に言うと、少しでも突出したりするとまあ叩かれるのだ。だから特に出版社がびびって、とりあえず安全パイを出してしまうのである。
　だが、それでは正直学生のためにならない。私は学生諸君の代わりにその目となって現実の英語運用の世界を見つめ、どちらかといえば大胆に、火中の栗を拾う覚悟で情報の取捨選択を行ったつもりだ。だからある種の専門家の目から見れば、物足りない点や至らない点が数多く見受けられるかもしれない。もちろん、傾けるべき意見には耳を傾けたいと思う。だが、専門的な見地から見てどうあれ、単語を単に覚えるのではなく、覚えるならばその理由、使い道まで明確にしていこうとした本書のあり方は、「頻度順」という当てにならない順番で無意味に単語を整理しているように見える従来の単語集のあり方に、一石を投じるものになると期待している。
　そしてぜひ多くの学生諸君が、本書をうまく活用して、より少ない記憶容量でより多くの効果を上げることを期待している。

2011年7月　著者

索引 単語INDEX

A

abandon	196, 234
ability	257
abnormal	26, 287
aboard	221
abolish	196, 234
about	239, 242, 248, 249
above	240, 243
abroad	26, 221, 280
abrupt	26, 35
absent	287
absolute	233, 287
absolutism	230
absonant	35
absorb	281
absorption	281
abstract	287
absurd	279
abuse	26
accelerate	196
acceleration	200
accent	267, 271
access	272
accessory	234
accident	202, 259
accommodate	196
accompany	253, 254
accomplish	196
account	**74**, 276, 295, (7)
accountability	276
accountant	195
accumulate	196
accurate	256
accusation	300
accuse	**158**, (37)
accuser	300
ache	191, 192, 215
achieve	196
acid	194, 204, 287
acidity	200
acknowledge	196
acquaintance	190
acquire	196, 281
acquired	287
acquisition	281
act	216
action	216
active	287
activity	202, 216, 231
actor	195
actress	195
acute	287
adapt	221
add	233
address	308
adjective	299
adjourn	300
adjust	196
administration	237
admire	196
admit	16
adolescent	282
adopt	221
advantage	309
adventure	272
adverb	299
advert	15
advertise	15, 196
advertisement	267

advice	202, 234, 280
advise	280
advocate	37, 196
aesthetic	**182**, 258, 282, (46)
affair	304, 305
affect	31, 196
affirm	196
affirmative	287
afford	**108**, (20)
afraid	**74**, (7)
after	240, 242
aftershock	201
against	241
age	225
agent	267, 276
aggressive	267, 287
ago	242
agony	215
agree	**60**, (2)
aim	303
air	200, 202, 261, 284
air	257
aircraft	202
airproof	220
airs	257
aisle	202, 221, 262, 284
aisles	202
alarm	205
album	272
alien	**108**, (20)
alike	307
alive	307
alkaline	287
alkalinity	200
allergy	192
alligator	264
allow	**109**, 261, 305, 312, (20)
allowance	228
almost	295
alms	261
alone	295, 307
along	241
aloud	261
altar	261
alter	196, 261
alternative	**158**, (37)
altitude	221
aluminum(aluminium)	214
always	296
amateurism	229
amaze	205
ambiguous	26, 288
ambition	26
ambivalent	26
ambulance	26
amino	194
among	241, 244
amount	**109**, 194, (20)
amuse	205
amusing	209
analog	287
analysis	27, 296
anarchism	229
anatomy	27
ancestor	287
andesite	201
anemia	192
angel	282, 287
anger	209, 210
angle	233
angry	205, 209
anguish	215
animal	27
animate	27, 277
ankle	204
announce	196

announcer	195
annoy	206
annoyed	209
anonymous	33
ant	221, 303
antarctic	258
antecede	15
anterior	219
anthropology	201
antibiotics	192
anticipate	196, 199
antidemocratic	27
antipathy	27, 33
antonym	287
anxiety	232, 282
anxious	**110**, 282, (20)
apart	33
apartment	275
apathy	33
ape	263
apologize	**110**, (21)
appall	206
apparent	**111**, 296, (46)
appeal	**159**, 300, (37)
appear	296
appearance	296
appease	191
appendicitis	192
appendix	34
applaud	195
application	**75**, (7)
apposition	299
appreciate	**76**, 303, 309, (8)
appreciation	238
apprehend	309
apprenticeship	227
appropriate	233, 256
apt	215
aqualung	27
aquarium	27
archbishop	227
archipelago	258
architect	195
arctic	258
area	233, 279, 280
argon	216
argument	188, 200, 212
aristocracy	230
arithmetic	201, 234
arm	204, 257, 261
around	242
arrange	**76**, (8)
arrest	196
arrhythmia	192
arrival	287
art	**111**, 296, (21)
artful	296
arthritis	192
article	**77**, 254, 299, (8)
artificial	31, 296
artist	195, 272, 296
artistic	296
as	207, 242
ascend	35, 287
ascending	200
ascent	261
ascribe	17
ashamed	**77**, (8)
ask	306
asleep	307
aspect	302
aspire	18
assembly	237
assent	261
assert	196
assess	232

asshole	279	avenge	275
assume	17	average	299
assure	196	averse	307
asteroid	27, 193	avert	15
asthma	192	avoid	196
astonish	205	await	301
astound	205	awake	307
astray	307	aware	**78**, 307, (9)
astrology	27	awe	282
astronaut	195	awesome	220
astronette	195	awful	302
astronomer	193, 195	awkward	203
astronomy	27, 193, 201	axiom	200
asymmetry	287		
at	242	**B**	
athlete	192, 195, 272		
atmosphere	200	back	192, 204
atom	200	backache	192
attain	14	bad	234, 261
attend	297, 303, 304	badly	**79**, (9)
attendance	297	baggage	202, 283
attendant	195, 297	bait	282
attention	297	bake	196
attentive	297	bald	221
attitude	221	band	311, 331
attorney	300	banish	221
attract	14, 288	bank	195
attraction	193	bankrupt	35, 190
attribute	18	bare	261
audience	**78**, 194, 202, 212, (9)	barely	**113**, (21)
aunt	221, 282, 284	barium	192
aural	262	barometer	38
austerities	227	barren	287
authentic	256, 289	barrier	234
author	195	barrister	300
autumn	282	basalt	201
available	**112**, 254, 307, (21)	base	261
avalanche	260	basic	272
		bass	261

bath	280
bathe	**159**, 280, (37)
battle	188
bay	258
be	261
beach	258, 261
bean	261
bear	**79**, 261, 263, 279, (9)
beard	253
beast	221
beat	**113**, (21)
because	207, 295
become	188
bee	261, 303
beech	261
been	261
beetle	303
before	241, 242, 250
beg	306
beggar	306
begin	278
behavior	**80**, 202, 216, (9)
behind the scenes	237
behind	243
belief	226
believable	256
belly	204, 221
belong	270
belongings	202
below	240, 243
bend	196
beneath	240, 243
benefactor	28
beneficial	288
benefit	28, 288, 309
benevolent	28
berry	221, 261
berth	261
beside	221, 243
besides	221, 243, 310
bet	196
betray	196
between	244
bewilder	206
beyond	244
biased	215, 288
Bible	226
bicycle	38
bid	196, 261
big	204, 291
bilingual	39
bill	**80**, 295, 300, (10)
billion	39
bind	254
biographer	195
biology	201
bird	265
birth	261
biscuit	39
bishop	227
bite	196
bitter	302
blacksmith	195
bland	302
blast	260
bleed	221
bless	288
blew	261
blight	221
blindness	192
blizzard	260
block	280
blood	192, 204
blossom	238
blow	221
blue	261

body	193, 204, 308, 311
boil	196
bold	221
bomb	208, 282
bombproof	220
bond	221, 238, 267
bonding	267
bone	204
book	226, 308
booked	289
boom	237
bore	206, 280
boredom	280
boron	216
borrow	201
botany	201
bother	206
bothersome	220
bottom	288
bough	261, 282
bound	221, 254
bow	195, 254, 261
bowel	204, 221
boy	261
brain	204
brake	221, 261
branch	269
brass	214
brazen	214
bread	261
breadth	192, 221, 280
break	196, 221, 261
breakfast	227
breakthrough	190
breast	204, 221, 282
breath	221, 280
breathe	280
bred	261
breed	221
brevity	280
brief	280
bright	221, 254
broad	280
bromine	216
bronze	214
brow	221, 282
bud	238
bug	303
bulk	311
bull	263
bulletproof	220
bully	196
bump	208
bunch	311
buoy	261
burden	194, 215
burdensome	220
burglarproof	220
burial	280, 283
burn	196
burst	208
bury	221, 261, 280, 283
busboy	195
business	238, 267
busy	**60**, 190, (2)
but	**114**, 190, 207, 308, (22)
butterfly	303
buy	261
by	244, 261

C

cabbage	283
cabin	195
cabinet	237
calendar	234, 258
calisthenics	272

call	**61**, (2)
camel	263
canal	234
cancer	192, 258
capable	**61**, (2)
capacity	194
cape	258
capital	**80**, 238, 261, (10)
capitalism	230
capitol	261
Capricorn	258
carbohydrate	194
carbon	205, 216
cardinal	227
care	**81**, 232, (10)
career	222, 225, 272, 283
carefree	211
carp	263
carpenter	195
carriage	283
carrier	222, 272, 283
case	**81**, 299, 300, 304, (10)
cast	196
casual	**114**, 307, (22)
casualties	194
casualty	191
cat	263
catalyst	200
catastrophe	259
category	228
caterpillar	303
cattle	202
cause	**82**, 207, 288, (10)
caution	232
cease	51
celebrate	196
celebrity	267
cell	**115**, 238, 263, (22)
censor	222
cent	262
centigrade	39
centimeter	39
century	39
cereal	261
certain	**82**, 307, 314, (11)
chain	238
chairman	**116**, (22)
challenge	**160**, 267, (37)
chance	**83**, 202, 203, (11)
change	**62**, 204, (3)
channel	267
chaos	283, 288, 294
chapel	226
character	**160**, 254, 294, (38)
characteristic	**160**, (38)
charge	**116**, 254, 295, (22)
charity	272
charm	206
chart	258
chase	196
chat	196
chauvinism	230
cheap	**83**, (11)
cheat	196, 267
check	**117**, 232, 254, 262, 295, (22)
cheek	204
cheer	196
cheerful	209
chef	195
chemical	200
chemist	254
chemistry	201
cheque	262
cherish	196
chest	192, 204
chicken	202, 265

chief	306	clause	299
child	296, 297	clean	222, 283
childish	297	cleanly	222, 283
childlike	297	cleanse	222, 283
childproof	220	clear	260, 280, 288
children	296	clearance	**161**, (38)
chills	192	clergyman	227
chilly	192	clerk	195
chimpanzee	263	clever	254, 288
chlorine	216	client	212, 272
chlorophyll	238	cliff	258
choice	**118**, (23)	climate	204, 238
choir	222, 283	climax	28
choke	196	climb	28, 282, 283
cholera	192	close	**84**, 222, 247, 254, 283, (11)
cholesterol	192	closed	288
chore	222, 283	clothes	202, 283
chromosome	220, 238	cloud	260
chronic	28, 287	cloudy	260
chronicle	28	clue	202, 222
chuckle	208, 266	clumsy	288
church	226	coarse	262
cicada	303	coast	222, 283
circle	258	cockroach	303
circuit	200, 267	code	**85**, 254, (11)
circulate	196, 301	coincidence	192, 259
circulation	194	cold	193, 200
circumscribe	17	collapse	195
circumstances	202, 204	collect	222
cite	196, 263	collection	311
citric	194	colloquial	288
civil	195, 288, 300	column	267, 282
claim	**118**, 267, (23)	comb	282
clarify	280	combine	39
clarity	**161**, 280, (38)	comedy	288
clash	208, 222	comet	193
class	228, 267	comfortable	210
classicism	230	comic	272

command	**119**, (23)
comment	234, 272
commercial	201, 267, 300
commercialism	230
commit	16, **162**, (38)
committee	202, 235
commodity	231
common	28, 193, 265, 299
commonplace	191
communication	272
communism	230
communist	237
community	227
companion	267
company	28, **85**, 217, 228, (12)
compare	33, 196
compassion	33
compatible	307
compel	16, 281
compete	297
competence	297
competent	297
competition	188, 297
competitive	297
compilation	272, 281
compile	281
compiler	195
complement	300
complex	267, 268
compliance	277
compose	34, **120**, (23)
composer	195
compound	200
comprehend	309
compress	16
compulsion	281
compulsory	281, 288
conceal	196
concede	15
conceit	288
conceive	17
concentrate	28
concentration	200
concept	272
concern	**120**, 232, 305, (24)
concerning	239
conclude	28
concrete	287
condemn	282
condition	**86**, (12)
condor	265
conduct	30, **86**, 216, (12)
conduction	200
conductor	195
conference	199
confidence	**121**, 188, (24)
confirm	196
conflict	188
conform	195
confuse	206
congratulations	202
congregation	226
Congress	237
conjunction	299
conjurer	195
connection	272
conquer	280
conquest	280
consensus	272
consent	268
conservative	288
conserve	222
consider	51, 199, 297
considerable	297
considerate	297
consideration	297

consist	**162**, (38)	coordinate	33
consonant	35, 291, 299	copper	214
conspicuous	213	cord	204
conspire	18	core	**122**, (25)
cost	295	Coriolis force	200
constipation	192	corporation	222, 238
constitute	**163**, 207, (39)	correct	222, 256
constitution	300	correspond	**163**, (39)
construct	36, 288	corrupt	35
consult	272	cosmopolitan	230
consultant	272	cosmos	193, 288
consume	17	cost	193, 194, 222, 283, 295
consumer	298	costly	221
contact	272	cottage	272, 283
contain	14	cough	192, 208, 283
contemplate	230	council	222, 237
contemporary	37, **182**, (46)	counsel	222
contempt	215	count	**123**, 229, (25)
content	254	countable	299
context	268	counterpart	**183**, (46)
continent	258	countless	291
contour	258	country	222
contract	14	county	222
contradict	17, 29	courage	202
contrary	29, **121**, (24)	course	262
contrast	29, **122**, (24)	court	**123**, 237, (25)
contribute	18, **87**, (12)	courtesy	281
controversy	212	cow	263
controvert	15	coward	**183**, (46)
convection	200	crab	263
convention	199, 254, 302	craft	202
converse	222	cramps	192
convert	15	crane	265
convict	300	crash	222
convince	190, 253, 304, 311	crashproof	220
convoke	15	crazy	268
cook	195	create	283
cooperation	222	creature	238, 283

ページ番号の太字は第2部の見出し語、( ) は別冊例文、細字はその他を指す。 327

credible	256
credit	29, **124**, (25)
creed	29
crew	202
criminal	300
crisis	296
criterion	296
critical	**164**, 211, 229, (39)
crocodile	264
cross	227
crow	265
crowd	227
crucial	229
crucifix	227
crusade	227
crush	222
crust	200
cry	266
crystal	200
cubic	233
cue	222
culture	**124**, 308, (25)
cumbersome	220
cunning	267
cure	191
curious	211, 254
currency	237, 238
current	**164**, 200, (39)
curse	288
curve	233
custom	254
customer	212
cyclone	260

D

daily	221
damage	202, 283
damn	282
damp	222, 288
dampproof	220
dance	268
danger	206, 261
dare	**125**, (25)
date	254, 258
datum(data)	296
dawn	222
day	225, 262
daze	262
dazzle	206
dead	**87**, 280, (12)
deafness	192
deal	**125**, (26)
dear	262
death	274, 280, 300
debate	188, 200, 212
debt	**126**, 194, 283, (26)
decade	39
decay	195
deceive	17
December	39
decent	222
decide	**88**, 300, (13)
deciliter	39
decline	28, 29, **165**, (40)
decoration	272
decorator	195
decrease	288
deduce	288
deduction	200, 288
deed	280
deep	280, 288
deer	202, 262, 263
defeat	**165**, (40)
defect	29, 216
defendant	300
defense	270

defensive	287	depth	280
deficiency	216	descend	29, 35, 287
deficient	29, 31	descendent	35, 287
deficit	288	descending	200
define	196	descent	222, 261
definite	288	describe	17
deflation	237	desert	**127**, 258, 262, (26)
defy	310	deserve	**166**, (40)
degree	**126**, (26)	designer	195
deliberate	230	desire	196
delicacy	272	desperate	268
delicate	273	despise	215
delicious	302	despite	245, 249
delight	205, 209, 302	despotism	230
delighted	209	dessert	262
delightful	209, 302	destroy	36, 288
delivery	192, 271	detect	196
delta	258	detective	195
demand	53, **89**, 237, 278, 288, 304, 306, (13)	determine	36, 196
demerit	245	detriment	29
democracy	230, 237	develop	196, 253
demon	287	device	**167**, 280, (40)
demonstrate	271	devil	283, 287
denial	280	devilfish	263
denominator	233	devise	280
dense	**127**, (26)	devote	**128**, (26)
dentist	195	devotion	226
deny	280	dew	262
deoxyribonucleic	238	diabetes	192
depart	33	diagnose	192
department	**166**, 228, 237, (40)	dialogue	38
departure	287	diameter	38, 233
depend	34	diarrhea	192
depletion	205	diastrophism	200
deplore	196, 210	dictate	17
depreciation	238	die	226, 262, 280
depress	16, 206	diet	**128**, (27)
depression	237	Diet	236

differ	257
difference	233
different	29, 291
dig	196
digest	196
digital	287
diligent	288
dimension	233
diminish	196
dinner	**62**, (3)
dinosaur	264
dioxide	205, 216
diplomacy	237
direct	233
direction	**89**, (13)
director	195
dirt	221, 265
disappoint	206
disaster	27, 29, **129**, 258, (27)
discourage	288
discover	29
discriminate	195
discuss	189, 301
discussion	200, 212
disease	29, 192
disguise	196
disgust	206
dish	**90**, (13)
disinterested	222, 256, 291
dislike	298
dismal	258
dismay	205
dismiss	196, 300
dispel	16
displacement	200
display	234, 273
dispose	34
disposed	215
dispute	188, 212
disregard	310
dissent	261
dissuade	288
distinct	288
distinguish	196
distinguished	213
distort	196
distract	14, 288
distress	206, 210, 215
distribute	18, 196, 289
district	280
disturb	196, 206
divert	15
divide	233
dizziness	192
dizzy	192
do	280
doctor	30, 195
doctrine	226
document	268
documentary	268, 273
dog	263
dogma	226
dolphin	263
domain	30, **184**, 280, (47)
domestic	30, 278, 290
dominate	30
donate	196
donkey	264, 279
dose	192
double	273
doubt	**129**, 199, 283, 294, (27)
down	222, 245
downpour	260
downstairs	280
downtown	280
downward	38

dragonfly	303
drama	234
dramatist	195
draw	**90**, (13)
dread	232
dream	270
dress	253, 301
dresser	195
driver	195
drought	260
dry	288
duck	265
duct	30
due	**168**, 262, (40)
dull	279, 288
dumbness	192
dump	222
durability	30
duration	30, 279
during	30, 245, 279, 295
dust	221
dwell	195
dye	262
dynamic	288

E

eagle	265
ear	204
earings	270
early	**91**, 286, (14)
earn	196
earth	194, 265
earthquake	201, 260
ease	191
east	217
easy	**63**, 210, (3)
eccentric	273
eclipse	193
ecology	201
economic	238, 297
economical	297
economics	201
economy	297
edict	17
edit	196
editor	195
educate	30, 196
effect	205, 288
effective	222, 302
efficient	222
egoism	230, 234
either	293
eject	15
elbow	204
elder	307
elect	222
election	237
electric	200
electricity	200
electrode	200
electron	200
elephant	263
eliminate	197
ellipse	233
else	295
embarrass	206
embassy	237
embrace	197
emerge	195
emergency	195
emigrate	30, 32
emit	16
emotion	205
emphasize	197
empiricism	230
employ	197

employee	195, 235
employer	235
empress	16
encourage	288
end	**63**, 254, 303, (3)
endangered	204
endeavor	**184**, (47)
endurance	278
endure	30
energy	200, 234, 257
engraver	195
enneagram	38
enormous	33, **168**, (40)
enough	**64**, (3)
ensure	222
enter	297, 301
entertain	14
entertainment	273
enthusiasm	205
entitle	253
entrance	297
entry	297
environment	204
epicenter	201
epidemic	192
epoch	225
equal	**64**, (3)
equation	200
equator	258
equilibrium	200
equipment	202
equivocate	37
era	209, 225
erect	222
erupt	195
eruption	200, 260
escape	197
esophagus	204
especially	**130**, (27)
essence	273
essential	229
establish	197
esteem	280
estimate	197, 232, 280
ethics	222
ethnic	222
even	**130**, 288, (27)
event	234, 259, 273
ever	**169**, (41)
evert	15
evidence	**131**, 200, 202, (28)
evil	283
evoke	15, 37
evolution	**131**, 238, (28)
exact	256
exaggerate	197
examine	197, 232
examinee	235
examiner	235
exceed	15
excel	301
except	**169**, 243, 246, 249, (41)
exchange	238
excite	206
excited	205
exclamation	299
exclude	28, 289
exclusive	**132**, (28)
excuse	**132**, 254, 305, (28)
exercise	**91**
exhaust	197
exhibit	18, 197
expect	16, 199, 278
expedition	32
expel	16
expenditure	295

expense	194, 295	famine	260
experience	222, 259, 270	famous	**65**, 284, 291, (4)
experiment	200, 222	far	**66**, (4)
expert	270	fare	262, 295
explain	304	fascinate	206
explicit	30, 234, 289	fashion	268
explode	195	fast	227, 287
exploit	197	fasten	197
explore	197	fat	194, 289
explosion	200	fault	201
export	289	favor	**134**, (29)
expose	34, **133**, (28)	favorite	302
express	16, 197, 289	fear	232
extent	236	feasible	234
external	289	feat	262
extinguish	197	feature	**170**, (41)
extract	14, 30	February	258
extraordinary	30, 290	federalism	230
extravagant	30	fee	228, 295
eye	192, 204, 262	feed	197
		feel	52

F

		feeling	205
face	**92**, 14, 204	feet	262
facility	202	feint	222, 262
fact	31	fellow	**134**, 222, (29)
factory	31	female	289
faculty	254, 308	feminine	289
fail	**93**, 293, (14)	feminism	290
failure	192	fertile	222, 287
faint	222, 262	fetch	**170**, (42)
fair	**65**, 256, 262, (4)	feudalism	230
fairly	254	fever	192
faith	226	few	293
fake	289	fiber	194
fall	200, 258	fiction	31, 202
false	289, 300	field	200, 265
familiar	**133**, (29)	fierce	211
family	202	fight	188

figure	**135**, 254, (29)
fill	197
film	267, 273
filth	221
finance	**136**, (30)
find	52, 262
fine	**67**, 254, 260, 262, 300, (4)
finger	204
fingerprint	204
fingertip	204
finish	31
finite	289
fir	262
fire	197, 260
firefighter	195
fireproof	220
firm	203, 254
fish	188, 202, 228
fission	238
fist	204
fit	**93**, 188, 192, 254, 256, (14)
fittest	238
fix	197
flame	222
flameproof	220
flammable	291
flare	194
flash	222, 273, 292
flashlight	292
flat	**94**, 302, (15)
flatter	197
flavorsome	220
flaw	216
flea	222, 262, 303
flee	222, 262
flesh	222
flew	262
flexible	289, 305
flight	222, 280
float	195
flock	227
flood	31, 260
flour	222, 262
flourish	195
flow	31, 195
flower	222, 238, 262
flu	262
fluctuation	200
fluid	31, 284
fluorine	216
flurry	260
flush	222
flutters	192
fly	222, 280, 303
focus	197
fog	260
fold	197
folk	202
follow	**95**, 222, 253, 254, (15)
food	238
fool	219, 279, 302
foolish	279
foolproof	219, 220
foot	192, 204
for	**136**, 209, 222, 246, 250, 251, (30)
forebears	202, 287
forbid	53
force	200, 202, 257
forebears	193, 287
forefather	287
forefinger	204
forehead	204
foreign	237, 238
forget	297, 310
forgetful	297
forgettable	297

forgive	305	frosty	260
form	**96**, 311, (15)	frustrate	206
formally	262	fry	222
former	289	full	289
formerly	262	fun	202, 209
formula	296	function	233
formulae	296	fundamental	258, 280
forth	262	funny	209, 255
fortune	194, 228, 254	fur	262
forty	259	furious	209
forward	38, 255, 301	furnish	281
foster	197, 253	furniture	202, 281
foul	262	fury	210
found	258, 280, 308	futile	222

G

foundation	238, 280
founder	226
four	222, 285
fourteen	259
fourth	262
fowl	262
fox	263
fraction	233
fragrance	266
frame	222
free	200, 222, 255, 280
freedom	280
freight	222
frequency	200
frequently	296
fresh	222, 273, 289
friendly	221
fright	222
frighten	205
frigid	258
frog	263
from	207, 246, 248, 249, 250
front	200, 284
frost	260

gain	261, 289
galaxy	193
gang	311
garbage	221
gas	200
gastroenterisis	192
gather	197, 289
gaze	303
gecko	263
gene	31, 238
general	31, 255, 289, 299
generate	31
genetics	201
genius	31, 202, 291
genuine	289
geography	37, 201
geology	37
geometry	37, 201
get	52, 312
gift	255
giggle	266
giraffe	263

given	307
glad	209
glance	303
glass	223
glimpse	303
glitter	292
global	204, 269
globe	223, 284
glove	223, 284
glow	223, 292
gluten	194
goal	303
goat	263
gold	214
good	202, 231, 255, 257, 289, 302, 309
goods	202, 231, 257
goose	265
gorilla	262, 263
gospel	226
govern	197
government	237
grab	197
grade	**137**, (30)
grail	226
grammar	258, 299
granite	201
grant	197
grantee	235
grantor	235
grasp	197, 309
grass	223
grasshopper	303
gratified	209
gratify	206
grave	255
gravity	193, 200
greaseproof	220
greenhouse	205
greet	197
grief	210
grieve	206, 210
grim	223
grin	223, 266
grip	273
groan	208
grocery	273
Gross Domestic Product (GDP)	237
Gross National Product (GNP)	237
gross	289
ground	**96**, 265, (15)
group	228
grow	223, 253
growl	208
grumble	208
guarantee	235
guarantor	235
guard	195, 268
guerilla	262, 263
guess	199, 262
guest	262
guilty	289
gulf	258
gullet	204
gust	260
gymnastics	201

H

habitat	204
hair	223, 262
hairdresser	195
half	296
hall	262
hand	204
handle	197, 268
handsome	220
handy	277

happening	259
happiness	209
happy	209
hard	203, 255
hardly	293, 296
hardship	215
hare	262, 263
harm	288, 289, 309
harmful	288
harsh	211
hate	197, 281
hatred	281
haul	262
haunt	197
have	312
hawk	265
hay	192
hazard	206
head	204
headache	192
heal	191, 262, 281
health	281
heap	311
hear	52, 262, 304
heart	**97**, 192, 193, 204, 284, (15)
heartburn	192
heatproof	220
heaven	289
heavenly	193
heavy	194, 260
hectopascal	39
heel	204, 262
height	233, 281
heir	223, 261, 284
helium	216
hell	289
help	**68**, 304, (4)
hemisphere	39, 258
heptagon	38
here	262, 280
hesitate	51
hexagon	38, 233
hiccup	192, 208
hide	197
hierarchy	284
high	194, 200, 281
higher	262
hill	258
him	262
hinder	281
hindrance	281
hippopotamus	263
hips	204
hire	201, 262
historic	297
historical	201, 297
history	217, 297
hit	198
hives	192
hobby	231
hold	**97**, 255, (16)
hole	262
holy	226, 227, 262
home	280
homely	221
honest	257, 284
honor	284
hope	199
horizon	258
horizontal	289
horrify	206
horror	273
horse	263
horse-trading	237
hot	302
hotel	234

hour	262, 285	idle	223, 262, 288
House of Commons	237	idol	223, 262
House of Councillor	236	igneous	200
House of Lords	237	ignore	310
House of Representatives	237	ill	307
house	195, 237	illness	192
housewife	195	illuminate	197
however	207, 255, 310	illustrate	268
hug	273	illustration	268
human	**98**, 300, (16)	image	268, 271
humanism	229, 230	imaginable	297
humanist	229	imaginary	233, 297
humanitarianism	229, 230	imaginative	297
humid	288	imagine	197, 297
humidity	288	imitate	197
humiliate	206	immature	289
hurricane	260	immediate	**172**, (42)
hurry	197	immediately	32
hurt	55, 208, 284	immigrate	31, 32
hydrofoil	27	impact	269
hydrogen	27, 216	impart	33
hydroplane	27	impartial	289
hymn	227, 262, 282	impatient	289
hyperbola	233	imperative	300
hypocenter	201	imperialism	230
hypotenuse	233	impious	284, 289
hypothesis	200, 296	implicit	31, 234, 289

I

I	262	imply	197
ice	202	import	289
idea	234	important	229
ideal	255	impose	34
idealism	230	impossible	31
identify	**171**, (42)	impress	16, **137**, 206, 266, 289, (30)
identity	294	imprisonment	300
idiot	279	improvise	16
idiotic	279	imprudent	207, 223
		impudent	223
		in	247, 248

inborn	287	influence	31, **139**, (31)
incentive	269	influenza(flu)	192
incident	259	inform	190, 304, 311
incline	28	information	202
inclined	215	infrastructure	277
include	28, 197, 289	ingenious	281, 291
income	194, 219, 228	ingenuity	31, 281
increase	288	inhabit	18
incredible	29	inherent	287
indeed	310	inherit	197
independent	**138**, 247, (31)	inhibit	18, 197
index	204	initial	277
indicate	17, 197	initiative	273
indicative	300	inject	15
indifferent	291	injure	208, 281
indignant	209	injury	281
indignation	210	inlet	219
indispensable	229, 234	innate	287
individualism	230	innocent	289
individuality	294	innovation	273
indoors	280	inordinate	33
induce	288	input	219
induction	200, 288	inquire	197
industrial	298	insane	289
industrious	288, 298	inscribe	17
industry	36, 202, 298	insect	303
inertia	200	insert	197
inevitable	234	insomnia	192
infamous	284, 291	inspect	16, 232
infect	197	inspiration	273
infer	197	inspire	18, **173**, (43)
inferior	219	instance	223
inferiority	268	instant	191, 223
infinite	31, 288, 289	instead	292
infinity	233	institution	36
inflammable	291	instruct	36
inflate	277	instructor	195
inflation	190, 237, 277	instrument	36, 308

insular	258
insult	206
insure	222
intake	219
integer	233
integrate	197
intend	298
intense	211
intent	298
intention	298, 303
intercede	15
interest	206, 231, 255, 291
interested	291
interesting	209, 312
interject	15
interjection	299
internal	289
international	31, 258
internationalism	230
interpret	197
interrupt	31, 35, 197
interval	234
intervention	238
interview	269
interviewee	235
interviewer	235
into	207, 247
introduce	30
invade	197
invaluable	291
inverse	233
invert	15
invest	197
investigate	197, 232
investment	238
invite	197
invitee	235
inviter	235
iodine	216
ion	200
iron	194, 214
irrational	233, 289
irregularity	192
irritate	206
irritated	209
island	258, 284
isle	221, 262, 284
isolate	197
isotope	200
issue	255, 304
item	269

J

jealous	223
jellyfish	263
job	194, 202, 225
join	303, 304
joint	172, 192, 237, 277
journalist	195
joy	209
joyful	209
judge	300
judgment	300
jungle	258
junior	219
Jupiter	194
juridical	238
jury	300
just	255, 256

K

kangaroo	263
keep	52, 253, 312
kidney	204
kilometer	39
kind	311

kinetic	200
king	280
kingdom	30, 280
kingship	237
knee	204
knife	266, 284, 296
knight	262, 284
knit	284
knob	284
knot	262
know	257, 262, 284
knowledge	281, 311
known	**65**, (4)
koala	263

L

label	284
labor	192, 225
lain	262
lake	258
lamb	202, 282
lament	210
lamentable	210
land	265
landscape	258
landslide	260
lane	262
lap	204
large	194, 291
lark	265
last	**99**, 255, 312, (16)
late	**99**, 312, (16)
lately	225
later	312
latest	312
latitude	258
latter	**139**, 289, 312, (31)
laugh	266, 284

lava	200
law	201, 223
lawful	257
lawsuit	300
lawyer	195, 300
lay	301
lazy	288
lead	35, 214, 223, 262, 284, 308
leak	273
leap	197
learn	255, 284
learned	255, 284, 287, 307
lease	201
leave	52, 255, 251, 308, 310, 312
lecture	273
left	290
leg	204
legal	257
legitimate	257
leisure	231, 269, 284
lend	201
length	233, 280
leopard	263
lessen	262
lesson	262
let	52, 201, 312
letter	**101**, 255, 257, (17)
letters	257
leukemia	193
level	223
lever	223
liable	215
liberalism	230
lie	301
life	225
light	194, 255
lightning	260
lightsome	220

like	207, 247, 255, 298	lovely	221
likely	203, 215, 314	low	194, 200, 223, 300
liken	298	Lower House	237
limb	204, 223, 282	lower	261, 290
limestone	201	loyal	223
line	212, 233, 258	lump	192
linear	233	lung	204
linguistics	201	lure	197
lion	263	lyricist	195

M

liquefaction	201	machine	202
liquid	200	machinery	202
listen	270	macrocosm	32
literary	288	macron	32
literate	32	macroscopic	32
literature	32, 201	mad	209, 223, 269, 289
little	204, 291, 293	maestro	195
live	307	magnificent	32
lively	221	magnifier	32
liver	204, 223	magnitude	32, 201
living	238	maid	262, 273
lizard	263	mail	262, 274
load	197	main	201, 307
loan	201, 262	maintain	14, 258, 274, 281
local	269	maintenance	258, 274, 281
locust	303	major	255, 290
lodge	271, 272	majority	290
logical	256	make	52, 262, 312
lone	262	malaria	192
lonely	221, 295, 307	male	230, 262, 289
lonesome	220	malevolent	28
long	280	malice	28
longitude	258	malign	28
look	303	manage	269, 283
loop	281	manager	195, 269
loose	289	manifest	**174**, (43)
lose	289	manifesto	274
lot	280, 311		
love	208, 224, 281		

manipulate	32	medicine	203, 290
manner	257	medieval	32
mansion	275	meditate	230
mantle	200	Mediterranean	32, 37
manual	32, 195, 274	medium	296
manufacture	31	meet	**103**, 189, 262, 273, (18)
manuscript	32	meeting	199, 237
map	258	mellow	302
marble	201	melt	196
margin	277	mend	197
mark	213	mental	290
marked	213	mention	189, 301
marriage	283	merchandise	231
marry	**140**, (31)	merciless	211
Mars	194	Mercury	194
marsh	258	mercy	**174**, (43)
marvel	206	mere	307
Marxism	230	merge	197
masculine	289	meridian	258
mass	200, 227, 277	merit	269, 309
match	188	metamorphic	201
material	290	meteor	284
maternal	290	meteorite	193
maternity	32, 269	metropolis	32
matrix	32	microbe	32
matter	**101**, 229, 255, 257, 304, (17)	micron	32
mature	289	microwave	32, 277
mausoleum	226	middle	204
maximize	290	might	257, 308
maximum	290	mighty	308
mayonnaise	234	migrate	**185**, (47)
meadow	258	mild	274, 305
mean	**102**, 207, (17)	mileage	283
means	202, 228	militarism	230
measure	**140**, 257, 311, (31)	military	288
meat	262	millennium	39
Mecca	227	milligram	39
media	32, 296	million	39

ページ番号の太字は第2部の見出し語、（ ）は別冊例文、細字はその他を指す。

mimic ... 197
mind ... **69**, 262, (5)
mine ... 262, 308
miner ... 262
mineral ... 194, 308
minimize ... 290
minimum ... 290
minister ... 227
ministry ... 237
minor ... 262, 290
minority ... 290
mint ... 238
minute ... **141**, 223, 255, 284, (31)
miracle ... 274
miscarriage ... 192
miser ... 223
miserly ... 223
misery ... 223
miss ... 262, 269
mist ... 260, 262
mistake ... 269
mitochondria ... 238
mitochondrion ... 238
moan ... 208
mobile ... 274
modesty ... 288
modification ... 300
Mohorovičić discontinuity ... 200
moist ... 288
molecule ... 200
momentum ... 200
monarchy ... 230, 237, 290
monk ... 227
monkey ... 263
monopoly ... 38
monorail ... 38
monotonous ... 38
monsoon ... 200, 258

mood ... 300
moody ... 269
moon ... 193
moral ... 223
morale ... 223
morality ... 223
moratorium ... 238, 277
moreover ... 310
morning ... 223
mortgage ... 210, 283
mortgagee ... 235
mortgagor ... 235
mosquito ... 303
most ... 295
moth ... 303
motion ... 200
mothproof ... 220
motivation ... 274
mountain ... 258
mourn ... 210
mourning ... 210, 223
mouth ... 204
move ... 206, 308
movement ... 200, 216
much ... **70**, (5)
mud ... 223, 260, 265
multiply ... 233
murmur ... 208
muscle ... 204
muscular ... 192
musician ... 195
mutation ... 238
muteness ... 192

N

nail ... 204, 271
naive ... 269, 279
naked ... 284

narrow	290
nasty	302
nationalism	230
native	269
nativity	227
natural	233, 238, 255
nature	20, 223, 255, 290
naughty	284
nausea	192
navigate	197
near	247
necessary	229
necessity	203
neck	204
needle	223
negative	287
neglect	310
negotiate	197
negotiation	237
neither	293
neon	216
Neptune	194
nerve	204
nervous	**141**, (32)
net	289, 295
neutral	288
neutron	200
never	293, 296
nevertheless	310
new	262
news	202, 217
nice	302
night	262
nitrogen	216
no	262
nobody	293
nod	196
noisome	220
noisy	290
nominate	33
Non Governmental Organization (NGO)	237
Non Profit Organization (NPO)	237
nonagon	38
none	262, 293
nonetheless	310
nonflammable	291
nonsense	279
noodle	223
norm	286, 299
normal	33, 287, 299
north	217, 258
nose	192, 204, 262
not	262
notable	213
note	**142**, 213, 257, (32)
noteworthy	213
nothing	293
notice	213, 257
noticeable	213
notify	190, 304, 311
notorious	291
noun	299
nourish	197
novelist	195
novelty	269
now	225
nowadays	225
nucleus	238
numb	282
number	33, 194, 233
numberless	291
numerable	33
numerator	233
numerous	33
nun	262

nurse	195
nurture	223, 290
nutrition	194

O

oasis	296
oath	300
obedience	281
obesity	192
obey	197, 281
object	**103**, 255, 303, (18)
objection	300
objective	290, 299
observance	298
observation	200, 298
observatory	193
observe	255, 298, 303
obsession	231
obstacle	26
obtain	14
occasion	255
occasionally	296
occupation	225
occupied	289
occupy	197
occur	259, 302
occurrence	259
ocean	258
octagon	38
octopus	38, 263
odd	212, 288
odor	266
of	247, 248
off	247, 248
offend	208, 209
offense	270
offer	274
office	195
Official Development Assistance (ODA)	237
offset	219
offspring	202, 238, 287
often	215, 296
OK	217
omit	16
on	248
once	255
one	262
onion	284
only	190, 284, 308
open	288, 300
operate	**142**, (32)
operator	195
opinion	237
opponent	290
opportunism	230
oppose	34
oppress	16
optimism	230
optimistic	290
optional	288
oral	262
orbit	193
ordeal	215
order	33, 255, 278
orderly	221
ordinary	33, 290, 299
organ	**175**, (43)
organism	238
organization	228, 238
orient	218
originate	278
other	295
otherwise	**175**, (43)
our	262

outbreak	218
outcome	219
outdoors	280
outlet	219, 268
outlook	209, 226
output	219
outrage	209
outrageous	209
outset	219
outskirts	202
outstanding	213, 219
oven	277
ovenproof	220
over	240, 243, 249, 251
overcome	197, 310
overhear	197
overlook	197, 310
override	300
overtake	197
overwhelm	197
owe	201
owl	265
own	197
ox	263
oxidation	200
oxygen	216
ozone	205

P

pacifism	230
pack	311
package	283
pail	262
pain	191, 193, 203, 215, 262
painter	195
pair	33, 223, 262, 280, 285
pale	262
palm	204
panda	263
pandemic	192
pane	262
paper	203, 257
parabola	200, 233
parade	212
parakeet	265
parallel	33, 200, 233
parameter	233
pardon	305
parity	33, 223, 280
Parliament	237
parrot	265
part	239, 280, 311
partake	33
partial	289
participate	33
particle	33, 200
particular	33, 289, 307
partition	33
partner	33
part-time	195
party	33, 228, 237
pass	262, 281, 301
passage	281
passenger	212
passion	205
passive	287
past	249, 255, 262
pastime	231
patent	274
paternal	290
paternity	269
pathetic	33
patience	278
patient	289
patron	212
pattern	274

pause	223
pay	228
payee	235
payer	235
payment	228
peace	262
peacock	265
peahen	265
pear	223, 262, 285
peasant	285
pecker	265
peculiar	212
pedal	32
peddler	32
pedestrian	32
pee	192
peer	223, 262
pelican	265
penalty	274, 300
pencil	217
pendant	34
pending	34
pendulum	34
penetrate	197
penguin	265
peninsula	217, 258
penis	217
pension	237, 271
pentagon	38, 233
people	202, 257
perceive	17
percent	39
perfect	302
perform	197
performance	**143**, (32)
peril	206
period	225
perish	196, 226
permanent	290
permit	16, 305
perplex	206
persecute	223
perseverance	278
person	35, 238
personality	294
personnel	202
perspective	225
perspire	18
persuade	190, 288, 304
pervert	15
pessimism	230
pessimistic	290
pharmacy	201
pheasant	265
phenomenon	296
philosophy	201
phonetic	34
phosphorus	216
photographer	195
photosynthesis	238
phrase	299
phreatic	200
physical	**143**, 290, (33)
physician	195, 223, 290
physicist	223
physics	201
physiology	201
picture	269, 271
piece	262, 311
pier	262
pierce	270
pig	263
pigeon	265
pilot	195
pimple	192
pious	284, 289

pistil	238
pitiless	211
place	227, 279, 280
plain	223, 255, 258, 262
plane	223, 262
planet	193, 216
plankton	216
plastic	308
plate	200
plateau	258
plausible	234
play	203, 223
playwright	195
pleasant	209
please	205
pleasure	209
plural	299
Pluto	194
poem	202
poet	195
poetry	202
pole	258
police	202
policeman	195
policy	274
polish	197
polite	290
politic	234
political	228, 237
politician	195, 237
politics	201, 234
poll	237
pollution	204
pond	258
ponder	230
pony	263
pool	258
poor	280, 288
Pope	227
population	194
portion	33, 311
pose	34, 223
position	34
positive	**176**, 287, (44)
possess	197
possessive	299
possibility	203
possible	203
posterior	219
postpone	197
potential	**145**, 200, 203, 257, (33)
pour	285
poverty	280
power	238, 257
practice	291
praise	197, 223
pray	223, 262, 281
prayer	281
precede	15
precedent	300
precise	256
predator	238, 262, 290
predict	17, 34
prefer	**145**, (33)
prejudice	34
prejudiced	215, 288
prelude	34
premise	223
prepare	197
preposition	223, 299
prescribe	17, 197
present	255, 287, 307
presentation	274
presentee	235
presenter	235
preserve	34, 197

preside	35
presidency	237
president	237
press	16, **146**, (33)
pressure	192, 200, 274
prestige	202
presume	17
pretty	255
prevail	196
previous	285
prey	238, 262, 290
price	194, 295
priceless	291
priest	227
primary	34, 201, 290
prime	34
prince	34
principal	34, 223
principle	34, 200, 223
prior	34, 219
private	290
prize	223
probable	203
probe	197, 223, 232
problem	304
procedure	285
proceed	15
process	274
procession	212
produce	255, 298
producer	195, 298
product	231, 298, 233
production	255, 270, 298
profession	225
professionalism	229
professor	195
profit	228, 262, 309
progress	202
progressive	288
prohibit	18
project	15, 256
prominent	213
promise	223
prompt	287
prone	215
pronoun	299
pronounce	281
pronunciation	281
proof	200, 202, 219, 281
propel	16
proper	223, 256
property	228, 238, 256, 277
prophecy	223
prophesy	223
prophet	226, 262
proponent	290
proportion	33, 233
propose	34
proposition	200, 223
prose	290
prosecute	223
prosecutor	300
prospect	16, 290
prosper	223
prosperity	237
protein	194
protest	217
proton	200
proud	248
prove	223, 281
provide	197, 207, 281
province	280
provision	281, 300
provoke	15, 37
psychiatrist	195
psychiatry	201

psychology	201
public	227, 237, 256, 290, 300
publication	281
publish	197, 281
pull	290
punctuation	299
punish	197
purchase	197
pure	280, 302
purity	223, 280
purpose	303
pursue	197, 281
pursuit	231, 281
push	290
puzzle	206

Q

quake	299
quake-proof	201, 220
quake-resistant	201
qualify	**147**, 253, (33)
quality	290
quantity	290
quarrel	188, 212
quarrelsome	220
quarter	38, 280, 308
quartette	39
queer	212
quench	191
question	304
queue	212
quick	287
quiet	224, 290
quintallion	38
quit	197
quite	224
quiver	299
quotation	299
quote	197
quotient	233

R

rabbit	263
race	256
racism	230
radii	296
radius	233
rage	210
rain forest	205, 258
rain	204, 259, 260, 262
rainproof	220
rainy	260
raise	253, 262
range	277, 285
rank	274
rape	217, 287
rapid	217, 287
rare	293
rarely	293, 296
rash	192
rate	238, 295, 308
ratio	285
rational	233, 256, 289, 290
rationalism	230
rattle	197, 208
raw	223
ray	262
read	223, 262
real	233, 256, 274
realism	230
reality	270
realize	257, 308
realm	280, 285
reap	197
rear	253
reason	197, 203

reasonable	**176**, 256, (44)	region	224, 279, 280
reassure	205	register	197
rebuilding	270	regret	210
recall	302	regretful	210
recede	15	regrettable	210
receipt	281, 285	regular	299
receive	17, 281	reign	196, 262
recently	225	rein	262
receptionist	195	reinforce	197
recess	281, 300	recite	197
recession	237, 281	reject	15
recipe	274, 285	rejoice	206
recite	197	relative	287, 299
recline	28	relax	206
recognize	309	relaxed	290
recollect	197	relay	224
recommend	**177**, 285, (44)	release	275
reconcile	301	relentless	211
reconstruction	270	reliable	256
recover	281	reliance	281
recovery	189, 281	relieve	205
rectangle	233	religion	224, 226
red	223, 262	religious	227
redenomination	237	rely	224, 281
reduce	197	remainder	233
reduction	200	remarkable	213
reed	262	remedy	191
refer	189, 302	remember	197, 281, 302
refine	31, 34	remembrance	281
reflect	207, 230	remind	190, 253, 304, 311
reform	270	reminder	233
refresh	206	remit	16
refreshment	308	remote	307
refusal	280	removal	280
refuse	51, 280, 294	remove	191, 280
regard	207, 224	rent	201
regarding	239	repair	251, 275
regime	237	repeat	281
		repel	16

repent	210	retrocede	15
repetition	281	retrogress	35
reporter	195	retrospect	16, 35, 290
repress	16	return	275
reproduction	238	returnee	235
republic	237, 290	reveal	197, 281
republicanism	229	revelation	281
repulsion	200	revenge	275
request	275, 306	revenue	228
require	306	reverse	275
rescue	275	revert	15
research	232	review	275
resemblance	281	revise	16, 34
resemble	257, 281	revoke	15
resent	206, 209	revolution	194
resentment	210	revolve	301
reserve	**148**, 237, (34)	reward	224
reside	35	rhino	263
residence	275	rhyme	224
resist	197	rhythm	224
resolve	197	rich	302
resonance	35	ride	262
resort	308	ridiculous	279
respect	16, 215, 256, 298	right	233, 256, 262, 290
respectable	298	rights	300
respectful	298	rigid	203, 211, 289
respective	298	rim	223
respire	18	ring	204
responsible	**148**, (34)	rip	208
rest	256	risk	**149**, 194, 206, 275, (34)
restore	34, 197	rite	262
resume	17, 197	river	223, 258
retain	14, 281	road	262
retention	281	roam	196
retire	275	roar	208
retirement	275	rock	201, 265
retract	14	role	224
retroactive	35	roll	224

romanticism	230
roof	296
room	203
root	224, 233, 262, 285
rot	196
rotate	301
rotation	194
rough	**150**, 290, (35)
round	233
route	224, 262, 285
routine	234, 277, 285
row	212, 223
royal	223
rub	224
rubbish	221
rude	290
ruin	203
rule	300
runny	192
rural	290

S

sacred	224
sad	210
sadness	210
safe	308
said	314
sail	262
salary	194, 195, 228
sale	262
salmon	224
salty	302
sanction	238
sanctuary	205, 277
sandstone	201
sane	289
satellite	193
satire	285
satirical	285
satisfied	209
satisfy	206
Saturn	194
savage	307
savanna	258
save	191, 308
say	189, 191, 304, 308
saying	191
scarce	224, 293
scarcely	293
scare	206
scared	224
scatter	208, 289
scene	202
scenery	202
scent	262, 266
scheme	285
scholar	228
school	**104**, 228, 308, 311, (19)
science	201, 203
scissors	202
scold	198
scone	224
scope	311
score	275
scorn	215, 224
scorpion	263
scratch	198
scream	208, 266
scripture	226
scurry	260
sea	263
seabed	258
seagull	265
search	303
seasonal	200
seat	253, 301

second	204, 308	September	38
secondary	201, 290	serial	261
secret	256	series	200, 202
secretary	195	serious	256
sect	311	sermon	224
section	311	servant	195
sedan	35	serve	198
sediment	35	server	195
sedimentary	200	service	**151**, (35)
see	52, 263, 303, 309	session	199
seed	238	set	52, 311
seek	303	settle	198
seize	198	severe	211
seldom	293, 296	sew	263
select	198	sexism	290
selectee	235	sextant	38
selection	238	shake	299
selector	235	shallow	288
sell	263	share	**152**, (35)
semi-colon	39	shark	263
semi-conductor	200	sharp	211, 288
Senate	237	shatter	208
send	263	shatterproof	220
senior	219	shear	201
sensation	270	shed	236
sensational	275	sheep	202
sense	**150**, 230, 298, (35)	shellfish	263
sensible	298	shellproof	220
sensitive	298	shift	275
sensor	222	shine	292
sensory	299	shiver	299
sensual	299	shock	201, 205
sensuous	299	shoes	202
sentence	300	shop	195
sentiment	205, 275	short	256, 281, 299
sentimental	275	shortage	281, 299
Seoul	263	shortcoming	216
separate	285	shortness	192, 299

shoulder	192, 204
shower	260
shriek	208
shrine	226
shudder	299
shut	288
shy	275
sick	192
sickness	192
side	263
sigh	263
sight	263
sign	**70**, 198, 270, (5)
significant	229
silicon	216
silly	279
silver	214
similar	36, 307
simple	36, 275
simulation	36
simultaneous	234
since	207, 249
sincere	257
single	275
singular	299
sink	196
site	263
situation	251
size	263
skip	270
skylark	265
slap	208
slender	270
slight	194
slim	270
small	194, 291
smart	270
smash	208
smell	266
smile	266
smooth	224, 285, 290
smoothing	200
sneer	266
sneeze	192
snore	208
snow	260
snowstorm	260
snowy	260
so	263
soak	198
soar	263
sob	266
sober	280
sobriety	280
social	227
socialism	230
society	227
sociology	201
socket	268
socks	202
sodium	214
soft	305
soil	265
sole	263
solemn	282
solicitor	300
solid	200, 203
solution	200
solve	198
some	263
somebody	309
sometimes	296
son	263
sonar	35
songwriter	195
sonic	35

soothe	224	squirrel	263
sore	191	stadium	266, 296
sorrow	210	staff	202, 224
sorrowful	210	stage	283
sort	311	stagflation	237
soul	263	stainless	214
sound	35, 256	stair	263
soundproof	219, 220	stake	224, 263
sour	285, 302	stale	289
south	217, 258	stalk	198, 238
sow	263	stalking	276
space	193	stamen	238
span	276	stand	36, 279
sparrow	265	standard	276
speak	189	star	193
special	290	stare	263, 303
species	202, 204	start	278
specific	289	startle	205
spect	213	state	189, 256
spectacles	202	statement	237
spectator	212	statesman	195, 237
speculate	230	static	288
spell	309	station	36, 195
sphere	233	stationary	224, 263
spicy	302	stationery	224, 263
spider	303	statistics	201
spin	301	statue	36
spinal	204	stature	36
spirit	224	status	276
spiritual	290	stay	36
splendid	234	steak	224, 258, 263
split	224	steake	258
spontaneous	234	steal	263
spouse	300	steel	214, 263
spring	256	steppe	258
sprrow	265	stereotype	276
square	233, 309	sterile	287
squeeze	198, 208	stern	211

stewardess	217
stick	256
stiff	192, 203
still	36, **177**, (44)
stimulate	198
stimulus	296
stink	266
stir	198
stock	238, 281
stomach	192, 204, 257, 285
stomachache	192, 193
stone	265
stool	192
stop	266
storage	281
store	198, 281
stork	265
storm	260
stormy	260
story	202, 273, 309
straight	263, 276
strain	201
strait	263
strange	**178**, 211, (45)
stranger	211
stream	258
strength	257, 280
stress	267, 271
stretch	271
strict	211
strike	**152**, 198, 213, 266, (35)
striking	213
strobe	273
stroke	192, 282
stromatolite	201
strong	280, 290, 302
structure	36
struggle	188
stubborn	203, 289
studium	296
study	232, 309
stuff	224
stumble	208
stupid	279
subject	15, 36, **104**, 215, 256, 305, (19)
subjective	290, 299
subjunctive	300
submarine	36, 258
submit	16
subordinate	33, 36
subscribe	17
subside	35
substance	36
subtle	286
subtract	14, 233
subtropics	258
suburbs	202
subvert	15
subway	36
succeed	15, 299
success	234, 299
succession	299
successive	299
successor	299
suck	198
sue	281, 300
suffering	215
sugar	194
suggest	51, **153**, 304, (35)
suit	188, 256, 281, 300, 309
suitable	256
sulfur	216
sum	233, 263
summit	237, 270
sun	263
sundae	218

sunproof	220
sunspot	194
superficial	36
superfluous	36
superior	219
superscribe	17
supervise	16, 36
supplement	278
supply	237, 288
support	276
suppose	**153**, 199, (36)
suppress	16, 36, 198
surd	290
sure	307
surface	36
surgeon	195, 290
surgery	290
surpass	198
surplus	288
surprise	205
surrender	198
surround	198
surroundings	202, 204
survey	198, 232
survival	238, 276
survive	301
suspect	16, 34, 199, 281
suspend	34, 36
suspicion	281
suspicious	281
sustain	14, 36, 198, 300
swallow	198, 265
swamp	258
swan	265
sweet	302
swell	198
swelling	192
sword	263, 286
syllable	300
symmetry	38, 287
sympathy	34, 36
symphony	33, 36
synagogue	226
synchronize	28, 36
synonym	33, 287
synthesis	36, 296

T

tableland	258
tackle	276
tail	263
tale	263
talk	189
tall	309
tame	198, 290
tariff	295
task	225
taste	230, 302
tasteless	302
tasty	302
tax	237
teacher	195
tear	224, 286
tease	198
technique	258
tectonics	200
telegraph	36
telephone	34, 36, 195
telescope	36
televise	16
television	36
tell	189, 304, 309
temper	281
temperament	294
temperate	258
temple	226

tempo	37	third	204, 228
temporary	37, 290	thorough	224
tenant	234	though	224, 310
tend	215, 281	thought	224
tendency	281	thread	224
tender	305	threat	224
tense	290, 300	threaten	205
tension	200	thrill	206
term	**105**, 256, (19)	thrive	196
terminal	36	throat	192, 204
terminate	36	throne	263
terrace	37	through	224, 250, 263
terrestrial	37	thumb	204, 282
terrible	302	thunder	260, 265
terrify	206	thurch	226
territory	3, 276	Thursday	258
test	217, 276	tide	200, 263
testament	226	tie	198, 263
testicles	217	tiger	263
testify	217, 300	tight	203, 289
testimony	217, 300	till	244, 249, 250
tetrapod	38	time	225
text	270	timely	221
textbook	270	tin	214
thank	303	tiny	291
their	263	tire	206
theme	286	tiresome	220
then	310	titration	200
theology	201	to	207, 246, 250, 251
theory	291	today	225
there	263, 280	toe	204
therefore	310	tolerate	305
thesedays	225	toll	295
theses	286	tomb	226, 282
thesis	286	tone	276
thick	291, 302	tongue	204
thin	289, 302, 291	too	263
think	**71**, 199, 270, (6)	toothache	192

top	288
topic	224
torch	224
torment	215
tornado	260
tortoise	263
torture	215
touch	206, 224, 286, 309
tough	203, 224
toward	38, 251
towards	38, 251
trace	198
track	224
trade	200, 309
tradition	302
traffic	194
tragedy	218, 288
train	212, 256
trainee	235
trainer	235
training	227
trait	263
transcend	35, 37
transcribe	17
transform	37
transit	37
transition	37
translate	37
transmit	16, 37
transparent	234
transplant	37
transport	37
trash	221
travel	302
tray	263
tread	224
treasure	276
treat	256
treaty	237
tremble	299
trench	258
trend	276
trial	300
triangle	38, 233
tricycle	39
trigger	198
trip	196
trivia	217
trivial	217
troop	311
tropic	224, 258
tropical	258
trouble	203, 304
troublesome	220
trousers	202
truck	224
true	256, 289
trustworthy	256
truthful	256, 257
tsunami	260
tuberculosis	193
Tuesday	258
tundra	258
turn	301
turtle	263
tutee	235
tutor	235
twelfth	258
twelve	258
twinkle	292
two	263
twosome	220
type	192, 311
typhoon	260
tyranny	237
tyrant	237

U

ubiquitous	278
umbrella	259
unanimous	27
uncountable	300
under	243, 251
undergo	198
underlie	198
understand	309, 310
undertake	198
unhappiness	210
unhappy	210
uniform	200
uninterested	222, 291
union	37
unison	35
unity	37
universal	37, 269, 278
universe	38
unlike	298
until	244, 249, 250
upbringing	219
update	198
Upper House	237
upper	204, 290
upset	192, 209
upstairs	280
Uranus	194
urban	224, 290
urbane	224
urge	306
urgent	306
urine	192
usage	300
use	201, 286
used	307
usual	299
usually	215, 296
utility	276
utilize	198

V

vacant	289
vacation	224, 291
vaccine	286
vacuum	278
vague	288
vain	256, 263
valid	302
valley	258
valuable	291
valueless	291
valve	238
vane	263
vanilla	234
vanish	221
variation	238
vary	**185**, 257, (47)
vehicle	286
velocity	200
venture	198, 276
venturesome	220
Venus	194
verb	300
verdict	17, 300
verification	200
verify	198
verse	290
version	**179**, (45)
vertical	289
veteran	270
vice	262, 291
vinyl	308
violate	198

violence	278
violent	211
violin	234
virtual	270
virtue	291
virus	286
visit	301
visitor	212
visual	276
vital	229, 270, 309
vitality	270, 309
vitamin	194
vitamin	286
vivid	288
vocabulary	37, 259
vocal	37
vocation	224, 291
volcano	200, 258
voltage	200
volume	233
voluntary	270
volunteer	270
vomit	192
vote	237
vowel	221, 291, 299
vulnerable	234

W

wages	228
waist	188, 204, 224, 263, 286
wait	263
waiter	195
walk	225
wander	224
want	309
war	188, 202, 227
ware	263
warfare	202, 224
warm	200
warming	204
warn	**154**, 190, 263, 304, 311, (36)
warrant	300
warrantee	235
warrantor	235
waste	198, 221, 224, 263
wastes	221
watch	302, 303
water	203, 258, 273
waterproof	219, 220
wave	200, 201
way	**71**, 263, 268, (6)
weak	192, 263, 290, 302
weakness	192
wealth	228
wear	**72**, 263, (6)
wearisome	220
weather	202
weatherproof	220
Wednesday	258
week	263
weep	266
weigh	198, 263
weight	263
welfare	224
well	256, 309
west	217
whale	263
while	245, 295
whisper	198
whole	233, 262, 309
wholesome	220
wholly	262
wide	280, 290
width	280
wild	290
win	262, 289

wind	200, 224, 260, 286
windproof	220
winsome	220
wipe	198
wisdom	280
wise	280
wish	199
with	244, 252
withdraw	198
wither	198
withhold	198
within	252
without	252, 294
withstand	198
witness	300
wolf	263
womb	282
women	286
wonder	199, 206, 224
wood	263, 265
wool	286
work	202, 203, 225
worker	195
worm	303
worry	206, 232
worship	198
worth	**154**, 247, (36)
would	263
wound	208, 224, 286
wrist	204
write	302
wrong	290

Y

yawn	208
yell	196

Z

zealous	223
zebra	263
zinc	214
zone	258, 280
zoo	285

索引 熟語INDEX

A

a point of view	225
a traffic jam	264
abide by ~	46
absorb A in B	47
accuse A of B	47, 266
adapt A to B	47
adjust A to B	47
after a fashion	239
agree with ~	188
aim at ~	46
amount to ~	46
anxious about ~	238
anxious for ~	238
anxious to ~	238
appeal to ~	301
apply A to B	47
arise from ~	46
arrange for X to V	264
arrive at ~	46
as to ~	242
ascribe A to B	47
ask A for B	47
assign A to B	47
associate A with B	47
at ease	210
at home	210
attend to ~	189
attempt at ~	46, 264
attempt to ~	264
attribute A to B	47
avail oneself of ~	264

B

\<be\> able to ~	312
X \<be\> above Y	240
X \<be\> about Y	239
X \<be\> among Y	241
Y \<be\> beneath X	240
\<be\> accustomed to ~	264, 315
\<be\> acquainted with ~	264
\<be\> afraid to ~	312
\<be\> all thumbs	264
\<be\> animated	277
\<be\> anxious to ~	312
\<be\> apt to ~	215, 264, 312
\<be\> at stake	264
\<be\> at the mercy of ~	264
\<be\> based on	22, 248
\<be\> certain to ~	312
\<be\> characteristic of ~	264
\<be\> convinced of ~	253, 311
\<be\> convinced that ~	311
\<be\> devoted to ~	315
\<be\> dressed in ~	253
\<be\> disposed to ~	215
\<be\> eager to ~	312
\<be\> entitled to ~	253
\<be\> exposed to ~	315
\<be\> faithful to ~	264
\<be\> far from ~	294
\<be\> hungry to ~	312
\<be\> ignorant of ~	310
\<be\> impatient to ~	312
\<be\> in good (bad) temper	264
\<be\> inclined to ~	215
\<be\> keen on ~	264

<be> keen to ~ 264, 312
<be> lacking in ~ 264
<be> liable to ~ 215, 312
<be> likely to ~ 312
<be> on the verge of ~ 264
<be> prone to ~ 215, 312
<be> qualified to ~ 253
<be> ready to ~ 312
<be> reduced to ~ 315
<be> reluctant to ~ 312
<be> reminded of ~ 253, 311
<be> reminded that ~ 311
<be> reserved for ~ 264
<be> sure to ~ 312, 315
<be> tempted to ~ 215
<be> typical of ~ 264
<be> used to ~ 315
<be> willing to ~ 312
because of ~ 207, 295
bed and breakfast 243
begin to Ving 266
begin with ~ 278
belong to ~ 257, 301
boast of ~ 301
break out 218
bring up 219, 253
by contrast 207, 291
by no means 293

C

call for ~ 46
carry on 48
cease to ~ 266, 293
charge A with B 47, 266
cleanse A of B 283
cling to ~ 46
close to ~ 207, 247
come in 48, 219

come out 219
come up with ~ 198
come up 48
compare with ~ 46
compensate for ~ 264
compete with ~ 46, 264
complain of ~ 46, 301
compliment A on B 47, 266
concerned about ~ 238
concerned with ~ 238
conflict with ~ 46
congratulate A on B 47, 266
consist of ~ 46, 253
consult with ~ 238
contrary to ~ 207
contribute to ~ 46, 207, 315
convince ~ of 190
count on ~ 46
criticize A for B 47
cure A of B 47

D

dawn on ~ 198
deal with 234
decline to~ 266
demand A from B 278
demand A of B 278
demand to~ 266
depend on ~ 46, 207, 248, 257
devote A to B 47
different from ~ 207
dispose of~ 234
do away with 234
do without ~ 252
dream of~ 301
due to ~ 207, 315
dwell on ~ 46

E

emerge from ~	46
every now and then	296
exchange A for B	47
expect A from B	278
expect A of B	248, 278

F

fail to ~	266, 293
far from ~	207, 294
figure out ~	48
focus on ~	46, 248
for ~ purpose	239
for all	245
for example	310
for the sake of ~	207
free of ~	248
from time to time	296

G

get over	310
give up	234
given to ~	307
go Ving at	251
go Ving in	251
go Ving	251
go away	48
go back	48
go bankrupt	190
go for a ~	251
go into ~	46
go on	48
go on a hike	251
go on a picnic	251
go on an errand	251
go with ~	188
graduate from~	301

H

have a pain in X	191
have a spell of ~	309
have little to do with X	293
hear from ~	302
hesitate to ~	266
hit on ~	198
hope for ~	46
hunt for ~	46

I

if any	293
if ever	293
impose A on B	47
in ~ condition	239
in ~ fashion	239
in ~ respect	239
in ~ way	239
in a line	212
in a row	212
in addition to ~	243
in addition	310
in detail	264
in fact	310
in other words	310
in return	292
in short	310
in spite of ~	245, 249
in terms of ~	226
in the light of ~	226
in turn	292
inform ~ of	190
insist on~	301
instead of ~	207, 294
interfere in ~	301
interfere with ~	301
involved in ~	238

involved with ~ ... 239
irrespective of ~ ... 245, 249

J

jam into ~ ... 46

K

keep from Ving ... 264, 293
kick the bucket ... 226

L

lead to ~ ... 46, 197, 207
leave to ~ ... 239
leave with ~ ... 239
let A into B ... 47
let alone ... 294
let in ... 219
let out ... 219
listen to ~ ... 301
live by ~ ... 46
long for ~ ... 46
look at ~ ... 46
look down on ... 215
look for ~ ... 46
look forward to ~ ... 315
look up to ... 215
lose one's life ... 226
lose one's temper ... 264

M

make a fuss ... 264
make difference ... 229
make no difference ... 229
make out ~ ... 48
make up for ~ ... 264

N

name X after Y ... 241

neither A nor B ... 293
neither of X ... 293
no A save B ... 191
no doubt ... 310
no longer ... 293
not A let alone B ... 294
not remotely ... 264
notify A of B ... 47

O

object to ~ ... 301
occur to ~ ... 198, 302
of a religious sect ... 226
of course ... 310
on ~ condition ... 239
on ~ way ... 239
on purpose ... 239, 303
on the basis of ~ ... 264
on the contrary ... 292
on the other hand ... 291, 310
once in a while ... 296
order A from B ... 278
originate with ~ ... 278
out of ~ ... 246
out of account ... 314
out of action ... 314
out of alignment ... 314
out of all knowledge ... 314
out of balance ... 314
out of bloom ... 314
out of bounds ... 314
out of cash ... 314
out of compassion ... 314
out of condition ... 314
out of consideration for ~ ... 297, 314
out of consideration of ~ ... 297, 314
out of contact ... 314
out of context ... 314

out of control	314		out of the box	314
out of count	314		out of the common	314
out of courtesy	314		out of the game	314
out of cry	314		out of the loop	314
out of danger	314		out of the question	314
out of date	314		out of track	314
out of debt	314		out of tune	314
out of doors	314		out of work	314
out of employment	314		out of ~	207
out of fashion	314		owing to ~	207, 315
out of focus	314			
out of fuel	314		**P**	
out of hand	314			
out of health	314		part from ~	239
out of hours	314		part with ~	239
out of ideas	314		pass away ~	226
out of love	314		pay no attention to ~	310
out of order	314		place A on B	47
out of place	314		plead with	306
out of power	314		pop from ~	46
out of press	314		prop up	48
out of print	314		provide A with B	47
out of production	314		put A in B	47
out of proportion	314		put away ~	48
out of reach	314		put down A to B	47
out of reason	314		put in	219
out of recognition	314		put on ~	48
out of rhythm	314		put out	219
out of rule	314		put over ~	48
out of scheme	314		put up with ~	279
out of season	314			
out of service	314		**R**	
out of shape	314			
out of sight	314		rather than ~	207, 294
out of step	314		reduce A to B	47
out of stock	314		refer A to B	189
out of temper	314		refer to A as B	47, 189
out of the blue	314		refer to~	189, 301, 302
			reflect on ~	46
			refrain from Ving	264, 293

refuse to ~	266, 269, 293
regard A as B	47
regardless of ~	245, 249
rely on ~	46
remind A of B	47
resort to	308
respond to ~	301
rob A of B	47
run riot	264

S

send for ~	308
separate A from B	47
set off	219
set out	219
shed light on ~	264
similar to ~	207
sneer at ~	46
so ~ as to	242
so as to ~	242
so that	207
speak A as B	189
speak about ~	189
speak of ~	46
speak of A as B	189
stand at ~	46
stand by ~	46
stand for ~	46
stand out	48, 213, 219
stare at ~	46
start to Ving	266
start with ~	278
stay away	48
stem from ~	46
submit to ~	301
subscribe to ~	301
successful in ~	299
suggest Ving	266
suspect A of B	266

T

take ~ for granted	264
take A for B	246
take after O	257
take appropriate steps	236
take away ~	48
take in	219
take leave	255
take off ~	48
take on ~	48
take over ~	48
take place	253
talk ~ into Ving	189
talk ~ out of Ving	189
talk about	189
talk of	189
tell A from B	47
tell O about ~	190
tell of	190
thanks to ~	207
these days	225
throw away	48, 234
throw light on ~	264
throw up	192
tired from/with ~	239
tired of ~	239
to a … extent	264
to the contrary	292
translate A into B	47
true of ~	239
true to ~	239
turn A into B	47
turn back	48
turn in	48
turn into ~	46
turn out	48

turn up 48

W

warn A of B 47
weary from/with ~ 214
weary of ~ 214
well off 210
with ~ respect 239
with a view to ~ 315
with all 245
work off 191
work out ~ 48
write to ~ 302

索引 シリーズINDEX

あ
合う シリーズ …………………… 188
争い シリーズ …………………… 188

い
言う シリーズ …………………… 189
意外な品詞・意味の語 シリーズ … 190
癒す シリーズ …………………… 191
医療用語 シリーズ ……………… 191

う
宇宙 シリーズ …………………… 193

え
栄養素 シリーズ ………………… 194

お
「多い」「少ない」をlarge, smallで
　表す名詞 シリーズ …………… 194
お仕事・職業 シリーズ ………… 194
覚えるしかないSV シリーズ …… 195
覚えるしかないSVO シリーズ … 196
思いつく シリーズ ……………… 198
思う シリーズ …………………… 199

か
会議 シリーズ …………………… 199
科学用語 シリーズ ……………… 200
学問 シリーズ …………………… 201
貸す・借りる シリーズ ………… 201
数が問題になる名詞 シリーズ … 202
数えられる・数えられないことが
　問題になる名詞 シリーズ …… 202
かたい シリーズ ………………… 203

可能・可能性 シリーズ ………… 203
体の部位 シリーズ ……………… 203
環境問題 シリーズ ……………… 204
感情 シリーズ …………………… 205
感情の動詞 シリーズ …………… 205
感情の動詞の例外 シリーズ …… 206

き
危険 シリーズ …………………… 206
記号化しやすい単語 シリーズ … 207
傷を与える シリーズ …………… 208
擬態語・擬声語 シリーズ ……… 208
喜怒哀楽の喜 シリーズ ………… 209
喜怒哀楽の怒 シリーズ ………… 209
喜怒哀楽の哀 シリーズ ………… 210
喜怒哀楽の楽 シリーズ ………… 210
厳しい・激しい シリーズ ……… 211
奇妙 シリーズ …………………… 211
客 シリーズ ……………………… 212
行列・列 シリーズ ……………… 212
議論 シリーズ …………………… 212
際立った シリーズ ……………… 213
金属 シリーズ …………………… 214

く
苦しみ・痛み シリーズ ………… 215

け
傾向 シリーズ …………………… 215
軽蔑 シリーズ …………………… 215
欠点 シリーズ …………………… 216
元素 シリーズ …………………… 216

こ
行動 シリーズ …………………… 216

語源が面白い単語 シリーズ ……………… 216
語順を入れ替えて作った
　言葉 シリーズ ………………………… 218
語尾がiorで終わる形容詞 シリーズ …… 219
語尾がproof(resistant)に
　なる シリーズ ………………………… 219
語尾が-some シリーズ …………………… 220
語尾にlyがついて
　形容詞になる語 シリーズ …………… 221
ゴミ・汚いもの シリーズ ……………… 221
混同しやすい単語
　（ミニマル・ペア含む）シリーズ …… 221

さ

最近 シリーズ …………………………… 224

し

仕事シリーズ …………………………… 225
時代 シリーズ …………………………… 225
視点 シリーズ …………………………… 225
死ぬ・亡くなる シリーズ ……………… 226
宗教 シリーズ …………………………… 226
集団 シリーズ …………………………… 227
収入 シリーズ …………………………… 228
重要・必要 シリーズ …………………… 229
主義・政治体制 シリーズ ……………… 229
熟考する シリーズ ……………………… 230
趣味 シリーズ …………………………… 230
商品 シリーズ …………………………… 231
調べる シリーズ ………………………… 232
心配 シリーズ …………………………… 232

す

数学用語 シリーズ ……………………… 233
少し高度だが
　覚えておくべき形容詞 シリーズ …… 233
捨てる・処分する シリーズ …………… 234
ストレス位置が
　問われやすい単語 シリーズ………… 234
〜する人／〜される人 シリーズ ……… 235

せ

政治経済用語 シリーズ ………………… 236
生物用語 シリーズ ……………………… 238
前後の前置詞によって
　意味が異なる シリーズ ……………… 238
前置詞 シリーズ………………………… 239

そ

育てる シリーズ ………………………… 253

た

「態」に関する間違いを
　しやすい動詞 シリーズ ……………… 253
多義語・多品詞語 シリーズ …………… 254
正しい シリーズ ………………………… 256
単数と複数で
　意味の異なる名詞 シリーズ………… 257

ち

力 シリーズ ……………………………… 257
注意すべき状態動詞 シリーズ………… 257
地理・地形用語 シリーズ……………… 257

つ

綴りを間違えやすい単語 シリーズ …… 258

て

出来事 シリーズ ………………………… 259
天気 シリーズ …………………………… 259
天災・災害 シリーズ …………………… 260

と

同音異義語 シリーズ …………………… 261
動物 シリーズ …………………………… 263
特定の使い方だけが

問われる単語 シリーズ ………… 264
土地・土・泥 シリーズ ………… 265
鳥 シリーズ ………… 265
とる型が例外的な動詞 シリーズ ……… 265

な

泣き笑い シリーズ ………… 266

に

匂い シリーズ ………… 266
日本語化しているが、日本語と
　意味が異なる単語 シリーズ………… 266
日本語化しているが、日本語とは
　異なる意味で使われることが
　多い名詞 シリーズ ………… 271
日本語でも正しい意味で
　認識されている シリーズ………… 272
日本語になっているが、
　意味の曖昧なもの シリーズ………… 276
日本語の語感と異なる
　前置詞を伴う動詞 シリーズ………… 278
忍耐 シリーズ ………… 278

は

バカ シリーズ ………… 279
場所・地区 シリーズ ………… 279
場所を示す副詞 シリーズ ………… 280
派生形が変則的な単語 シリーズ ………… 280
発音が問われる単語 シリーズ………… 281
早い・速い シリーズ ………… 286
反意語 シリーズ ………… 287
反対語といえない反対語 シリーズ …… 291
「反対に」シリーズ ………… 291

ひ

光る シリーズ ………… 292
否定語 シリーズ………… 293
「人の性質」という

意味の名詞 シリーズ ………… 294
費用・料金 シリーズ ………… 294
品詞・用法の違いが問題になる
　語の組み合わせ シリーズ ………… 295
頻度の副詞 シリーズ ………… 295

ふ

複数形が変わっている名詞 シリーズ … 296
複数の派生語を持ち、その意味の違いが
　問題になる単語 シリーズ………… 296
普通 シリーズ ………… 299
震える シリーズ………… 299
文法用語 シリーズ ………… 299

ほ

法律・裁判用語 シリーズ………… 300

ま

紛らわしい自動詞・他動詞 シリーズ…… 300
まわす シリーズ………… 301

み

味覚 シリーズ ………… 301
見出しにするまでもないが、
　一言言っておきたい単語 シリーズ … 302
見る シリーズ ………… 303

む

虫 シリーズ ………… 303

も

目的 シリーズ ………… 303
目的語にくるものに使い分けがある
　動詞 シリーズ ………… 303
「目的語に何をとるか」が
　問題になる動詞 シリーズ ………… 304
問題 シリーズ ………… 304

や

柔らかい シリーズ ……………………… 305

ゆ

ゆるす シリーズ ………………………… 305

よ

「要求する」という意味の
　SVOCシリーズ ………………………… 306
用法に注目すべき形容詞 シリーズ …… 306
よく知られている意味以外に別の
　意味(品詞)を持つ単語 シリーズ …… 308

り

利益 シリーズ …………………………… 309
理解する シリーズ ……………………… 309

ろ

論理接続の副詞 シリーズ ……………… 310

わ

忘れる・無視する シリーズ …………… 310

A

A of Bで「AにBを伝える」に
　なる シリーズ ………………………… 311
a[…]of シリーズ ………………………… 311

B

〈be〉形容詞 to V+完全な文になる
　熟語 シリーズ ………………………… 312

C

Cの種類を覚えておくべき シリーズ … 312

L

lateの比較級・最上級の
　区別 シリーズ ………………………… 312

O

out of X シリーズ ……………………… 313

S

S〈be〉形容詞 to V と
　it is 形容詞 that SV の両方を
　とる形容詞 シリーズ ………………… 314

T

to Vingという形になる シリーズ …… 315

長文読解に、背景知識や予備知識は必要ありません！

［新装版］
富田の英語長文問題解法のルール144
（上）（下）

**勝手な推測をせず、書かれていることだけを
正確に読み取ること。これこそが読解の極意！**
［"しつこいくらい"の徹底的な解法解説］＋
［バラエティ豊かな練習問題］で、
自分の英語力と思考力だけで解答に辿り着くための
「本物の読解力」が身につきます！

本書は大学入試における英語の読解問題に、
いかに効率よく迷わぬ解答を出すか、という点に焦点を当てて
解説することを第一の目的としている。
その意味では、本書は身も蓋もないほど典型的な「受験参考書」である。
しかし著者本人の意図は単にそこにとどまらない。
私としては、諸君が本書をきっかけにして
単に英語という科目にとどまらず、
自分の目と知恵を使って何かを考えるという習慣を
身につけてもらいたいという強い願望を持っている。
──「はじめに」より

　　　　　　上　定価(本体1600円+税)　下　定価(本体1700円+税)

30万人の受験生を救ったロングセラーが帰ってきた！

［新版］
富田の英文読解
100の原則（上）（下）

いくらやっても報われるか分からない
「暗記主義」から諸君を解放し、
かけた労力に見合うだけの成果を期待できる方法を伝授する！

私がこの本で語るのは「精読」である。
一つ一つの文に徹底的にこだわってその文法的な成り立ちを解剖し、
そこから絶対に迷いのない正しい意味を導くこと、
その作業を通じて諸君がこれから入試で出会うであろう英文を
自力で読み解けるようにすること、
これが本書の目標である──「はじめに」より

定価（本体1200円＋税）

富田一彦(とみた・かずひこ)

1959年東京生まれ。東京大学文学部英語学英米文学専修課程修了。1986年より代々木ゼミナール講師。一点のあいまいさも残さぬ精緻な構文分析、論理展開の講義は「富田の英語」として代ゼミにとどまらず全国の受験生から高く支持されており、英語教育界に大きな影響を与えている(のか?)。モットーは「英語は五歳児の記憶力・理解力・判断力だけで正しくコントロールできるもの」、趣味は「締め切りを守らないこと」。夢は「締め切りのない生活」。好きな食べ物は「最中」以外。嫌いな食べ物は「高いもの」。愛車は柄にもなくPorsche。既著に『富田の英文読解100の原則』『富田の英語長文問題解法のルール144』(大和書房)、『富田の入試英文法』(代々木ライブラリー)などがある。

Peter Chumbley【ネイティブチェック】

1963年12月6日生まれ。サルフォード大学卒。1986年より、ギリシャ、トルコなどで英語教育に携わってきた国際派。その後イギリスに一時帰国しラテン語を教えていたが、外国で現地の人に英語を教えることに対する熱意に動かされ、1991年に来日。1997年まで語学学校で教鞭をとり、以後は独立して東京および埼玉で個人として英語指導を行っている。子供から大人まで、さまざまな生徒に対応できる懐の広さと、生徒の成長を時間をかけて見守る寛容さが大きな魅力。何より、その美声とイギリス英語の美しい発音が、英語好きの生徒を数多く生む原動力となっている。

The Word Book とみ単
(ザ ワード ブック とみたん)

2011年8月20日 第1刷発行
2025年5月5日 第5刷発行

著 者	富田一彦(とみた かずひこ)
発行者	佐藤 靖
発行所	大和書房(だいわ)
	東京都文京区関口1-33-4 〒112-0014
	電話 03-3203-4511
装 丁	村橋雅之
立体イラスト作成	アサミナオ
写真撮影	片桐 圭
本文デザイン	小林祐司(TYPEFACE)
本文印刷	シナノ
カバー印刷	歩プロセス
製本所	ナショナル製本

©2011 Kazuhiko Tomita, Printed in Japan
ISBN 978-4-479-19048-6
乱丁・落丁本はお取り替えします
http://www.daiwashobo.co.jp

【別冊】
The Word Book
とみ単

代々木ゼミナール講師
富田一彦

第2部の例文集

※例文冒頭の(ア)(イ)などの記号は、本体第2部の見出し語説明に対応しています。

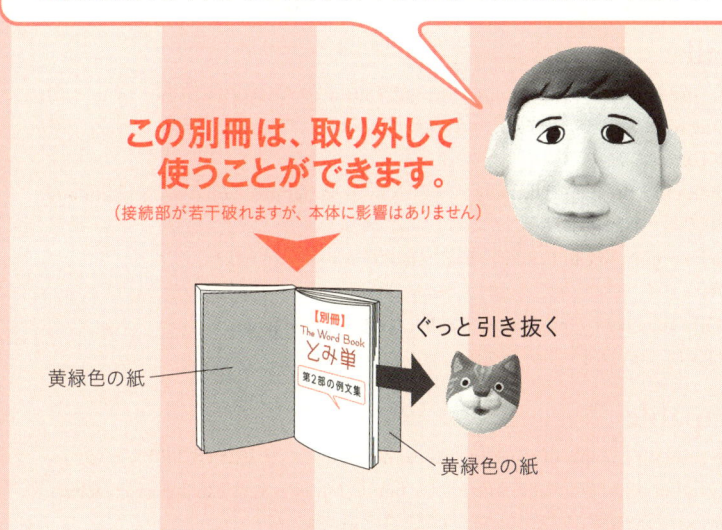

この別冊は、取り外して使うことができます。
（接続部が若干破れますが、本体に影響はありません）

黄緑色の紙

ぐっと引き抜く

黄緑色の紙

大和書房

Level 1

□ agree

(ア) **I couldn't agree with you more.**（おっしゃる通りです）

(イ) **We had no choice but to agree to his plan.**（彼の計画に賛同するほかなかった）

(ウ) **The two have agreed on the date of their marriage, but not on the place.**
（二人はいつ結婚するかでは意見が一致したが、どこで式をあげるかについては意見が合わなかった）

(エ) **He agreed that he had conspired with a group of terrorists.**
（彼は自分がテロリストの一味であることを認めた）

□ busy

(ア) **Sorry, sir, but the manager can't see you because he is very busy.**
（恐れ入りますが、支配人はただ今手が離せませんのでお会いになれません）

(イ) **My uncle is now very busy in preparing for his trip to Europe.**
（おじは今ヨーロッパ旅行の準備に忙しい）

(ウ) **We are now on Broadway. This is one of the busiest streets in the world.**
（今ブロードウェイに入りました。この道は世界でもっとも混雑している道の一つです）

□ call

(ア) **No one knows how a type of animal found in Australia began to be called "kangaroo."**（オーストラリアで発見されたある獣がどういういきさつでカンガルーと呼ばれるようになったのか、誰にも分からない）

(イ) **I didn't like the name "Kazubou", which I was sometimes called in my childhood.**
（子供の頃「かずぼう」と呼ばれたことがあるが、嬉しくなかった）

(ウ) **I'm busy now, so can I call you back when I have time to talk?**
（今忙しいので、時間ができたらかけなおしてもいい?）

(エ) **I'd like to make an international collect call to Tokyo Japan.**
（東京にコレクトコールをかけたいのですが）

□ capable

(ア) **My father is capable of repairing his car on his own.**（父は自分で車の修理ができる）

(イ) **My father is not good at managing his family, but he is very capable as a teacher.**
（私の父は家庭を維持する才覚はないが、教師としてはとても有能である）

□ change

(ア) Correct knowledge of a country often leads to a change in one's attitude to that country. (ある国について正しい知識を持つと、その国に対する態度が変わることがよくある)

(イ) "Here we are, madam. The fare is $10.50." "OK. Here is $20. $7 change please."
(「着きましたよ、奥さん。10ドル50セントお願いします」「分かったわ。はい20ドル。お釣りは7ドルでいいわよ」)

(イ) "Sorry but I have to pay with this $100 bill. I have no small change."
(すいません。100ドル札でしか払えないんですよ。小銭持ってないんで)

□ dinner

(ア) Let's talk about the matter after dinner. (その問題については晩飯の後話そう)

(イ) I will give a dinner in your honor. (君のために晩餐会を開こう)

□ easy

(ア) This is an easy question. You can find its answer in a minute.
(これは簡単な問題だね。答えはすぐ分かるよ)

(イ) It is easy for adults to mistake a mere superficial change in language among young people for a kind of collapse of language.
(若い人の間で言葉が表面的に変化したことを、言葉の低俗化だと勘違いすることはよくあることだ)

□ end

(ア) The end of life is death. (人生の終わりは死である)

(イ) At the end of the road is a bus stop. (道の突き当りにバス停がある)

(ウ) Happiness is the end of life. (幸福は人生の目的である)

□ enough

(ア) He has enough courage to tell the truth.

(イ) He is courageous enough to tell the truth.
(意味共通：彼には真実を話すだけの勇気がある)

□ equal

(ア) In the right-angled triangle the square on the hypotenuse is equal to the sum of squares on the other two lines.
(直角三角形では斜辺に接する正方形の面積は他の二辺に接する正方形の面積の和に等しい)

(イ) As our son's tutor has quit, we have to look for an equal of him.

(息子の家庭教師がやめてしまったので、同じような人を見つけなくてはならない)

□ fair

(ア) **Fair play is the core of sportsmanship.** (正々堂々と戦うことがスポーツマン精神の核心部だ)
(イ) **Your English essay is not excellent but fair.**
(君の英作文は特に優れてはいないが、一応合格点だ)
(ウ) **She has beautiful fair hair.** (彼女は見事な金髪だ)
(エ) **The weather forecast says it is fair today.** (天気予報では今日は晴天だそうだ)
(オ) **An international trade fair is being held in Tokyo.** (国際見本市が東京で開かれている)

□ famous / known

(ア) **Paris is famous for its many museums.** (パリは多くの美術館で有名だ)
(イ) **The Japanese are known for their bad eyesight.** (日本人は目が悪いので有名だ)
(ウ) **Los Angeles is infamous for its poor security.** (ロサンゼルスは治安が悪いので有名だ)
(エ) **A man is known by the company he keeps.**
(付き合っている人間を見れば、その人物の人となりが分かる)
(オ) **His name was known to everybody present.** (そこにいた人間は全員彼の名前を知っていた)

□ far

(ア) **Our house is very far from the station.** (僕の家は駅からとても遠い)
(イ) **Dinner'll be ready in a minute. Don't go far.** (もうすぐご飯だから遠くに行っちゃダメよ)
(ウ) **It is far easier to deal with others than to deal with loneliness.**
(孤独でいるより人と交わる方がはるかに容易い)
(エ) **You don't have to go so far as to deny everything about him.**
(何も彼に関するすべてを否定する必要はないだろう)

□ fine

(ア) **The line between a splendid idea and a ridiculous idea is very fine.**
(すごいアイデアと馬鹿げた思いつきの違いは紙一重だ)
(イ) **There are many fine things in the museum.** (その博物館には優れたものが色々ある)
(ウ) **In Singapore you have to pay $500 as a fine if you throw away a cigarette.**
(シンガポールでタバコをポイ捨てすると罰金500ドルである)

□ help

(ア) **"Hello. This is Tom Jones, a receptionist of the Ritz Hotel London. How may I help you?" (もしもし、私はリッツホテルロンドンのフロント係のトム・ジョーンズです。ご用件は何でしょうか)

(イ) **Could you help me with the preparation for the party tonight?**
(今夜のパーティの準備を手伝ってくれませんか)

(ウ) **I cancelled your reservation. It could not be helped.**
(ご予約はキャンセルさせていただきました。致し方なかったのです)

(エ) **If you know something about the accident, never hesitate to get in touch with us. Any information may help.** (その事故について何か知っていることがありましたら、ぜひともご連絡ください。どんな情報でも役に立つ可能性があります)

(オ) **His advice helped me (to) decide which way to go.**
(彼の忠告は、私がどちらの道を行けばいいかを決める上で役に立った)

(カ) **A closer investigation will help show the hidden relationship between the two facts.** (もっと詳しく調べれば、その二つの事実の間にある目に見えない関係が明らかになるだろう)

(キ) **Please help yourself to the dishes prepared on the table.**
(テーブルに用意したお料理は、ご自由にお取りください)

□ mind

(ア) **I don't mind being asked where I was at the time of the murder.**
(殺人のあった時間にどこにいたか、聞いてもらっても結構だ)

(イ) **"Do you mind if I smoke here?" "Yes, I do."** (「ここでタバコを吸ってもいいですか」「困りますね」)

□ much

(ア) **There is much water in the basin.** (その洗面器には水がいっぱい入っている)

(イ) **Your speech has much to do with social manners, doesn't it?**
(あなたのご発言は、礼儀作法に大きく関係するものですよね)

(ウ) **I love you very much.** (あなたのことをとても愛しています)

(エ) **Your baggage is much heavier than mine.** (あなたの荷物は、私の荷物よりだいぶ重いのね)

(オ) **The two plans are much the same.** (その二つの案は、ほとんど同じであった)

□ sign

(ア) **If you read and agree with the terms, please sign here before you check out our rental skis.** (条件をお読みになって同意されるのであれば、レンタルスキーを借り出す前にここにサインをください)

(イ) **Didn't you look at the stop sign at the intersection?**
(交差点の一時停止の標識を見なかったんですか)

(ウ) **As far as he could see, there was no sign of human life.**

(彼の見渡せる範囲には、人間が暮らしている徴候は全くなかった)

□ think

(ア) **I will think of it later.** (そのことは後で考えるよ)

(イ) **He thought that it was impossible to live without her.**

(ウ) **He thought it (to be) impossible to live without her.**
(イ、ウは意味共通：彼女なしでは生きていけないと彼は思った)

(エ) **I am thinking of going abroad this summer.** (私はこの夏、海外旅行をするつもりだ)

□ way

(ア) **Your performance is not satisfactory at all. I have to say you still have a long way to go.** (君のやることは全くなってないね。悪いけどまだまだだいぶ頑張らないとダメだね)

(イ) **The best way to know a town is to look through its telephone directory.**
(ある町を知る一番いい方法はその町の電話帳を見ることだ)

(ウ) **I'm afraid you are wrong. You should go the other way.**
(あなた間違ってますよ。反対方向に行かなくちゃダメです)

(エ) **I don't like him because he always talks to me in a very rude way.**
(彼はいつも失礼な口の聞き方をするのでどうも苦手だ)

(オ) **His behavior is strange in a way which makes us smile.**
(彼の行動は、思わずにやっとしてしまうような点で、普通と違う)

(カ) **I never believed his theory to be true, but at last it proved that way.**
(彼の理論が正しいとは思わなかったが、結局彼の理論は正しかった)

(キ) **On my way home from school, I met with a group of people who were strangely dressed.** (学校からの帰り道、見慣れない格好をした人の一団に出会った)

(ク) **I didn't like the way he spoke, but I accepted his offer after all.**
(彼の言い方は気に食わなかったが、結局彼の申し出に従うことにした)

(ケ) **He did it the way I told him to.** (私が彼にやれと言った通りに、彼はそれをやった)

□ wear

(ア) **"Could you tell me what time it is?" "Sorry, but I don't wear a watch."**
(「今何時か教えていただけますか」「すみません、時計してないもんで」)

(イ) **Our memory wears off with the passage of time.**
(時が経つにつれ、記憶は曖昧になっていくものだ)

(ウ) **The job left him totally worn out.** (その仕事で彼は本当にヘトヘトになった)

Level 2

☐ account

(ア) **He accounted for why he had failed to appear at the meeting.**
(彼はなぜその会合に出なかったのかを説明した)

(イ) **The rapid economic development of China accounts for its increasing influences in the international community.**
(中国が国際社会で発言力を増しているのはその急速な経済成長の結果である)

(ウ) **Women account for about one third of the country's workforce.**
(この国の労働者の三分の一は女性である)

(エ) **Which plan should be adopted will depend on the result of our account of each one's cost versus benefit.**
(どの計画を採用するかは、それぞれの計画の費用対効果を計算して決めよう)

(オ) **You should take into account the time it would take to carry out such an elaborate experiment.** (そんな手の込んだ実験をしたらどのくらい時間がかかるかも考えに入れるべきだ)

(カ) **None of us were satisfied with the student's account of the accident.**
(その学生がその事故について説明するのを聞いて、我々の誰一人満足した者はなかった)

(キ) **Please include in the form the details of your bank account.**
(銀行預金の詳細もその書類に書き入れてください)

(ク) **The town suddenly got isolated on account of the heavy rain.**
(豪雨のせいで、その町は突如孤立した)

☐ afraid

(ア) **He is afraid of being fired.** (彼はクビになることを恐れている)

(イ) **He is afraid to attend the meeting.** (彼はその集まりに出ることに気が進まない)

(ウ) **I'm afraid your expectation will not come true.**
(たぶん君の予想は外れると思うよ。：相手の予想通りにならないことが相手にとって不都合な場合)

(ウ) **I'm afraid your expectation will come true.**
(たぶん君の予想通りになると思うよ。：相手の予想通りになることが相手にとって不都合な場合)

☐ application

(ア) **The application of genetic theories to human cloning is still severely criticized.**
(遺伝子理論を人間のクローンに応用することはいまだに厳しく批判されている)

(イ) **I am sorry to say your application for the job is rejected on the basis of your lack of experience.**（すみませんが、経験がないため、就職のご希望には添いかねます）

□ appreciate

(ア) **I appreciate why he did so.**（なぜ彼がそんなことをしたか私には分かる）
(イ) **I know he is a great man. I appreciate what he has done for me.**
（彼はすごい人だ。私のために彼がしてくれたことを私はすごいと思う）
(ウ) **If you want to appreciate his music fully, you should learn his background.**
（もし彼の音楽を十分に理解したければ、彼の出自に注目する必要がある）
(エ) **I really appreciate your helping me in time of need.**
　= **I really thank you for helping me in time of need.**
（困った時に助けてくれて本当にありがとう）

□ arrange

(ア) **He arranged the books on the shelf.**（彼は本棚の本を整理して並べた）
(イ) **We are glad to arrange your stay in London.**
（私どもでは、あなたさまのロンドンでのご滞在を喜んで手配させていただきます）
(ウ) **He arranged for all of his children to get some money every year after his death.**
（彼は子供たちが彼の死後、毎年いくらかの金を受け取れるように手配した）

□ article

(ア) **According to an article in the psychology magazine, we often fail to conceal a lie when we are asked to draw paintings about what we have seen.**（心理学に関する雑誌の記事によれば、見たものを絵に描いてくれと言われると、我々は嘘を隠せなくなることが多い）
(イ) **The custom officer took each article out of the bag.**
（税関吏はそのカバンから品物を一つずつ取り出した）
(ウ) **If you use a countable noun in the singular form, you should put an article before the noun.**（数えられる名詞を単数形で使うなら、前に冠詞をつけてください）

□ ashamed

(ア) **He is ashamed of making a silly mistake in the last exam.**
（前回の試験で馬鹿げた間違いをしたことを彼は恥じている）
(イ) **He is ashamed to make a speech in public for fear that he should make some silly mistakes in it.**（馬鹿な間違いをするのがいやだから、彼は人前で話すことをいやがる）

□ audience

(ア) We are planning to have a show performed by a famous singer at our college festival. A large audience is expected.
(学園祭で有名な歌手のショーを計画中だ。きっと人が沢山集まるだろう)

(イ) The audience were quite pleased and satisfied with the performance by their favorite singer. (聴衆はお気に入りの歌手の歌声にすっかりご満悦であった)

□ aware

(ア) She is always aware of her appearance. (彼女は絶えず自分の見かけを気にしている)

(イ) Watching things foreign on TV often makes us aware that our values are not universal. (テレビで外国の風物を見ると、我々の価値観は普遍的なものではないと気づく)

□ badly

(ア) The cat was injured very badly. (その猫はひどく傷ついていた)

(イ) I want to see you very badly. (あなたにとても会いたい)

(ウ) She felt very badly when she heard the news. (その知らせを聞いて彼女は悲しくなった)

(エ) In some countries many people are badly off. (多くの人が貧しい国もある)

□ bear

(ア) Each item sold in this shop bears its own product code, which enables us to identify it. (当店で販売されているすべての商品には独自の製品番号がついており、それで品物の特定ができるのです)

(イ) The shrine has five pillars, which bear all the weight of its roof.
(その社(やしろ)には五本の柱があり、それが屋根の重みをすべて支えている)

(ウ) Immigrants who have come to a new land always bear the cultural traditions which they had learned in the country they had left.
(新しい土地にやってきた移民たちは、後にしてきたふるさとで身につけた文化的な伝統を運んでくる)

(エ) I can't bear his silly jokes any more. (もうこれ以上あいつの馬鹿げた冗談は我慢ならない)

(オ) This type of tree bear fruits which tastes very nice. (この種の木にはとても美味しい実がなる)

□ behavior

We have been totally puzzled by the strange behavior of our computer since the introduction of a new operating system.
(新しいOSを入れてから、コンピューターの動きがどうもおかしいのでひどく困っている)

☐ bill

(ア) **Give me my bill, will you?**(請求書ください)
(イ) **I have never seen a one hundred dollar bill.**(僕はまだ100ドル札を見たことがないんだ)
(ウ) **Our party is supporting a bill of tax reduction.**(わが党は減税法案を支持しています)

☐ capital

(ア) **This is a matter of capital importance.**(これは重大事案である)
(イ) **Tokyo is capital of Japan.**(東京は日本の首都だ)
(ウ) **Your plan seems promising, but it requires large capital.**
(君の案は有望だが、多額の資本を必要とするね)

☐ care

(ア) **My first care is to keep everything in this school going on smoothly.**
(私の第一の仕事は、校内で様々なことが順調に進むようにしておくことである)
(イ) **No one can be free of care.**(不安のない人間はいない)
(ウ) **A little care could have prevented the accident.**(もう少し注意すればその事故は防げたのに)
(エ) **When a small boy, he was in the care of his uncle.**(幼い頃、彼はおじに預けられた)
(オ) **I don't care (about) what you say.**(君が何て言おうと気にしないよ)
(カ) **I don't care for alcohol.**(酒は好きじゃないんだ)

☐ case

(ア) **Could you buy me a case of mineral water?**(ミネラルウォーターを一ケース買ってきてくれませんか)
(イ) **This is not an accident but a murder case.**(これは事故ではなく殺人事件です)
(イ) **As is often the case with young men, he is arrogant.**
(若い男性にはありがちなことだが、彼は尊大であった)
(イ) **You may not believe it, but it is the case.**(信じないかも知れないけど、それが真実なのよ)
(イ) **You can find many cases of disastrous accidents caused by the stupidity of someone involved.**(関与した人物が愚かだったせいでひどい事故が起きたという例はいくらでもあります)
(ウ) **Our case against smoking is a very strong one.**(我々の禁煙の主張は磐石である)

☐ cause

(ア) **The cause of the accident is now under investigation.**(その事故原因は今調査中である)
(イ) **When something happens, we tend to look for a clear relationship between its cause and effect.**(何かが起こると、我々はそこに明確な因果関係を求めたがる)
(ウ) **His careless driving caused the disaster.**(彼の不注意な運転のせいでその事故は起きた)

(エ) His casual remark caused him a great problem.（なにげない一言のせいで彼はひどい目にあった）

(オ) Lack of common sense caused him to appear at the party in a most unsuitable costume.（常識に欠けていたため、彼はそのパーティに全く場違いな衣装で現れた）

☐ certain

(ア) I am certain of his failure.（彼は間違いなく失敗すると思う）

(イ) I know it is important for you to be at a certain place at a certain time.
（あなたがある時ある場所にいることの重要性は承知いたしております）

(ウ) He is certain to come on time.
=It is certain (sure) that he will come on time.（彼が時間通りに来るのは間違いない）

☐ chance

(ア) Traveling gives you a good chance to meet something unfamiliar to you.
（旅行は見知らぬものと出会うよい機会を与えてくれる）

(イ) The new treatment will give the patients of the disease a higher chance to survive.
（その新しい治療法で、その病気の患者は生存率が上がるだろう）

(ウ) Chances are that new sources of energy will be found in the next few years.
（たぶん数年で新しいエネルギー源が発見されるだろう）

☐ cheap

(ア) The car is very cheap, but its quality is not so bad.
（この車は安価だが、品質はそれほど悪くない）

(イ) I don't like this cup because it looks very cheap.（安っぽく見えるからこのカップはやめよう）

☐ close

(ア) We'll open at nine in the morning, and close at seven in the evening.
（当店の営業時間は朝九時から夜七時までです）

(イ) The long and cold winter is drawing to a close now.
（長くて寒い冬がそろそろ終わりに近づいている）

(ウ) Our house is close to the station but far from my school.
（家は駅からは近いが、僕の学校まではかなりある）

☐ code

Those who don't follow our dress code are not allowed to enter the church.
（服装規定に従っていただけない方の当教会への入場をお断りいたします）

☐ company

(ア) Thank you very much. I've enjoyed your company.
(どうもありがとう。一緒に過ごせて楽しかったよ)

(イ) You shouldn't get into bad company. (悪い連中と付き合ってはいけない)

(イ) You have a lot of company in failing the final exam. (期末試験で落第したのは君だけじゃない)

(ウ) At every tourist spot you can find a large company of Japanese tourists.
(どの観光地に行っても、大人数の日本人の観光客の集団に出会うだろう)

(エ) My great uncle organized a small publishing company.
(私の大おじは、小さな出版社を興した)

☐ condition

(ア) My financial condition is not so good as before. (私の財政状態は以前ほどよくない)

(イ) We are now under difficult conditions. (現状は厳しい)

(イ) I'll be your date at the dance, but on one condition. Never fall in love with me.
(ダンスパーティ、一緒に行ってもいいわよ。でも一つ条件があるの。私のこと、好きにならないでね)

(ウ) I'll lend you the money on condition that you will return it in a week.
(一週間で返してくれるのなら、その金を貸してもいいよ)

☐ conduct

(ア) The priest conducted the funeral of a young man who had been killed in a car crash.
(その僧侶は自動車事故で死んだ若い男性の葬儀を取り仕切った)

(イ) Paper does not conduct electricity. (紙は電気を通さない)

(ウ) The attorney was blamed by the judge for bad conduct.
(その弁護士は不品行を裁判官から非難された)

☐ contribute

(ア) Thinking only from the point of view of human beings does not contribute to understanding animal behavior. (人間の立場だけから考えても、動物の行動は理解できない)

(イ) Rich women often like to contribute some of their money to charities.
(金満家の女性の多くは慈善事業に寄付するのが好きだ)

☐ dead

(ア) My father has been dead for five years. (父が死んでもう五年になる)
=My father died five years ago. (動詞で書くと「過去普通形」になる)

(イ) I'm afraid that the telephone in my room is dead.

(すみません、部屋の電話がこわれてるみたいなんですけど)

decide

(ア) **The traveler decided to take a taxi to the airport.**
(その旅行者は空港までタクシーを使うことに決めた)

(ア) **I have decided that I need to study harder.** (もっと勉強しなきゃあ、とつくづく思った)

(ア) **You should decide which dress to buy.** (どっちのドレスにするか決めなよ)

(イ) **This is the matter for you to decide.** (これは君が決める問題だ)

(ウ) **She decided on (buying) the hat.** (彼女はその帽子を選んだ)

(エ) **I thought of sending her an e-mail, but I decided against it after all.**
(彼女にメールを送ろうかと思ったが、結局やめた)

demand

(ア) **The customer demanded to be seen by the manager immediately.**
(客は今すぐ支配人を呼べと言った)

(イ) **The prosecutor demanded an answer from the witness.** (検察官は証人に答弁を求めた)

direction

You should go in the opposite direction if you want to get to the station.
(駅に行きたいなら、方向が反対ですよ)

dish

(ア) **He was careless enough to break the dish.** (彼は不注意にもその皿を割った)

(イ) **Some Japanese dishes are not only good in taste but also beautiful to see.**
(日本料理の中には単に美味しいだけではなく見かけも美しいものがある)

draw

(ア) **They tried to draw the good-looking girl into a conversation in vain.**
(彼らはそのカワイイ娘を会話に引き込もうとしたが、失敗した)

(イ) **We have to draw a line between freedom and irresponsibility.**
(自由と無責任は区別しなくてはいけない)

(ウ) **He was kind enough to draw a map to the museum.**
(彼は親切にも博物館までの地図を描いてくれた)

☐ early

(ア) One's early experiences in life often have a great influence on one's behavior in later life. (子供の頃の経験が大人になってからの行動に大きく影響することが多い)

(イ) He arrived at the station a bit early. (彼は予定時間より少し早く駅に到着した)

☐ exercise

(ア) You should do exercise every day to keep yourself fit and sound.
(健康を維持するには毎日運動すべきである)

(イ) Regular exercises are strongly recommended to keep your conversation skills good.
(会話能力を保つためには繰り返し練習することが望ましい)

(ウ) The king's casual exercise of his power over people resulted in their strong distrust in him. (王の無節操な権力行使によって、彼に対する不信感が広まった)

☐ face

(ア) People have to deal with the problem that faces them.
(人は直面する問題には対処しなくてはならない)

(イ) We are now faced with the challenging problem of environmental destruction.
(我々は今、環境破壊という難しい問題に直面している)

☐ fail

(ア) My stepfather has failed in business and gone bankrupt.
(私の義父は事業に失敗して破産した)

(イ) The doctor failed to understand the patient's appeal.
(医者はその患者が訴えていることの意味を理解できなかった)

(ウ) My ex-boyfriend has failed math because I didn't help him.
(元カレったら数学落第したのよ。なんでって、私が教えてあげなかったから)

(エ) My English ability often fails me in time of need.
(いざという時に限って、私の英語力はあてにならないことが多い)

☐ fit

(ア) This suit fits me fine. (このスーツは私にぴったりです)

(イ) This table is fit for the job you are supposed to do.
(このテーブルはあなたがする作業に適しています)

(ウ) I believe he is fit to do the job. (彼がこの仕事に適任だと思う)

(エ) You should have a balanced diet to keep fit.

（健康維持のためにはバランスのいい食生活をすべきだ）

(オ) **He was caught in a fit of rage when he was questioned by a policeman.**
（職務質問を受けている時、彼は怒りの発作に襲われた）

☐ flat
(ア) **People used to believe that the world was flat.** （人々は昔、世界は平らだと信じていた）
(イ) **He lives in a small flat in the outskirts of Tokyo.** （彼は東京郊外の小さなアパート暮らしだ）

☐ follow
(ア) **Usually lesser quakes follow large earthquakes.** （大地震の後には普通、余震がある）
(イ) **A sudden decompression of the cabin followed the destruction of its bulkhead.**
（隔壁が破壊された結果、機内は急激に減圧した）
(ウ) **There was a flash of lightning, followed by a roll of thunder.**
（まず稲妻が走り、それから雷鳴がとどろいた）
(エ) **Small mistakes neglected are often followed by a disaster.**
（些細な間違いを無視すると大きな被害を被ることが多い）
(オ) **Only two small incidents that followed need to be mentioned.**
（その後起こった二つの小さな出来事には触れておく必要がある）
(カ) **It follows from what you have seen that his behavior is not as good as his words.**
（君の見たことから考えると、彼は口だけの人間のようだね）

☐ form
(ア) **The argument about social manners often lies in the conflict of form versus content.** （礼儀作法に関する論争は、多くの場合形式対内実の対立である）
(イ) **Please fill in the form to apply for the job.**
（その仕事に応募するには、この書類を書いてください）

☐ ground
(ア) **Please lie down with your back on the ground.** （では仰向けに横になってください）
(イ) **His suggestion was quashed by his mother on the grounds of immorality.**
（彼の提案は、ふしだらだという理由で母親に却下された）

☐ heart
(ア) **You will find a strong disbelief in any religion at the heart of his fierce response to his daughter's entering a Catholic school.**

(彼が娘のキリスト教系の学校への入学に強く反対したのは、おそらく宗教に対する強い不信感のためだろう)

(イ) **In definition, left is the side where your heart sits.**
(定義によれば「左」とは心臓のある側のことである)

(ウ) **I said that that was not a problem, but at heart I thought it was.**
(口では平気だよ、と言っていたが、内心気が気でなかった)

(エ) **Our teacher gave us an assignment of learning our Constitution by heart.**
(先生は憲法を暗記してこいという宿題を出した)

☐ hold

(ア) **He held me by the arm.** (彼は私の腕をつかんだ)

(ア) **Could you hold the door open?** (そのドアを開けたまま押さえておいてくださいませんか)

(イ) **Our athletic meeting will be held next Sunday.** (わが校の運動会は次の日曜日に行われる)

(ウ) **I hold the decision up to you.** (その決定はあなたがするべきものだと思いますよ)

☐ human

It is human nature to sympathize with unhappy people.
(不幸な人に同情を感じるのは人間の性質である)

☐ last

(ア) **This is the last lecture of Dr. Jones at this university.**
(これはジョーンズ博士の本学における最終講義である)

(イ) **I have read his last report, and found it better than his previous ones.**
(彼の一番新しい報告を読んだが、前のものよりはよくなっていた)

(ウ) **He is the last person to leave you in time of need.**
(彼はいざという時君を見捨てるような人ではない)

(エ) **We can buy what we want as long as our money lasts.** (金が続く限り、好きなものが買える)

☐ late

(ア) **"Excuse me, but am I late?" "No, you are not. You still have ten minutes to go."**
(「すみません。僕遅刻でしょうか」「大丈夫ですよ。まだ10分あります」)

(イ) **As it is getting late, perhaps we should stop our search now and restart tomorrow morning.**
(もう遅くなってきたから、今日の捜索はここで切り上げて、明朝再開することにしよう)

(ウ) **Remember we have very important guests tonight. Don't be late for dinner.**
(今夜はとても大切なお客様がいらっしゃるの。夕食には決して遅れないでね)

(エ) **In late years the temperature rise has been remarkable especially in cities in developed countries.** (近年、先進国の都市部における気温上昇が著しい)

(オ) **My late father served in the army in World War II.**
(亡くなった父は第二次世界大戦の時に出征した)

☐ letter

(ア) **I've got a letter from him expressing his apology to me.** (彼から謝罪の手紙が来た)

(イ) **What is the seventh letter of the English alphabet?**
(英語のアルファベットの七番目の文字は何だっけ?)

(ウ) **You should understand the literal meaning of the word.**
(その言葉の文字通りの意味を理解すべきだ)

(エ) **We often take it for granted that people are all literate, but sometimes it is not the case.** (我々は人はみんな読み書きができると思い込んでいるが、そうでないこともある)

(オ) **In the old days, literacy was what distinguished the intelligent from ordinary people.** (かつては、読み書きができることが知識人と庶民を区別する指標であった)

(カ) **At university, I specialized in English literature.** (大学時代、私は英文科だった)

☐ matter

(ア) **Physicists are looking for dark matter, which would explain the gap between the theoretical weight of the universe and the total weight of known materials in it.**
(物理学者たちは「暗黒物質」を探している。これが見つかれば、宇宙の理論上の質量と、実際に見つかっている物質の質量の合計とのずれが説明できる可能性がある)

(イ) **What is the matter with you?** (いったいどうなさったのですか)

(ウ) **How people react to what they see is a matter of convention.**
(人々が見たものにどう反応するかは、慣れの問題なのである)

(エ) **It is not what he said that matters but how he said it.**
(重要なのは彼の発言の内容ではなく、どうそれを言ったかだ)

☐ mean

(ア) **This sign means that you should not enter the room without permission.**
(この記号は「許可なく部屋への立ち入りを禁ず」という意味だ)

(イ) **Listening to someone means paying full attention to what he or she says.**
(ある人の言葉に耳を傾けるということは、その人の言うことに十分注意を払う、ということである)

(ウ) **The great reduction of the cost of computers has meant that sophisticated film editing software has been made available to ordinary people.**

(コンピューターの値段が下がったおかげで、優れた映像編集ソフトが普通の人の手にも入るようになった)

(エ) This much success in business in so short a period means that our original plan was practical and well-thought-out. (これほど短期間に事業でここまでの成功を収めることができたのは、我々が最初に策定した計画が現実的でかつ考え抜かれたものだったからである)

(オ) "You were joking when you said you loved me, weren't you?" "Not at all. I really meant to say it." (「あたしのこと愛してるって言ったの、冗談だったんでしょ?」「まさか。本気で言ったんだよ」)

(カ) How mean you are to pay less when you should share the expenses.
(割り勘にすべき時に自分だけ安く済まそうなんて、なんてせこい人なの)

(キ) The mean temperature of the earth is 15 degrees centigrade.
(地球の平均気温は摂氏15度です)

(ク) You should not forget English is a means of communication, not a subject at school. (英語は学校の科目ではなくコミュニケーションの手段であることを忘れてはならない)

(ケ) I don't have the means to buy such an exclusive car. (そんな高級車を買う金はない)

□ meet

(ア) As I have something important to talk about with you, I want to meet you at your earliest convenience.
(お話ししたい大事なことがあるので、ご都合のよいなるべく早い機会にあなたにお会いしたいのですが)

(イ) Whenever our glances met, she would avoid my eyes.
(二人の視線が合う度、彼女は私の目を避けた)

(ウ) I'm sorry to say that your scheme doesn't meet our demands and is quite unsatisfactory. (申し訳ないが、君の案は我々の要求を満たしておらず、とても受け入れがたいね)

(エ) During my stay in Europe, I met with a lot of strange experiences.
(ヨーロッパ滞在中、多くの奇妙な経験をした)

□ object

(ア) "UFO" is the abbreviation for "unidentified flying object".
(UFOは「未確認飛行物体」の略である)

(イ) What is the object of study of biochemistry? (生化学の研究対象は何ですか)

(ウ) The main object of education is to help students prepare for life.
(教育の目的は学生が大人になる手助けをすることだ)

(エ) My parents will object to my studying abroad. (両親は留学することに反対するだろう)

☐ school

"Mom, I'm now going to the school to pick up what I have left there."
(ねぇママ、これから学校に忘れたものを取りに行ってくるよ)

☐ subject

(ア) **We should talk about the subject later.** (その問題については後で話そう)

(イ) **To study the origin of human behavior is the subject of anthropology.**
(人間の行動の起源を研究することが人類学のテーマだ)

(ウ) **The king ordered all his subjects to obey the new laws.**
(王は全国民に新法に従うことを命じた)

(エ) **The scientists divided the subjects into three groups.**
(その科学者たちは被験者を三つのグループに分けた)

(オ) **I am subject to a cramp in my right leg.** (私、右足がすぐ攣るんです)

(カ) **Unfortunately, foreign sumo wrestlers are sometimes subjected to racist insults by spectators.** (残念なことだが、外国人力士は時に人種差別的なヤジを観客から飛ばされることがある)

☐ term

(ア) **Our first term is beginning in a week.** (あと一週間で新学期が始まる)

(イ) **The term "terminal" is often misunderstood in Japan.**
(日本ではterminalという単語はよく誤解される)

(ウ) **People often interpret a novel in terms of the background of its author.**
(人々はある小説を、著者の生い立ちという観点から解釈することが多い)

(エ) **The award you are given is subject to terms and conditions.**
(褒美に何がもらえるかは条件次第です)

(オ) **We are now on pretty good terms with all the neighbors except a couple upstairs.**
(我々は今、二階に住む夫婦以外の近所の人とは仲良しである)

Level 3

□ afford

(ア) **Our group cannot afford such an extra cost.**
(私たちのグループはそのような追加の出費に応じる余裕はない)

(イ) **I can't afford to take a business class seat.** (ビジネスクラスに乗る金はないですね)

(ウ) **I can't afford you any more time to help.** (もうこれ以上君を手伝う時間はないです)

(ウ) **The new material afforded the artist the possibility of inventing a new way of painting.** (その新しい画材を得て、その画家は新たな表現技法を発明することができた)

□ alien

Aggressiveness is quite alien to her nature. (彼女は全く攻撃的なところがない人だ)

□ allow

(ア) **Her parents didn't allow her to travel all by herself.**
(彼女の両親は彼女が一人旅をすることを許さなかった)

(イ) **The scholarship allowed him to study abroad.** (その奨学金のおかげで彼は留学できた)

(ウ) **My parents allowed me some money to buy some food.**
(両親は私に食べ物を買う金をくれた)

(エ) **No food is allowed on the premises.** (当施設の敷地内には食べ物の持ち込みは禁止です)

(オ) **You should allow for his talent.** (彼の才能も考慮すべきだ)

□ amount

(ア) **A large amount of information will come to you through the Internet.**
(インターネットを通じて大量の情報が手に入るだろう)

(イ) **Efforts with no clear target will often amount to nothing.**
(はっきり目標を持たずに努力しても何にもならないことが多い)

□ anxious

(ア) **My nephew is now anxious about the result of the exam he took the other day.**
(甥は先日受けた試験の結果を気に病んでいる)

(イ) **My niece is anxious for a new TV set.** (姪は新しいテレビを欲しがっている)

(ウ) **My cousin is anxious to live in France.** (いとこはフランスに住みたがっている)

☐ apologize
We have to apologize to all those present at the meeting for the delay of our presentation. (我々の発表が遅れていることを会議の参加者全員に詫びるべきだ)
The attorney apologized to the judge for coming late for court.
(弁護士は判事に出廷が遅れたことを謝罪した)

☐ apparent
(ア) **From his demeanor it was apparent that he was telling a lie.**
(彼の物腰から、嘘をついていることは明らかだった)
(イ) **Her apparent shyness masks her inner aggressiveness.**
(彼女は一見引っ込み思案に見えるが、実は激しい気性がその背後に隠れている)
(ウ) **The appearance of automobiles greatly changed the lives of ordinary people.**
(自動車が登場したことで、普通の人の生活が大きく変化した)
(エ) **My father is a vain man, and his appearance is quite important to him.**
(父は見栄っ張りなので、外見をとても重視する)

☐ art
(ア) **He has the art of attracting the attention of others.** (彼は他人の注意をひくことに長けている)
(イ) **Many works of art are displayed at the museum.**
(その博物館には多くの芸術作品が展示されている)
(ウ) **Farming is the finest art that man has ever invented.**
(農業は人間が発明した最も優れた営みである)

☐ available
"Is there any room available tonight?" "Sorry, sir. I'm afraid we are fully booked."
(「今夜空いている部屋はありませんか」「あいにく満室を頂戴しておりまして」)
The great reduction of the cost of a computer has made very sophisticated systems of editing films available to ordinary people.
(コンピューターがとても安くなったことで、すぐれた映像編集ソフトが普通の人でも買えるようになった)
A ring on the left ring finger often means that she is not available.
(左手の薬指に指輪をしているのは、多くの場合、彼氏がいることを示している)

☐ barely
(ア) **Tom made several silly mistakes in the exam, and barely passed it.**
(トムは試験で愚かなミスをいくつかしたが、何とか合格した)

(イ) **Barely had her father started to talk when she began to sob.**
(彼女の父親が話を始めた途端、彼女はすすり泣きを始めた)

☐ beat

(ア) **The woman beat her son because she was so furiously angry.**
(ひどく怒ったので、その女性は息子を叩いた)

(イ) **When the result of the exam was about to be announced, my heart beat strongly.**
(試験結果がまさに発表されようとしていた時、私の鼓動は高まった)

(ウ) **He beat me in the English exam last week.** (先週の英語の試験で、彼は私より点がよかった)

(エ) **I cannot beat him in English.** (英語力では彼にはかなわない)

(オ) **I love to visit places off the beaten track.** (私は人里離れた場所に行くのが好きだ)

☐ but

(ア) **It is not form but content that matters.** (重要なのは形ではなく中身だ)

(イ) **I had no choice but to accept his offer.** (彼の申し出を受け入れるほかなかった)

(ウ) **Life is but a dream.** (人生は夢に過ぎない)

☐ casual

(ア) **Even casual observers may realize that American society is undergoing a profound change in its values.** (今のアメリカ社会が価値観の大きな変化の途上にあることは、特に意識していなくても、ただ見ていれば分かる可能性がある)

(イ) **I don't have any steady girlfriends to go out with. I have some casual relationships, though.** (今特定の彼女はいない。一回きりのデートとかはあるけどね)

(ウ) **He is casual about his appearance, but very particular about food.**
(彼は外見には無頓着だが、食べ物の好みはうるさいね)

☐ cell

A neuron is an electrically excitable cell that processes and transmits information in the human brain. (神経細胞は、人間の脳内で情報を処理し、伝達する活動電位を持つ細胞である)

☐ chairman

My best friend was elected chairman of the student council.
(僕の親友が生徒会の議長に選ばれた)

☐ charge

(ア) **My cell phone's battery is not so durable. I have to charge it every other day.**
(僕の携帯、電池のもちがあまりよくないんだ。二日に一度は充電しないと)

(イ) **A fee is charged for the use of internet access in this hotel.**
(当ホテルのインターネット接続は有料です)

(ウ) **I am in charge of this class.** (私がこのクラスの担任です)

(ウ) **We are in the charge of Mr. Stone.** (ストーン先生がこのクラスの担任です)

(エ) **The man was charged with theft.** (その男は窃盗で告発された)

☐ check

(ア) **You should give your paper a quick check before you hand it in.**
(答案提出前に、ざっと推敲しなさい)

(イ) **Our knowledge of "Japanized" English words is often a heavy check to our English learning.** (和製英語を覚えてしまっていることが、英語学習の妨げになることが多い)

(ウ) [At a Sushi bar] **"Anything else?" "No, thank you. Just give me the check, please."**
(寿司屋で:「他に何か召し上がりますか」「いや、もう結構。おあいそして」)

(エ) **You should register yourself as a member of this library first before you check out a book.** (本を借り出す前にまず図書館の会員登録をお願いします)

☐ choice

(ア) **You have many choices because you are still young.**
(若いのだから、まだ選択肢はいっぱいある)

(イ) **You should make a choice. Everything is up to you.** (君が決めるべきだ。何だって君次第さ)

(ウ) **At this university you are provided with a large choice of courses depending on your tastes and talent.** (本学では学生の嗜好や能力に応じて様々な授業が用意されております)

(エ) **You can find some choice jewelries at the shop.** (その店ではとても高価な宝石が売られている)

☐ claim

(ア) **"Excuse me, but please give me your attention for a while. Our staff have found this watch in the men's room. Does anyone claim this?"** (すみませんがしばらくご注目をお願いします。スタッフが男子トイレでこの時計を見つけたのですが、どなたかお心あたりございませんか)

(イ) **The tsunami claimed thousands of lives.** (その津波で何千人もの人が死んだ)

☐ command

(ア) **The king commanded all his subjects to obey the new law.**

(国王は家臣全員に新しい法律に従うよう命じた)
- (イ) **Standing as it does on a hill, the house commands a beautiful view.**
(あのように高台に建っているので、あの家の見晴らしは素晴らしい)
- (ウ) **Our nerve is a kind of message line which delivers the command of the brain.**
(神経は脳の指令を伝える一種の伝送管である)
- (エ) **He has a very good command of English.** (彼は英語がとても達者だ)

☐ compose
- (ア) **This poem is composed of three parts.** (この詩は三つのパートからできている)
- (イ) **Words do not always compose a beautiful sentence.**
(単語を並べれば美しい文ができるとは限らない)

☐ concern
- (ア) **He is concerned about the result of the exam he took the other day.**
(彼はこの間受けた試験の結果を心配している)
- (イ) **We are now concerned with the results of the experiment we carried out the other day.** (我々は今、先日行った実験の結果に関心がある)

☐ confidence
- (ア) **We used to be such close friends with each other that we exchanged confidences.**
(昔私たちはお互いの秘密を打ち明け合うほど親密な仲でした)
- (イ) **I paid confidence in him.** (彼のことは信頼していた)
- (ウ) **I had confidence of his success.** (彼が成功することを確信していた)
- (エ) **You cannot get access to that kind of information. It is confidential.**
(その種の情報は手に入らない。機密だからね)
- (オ) **She is a confidential secretary.** (彼女は信任の厚い秘書だ)
- (カ) **I am confident in his ability.** (彼の能力は信頼している)
- (キ) **I am confident of getting a good grade in math.** (数学はいい点がとれる自信がある)

☐ contrary
- (ア) **Your behavior is contrary to our traditional values.**
(君の行為は、我々の伝統的価値観とは相容れない)
- (イ) **The weather forecast said it would be fine in the afternoon, but to the contrary, it continued to rain all day long.**
(天気予報では午後には晴れるということだったが、実際には反対に、一日中雨が降り続いた)

(ウ) **I am not so good at English. On the contrary, my English ability is quite limited.**
(私はあまり英語は得意ではない。それどころか、英語力はあまりない)

☐ contrast

(ア) **His words are clear and straightforward. By contrast, his behavior is obscure and complicated.** (彼の発言は明瞭で直接的だが、反対に彼の行動は曖昧で複雑だ)

(イ) **In contrast to our expectation, things began to get worse.**
(事前の予想と異なり、事態は悪化し始めた)

(ウ) **The contrast between light and shade characterizes the works of Rembrandt.**
(光と影の対比がレンブラントの絵画の特徴だ)

(エ) **The ripeness of his style is apparent when you contrast a recent book with an older one.** (最近の著作と以前のものを比較すると、彼の文体が円熟の域に達していることは明らかだ)

(オ) **The vermilion scarf she wore contrasted well with her dark green dress.**
(彼女の深紅のスカーフはその深緑の服によく映える)

☐ core

Jealousy may be the core of his violent response. (彼が激しく反発した本当の理由は嫉妬かもね)

☐ count

(ア) **The airplane crash was so disastrous that it took some time to count the casualties.**
(その航空機事故は死傷者の数を数えるのに手間取るほどひどかった)

(イ) **It is not what he said that counts but how he said it.**
(肝心なのは、彼が何を言ったかではなく、それを彼がどう言ったかだ)

(ウ) **I'll tell you if I learn more. You can count on me.**
(もしもっと何か分かったら教えますよ。大丈夫、まかせてください)

☐ court

(ア) **The court of our queen is located at the palace.**
(我が女王の宮廷はその宮殿にある)

(イ) **No joke is allowed in my court.** (当法廷では冗談は一切禁止である)

☐ credit

(ア) **His tall story deserves no credit.** (彼の荒唐無稽な話は信ずるに値しない)

(イ) **The president of our student council is in high credit with teachers.**
(今の生徒会長は先生方の覚えがめでたい)

(ウ) **Our success is to his credit.**（我々が成功したのは彼のおかげだ）

☐ culture
(ア) **I want to learn much about the local culture while I'm here in Hawaii.**
（ハワイに滞在中に、地元の文化について多くのことを知りたい）
(イ) **Humility, in a sense, is a mark of culture.**（謙虚であることは、ある意味教養ある印である）

☐ dare
(ア) **I dare say that my superior is stupid.**（あえて言うが、私の上役は馬鹿だ）
(イ) **He dared to get in touch with his mother at the risk of being discovered by the police.**（彼は警察に発見されるというリスクを冒してあえて母親に連絡をとった）

☐ deal
(ア) **Do you accept the price I've demanded? OK. It's a deal.**
（私の言い値でいいのかい。オーケー、じゃあ取引成立だ）
(イ) **A great deal of money is wasted on silly policies every year.**
（毎年、多くの金が馬鹿げた政策のために浪費されている）
(ウ) **It has a great deal to do with my job.**（それは私の仕事に大いに関係がある）
(エ) **I am not good at dealing with strangers.**（私は人見知りです）
(オ) **You should make the most of what your life has dealt you.**
（人生において自分に与えられた条件を最大限生かすことが肝要だ）

☐ debt
(ア) **I had a bad debt without noticing it.**（いつの間にか借金が返せなくなっていた）
(イ) **You should be careful not to go into debt.**（借金しないように気をつけなさい）

☐ degree
(ア) **To what degree can we believe him?**（彼のことをどこまで信じてよいものか）
(イ) **He is getting better by degrees.**（彼は徐々に快方に向かっている）
(ウ) **A college degree is required to apply for the job.**
（その仕事に応募するには大学の学位が必要だ）

☐ dense
A dense fog prevented the airplanes from operating on time.
（濃霧のため航空機の定時運航ができなくなった）

□ desert

(ア) **Due to the unimaginably long and severe drought, many farmers in the outback had to desert their farms.** (長く厳しい旱魃のせいで、アウトバックの多くの農民が農場を捨てて出ていった)

(イ) **What book would you take if you were to go all alone to a desert island?**
(無人島に一人で行くなら、どんな本を持って行きますか)

(ウ) **The road is deserted at midnight.** (真夜中にはその通りには人気がない)

(エ) **I would like to drive through the Arabian desert some day.**
(いつかアラビアの砂漠を車で走り抜けてみたい)

□ devote

(ア) **He devoted all his life to looking for a new method of brewing beer.**
(彼はビールの新しい醸造法を開発するのに生涯を捧げた)

(イ) **Now that you have made up your mind to go on to university, you should devote yourself to preparing for the entrance examinations.**
(大学進学を決めたんだから、試験準備に本腰を入れた方がいい)

(ウ) **This organization is devoted to the practice and analysis of social research.**
(本会は社会調査の実施および分析を専門に扱っております)

(エ) **The devotion of a mother to her child is often impressive.**
(母親の子供に対する愛情は感動的であることが多い)

□ diet

(ア) **It is you that are on a diet, not I.** (ダイエットしてるのは私じゃなくてあなたでしょ)

(イ) **Bamboo leaves are the only diet of giant pandas.**
(笹の葉がジャイアントパンダの唯一の食べ物だ)

(ウ) **The Western diet is often criticized as the cause of obesity.**
(西洋の食事は肥満の原因であると非難されることが多い)

(エ) **We can provide a vegetarian diet in our flight. Please advise in advance.**
(機内食に菜食主義者用のお食事を提供できます。事前にお問い合わせください)

□ disaster

The tsunami destroyed everything. It was a real disaster.
(その津波はすべてを破壊した。まさに大災害だ)

doubt

(ア) I doubt whether he is innocent.（彼は無実ではないと思う）
　　cf: I suspect that he is innocent.（彼は無実であると思う）
(イ) I don't doubt that he loves me.（彼が私のことを愛してくれていると信じています）

especially

Respect for elders is important in Asia, especially in Korea.
（アジア、中でも韓国では、年長者を敬うことが重要である）

even

(ア) Even the best of the best can make mistakes. But they go on.
（どんなに優れた人でもミスはするわ。でもそれでも続けていくのよ）
(イ) His success is great, but even greater is the perseverance he showed us during the painful period.（彼の成功はすごいが、逆境にあって彼が示した鉄の意志はもっとすごい）
(ウ) All people, even atheists, believe in good luck.（人は皆、無神論者でさえ、幸運を信じる）
(エ) The stone has an even and smooth surface.（その石は表面が平らでつるつるしている）
(オ) He has an even chance of getting a victory.（彼が勝つかどうかは五分五分だ）
(カ) If the card you have drawn has an even number, use the right entrance, and otherwise use left.
（引いたカードに偶数番号が書かれていれば右側の入口、その他の方は左へお回りください）

evidence

There was evidence of someone having used the telephone.
（誰かがその電話を使った形跡があった）

evolution

The concept of natural selection is the core of the theory of evolution.
（自然選択説が進化論の核心部分である）

exclusive

(ア) The two girls had an exclusive relationship with each other.
（その二人の娘は二人だけで固まっていた）
(イ) This card allows you to have exclusive access to our executive floor.
（このカードをお持ちであれば、あなたさまは特別階においでになれます）
(ウ) If you are willing to pay that much, you can hire any exclusive car.

(それだけお金を出す気がおありなら、どんな高級車でも借りられますよ)

(エ) **Some exclusive studies have shown that our feelings are often influenced by the colors we are surrounded by.**
(我々の感情は周囲の色に左右されることが多い、ということが専門的な研究によって分かった)

☐ excuse

(ア) **Excuse me for interrupting you.** (お邪魔してすみませんでした)

(イ) **Can I be excused from the afternoon meeting?** (午後の会議は欠席してもいいですか)

(ウ) **A popular excuse people make for not exercising is that they cannot find time to do so.** (運動不足であることに対して人々がよくする言い訳が、時間がないということである)

☐ expose

(ア) **You should expose your washed clothes to the sun in order to make them dry and clean.** (洗濯物をきれいに乾かすためには、日光に晒すのがいい)

(イ) **Young people are often exposed to something new during their period of growth.**
(若い人はその成長期間に新しい体験をすることが多い)

☐ familiar

She is familiar with the subject.
=**The subject is familiar to her.** (彼女はその問題をよく知っている)

☐ favor

(ア) **You will treat him with more favor if you know he is a really nice person.**
(あの人が本当にいい人だと分かれば、もっと好意的に扱うようになるだろう)

(イ) **Will you do me a favor?**
=**May I ask a favor of you?** (お願いしたいことがあるのですが)

(ウ) **Most of our classmates are in favor of the scheme which is suggested by him.**
(クラスメイトの大多数は、彼が出した案に賛成である)

(エ) **The turn of events was favorable to those who wanted to reform their old system.** (事態の展開は、古い制度を変えたいと思っていた人には好都合だった)

(オ) **English is my favorite subject.** (英語が一番好きな科目です)

(カ) **The young actor is a favorite with many ladies.** (その若い男優は多くの女性に人気だ)

☐ fellow

(ア) **Everyone knows Bob is a good fellow.** (ボブはいい奴だとみんな知っている)

(イ) **True, we now have to suffer strict security checks at flight check-in after 9/11, but it often takes too long not because of the slowness of personnel, but because many people make a huge mess of their hand luggage. My request to fellow passengers is simple: get organized.** (9.11以降、飛行機の搭乗の際にセキュリティチェックが厳しくなったのは確かだ。だが、それにあまりにも長い時間がかかるのは、係員がのろまだからではなく、乗客の多くが手荷物をデタラメに詰め込みすぎるからだ。他の乗客に求めたいことは簡単なことである。もっと荷物を整理してくれ)

☐ figure

ア **A green sign which has in it a white figure of a running man means "Emergency Exit".** (緑の地に人間が走る形を白く描いた標識は「非常口」の意味です)

(イ) **Einstein is one of the greatest figures in the twentieth century.**
(アインシュタインは二十世紀最大の偉人の一人だ)

(ウ) **Look at the figure on the blackboard, please.** (では黒板の図をご覧ください)

(エ) **About five percent of our population is unemployed. This figure is quite large compared with other developed nations.**
(我が国の失業率はだいたい5%だ。この数字は、他の先進諸国と比べても高い)

☐ finance

(ア) **The company has a good finance.** (その会社の財務体質は優れている)

(イ) **You have to find a way to finance your tuition.**
(何とか授業料を工面する方法を探さないといけないね)

(ウ) **Some people cannot get away from financial problems.**
(いつも金の問題につきまとわれている人というのはいるものだ)

☐ for

(ア) **I bought the book for $10.** (私はその本を10ドルで買った＝本と10ドルを交換)

(ア) **I did the job for my colleague.** (私は同僚の代わりにその仕事をやった)

(ア) **What is the Japanese word for "sea porcupine"?** (日本語ではsea porcupineは何と言いますか)
(sea porcupineと交換できる言葉、すなわち同じ意味の言葉)

(ア) **I mistook him for his brother.** (彼を彼の兄と見間違えた)(取り違える＝交換し損なう)

(イ) **I am now leaving for Rome.** (私はこれからローマに向かいます)

(イ) **We often look for someone to blame.** (我々は多くの場合、責任をなすりつける相手を探す)
(someoneの方へ向かう＝someoneを求める)

(イ) **I am all for the plan you have come up with.** (私はあなたの提案された計画に全面的に賛成です)
(the planの方に向かう＝the planを気に入る・支持する)

(ウ) **I have been reading the book for three days.**（もう三日間もこの本を読んでいる）
   cf: **I will read the book in three days.**（その本は三日間で読むつもりだ）

(エ) **I wanted to talk with her, for her voice sounded very pretty.**
   （私は彼女と話したいと思った。声が可愛かったから）

☐ grade
Most of the ninth grade students are fifteen years old.（中学三年生は概ね十五歳だ）

☐ impress
(ア) **The picture impressed me strongly.**（私はその絵に強い感銘を受けた）

(イ) **The new school impressed her as boring.**（彼女は新しい学校は退屈だわ、と思った）

☐ independent
The three branches of our government are entirely independent of one another.
（国家権力における三権は完全に分立している）

☐ influence
(ア) **What do you think has influenced the change in his attitude toward me?**
（何の影響で、彼の私に対する態度が変わったのだと思いますか）

(イ) **In the twentieth century, the great progress in science and technology had a great influence on people's way of thinking.**
（二十世紀には科学技術の進歩が人々のものの見方に大きな影響を与えた）

☐ latter
He emphasized two points in his speech. I don't like the former, but I completely agree with the latter.（彼は演説で二つの点を強調した。最初の方は私は気に入らないが、後の方は完全に彼の言う通りだと思う）

☐ marry
(ア) **She got married to a businessman.**（彼女はある実業家と結婚した）

(イ) **He is married with two boys.**（彼は結婚していて男の子が二人いる）

(ウ) **Will you marry me?**（僕と結婚してくれませんか）

☐ measure
(ア) **To evaluate things new to you, it is necessary to find a measure by which you can**

see them in a good proportion.
(未知のものを評価するためには、バランスよくものを見る尺度を見つける必要がある)

(イ) **There is a measure of truth in the story the soldier told us.**
(その兵隊の話の中には真実も多少はあった)

(ウ) **In time of emergency, you should take the best possible measures to deal with your problem.** (緊急時には、問題に対処する最もいい方法を取る必要がある)

☐ minute

(ア) **I'll be with you in three minutes.** (三分でそこに着くよ)

(イ) **Everything in this world consists of minute particles named molecules.**
(この世界に存在するすべてのものは分子と呼ばれる小さな粒子でできている)

☐ nervous

He is nervous about the result of the exam he took the other day.
(彼は先日受けた試験の結果を気にして気もそぞろである)

☐ note

(ア) **We are making an unofficial comment on the issue in a few minutes, but reporters, please make it off-record and avoid taking a note of it.** (数分以内にこの件に関する非公式なコメントを発表しますが、記者の皆さんは録音もメモも取らないようにお願いします)

(イ) **Didn't you take note of his troubled expression when he was told that he was suspected of the murder?**
(自分に殺人容疑が掛かっていると聞いた時の彼の戸惑った表情に気づかなかったか)

(ウ) **He noted a change in their behavior.** (彼は彼らの態度が変化したことに気づいた)

☐ operate

(ア) **The machine operates much more precisely and efficiently than the human hands do.** (その機械は人間の手よりずっと正確にかつ効率よく動く)

(イ) **Various factors operated together to lead to the fatal accident.**
(様々な要因が絡み合ってその致命的な事故につながった)

(ウ) **The medicine operated very well on me.** (その薬はとてもよく効いた)

(エ) **He was operated on for lung cancer.** (彼は肺癌の手術を受けた)

(オ) **A large company is operated on so complicated a system that even its president cannot understand what is going on at every corner of his company.**
(大企業はとても複雑なシステムによって運営されているので、社長といえど会社のあらゆる部署で今何が起き

ているかを把握することはできない)
(カ) **This flight is operated by Japan Air Lines.** (このフライトは日本航空が運航しています)

☐ performance

(ア) **The audience was fascinated by the actor's performance.**
(聴衆はその役者の演技に魅了された)

(イ) **Your performance in the final exam was quite satisfactory.**
(期末試験での君の成績はとても素晴らしい)

(ウ) **The engineers were focused on how to improve the performance of the car's brake.**
(技術者たちはどうやってその車のブレーキ能力を高めるかに集中した)

☐ physical

(ア) **What is the relation between mathematics and the physical world? Does the former always reflect the latter?**
(数学と物理世界の関係はどのようなものか? 数学は常に物理世界を反映しているのだろうか)

(イ) **Much has been discovered about the physical aspect of a human being, while very little is known about the mind.** (人間の肉体的側面については多くのことが分かっているが、まだ精神についてはほとんど何も分かっていない)

☐ potential

(ア) **You should develop your potential through having various kinds of experience.**
(様々な経験をすることで、隠れた能力を養うべきだ)

(イ) **In this conference we are hoping to provide a general overview of our railway system and its potential for further development.**
(この会合では、我が国の鉄道網の全体像を提示し、そのさらなる発達の可能性を示せることを願っています)

(ウ) **The large population of China means that it has a great potential market.**
(中国の人口が多いということは、中国には巨大な潜在市場があるということである)

☐ prefer

I prefer reading inside to going out for a walk in such bad weather.
(こんな天気では、散歩に出かけるより家で読書する方がいい)

☐ press

We tend to take the freedom of the press for granted, but it was won through a long and painful struggle.

(我々は報道の自由を当然と考える傾向があるが、それは長く苦しい戦いを通じて勝ち取ったものである)

☐ qualify

(ア) She is qualified to operate a boat no longer than 100 feet long.
(彼女は長さ100フィート以下の船を操縦する資格を持っている)

(イ) He is not a doctor, but I believe he is qualified to become one.
(彼は医者ではないが、医者になっていいだけの能力がある)

(ウ) You can operate this machine without any qualifications.
(この機械は誰でも操作することができます)

☐ reserve

(ア) The mother reserved some of the food for her son, who was expected to come home late at night. (母親は夜遅く帰る予定の息子のために料理をいくらか取っておいた)

(イ) "Good afternoon. I want to check in now." "Welcome to this hotel, sir. Have you got a reservation?" (「こんにちは。チェックインしたいんだが」「当ホテルへようこそおいでくださいました。ご予約はおありでございますか」)

(ウ) A little talk with a man reveals how deep the reservoir of his knowledge may be.
(人と少し話せば、その人の知識の深さの程が知れるというものだ)

(エ) "I tried to talk with him at the party, but wasn't successful." "It's understandable. He is reserved enough to be called shy." (「彼とそのパーティで話そうとしたんだけど、どうもうまくいかなかったんだよ」「無理もないさ。あいつ無愛想といっていいくらい無口だからな」)

(オ) The changing room is reserved for women. No men are allowed.
(更衣室は女性専用です。男性の入室はできません)

☐ responsible

(ア) I am now responsible for the whole department and everything is up to me.
(私が今ではこの部署全体の責任者であり、何であれ決めるのは私だ)

(イ) People who live on this planet are all responsible for the preservation of what we have received from people before us.
(この星に住むすべての人は先祖から受け継いだものを守る義務がある)

(ウ) Lack of attention of all those involved is responsible for the disastrous accident.
(その悲惨な事故が起きたのは関係者全員が不注意だったせいである)

☐ risk

(ア) When you embark on something new, you should take its risk into account.

(新しいことを始める時は、そのリスクも計算しておく必要がある)

(イ) **Life itself is a risky business, so it is safer to run a thought-out risk than to try to play it safe.** (生きているだけでも不幸に出会う可能性はあるのだから、単に安全を図るよりよく考えた上であえて危険を冒す方がかえって安全である)

(ウ) **He decided to accept a challenge to the title match from a young fighter at the risk of his honor as a never-defeated champion.**
(彼は不敗のチャンピオンとしての名誉を賭けて、若い挑戦者の挑戦を受けることにした)

(エ) **At the edge of a cliff which was more than 1000 feet high and had a dangerous overhang, I found a little government sign which just said "Beyond this point, at your own risk".** (高さは1000フィート以上、しかも危険なオーバーハングを持つ断崖絶壁の際のところに、役所の掲示があった。そこにはたった一言、「ここから先は、自己責任で」と書いてあった)

☐ rough

We are expecting slightly rough flight today, so you are advised to fasten your seatbelt all the time while you are seated. (本日は途中多少の揺れが予想されますので、お座席におつきの際は常にシートベルトをお締めになりますことをお勧めいたします)

☐ sense

(ア) **Human beings are said to have five senses.** (人間には五感が備わっているといわれている)

(イ) **He had a strong sense of uneasiness.** (彼は強い不安感を抱いた)

(ウ) **I have a really poor sense of direction.** (私、方向音痴なの)

(エ) **A man of good sense would not do that.** (分別のある人ならそんなことはしないよ)

(エ) **There is no sense in trying to persuade him.** (彼を説得しようとしても無駄だ)

(オ) **He is a pessimist in the sense that he tends to see only the dark side of everything.**
(何でも物事の暗い面ばかりを見がちだという意味で、彼はペシミストだ)

☐ service

"Hi, operator, can I get on your bus?" "Sorry, this bus is out of service now."
(「このバスに乗ってもいいですか」「すいません。今回送中なんですよ」)

☐ share

(ア) **I'll share what I have learned with you.** (これまでに私が知ったことを教えてあげるよ)

(イ) **Tell me anything on your mind. I want to share your concern.**
(気になることは何でも話してよ。君の不安を僕も一緒に感じたいんだ)

(ウ) **I will share in the work with you.** (君と仕事を分担しよう)

☐ strike

(ア) **The batter struck the ball.** (その打者がボールを打った)
(イ) **A sweeping tsunami struck the island abruptly.** (突然その島を巨大な津波が襲った)
(ウ) **A splendid idea struck him while he was having lunch.**
　　(彼がお昼を食べている時、すごいアイデアが浮かんだ)
(エ) **Your suggestion strikes me as a good idea.** (君の提案はいいアイデアだと思うよ)

☐ suggest

(ア) **He suggested that our original plan be given up.**
　　(彼は、我々の元の計画はやめた方がいいと言った)
(イ) **He suggested that our original plan was unlikely to be accepted by teachers.**
　　(彼は、元の計画のままでは、先生にダメだと言われる可能性が高い、ということをそれとなく言った)
(ウ) **His remark suggests the depth of his knowledge in the field.**
　　(彼の発言から、その分野に深く通じていることが分かる)

☐ suppose

(ア) **Suppose you woke up to find yourself surrounded by total strangers, what would you do?** (もし目が覚めて全く知らない人に囲まれていたら、どうしますか?)
(イ) **He was supposed to arrive at noon, but actually he didn't owing to some inconveniences.**
　　(彼は正午に着くはずだったが、実際には何か不都合があったらしく、その時間には現れなかった)

☐ warn

(ア) **He has warned me of his arrival in advance.** (彼は来ることを事前に私に伝えてくれた)
(イ) **The teacher warned some of the students against chatting.**
　　(先生は一部の生徒たちに、おしゃべりをやめるようにと言った)

☐ worth

(ア) **The incident is worth referring to.** (その出来事は注目に値する)
(イ) **It is worth while visiting the place.** (その場所は行く価値がある)
(ウ) **It is worth reading this novel.** (この小説は読む価値があるよ)

Level 4

□ accuse
The woman accused her husband of killing her brother.
(その女性は、夫を、弟殺しの罪で告発した)

□ alternative
(ア) If you don't like any one of these methods, could you please give us an alternative way. (この方法がどれもダメだと言うなら、他の方法を教えてください)
(イ) Before deciding to go on to university, you should consider alternatives.
(大学進学を決める前に、他の進路も検討すべきだよ)

□ appeal
(ア) His idea doesn't appeal to me much. (彼の考えにはあまり惹かれなかった)
(ア) The attorney appealed to the jury's emotion in order to win the sentence of innocence. (弁護士は陪審員の情に訴えることで無罪判決を勝ち取ろうとした)
(イ) The attorney appealed to the jury for some consideration of the poor background of the suspect. (弁護士は陪審員に容疑者の不幸な生い立ちを考慮するように求めた)
(ウ) The detective appealed to the judge to reconsider his order to kill the dogs.
(刑事は裁判官にその犬たちを殺せという命令を再考するよう求めた)
(エ) The shipwrecked sailors made an appeal for help. (難破船の船員たちは救難信号を発した)
(オ) The actress has strong sex appeal. (その女優には強い性的魅力がある)

□ bathe
You should bathe yourself in the sun on a fine day. (晴れた日には日光浴をすべきだよ)

□ challenge
(ア) It's a real challenge to get students to engage with studies some conceive to be boring. (退屈だと思われがちな科目の勉強を学生にちゃんとやらせるのは、至難の業である)
(イ) In his theory of biology, Charles Darwin challenged what people of his time firmly believed.
(チャールズ・ダーウィンはその生物学的な理論の中で、当時の人が固く信じていたことを否定した)

☐ character

(ア) The twins are very similar to each other in appearance, but very different in character. (その双子は外見は互いによく似ているが、性格はだいぶ違う)

(イ) Please translate this English sentence into Japanese within fifty characters.
(この英文を五十字以内で和訳してください)

(ウ) No more than twenty five characters are on stage at the same time in any of Shakespeare's plays, which shows us that his Globe theatre had only twenty five actors. (シェイクスピアの芝居ではどの作品でも舞台に同時に25人までしか人物が登場しない。そのことから、彼のグローブ座には25人しか役者がいなかったことが分かる)

☐ characteristic

Her tone of voice is characteristic of attractive young women.
(彼女の声の調子は、いかにも魅力的な若い娘のものであった)

☐ clearance / clarity

(ア) One problem of your essay is the lack of clarity in your argument.
(君の作文の問題点は何を言いたいのかよく分からないことにある)

(イ) The total clearance of the table is required after you use it.
(使った後はテーブルの上は綺麗に片付けるように)

(ウ) I can't buy an SUV because our garage has no clearance on top for that type of car.
(うちの車庫は天井が低いのでSUVは買えない)

(エ) "Ladies and gentlemen, we are now ready to leave, waiting for a clearance".
(ご搭乗の皆様、当機はすでに出発準備が整いまして、離陸許可を待っております)

☐ commit

(ア) The man was accused of committing a murder. (その男は殺人を犯した罪で告発された)

(イ) I believe that Japan should commit itself to achieving the goal of world peace.
(日本は世界平和の達成という目標に寄与しなくてはならないと私は思う)

(ウ) The U.S. President has declared that his administration remains committed to reforming the financial system of the world.
(大統領はホワイトハウスが世界経済のシステムを改善することに関与し続けることを表明した)

☐ consist

(ア) The story consists of three episodes. (その話は三話構成である)

(イ) The problem consists in the lack of his ability to make friends with others.

(問題は、彼に人と友達になる能力がないことにある)

(ウ) **Anger often consists in feeling betrayed.**（怒るのは普通、裏切られたと感じるからだ）

(エ) **They performed a play consisting（×consisted）of three parts.**
(彼らは三幕で構成される芝居を上演した)

☐ constitute

(ア) **Seven days constitute a week.**（一週間は七日である）

(イ) **An illegal act accompanied by the intention to break a law constitutes a crime.**
(不法行為を、法律を破る意図をもって行うことを犯罪という)

☐ correspond

(ア) **When I talked with him I felt quite uncomfortable because his words didn't correspond to his attitude.**（彼と話した時、その言葉と物腰が一致しないので、とても居心地の悪い思いをした）

(イ) **I feel interested in Ireland now because I am corresponding with an Irish girl.**
(今アイルランド人の女の子と文通しているから、アイルランドに興味があるんだ)

☐ critical

(ア) **His teacher was critical of his way of behaving in public.**
(彼の先生は彼が人前で取る行動に批判的だった)

(イ) **The situation is very critical now.**（事態は今きわめて重大なところにきている）

☐ current

(ア) **I am very much interested in what types of music are current in the country we are about to visit.**（これから行く国でどんなタイプの音楽が今流行っているのか知りたいですね）

(イ) **In Japan traditional styles of living are not current now.**
(日本では伝統的な暮らし方は今は主流ではない)

(ウ) **Please delete all the files in the current folder.**
(現在のフォルダ内のすべてのファイルを削除してください)

(エ) **Be careful when swimming in this bay because there is a strong current which will take you far away from the land.**（湾内には沖に向かう強い潮流があるので、泳ぐ際はご注意を）

(オ) **It is impossible to go against the current of the time.**（時代の潮流に逆らうのは不可能だ）

☐ decline

(ア) **At about the beginning of the twentieth century, our old customs began to decline.**

(だいたい二十世紀のはじめくらいから、我々の古い習慣は廃れ始めた)

(ア) **Bad manners in public places nowadays reflect a decline of moral values, I'm afraid.**
(最近公共の場所でのマナーが悪いのは、道徳的価値観が衰えたためだと私は思う)

(イ) **She declined to join his company to school.**
(彼に一緒に学校に行こうと誘われたが、彼女は断った)

☐ defeat

(ア) **Contrary to the expectation, we defeated our enemy.**
(事前の予想に反し、我々は敵を打ち破った)

(イ) **A sense of defeat often leads to low self-esteem.** (敗北感は多くの場合、低い自己評価を生む)

☐ department

I am sorry but our department is not in charge of the matter.
(すみませんが、その件は担当部署が違います)

☐ deserve

(ア) **He deserves praise.**
(イ) **He deserves to be praised.** (ア、イは意味共通：彼は賞賛に値する)
(ウ) **He deserves to be chairman.** (彼は議長にふさわしい)

☐ device

At last the helicopter company invented a device for measuring the weight of their passengers without asking them.
(ついに、そのヘリコプター会社は乗客に質問せずに乗客の体重を計る方法を発明した)

☐ due

(ア) **The subway is now out of service due to an unexpected inconvenience.**
(想定外の不都合が生じたため、現在地下鉄は運行を見合わせております)

(イ) **You are always complaining about him but I don't think you give him his due.**
(いつも彼の悪口ばかり言うけど、あまり公平な見方ではないと思うよ)

☐ enormous

An enormous amount of rain wiped out the whole village.
(尋常ならざる豪雨のせいで、村はまるごと押し流されてしまった)

☐ ever

(ア) **Few politicians ever follow the well-known principle that honesty is the best policy.**
(正直は最良の策という誰もが知っている原則に従う政治家はほとんどいない)

(イ) **Have you ever been to Japan?** (日本に行ったことがありますか)

(ウ) **If you ever come close to us, don't forget to get in touch with me.**
(もし近くまでおいでになることがあれば、きっと連絡してください)

(エ) **This is the best book that I have ever read.** (この本はこれまで読んだ中で最良の本だ)

(オ) **I have hardly ever had a chance to listen to Indian music.**
(インド音楽を聴くチャンスはこれまでほとんどなかった)

(カ) **Obesity is now criticized as the main cause of ill health more severely than ever before.** (肥満は病気の主な原因であると、これまでになく激しく批判されている)

☐ except

(ア) **Nothing was found in the room except a chair at one corner.**

(イ) **Except for a chair at one corner, the room was empty.**
(ア、イは意味共通：隅に一脚椅子があった以外、その部屋には何もなかった)

(ウ) **Your presentation is good, except that it is a bit too long.**
(ちょっと長すぎるけど、君の発表はいい出来だよ)

☐ feature

(ア) **The fossil has a feature which strongly suggests that the creature was an ancestor of birds.** (その化石は、その生物が鳥の先祖であることを強く示唆する特徴を持っている)

(イ) **She is easily attracted to a man of fine features.** (彼女はイケメンに弱い)

(ウ) **Her eyes are her most attractive feature.** (彼女は目がもっとも素敵だ)

(エ) **The latest issue of that magazine carries a feature about people working for Disneyland.** (その雑誌の最新号では、ディズニーランドで働く人々を特集している)

(オ) **The evening news show featured a series of random murders taking place everywhere in the country.** (その夕方のニュース番組は、国中で起きている通り魔殺人を特集した)

(カ) **They are making a film featuring a new actress.**
(彼らは新人女優を主演とする映画を作ろうとしている)

☐ fetch

I have left my car key at home, so I have to fetch it first.
(車の鍵を家に置いてきちゃったので、まず取りに行かないとね)

☐ identify

(ア) **To solve a problem, it is necessary for you to identify its causes first.**
(問題を解決するには、まずその原因を特定する必要がある)

(イ) **Some scientists are seriously searching the heavens in order to identify a signal by intelligent aliens from among many kinds of radio waves coming from outer space.**
(宇宙空間からやってくる数多くの電波の中から、知性を持った異星人によるシグナルを識別するために真剣に空を調べている科学者もいる)

(ウ) **Nobody on the ship could identify the creature they came across on the new land.**
(船内の誰一人として、新しい土地で出合ったその生き物が何であるか分かる者はいなかった)

(エ) **How can you identify yourself as a resident of this apartment?**
(どうやってご自分がこのアパートの住人であると証明できますか)

(オ) **Do you have any personal identification with you now?**
(今身分を証明するものをお持ちですか)

(カ) **Some athletes pursue the best performance just in order to gain their identity as human beings.**
(運動選手の中には、自分の人間としての存在意義を手に入れるために最高の記録を出したがる者もいる)

(キ) **The audience identified with the speaker, because his story was clear-cut and to the point.** (講演者の話が明確でしかも正鵠を射ていたため、聴衆は共感した)

☐ immediate

(ア) **Immediate information is more reliable than that acquired from other people.**
(他の人から得た情報より直接手に入れた情報の方が信頼性が高い)

(イ) **Thank you for your immediate response to my request.**
(私のお願いにすぐ応えてくださってありがとう)

(ウ) **Having gone into heavy debt, the man was in the immediate danger of bankruptcy.**
(ひどい借金を背負って、その男は今にも破産しそうな状態である)

(ウ) **Parents have to satisfy the immediate needs of their children, such as food, shelter, and warmth.** (両親は、自分の子供たちの、たとえば衣食住のような、生きることに直結する欲求を満たしてやらなくてはいけない)

☐ inspire

(ア) **Some stereogram images could inspire an idea for an artistic quilt.**
(パターン模様の中には、美しいキルトの柄に応用できるものもある)

(イ) **His words inspired me to visit my hometown for the first time in ten years.**
(彼の言葉を聞いて、私は十年ぶりに故郷を訪ねてみる気になった)

☐ manifest

(ア) His attitude made it manifest that his words were a lie.
(彼の態度から、その言葉が嘘であることは明らかだった)

(イ) His attitude helped us manifest his lie. (彼の態度によって、彼の嘘を証明することができた)

☐ mercy

(ア) Farmers have always been at the mercy of weather.
(農業はこれまで常に天候に左右されてきた)

(イ) If you are willing to talk about the matter with me, I am at your disposal to meet you.
(その件についてあなたが私とお話しになりたいというのであれば、いつでもご都合のいい時に伺います)

☐ organ

A heart is one of the vital organs of almost all animals on the earth.
(心臓はこの地上に存在する動物のほとんどが持つ、生存に関わる重要な器官の一つだ)

☐ otherwise

(ア) He did his best; otherwise he could not have accepted his failure.
(彼は全力を尽くした。そうでなければ、自分の失敗を受け入れられなかっただろう)

(イ) The situation was getting worse with time, although he pretended that things were otherwise. (彼は万事順調と言っていたが、実は事態は時とともに悪化しつつあった)

(ウ) If you should do it again, I think you should do it otherwise.
(もしもう一回それをやるなら、やり方は変えた方がいい)

(エ) To assess precisely the effects of school education on children it is necessary to collect data on children educated otherwise than at school. (学校教育が子供に与える影響を正確に知るには、学校以外で教育を受けている子供のデータを集める必要がある)

(オ) A person is said to be responsible for doing something only if he could have done otherwise under the identical conditions. (人がある行動の責任を問われるのは、同じ状況下で他のことができた可能性がある場合だけだ、といわれている)

☐ positive

(ア) His death is a positive fact. (彼の死は確たる事実である)

(イ) "Are you sure about that?" "I am positive." (「間違いないんですか」「絶対確かです」)

(ウ) I am sorry to say that you are HIV positive. (お気の毒ですが、あなたはHIV陽性です)

(エ) You should pay more attention to the bright side of the matter. Be more positive.

(もっといい面を見ないといけませんよ。もっと楽観的になってください)

□ reasonable

(ア) The jury has to give the verdict that the suspect is not guilty unless the prosecutor proves beyond any reasonable doubt that the person has committed the crime.
(検事がいかなる合理的な疑いも残さず有罪を証明しない限り、陪審は容疑者に対し無罪評決を下さなくてはならない)

(イ) I don't think the price of these shoes is reasonable. They should be cheaper.
(その靴の値段は不当だと思うよ。もっと安くていい)

□ recommend

(ア) Could you recommend a good doctor? (いいお医者さんを教えてくれませんか)

(イ) I will recommend my friend Bill to your office.
(友人のビルをそちらの事務所に推薦させていただきたい)

(ウ) In this weather, I strongly recommend taking a taxi.
(こんなお天気ですから、タクシーでお出でになることを強くお勧めいたします)

(エ) The leaders of superpowers recommended to the country that it abolish slavery immediately. (超大国の首脳たちはその国に対して、奴隷制度の即時撤廃を促した)

(オ) The local government strongly recommended the residents along the shoreline to evacuate immediately to protect themselves from the possible attack of a tsunami.
(市当局は、海岸線の住民に、津波襲来の可能性から身を守るため、即座に避難することを勧告した)

□ still

(ア) He stood stone still at the sound of a gunfire. (銃声を聞いて、彼は立ちすくんだ)

(イ) After surviving the accident, he said to himself with a sigh of relief, "I am still alive." (その事故を切り抜けた後、彼はほっとため息をついてつぶやいた。「私はまだ生きている」)

(ウ) In the animal kingdom, human beings look remarkably powerful and intelligent. Still, we are totally ignorant and helpless in this great universe. (動物界では、人間は際立って優れているように見える。だがこの偉大な宇宙の中では、我々は全くもって無知で無力である)

(エ) His plan is good, but yours is still better. (彼の計画もいいが、君の計画の方がもっといいね)

□ strange

(ア) Your theory seems very strange to me because I have never seen things from such a point of view. (これまで物事をそういう角度で見たことがないから、君の理論はとても斬新に見えるよ)

(イ) Some people fail to accept new things only because they are strange to them.

(単に見慣れないからという理由で新しいものを受け入れられない人がいる)

(ウ) **I think he is not a genius but just obsessed with some strange ideas.**
(僕に言わせればあいつは天才なんかじゃなく、ただおかしな考えに取りつかれているだけさ)

(エ) **Look at his pictures carefully, and they will introduce you to a strange world which is quite fascinating.**
(彼の絵を注意深く見れば、あなたはとても魅力的で不可思議な世界へと誘われるだろう)

□ version

Have you heard an English version of that song?
(その歌の歌詞を英語にしたものを聞いたことがありますか)

What he made was a parody version of a long and serious poem which was well known at that time.
(彼が作ったのは、当時よく知られていた長くて難解な詩を真似して茶化したものであった)

Level 5

☐ aesthetic
We should consider not only the functional aspect but also the aesthetic aspect of the design of a car. (車のデザインの持つ機能的な面だけではなく美的な面も考慮すべきだ)

☐ contemporary
(ア) The development of science in the 16th century reflected the contemporary change in people's attitude to man's position in the world. (16世紀に科学が発達したのは、同時期に人々の世界と人間の位置関係に関する認識が変化したためである)

(イ) After looking through classical artists, let's look at contemporary ones. (昔の画家のことを調べた後、今の画家たちに注目しましょう)

(ウ) Churchill is a really great statesman compared with his contemporaries. (チャーチルは彼と同時代の政治家と比べると真に偉大な政治家である)

☐ counterpart
The determination of the English representatives was in clear contrast with the indecisiveness of their French counterparts.
(イギリス代表団の決然とした態度は、フランス代表団の優柔不断さと好対照をなしていた)

☐ coward
He is not the coward that he used to be. (彼は昔のような臆病者ではない)

☐ domain
(ア) Australia used to be in the domain of Great Britain.
(オーストラリアはかつて大英帝国の一部であった)

(イ) "Countertransference" may sound quite strange to laymen, but is an everyday word in the domain of psychology. (「対抗転移」という言葉は素人には何のことか分からないだろうが、心理学の世界ではごく日常的な用語である)

(ウ) I can't reach you by e-mail because of the wrong domain.
(メールのドメインが間違っているから君にメールが送れない)

☐ endeavor

Our endeavor to make peace with our enemy ended in vain.
(敵との和解交渉は結局決裂した)

☐ migrate

(ア) **Why do birds migrate? The reasons are complex and still not fully understood.**
(鳥はなぜ渡りをするのか？ その理由は複雑で、まだ十分には理解されていない)

(イ) **Most of the American people are the descendants of those who immigrated from other countries.** (アメリカ人のほとんどは他の国からやってきた人の子孫である)

(ウ) **There are many reasons why people emigrate from their home countries.**
(人が故国を捨てて他国に移住する理由は色々ある)

☐ vary

Opinions vary from person to person. (意見は人によって違うものだ)

The Word Book Tomi Tan